高校经典教材同步辅导丛书

# 西方经济学（微观部分·第五版）全程辅导及习题精解

主　编　汲欣欣

中国水利水电出版社
www.waterpub.com.cn

## 内容提要

本书是与中国人民大学出版社出版的、高鸿业等主编的《西方经济学（微观部分·第五版）》一书配套的全程辅导及习题精解辅导书。

本书共有 11 章，包括引论、需求曲线和供给曲线概述以及有关的基本概念、效用论、生产论、成本论、完全竞争市场、不完全竞争的市场、生产要素价格的决定、一般均衡论和福利经济学、博弈论初步、市场失灵和微观经济政策等内容。本书按教材内容安排结构，各章均包括知识脉络图、复习提示、重、难点常识理解、考研真题与难题详解、教材习题精解参考答案、自测题六部分内容。全书按教材内容，针对各章节习题给出详细解答，思路清晰，逻辑性强，循序渐进地帮助读者分析并解决问题，内容详尽，简明易懂。

本书可作为高等院校经济类专业学生的专业课程辅导教材，也可作为考研学生的复习用书及教师的教学参考书。

**图书在版编目（CIP）数据**

西方经济学（微观部分·第五版）全程辅导及习题精解 / 汲欣欣主编. -- 北京：中国水利水电出版社，2013.11(重印)
（高校经典教材同步辅导丛书）
ISBN 978-7-5170-0123-2

Ⅰ．①西… Ⅱ．①汲… Ⅲ．①西方经济学－高等学校－教学参考资料②微观经济学－高等学校－教学参考资料
Ⅳ．①F091.3

中国版本图书馆CIP数据核字(2012)第207013号

策划编辑：杨庆川　责任编辑：杨元泓　加工编辑：郭 赏　封面设计：李 佳

| 书　名 | 高校经典教材同步辅导丛书<br>西方经济学（微观部分·第五版）全程辅导及习题精解 |
|---|---|
| 作　者 | 主 编 汲欣欣 |
| 出版发行 | 中国水利水电出版社<br>（北京市海淀区玉渊潭南路 1 号 D 座　100038）<br>网址：www.waterpub.com.cn<br>E-mail: mchannel@263.net（万水）<br>　　　　sales@waterpub.com.cn<br>电话：(010) 68367658（发行部）、82562819（万水） |
| 经　售 | 北京科水图书销售中心（零售）<br>电话：(010) 88383994、63202643、68545874<br>全国各地新华书店和相关出版物销售网点 |
| 排　版 | 北京万水电子信息有限公司 |
| 印　刷 | 北京蓝空印刷厂 |
| 规　格 | 184mm×260mm　16 开本　14.25 印张　412 千字 |
| 版　次 | 2012 年 9 月第 1 版　2013 年 11 月第 2 次印刷 |
| 印　数 | 8001—12000 册 |
| 定　价 | 21.80 元 |

凡购买我社图书，如有缺页、倒页、脱页的，本社发行部负责调换
**版权所有·侵权必究**

# 前　言

高鸿业等主编的《西方经济学(微观部分·第五版)》以体系完整、结构严谨、层次清晰、深入浅出的特点成为这门课程的经典教材,被全国许多院校采用。

为了帮助读者更好地学习这门课程,掌握更多的知识,我们根据多年的教学经验编写了这本与此教材配套的《西方经济学(微观部分·第五版)全程辅导及习题精解》。本书旨在使广大读者理解基本概念,掌握基本知识,学会基本解题方法与解题技巧,进而提高应试能力。

本书作为一种辅助教材,具有较强的针对性、启发性、指导性和补充性。考虑到《西方经济学(微观部分·第五版)》这门课程的特点,我们在内容上进行了以下安排:

**1. 知识脉络**。每章的知识网络图系统全面地涵盖了本章的知识点,使学生能一目了然地浏览本章内容的框架结构。

**2. 复习提示**。简单扼要地说明本章的学习目标,明确学习任务。

**3. 重、难点常识理解**。每章前面均对本章的重点、难点进行了整理。综合众多参考资料,归纳了本章几乎所有的考点,便于读者学习与复习。

**4. 考研真题与难题详解**。精选历年研究生入学考试中具有代表性的试题进行了详细的解答,以开拓广大同学的解题思路,使其能更好地掌握该课程的基本内容和解题方法。

**5. 教材习题精解参考答案**。教材中课后习题丰富、层次多样,许多基础性问题从多个角度帮助学生理解基本概念和基本理论,促其掌握基本解题方法。我们对教材的课后习题给了详细的解答。

**6. 自测题**。用来测试每一章内容的掌握程度,帮助读者加深记忆。

由于时间较仓促,编者水平有限,难免书中有疏漏之处,敬请各位同行和读者给予批评、指正。

编者
2012 年 8 月

# 目录 contents

**第一章 引论**
- 知识脉络图 ...... 1
- 复习提示 ...... 1
- 重、难点常识理解 ...... 2
- 考研真题与难题详解 ...... 2
- 典型案例分析 ...... 6
- 教材习题精解参考答案 ...... 6
- 知识拓展 ...... 7
- 参考答案 ...... 9

**第二章 需求曲线和供给曲线概述以及有关的基本概念**
- 知识脉络图 ...... 12
- 复习提示 ...... 13
- 重、难点常识理解 ...... 13
- 考研真题与难题详解 ...... 17
- 典型案例分析 ...... 20
- 教材习题精解参考答案 ...... 20
- 自测题 ...... 29
- 参考答案 ...... 32

**第三章 效用论**
- 知识脉络图 ...... 35
- 复习提示 ...... 35
- 重、难点常识理解 ...... 36
- 考研真题与难题详解 ...... 39
- 典型案例分析 ...... 46
- 教材习题精解参考答案 ...... 46
- 参考答案 ...... 57

**第四章 生产论**
- 知识脉络图 ...... 61
- 复习提示 ...... 62

  重、难点常识理解 …………………………………………………………………… 62
  考研真题与难题详解 ………………………………………………………………… 65
  典型案例分析 ………………………………………………………………………… 68
  教材习题精解参考答案 ……………………………………………………………… 69
  自测题 ………………………………………………………………………………… 76
  参考答案 ……………………………………………………………………………… 80

## 第五章　成本论

  知识脉络图 …………………………………………………………………………… 84
  复习提示 ……………………………………………………………………………… 85
  重、难点常识理解 …………………………………………………………………… 85
  考研真题与难题详解 ………………………………………………………………… 86
  典型案例分析 ………………………………………………………………………… 90
  教材习题精解参考答案 ……………………………………………………………… 91
  参考答案 ……………………………………………………………………………… 102

## 第六章　完全竞争市场

  知识脉络图 …………………………………………………………………………… 106
  复习提示 ……………………………………………………………………………… 106
  重、难点常识理解 …………………………………………………………………… 106
  考研真题与难题详解 ………………………………………………………………… 110
  教材习题精解参考答案 ……………………………………………………………… 113
  自测题 ………………………………………………………………………………… 121
  参考答案 ……………………………………………………………………………… 123

## 第七章　不完全竞争市场

  知识脉络图 …………………………………………………………………………… 127
  复习提示 ……………………………………………………………………………… 127
  重、难点常识理解 …………………………………………………………………… 128
  考研真题与难题详解 ………………………………………………………………… 130
  典型案例分析 ………………………………………………………………………… 135
  教材习题精解参考答案 ……………………………………………………………… 136
  自测题 ………………………………………………………………………………… 144
  参考答案 ……………………………………………………………………………… 147

## 第八章　生产要素价格的决定

  知识脉络图 …………………………………………………………………………… 152
  复习提示 ……………………………………………………………………………… 153
  重、难点常识理解 …………………………………………………………………… 153
  考研真题与难题详解 ………………………………………………………………… 157
  教材习题精解参考答案 ……………………………………………………………… 161
  自测题 ………………………………………………………………………………… 165
  参考答案 ……………………………………………………………………………… 167

## 第九章 一般均衡论和福利经济学

知识脉络图 ······ 171
复习提示 ······ 172
重、难点常识理解 ······ 172
考研真题与难题详解 ······ 174
典型案例分析 ······ 179
教材习题精解参考答案 ······ 180
自测题 ······ 184
参考答案 ······ 186

## 第十章 博弈论初步

知识脉络图 ······ 191
复习提示 ······ 191
重、难点常识理解 ······ 191
考研真题与难题详解 ······ 192
典型案例分析 ······ 195
教材习题精解参考答案 ······ 196
自测题 ······ 198
参考答案 ······ 200

## 第十一章 市场失灵与微观经济政策

知识脉络图 ······ 204
复习提示 ······ 205
重、难点常识理解 ······ 205
考研真题与难题详解 ······ 206
典型案例分析 ······ 211
教材习题精解参考答案 ······ 212
自测题 ······ 216
参考答案 ······ 218

# 第一章 引 论

## 知识脉络图

引论
- 经济学的起因：人类欲望无穷，而资源有限
- 经济学的发展过程
  - 古典学派 ─ 历史学家 社会主义学派
  - 反古典学派 ─ 边际效用学派
  - 新古典综合派
  - 新剑桥学派
  - 凯恩斯学派
  - 货币学派
  - 理性预期学派
  - 供给学派
  - 公共选择学派
  - 新制度经济学派
- 西方经济学企图解决的问题
  - 加强对资本主义制度永恒存在的信念
  - 解决资本主义的经济问题
- 重要概念区别
  - 存量与流量实证经济学与规范经济学
  - 均衡分析与边际分析
  - 局部均衡与一般均衡
  - 静态分析、比较静态分析与动态分析

## 复习提示

**概念**：经济学、资源稀缺、机会成本、微观经济学、宏观经济学、均衡分析、经济模型、经济人、内生变量、外生变量。

**理解**：西方经济学及其研究对象。

**掌握**：西方经济学的演变。

# 第一章

**重、难点常识理解**

## 一、什么是西方经济学

西方经济学是一个内容相当广泛而松散的名词。一般来说,它至少应包含企事业的经营管理方法和经验,如市场分析、产品质量控制等。

## 二、现代西方经济学的由来和演变

西方经济学大致经历了四个发展阶段,即重商主义、古典学派、庸俗经济学和庸俗经济学后的阶段。

## 三、西方经济学企图解决的两个问题

西方经济学企图解决的两个问题为:
(1)在意识形态上,宣传资本主义制度的合理性,从而加强对该制度永恒存在的信念。
(2)作为资本主义制度的上层建筑,西方经济学也必须为改善和拯救这一制度提供政策建议。

## 四、为什么学习西方经济学

学习西方经济学的原因在于下列四点:
第一,为了辨明是非,区别西方经济学的有用之处和有害之处。
第二,即使对被判别为西方经济学的有用之处,也要结合我国的国情进行考察,以便决定它适用的程度与范围。
第三,西方的有关经济方面的论著和报道含有大量的西方经济学术语和理论。为了通过西方论著和报道来了解西方的经济情况,必须知道这些术语的理论的含义。
第四,西方经济学在不同的程度上构成许多西方的经济学科和课程理论基础。因此,为了给其他西方经济学科课程铺设道路以及了解它们在整个西方经济学科中所占有的位置,也必须学习西方经济学。

**考研真题与难题详解**

## 一、概念题

**动态分析、静态分析和比较静态分析(Dynamic Analysis,Static Analysis,Comparative Static Analysis)(人大 2002 研;北师大 2006 研)**

答:(1)动态分析是指考虑时间因素对所有均衡状态向新的均衡状态变动过程的分析。动态分析又被称为过程分析,其中包括分析有关经济变量在一定时间内的变化、经济变量在变动过程中的相互联系和相互制约的关系以及它们在每一时点上变动的速率等。蛛网模型是一个典型

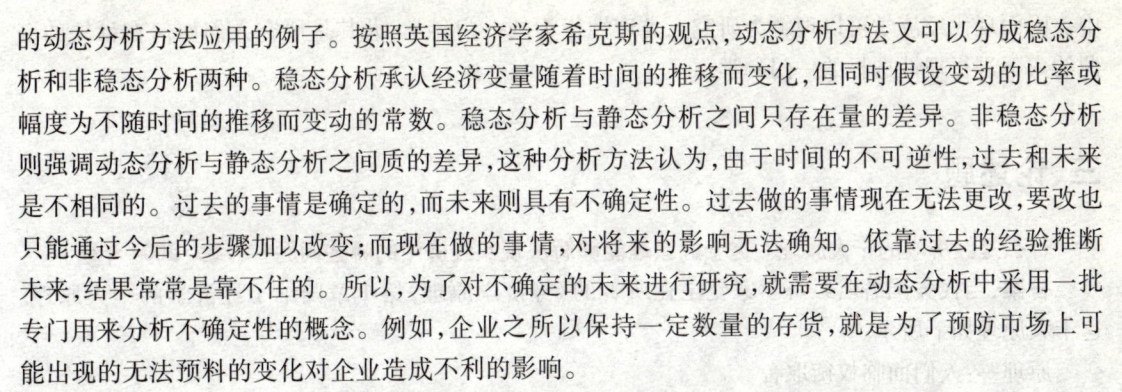

的动态分析方法应用的例子。按照英国经济学家希克斯的观点,动态分析方法又可以分成稳态分析和非稳态分析两种。稳态分析承认经济变量随着时间的推移而变化,但同时假设变动的比率或幅度为不随时间的推移而变动的常数。稳态分析与静态分析之间只存在量的差异。非稳态分析则强调动态分析与静态分析之间质的差异,这种分析方法认为,由于时间的不可逆性,过去和未来是不相同的。过去的事情是确定的,而未来则具有不确定性。过去做的事情现在无法更改,要改也只能通过今后的步骤加以改变;而现在做的事情,对将来的影响无法确知。依靠过去的经验推断未来,结果常常是靠不住的。所以,为了对不确定的未来进行研究,就需要在动态分析中采用一批专门用来分析不确定性的概念。例如,企业之所以保持一定数量的存货,就是为了预防市场上可能出现的无法预料的变化对企业造成不利的影响。

(2)静态分析就是分析经济现象的均衡状态以及有关经济变量处于均衡状态所必须具备的条件,但并不论及达到均衡状态的过程,即完全不考虑时间因素,是一种状态分析。以均衡价格决定模型为例,该模型包括需求函数和供给函数的方程,以及均衡的条件:供给量与需求量相等。当需求函数和供给函数中的外生变量即参数被赋予确定的数值以后,便可通过求解方程组求出相应的均衡价格和均衡产量的数值。这相当于由既定的需求曲线和供给曲线的交点所表示的数值。这种根据既定的外生变量值来求得内生变量值的分析方法,就是静态分析。

(3)比较静态分析就是分析已知条件变化后经济现象均衡状态的相应变化,以及有关经济变量达到新的均衡状态时的相应变化。显然,比较静态分析只是对个别经济现象一次变动的前后以及两个或两个以上的均衡位置进行比较分析,而舍弃掉对变动过程本身的分析。简言之,"比较"静态分析,就是对经济现象一次变动后,均衡位置及经济变量变动的前后状态进行比较。

## 二、简答题

**你如何理解"经济学是研究人类理性行为的科学"?(北师大2007研)**

答:(1)经济学是研究人类某些具有稳定行为的科学,它对人的行为的研究不同于其他一些行为科学,它以一些基本的假设行为作为其分析经济问题的出发点。经济理性主义,是西方经济学在进行经济分析时的一个基本假设,也称为理性人假设或经济人假设。

(2)理性人是经济生活中一般人的抽象,其本性被假设为是利己的,总是力图以最小的经济代价去追逐和获取自身的最大的经济利益。这样,人们做出经济决策的出发点,就是私人利益,每个人都寻求个人利益极大化,而不会做出于己无利的事。

经济人假设包括以下内容:①在经济活动中,个人所追求的唯一目标是自身经济利益的最大化。例如,消费者所追求的是最大限度的自身满足;生产者所追求的是最大限度的自身利润;生产要素所有者所追求的是最大限度的自身报酬。这就是说,经济人主观上既不考虑社会利益,也不考虑自身的非经济利益。②个人所有的经济行为都是有意识的和理性的,不存在经验型和随机型的决策。因此,经济人又被称为理性人。③经济人拥有充分的经济信息,每个人都清楚地了解其所有经济活动的条件与后果。因此,经济中不存在任何不确定性,获取信息不需要支付任何成本。④各种生产资源可以自由地、不需要任何成本地在部门之间、地区之间流动。

经济人的利己主义假设并不等于通常意义上所说的"自私自利",即该假设并不意味着这些市场活动个体只会关心自己的钱袋子,相反,他们会在孜孜以求地追求自己最大利益的过程中,自然地、必然地为社会提供最优的产品和服务,从而客观地实现一定的社会利益。

(3)经济理性主义假设是经济学分析的基础、前提条件,它存在于几乎所有的经济学理论之中。因而现代经济学可以理解为研究人类理性行为的一门科学,尤其是研究人们如何在稀缺的资源约束下进行理性选择的一门科学。

## 三、论述题

**什么是经济学的十大原理?这十大原理能够解决现实经济中的哪些问题?(武大 2004 年研)**

**答案:**当代美国著名经济学家曼昆在所著的《经济学原理》第1章归纳了经济学的十大原理。这十大原理如下所示。

原理一:人们面临权衡取舍。

当人们组成社会时,他们面临各种不同的权衡取舍。典型的是在"大炮与黄油"之间的选择。在现代社会里,同样重要的是清洁的环境和高收入水平之间的权衡取舍。

认识到人们面临权衡取舍本身并没有告诉我们,人们将会或应该作出什么决策。然而,认识到生活中的权衡取舍是重要的,因为人们只有了解了他们面临的选择,才能作出良好的决策。

原理二:某种东西的成本是为了得到它所放弃的东西。

一种东西的机会成本(Opportunity Cost)是为了得到这种东西所放弃的东西。当作出任何一项决策(例如,是否上大学)时,决策者应该认识到伴随着每一种可能的行动而来的机会成本。实际上,决策者通常是知道这一点的。那些到了上大学的年龄的运动员如果退学转而从事职业运动就能赚几百万美元,他们深深认识到,他们上大学的机会成本极高。他们往往如此决定:不值得花费这种成本来获得上大学的利益。

原理三:理性人考虑边际量。

经济学家用边际变量(Marginal Change)这个术语来描述对现有行动计划的微小增量调整,即围绕所做的事的边缘进行调整。

个人和企业通过考虑边际量,将会作出更好的决策。而且,只有一种行动的边际利益大于边际成本,一个理性决策者才会采取这项行动。

原理四:人们会对激励作出反应。

由于人们通过比较成本与利益作出决策,所以,当成本或利益变动时,人们的行为也会改变。这就是说,人们会对激励作出反应。

然而,政策有时也会有事先并不明显的影响。在分析任何一种政策时,我们不仅应该考虑直接影响,而且还应该考虑通过激励发生的间接影响。如果政策改变了激励,那就会使人们改变自己的行为。

原理五:贸易能使每个人状况更好。

两国之间的贸易可以使两个国家的状况都变得更好。从某种意义上说,经济中每个家庭都与所有其他家庭竞争。尽管有这种竞争,但把你的家庭与所有其他家庭隔绝开来并不会使大家过得更好。通过与其他人交易,人们可以按较低的成本获得各种各样的物品与劳务。

原理六:市场通常是组织经济活动的一种好方法。

现在大部分曾经是中央计划经济的国家已经放弃了这种制度,并努力发展市场经济。在一个市场经济(Market Economy)中,中央计划者的决策被千百万企业和家庭的决策所取代。这些企业和家庭在市场上相互交易,价格和个人利益引导着他们的决策。

原理七:政府有时可以改善市场结果。

为什么我们需要政府呢?一种回答是,"看不见的手"需要政策来保护它。只有产权得到保

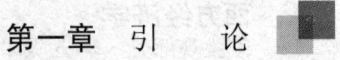

障,市场才能运行。但是,还有另一种回答。政府干预经济的原因有两类:促进效率和促进平等。

尽管"看不见的手"通常会使市场有效地配置资源,但情况并不总是这样。经济学家用市场失灵(Market Failure)这个术语来指市场本身不能有效配置资源的情况。

说政府有时可以改善市场结果并不意味着它总能这样。学习经济学的目的之一就是帮助判断什么时候一项政府政策适用于促进效率与公正。

原理八:一国的生活水平取决于它生产物品与劳务的能力。

世界各国生活水平的差别是惊人的。随着时间推移,生活水平的变化也很大。用什么来解释各国和不同时期中生活水平的巨大差别呢?答案是几乎所有生活水平的变动都可以归因于各国生产率(Productivity)的差别。

生产率与生活水平之间的关系对公共政策也有深远的含义。在考虑任何一项政策如何影响生活水平时,关键问题是这项政策如何影响我们生产物品与劳务的能力。

原理九:当政府发行了过多货币时,物价上升。

什么引起了通货膨胀?在大多数严重或持续的通货膨胀情况下,罪魁祸首总是相同的——货币量的增长。当一个政府创造了大量本国货币时,货币的价值下降了。

1921年1月,德国一份日报价格为0.3马克。不到两年的时间,1922年11月,一份同样的报纸价格为7000万马克。经济中所有其他价格都以类似的程度上升。这个事件是历史上最惊人的通货膨胀的例子,通货膨胀是经济中物价总水平的上升。

虽然美国从未经历过接近于德国20世纪20年代的情况,但通货膨胀有时也成为一个经济问题。例如,20世纪70年代期间,物价总水平翻了一番还多,杰拉德·福特(Cerald Ford)总统称通货膨胀是"公众的头号敌人"。与此相比,在20世纪90年代,通货膨胀率是每年3%左右;按这个比率,物价20多年才翻一番。由于高通货膨胀给社会带来了各种代价,所以世界各国都把保持低通货膨胀作为经济政策的一个目标。

原理十:社会面临通货膨胀与失业之间的短期权衡取舍。

当政府增加经济中的货币量时,一个结果是通货膨胀,另一个结果是至少在短期内降低失业水平。说明通货膨胀与失业之间短期权衡取舍的曲线被称为菲利普斯曲线(Phillips Curve),这个名称是为了纪念第一个研究了这种关系的经济学家而命名的。

在经济学家中菲利普斯曲线仍然是一个有争议的问题,但大多数经济学家现在接受了这样一种思想:通货膨胀与失业之间存在短期交替关系。根据普遍的解释,这种交替关系的产生是由于某些价格调整缓慢。例如,假定政府减少了经济中的货币量。在长期中,这种政策变动的唯一后果是物价总水平将下降。但并不是所有的价格都将立即作出调整。在所有企业都印发新目录,所有工会都作出工资让步,以及所有餐馆都印了新菜单之前需要几年时间。这就是说,可以认为价格在短期中是粘性的。

由于价格是粘性的,各种政府政策都具有不同于长期效应的短期效应。例如,当政府减少货币量时,它就减少了人们支出的数量。较低的支出与居高不下的价格结合在一起就减少了企业销售的物品与劳务量,销售量减少又引起企业解雇工人。因此,在对价格的变动作出完全的调整之前,货币量减少就暂时增加了失业。

通货膨胀与失业之间的交替关系只是暂时的,但可以持续数年之久。因此,菲利普斯曲线对理解经济中的许多发展是至关重要的。特别是决策者在运用各种政策工具时可以利用这种交替关系。短期中决策者可以通过改变政府支出量、税收量和发行的货币量来影响经济所经历的通货膨胀与失业的结合。由于这些货币与财政政策工具具有如此大的潜在力量,所以,决策者应该如何运用这些工具来控制经济,一直是一个有争议的问题。

## 典型案例分析

### ——水资源的稀缺性

作为自然资源之一的水资源,其第一大经济特性就是稀缺性。

经济学认为稀缺性是指相对于消费需求来说可供数量有限的意思。从理论上来说,它可以分成两类:经济稀缺性和物质稀缺性。假如水资源的绝对数量并不少,可以满足人类相当长的时期的需要,但由于获取水资源需要投入生产成本,而且在投入某一定数量生产成本条件下可以获取的水资源是有限的、供不应求的,这种情况下的稀缺性就称为经济稀缺性。假如水资源的绝对数量短缺,不足以满足人类相当长的时期的需要,这种情况下的稀缺性就称为物质稀缺性。

经济稀缺性和物质稀缺性是可以相互转化的。缺水区自身的水资源绝对数量都不足以满足人们的需要,因而当地的水资源具有严格意义上的物质稀缺性。但是,如果将跨流域调水、海水淡化、节水、循环使用等增加缺水区水资源使用量的方法考虑在内,水资源似乎又只具有经济稀缺性,只是所需要的生产成本相当高而已。丰水区由于水资源污染浪费严重,加之缺乏资金治理,使可供水量满足不了用水需求,也变成水资源经济稀缺性的区域。

当今世界,水资源既有物质稀缺性,可供水量不足;又有经济稀缺性,缺乏大量的开发资金。正是水资源供求矛盾日益突出,人们才逐渐重视到水资源的稀缺性问题。

### 案例分析要点:

稀缺性(Scarcity),在经济学中特指相对于人类欲望的无限性而言,经济物品或者生产这些物品所需要的资源等的相对有限性。稀缺资源则不能无限制地被人使用,例如,一个苹果被一个人吃掉了,那么另外一个人就吃不到了。可以说传统经济学理论的大厦就是围绕稀缺资源的概念而建立起来的。传统经济学理论认为:一种商品或者服务的价值与它的稀缺性直接相关。这里要注意的是,经济学上所说的稀缺性是指相对的稀缺性,这也就是说,稀缺性强调的不是资源的绝对数量的多少,而是相对于人类欲望的无限性来说,再多的物品和资源也是不足的。

经济学中的经济物品是指一切可以通过交换取得,但又不能充分满足各人欲望的商品或服务。空气是人需要的,但它的供应无限,因而也不必通过交换取得。淡水也是人需要的,对于守在大江大湖边上的人,淡水不具有稀缺性。但在大多数场合下,自来水要通过付费才能得到。可见稀缺性因时因地而不同。但只要有一个市场存在,一件商品稀缺到什么程度就不是一个主观评价的结果,它会由市场上的价格来精确地作出回答。稀缺性强烈或者是因为供应有限,或者是因为需求太多。越稀缺的东西越具有更高的交换价值。所以稀缺性又相当于交换价值。人们希望得到健康、友爱等,这些东西也是稀缺的,但却不能通过交换买到,所以不属于经济学所研究的稀缺性。经济学是研究一个国家或社会如何克服稀缺性的学问。

(徐风,水资源的经济特性分析,《中国水利》,1995 年 5 月 12 日)

## 教材习题精解参考答案

**说明** 设置第一章习题的目的是为了使读者能对西方经济学的整体内涵进行比较深入的思考。由于不同读者学习背景的差异,所以他们思考的结果未必一致,从而对习题的答案也未必相同。因此,对这两章的习题,编者无法提供统一的正确解答。

但是，读者的解答符合或接近以下 5 点，答案便是正确的：

(1)我国学习西方经济学的主要目的在于从中得到对我国有用的知识，即"学以致用"。对西方经济学而言，"为艺术而艺术"的学习目标是不适用的。因为，如果不是为了"致用"而学习，譬如说仅仅为了它的思想的玄妙、形式的完美，或者为了锻炼思维、消磨时间等目的来学习的话，那么，还不如去从事其他的活动，如学习哲学、逻辑学、棋艺，或者绘画和旅游等，因为，这些活动更加容易达到上述目的。

"经济学"这一名词英文的来源是希腊文的名词"家庭管理"，由此也可以看出西方经济学的"致用"的性质。

(2)既然学习西方经济学的目的是为了"致用"，那么，就必须注意到它涉及对西方"致用"的两个特点：其一，它宣扬西方国家的意识形态，以便巩固西方社会的共识或凝聚力，即增加西方学者所说的"社会无形资本"。其二，它总结西方市场经济运行的经验，以便为改善其运行提供对策。西方经济学之所以能够存在于西方，其原因即在于此；这就是说：它存在于西方的原因正是由于它对西方国家有用。

(3)在以上两个特点中，第一个特点显然对我国不但没有用处，反而会起有害的作用。因为西方实行的是资本主义，而我国则为社会主义，而二者在原则上是对立的。把资本主义的意识形态施加于社会主义制度只能造成和激化后者的上层建筑与其经济基础之间的矛盾，即导致思想混乱、社会行为失控，甚至走向自我毁灭的道路。类似的事例已经在世界上出现。

(4)以上述第二个特点而论，虽然西方国家实行的是资本主义市场经济而我国则为社会主义市场经济，但是二者在市场经济这一点上却有相当多的共同之处。因此，对西方市场经济运行的经验总结和总结的方法有许多内涵是值得且必须加以借鉴的。以此而论，学习西方经济学又是对我国有利的。当然，在借鉴时，绝不能生搬硬套，必须注意到国情的差别，在西方社会中行之有效的办法未必能在我国奏效。

(5)趋利避害，上述两个特点可以决定我们对西方经济学所应持有的态度，即在整体内涵上，否定它的资本主义的意识形态。因为一方面，在整体内涵上，它维护资本主义制度；另一方面，在具体内容上，它总结出的经验和总结的方法却存在着大量的值得借鉴之处。

总结上述五点，设置第一章习题的目的是希望读者通过自己的思考达成"洋为中用"的共识，即能够充分利用西方经济学中的一切有利于我国的知识，而与此同时，又能避免它在意识形态上所带来的不良后果。

### 知识拓展

本章阐述了经济学的研究对象即稀缺资源的配置和利用，提出了经济学研究要解决的三个基本问题，即生产什么、如何生产和为谁生产，比较分析了在当今社会计划经济制度和市场经济制度这两种资源配置方式的特点及其原理，并分析论述了微观经济学与宏观经济学的研究对象、内容和假设条件。对于打算深入研究西方经济学的同学，不仅要从知识层面上了解西方经济学的基本问题、发展演变和解决的问题等，更重要的是认真体会学习西方经济学的方法，深刻体会西方经济学的自身特点，将微观经济学和宏观经济学相对比，尝试理解性掌握。

## 自测题

### 一、名词解释

1. 资源稀缺性　　2. 理性人假设　　3. 存量和流量
4. 微观经济学　　5. 宏观经济学

### 二、单项选择

1. 经济学是指(　　)的学科。
   A. 企业赚取利润的活动　　　　　　　B. 研究人们如何依靠收入生活的问题
   C. 研究稀缺资源如何有效配置的问题　　D. 政府对市场制度的干预
2. "资源的稀缺性"是指　　　　　　　　　　　　　　　　　　　　　　　　(　　)
   A. 世界上的资源最终将被消耗尽　　　B. 资源是不可再生的
   C. 资源必须留给下一代　　　　　　　D. 相对于需求而言,资源总是不足的
3. 研究单个厂商和单个消费者的决策的经济学是指　　　　　　　　　　　　(　　)
   A. 微观经济学　　　　　　　　　　　B. 宏观经济学
   C. 实证经济学　　　　　　　　　　　D. 规范经济学
4. 经济组织的三个基本问题是　　　　　　　　　　　　　　　　　　　　　(　　)
   A. 生产什么、如何生产和为谁生产　　B. 产量、成本和价格
   C. 劳动、资本和土地　　　　　　　　D. 产成品的数量和价格
5. 从事某一项活动的机会成本指的是　　　　　　　　　　　　　　　　　　(　　)
   A. 从事该项活动所花费的时间　　　　B. 从事该项活动所花费的货币
   C. 投入该项活动的全部资源其他可能的用途　　D. 以上都不对
6. 下列哪一项不是上大学的机会成本(　　)
   A. 时间的次优使用　　　　　　　　　B. 因未就业而蒙受的可能的货币损失
   C. 学费、书费和杂费的次优使用　　　D. 用来住宿和吃饭的支出
7. 下列哪一项不属于微观经济学的研究范围　　　　　　　　　　　　　　　(　　)
   A. 汽车产业的价格决定　　　　　　　B. 通货膨胀率的决定
   C. 一家电视机厂商产量的决定　　　　D. 房地产市场上供需的相互作用
8. 下列选项中哪一项是经济学关于人性的假设　　　　　　　　　　　　　　(　　)
   A. 社会人　　　　B. 复杂人　　　　C. 经济人　　　　D. 自我实现的人
9. 以下关于存量和流量的说法中正确的是　　　　　　　　　　　　　　　　(　　)
   A. 2009年的国内生产总值是流量　　　B. 2010年7月1日的外汇储备是存量
   C. 流量是会发生变化的,而存量是不变的　　D. 以上说法都不正确
10. 由市场配置资源意味着　　　　　　　　　　　　　　　　　　　　　　　(　　)
    A. 社会的每个成员都能得到他想要的任何东西
    B. 稀缺的物品由出价最高的人购得
    C. 政府必须决定每个人应得到多少物品

8

D. 要得到急需的物品必须排队
11. 下列选项不属于经济物品的是 （　　）
   A. 闽江的江水　　　　　　　　B. 郊区的农田
   C. 挂牌出售的二手房　　　　　D. 医院提供给病人的氧气
12. 下列选项中属于规范分析表述的是 （　　）
   A. 鼓励私人购买汽车有利于促进我国汽车工业的发展
   B. 随着收入水平的提高，拥有汽车的人会越来越多
   C. 由于我国居民收入水平低，大多数人还买不起汽车
   D. 个人汽车拥有量的增多，给我国居民的出行带来交通隐患

## 三、判断

1. 经济学是研究企业如何赚钱的学科。（　　）
2. 微观经济学研究厂商行为的学科，而宏观经济学则是研究政府行为的学科。（　　）
3. 经济学关于理性人的假设是中性的。（　　）
4. 在经济学中，失业的存在意味着劳动力资源不是稀缺的。（　　）
5. 微观经济学的中心是价格理论，宏观经济学的中心是国民收入决定理论。（　　）
6. 存量是指一定时点上存在的变量的数值。（　　）
7. 流量是指一定时期内发生的变量变动的数值。（　　）
8. 到目前为止，人类社会实现资源配置的方式有计划机制和市场机制。（　　）

## 四、简答题

1. 西方经济学主要由哪两部分构成？它们之间存在着怎样的关系？
2. 什么是微观经济学？微观经济学的研究以哪些假设条件为前提？

**参考答案**

## 一、名词解释

1. **答**：资源稀缺性是指相对于人的欲望来说，满足人的欲望的条件是有效的。在生产和生活的过程中，资源或生产要素的投入是从事经济活动的条件，资源稀缺性就是资源的有限性。这里的稀缺不是指这种资源是不可再生的或者可以消耗的，也不是指这种资源的绝对量是稀少的，而是指在给定的时间内，与人类的需要相比，其供给量总是不足的。正是因为资源稀缺，经济决策和活动才需要算计、比较、权衡和选择，才产生了经济问题，因此，资源的稀缺性是西方经济学的基础。

2. **答**：理性人假设或者经济人假设是指把个人或组织抽象为追求自身利益最大化的主体。经济主体的决策和行为总是从维护和增进自身利益出发，进行投入与产出、得与失的比较、权衡或盘

算,企图以最小的代价取得最大利益。理性行为也就是最大化行为,要求消费者追求效用最大化、厂商追求利润最大化、要素所有者追求收入最大化,这些都是理性人或者经济人假设的要求和表现。理性人或者经济人假设是经济学理论演绎最重要的逻辑前提。

3. 答:流量是指一定时期内发生的某种经济变量变动的数值,它是在一定时期内测度的,其大小有时间维度;而存量则是在某一时点上测度的,其大小没有时间维度。存量与流量的划分,对于理解经济活动中各种经济变量的关系及其特征和作用至关重要。例如在财富与收入这两个经济变量中,财富就是一个存量,它是某一时刻所持有的财产;收入是一个流量,它是由货币的赚取或收取的流动率来衡量的。存量与流量之间有密切的联系。流量来自存量,如一定的国民收入来自一定的国民财富;存量又归于流量之中,即存量只能经由流量而发生变化,如新增加的国民财富是靠新创造的国民收入来计算的。

4. 答:微观经济学以单个经济单位(居民、厂商)作为研究对象,研究单个厂商的经济行为,以及相应的经济变量的单项数值的决定。它需要解决两个方面的问题:一是消费者对各种产品的需求和生产者对各种产品的供给怎样决定着每种产品的产销量和价格;二是消费者作为生产要素的供给者与生产要素的需求者怎样决定着生产要素的使用量和价格。

5. 答:宏观经济学以整个国民活动作为考察的对象,研究社会整体经济问题以及相应的经济变量如何决定及其相互关系。它需要解决三个问题:一是已经配置的各个生产部门和企业的经济资源总量的使用情况是如何决定一国的总产量和就业量;二是商品市场和货币市场的总供求是如何决定一国的国民收入水平和一般物价水平;三是国民收入水平和一般物价水平的变动与经济增长和经济周期的关系。

## 二、单项选择

1—5 　CDAAC　　6—10 　DBCBB　　11 　A

## 三、判断

1. ×　2. ×　3. √　4. ×　5. √　6. √　7. √　8. √

## 四、简答题

1. 答:西方经济学根据它所研究的具体对象、范围不同,可以分为微观经济学和宏观经济学两个组成部分。

微观经济学是以单个经济主体(作为消费者的单个家庭、单个厂商或企业以及单个产品市场)的经济行为作为考察对象的科学,它采用个量分析的方法,研究的问题主要包括:个人或家庭作为消费者如何把有限的收入分配于各种商品的消费上,以获得最大效用;单个生产者如何把有限的生产性资源分配于各种商品的生产上,以获得最大利润;商品市场和要素市场上均衡价格和均衡产量是如何决定的等。微观经济学的核心是价格问题。

宏观经济学是把一个社会看成一个整体的经济活动作为考察对象,采用总量分析法,以国民收入为中心,以全社会福利为目标,从总供求的角度研究产品市场、货币市场、国际收支等方面的协调发展,以及怎样通过宏观调控达到资源的充分利用。它研究的是诸如社会就业量、物价水平、经济增长、经济周期等全局性的问题。

微观经济学和宏观经济学的目的都是为了实现资源配置的节省和经济效率,取得社会福利最大化。区别在于各自研究的重点和论述的方式不同。微观经济学的理论基础是以马歇尔为代表的新古典经济学,其核心是市场有效性和自由放任;宏观经济学的理论基础是凯恩斯主义经济学,其核心是市场失效和国家干预。微观经济学以资源充分利用为前提,研究资源的优化配置;而宏观经济学则以资源优化配置为前提,研究资源的充分利用。联系在于:(1)它们是整体与个体之间的关系。如果形象化地把宏观经济学看作研究森林的特征,微观经济学则是考察构成森林的树木。(2)微观经济学是宏观经济学的基础。宏观经济行为的分析总是要以一定的微观分析为其理论基础。(3)微观经济学和宏观经济学使用同样的分析方法,如均衡方法、边际方法、静态分析和动态分析方法等。

2. **答:**(1)微观经济学是以单个经济主体(作为消费者的单个家庭或个人,作为生产者的单个厂商或企业,以及单个产品或生产要素市场)为研究对象,研究单个经济主体面对既定的资源约束时如何进行选择的科学。微观经济学的核心内容是论证亚当·斯密的看不见的手原理。微观经济学采用个量分析法,其中,个量是指与单个经济单位的经济行为相适应的经济变量,如单个生产者的产量、成本、利润,某一商品的需求量、供给量、效用和价格等。微观经济学在分析这些经济变量之间的关系时,假设总量固定不变,又被称为个量经济学。微观经济学的理论内容主要包括:消费理论或需求理论、厂商理论、市场理论、要素价格或分配理论、一般均衡理论和福利经济理论等。由于这些理论均涉及市场经济和价格机制的作用,因而微观经济学又被称为市场经济学。

(2)微观经济理论的建立是以一定的假设条件作为前提的。在微观经济分析中,根据所研究的问题和所要建立的模型的不同需要,假设条件存在差异。但是,在众多的假设条件中,至少有两个基本的假设条件:第一,合乎理性的人的假设条件。这个假设条件也被称为"经济人"的假设条件。"经济人"被视为经济生活中一般人的抽象,基本上被假设为是利己的。"经济人"在一切经济活动的行为都是合乎所谓的理性的,即都是以利己为动机,力图以最小的经济代价去追逐和获得自身的最大的经济利益。第二,完全信息的假设条件。这一假设条件的主要含义是指市场上每一个从事经济活动的个体(即买者和卖者)都对有关的经济情况(或经济变量)具有完全的信息。例如,每一个消费者都充分地了解每一种商品的性能和特点,准确地判断一定商品量给自己带来的消费满足程度,掌握商品价格在不同时期的变化等,从而能够确定最优的商品购买量。

# 第二章 需求曲线和供给曲线概述以及有关的基本概念

**知识脉络图**

需求、供给与均衡价格
- 西方经济学的特点
  - 研究对象：个体经济单位
  - 基本假设：理性人假设
- 需求曲线
  - 定义和表达式：$Q_d = f(P)$
  - 影响需求的因素
  - 需求的规律
- 供给曲线
  - 定义和表达式：$Q_s = f(P)$
  - 影响供给的因素
  - 供给的规律
- 均衡
  - 均衡含义
  - 均衡价格的决定及变动
  - 均衡价格理论的应用
- 弹性
  - 需求价格弹性和供给价格弹性的定义
  - 需求弹性的计算公式
    - 两点之间的弹性
    - 平均弹性
    - 点弹性
  - 需求弹性的种类
    - 完全无弹性：$|E| = 0$
    - 相当缺乏弹性：$|E| < 0$
    - 常弹性
      - 单位弹性：$|E| = 1$
      - 相当富有弹性：$|E| > 1$
      - 完全有弹性：$|E| \to \infty$
  - 交叉弹性
    - 替代品：$E_{xy} > 0$
    - 互补品：$E_{xy} < 0$
    - 独立品：$E_{xy} = 0$
  - 收入弹性
    - 正常商品：$E_M > 0$
      - $E_M > 1$ 则为奢侈品
      - $0 < E_M < 1$ 则为必需品
    - 劣质品：$E_M < 0$（如吉芬商品）
  - 应用：总收益（TR）的关系
    - $E_d > 1$　$P$ 与 $TR$ 成反比
    - $E_d = 1$　$P$ 与 $TR$ 无关
    - $E_d < 1$　$P$ 与 $TR$ 成正比
- 蛛网理论：均衡 $Q_d = Q_s$
  - 收敛型
  - 发散型
  - 封闭型

# 第二章 需求曲线和供给曲线概述以及有关基本概念

> **复习提示**
>
> **概念**：需求、需求函数、供给、供给函数、均衡价格、弹性、弧弹性、点弹性、需求弹性、互替品、互补品、支持价格、限值价格。
> **理解**：经济模型、静态分析、比较静态分析和动态分析、蛛网模型、影响需求和供给弹性的因素。
> **掌握**：需求函数、需求曲线、需求弹性、供给函数、供给曲线、供给弹性、恩格尔定律。
> **计算**：利用弹性公式计算弧弹性、交叉弹性和点弹性的数值。
> **图解**：应用蛛网模型分析现实中的经济现象。

## 重、难点常识理解

## 一、微观经济学的特点

### 1. 微观经济学的研究对象

微观经济学的研究对象是个体经济单位。个体经济单位指单个消费者、单个生产者和单个市场等。

### 2. 微观经济学的基本假设条件

在微观经济学中，对每个经济问题的研究都是在一定的假设条件下进行的。其中，基本的假设条件有如下两个：

第一，合乎理性的人的假设条件。它假定在经济活动中，人们总是在利己的动机下，力图以最小的代价去换取最大的利益。

第二，在大部分的微观经济学中都有完全信息的假设条件。它假定市场上每一个从事交易活动的人都对有关的经济情况具有完全的信息。

## 二、需求函数、需求表和需求曲线

一种商品的需求是指消费者在一定时期内在各种可能的价格下愿意而且能够购买的该商品的数量。

一种商品的需求数量是由多种因素决定的。假定分析一种商品的价格变化对该商品的需求数量的影响，则可以建立需求函数：

$$Qd = f(P)$$

其中，$Qd$ 和 $P$ 分别表示商品的需求量和价格。

商品的需求表是某商品的各种价格和相应的需求数量的数字序列表。把需求表里的数字序列用曲线形式表示出来就是需求曲线。需求曲线可以分为直线型和曲线型。线性需求函数的通常形式为：

$$Qd = abP$$

其中，$a$、$b$ 为常数，且 $a$、$b > 0$。

需求表和需求曲线一般都表示商品的价格和需求数量成反方向变动，也就是说，需求曲线是

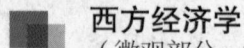

向右下方倾斜的,其原因将在第三章效用论中说明。

## 三、供给函数、供给表和供给曲线

一种商品的供给是指生产者在一定的时期内在各种可能的价格下愿意而且能够提供出售的该商品的数量。

一种商品的供给数量取决于多种因素的影响。假定仅分析一种商品的价格变化对该商品的供给数量的影响,则可以建立供给函数:

$$Qs = f(P)$$

其中,$Qs$ 和 $P$ 分别表示商品的供给量和价格。

商品的供给表是某商品的各种价格和相应的供给数量的数字序列表。把供给表里的数字序列用曲线形式表示出来就是供给曲线。供给曲线可以分为直线型和曲线型。线性供给函数的通常形式为:

$$Qs = -d + g*P$$

其中,$d$、$g$ 为常数,且 $d$、$g>0$。

供给表和供给曲线一般都表示商品的价格和供给数量成同方向变动,也就是说,供给曲线是向右上方倾斜的。其原因将在第六章完全竞争的市场论中说明。

## 四、供求曲线的共同作用

### 1. 均衡的含义

均衡的最一般的意义是指经济事物中有关的变量在一定条件的相互作用下所达到的一种相对静止的状态。经济学的研究往往在于寻找有关经济事物的均衡状态,这是因为在均衡状态中有关该经济事物的各方面的力量能够相互制约和相互抵消,也因为在均衡状态中有关该经济事物的各方面的愿望都能得到满足。

市场均衡可以分为局部均衡和一般均衡。在一个经济社会中,单个或一部分市场的均衡被称为局部均衡,所有市场的均衡被称为一般均衡。

### 2. 均衡价格的变动

需求的变动和供给的变动都会使均衡价格和均衡数量发生变化。

需求的变动是指除某种商品价格以外的其他因素变动所引起的该商品的需求数量的变动。需求的变动表示整个需求情况的变化。在几何图形中,需求的变动表现为需求曲线的位置发生移动。

供给的变动是指除某商品的价格以外的其他因素变动所引起的该商品的供给数量的变动。供给的变动表示整个供给情况的变化。在几何图形中,供给的变动表现为供给曲线的位置发生移动。

需求的变动和供给的变动对均衡价格和均衡数量的影响是:在其他条件不变的情况下,需求的变动分别引起均衡价格和均衡数量的同方向的变动;供给的变动分别引起均衡价格的反方向的变动和均衡数量的同方向的变动。

## 第二章 需求曲线和供给曲线概述以及有关基本概念

### 五、静态分析、比较静态分析和动态分析

在一个经济模型中,根据既定的外生变量值来求得内生变量值的分析方法,被称为静态分析。当外生变量的数值发生变化时,内生变量的数值也会发生变化。研究外生变量变化对内生变量的影响方式,以及分析比较不同数值的外生变量下的内生变量的不同数值,被称为比较静态分析。

在静态分析和比较静态分析中,变量所属的时间被抽象了。而在动态模型中,则需要区分变量在时间上的先后差别,研究不同时点上的变量之间的相互关系。根据这种动态模型做出的分析,被称为动态分析。

### 六、弹性的概念

#### 1. 需求弹性的含义

需求弹性是指需求对影响需求的因素的变动的反应程度。需求弹性一般可分为价格弹性、收入弹性和交叉弹性。价格弹性系数为

$$E_d = \frac{\Delta Q}{\Delta P} \cdot \frac{P_1 + P_2}{Q_1 + Q_2} \quad \cdots\cdots 弧弹性$$

或

$$E_d = \frac{dQ}{dP} \cdot \frac{P}{Q} \quad \cdots\cdots 点弹性$$

式中 $\frac{dQ}{dP}$ 是需求曲线上与 $P$ 和 $Q$ 相对应的点的切线斜率的倒数,故不可把弹性与需求曲线斜率相混淆。

影响需求价格弹性的因素甚多。需求价格弹性与销售总收益密切相关:富于弹性的商品的销售收益与价格成反向变动,缺乏弹性商品的销售收益与价格成正向变动,单元弹性的商品的销售收益与价格变动无关。

需求的收入弹性系数为

$$E_M = \frac{\Delta Q}{\Delta M} \cdot \frac{M_1 + M_2}{Q_1 + Q_2} \quad \cdots\cdots 弧弹性$$

或

$$E_M = \frac{dQ}{dM} \cdot \frac{M}{Q} \quad \cdots\cdots 点弹性$$

各类商品的收入弹性不相同。正常商品的 $E_M > 0$(其中奢侈品 $E_M > 1$,必需品的收入弹性为 $0 < E_M < 1$),劣质商品的 $E_M < 0$。

需求的交叉弹性系数为

$$E_{xy} = \frac{\Delta Q_x}{\Delta Q_y} \cdot \frac{P_{y1} + P_{y2}}{Q_{x1} + Q_{x2}} \cdots\cdots 弧弹性$$

或

$$E_{xy} = \frac{dQ_x}{dP_y} \cdot \frac{P_y}{Q_x} \cdots\cdots 点弹性$$

依据 $E_{xy}$ 的大小,可将商品间关系分为三类:

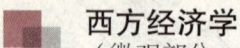

一是 $x$ 和 $y$ 为互相替代的商品，$E_{xy}>0$；

二是 $x$ 和 $y$ 为互相补充的商品，$E_{xy}<0$；

三是 $x$ 和 $y$ 为相互独立的商品，$E_{xy}=0$。

同需求有弹性一样，供给也有弹性。前述的需求价格弹性分析，同样适用于价格弹性，但与需求价格弹性相反，供给价格弹性一般为正值。

研究需求弹性和供给弹性时，还要区分短期弹性和长期弹性。

### 2. 恩格尔定律

恩格尔定律是19世纪德国统计学家恩格尔根据统计资料对消费结构的变化得出的一个规律。具体而言，恩格尔定律是指在一个家庭或在一个国家中，食物支出在收入中所占的比例，随着收入的增加而减少。在需求的收入弹性的基础上，如果具体地研究消费者用于购买食物的支出量对于消费者收入量变动的反映程度，就可以得到食物支出的收入弹性。用弹性来定义恩格尔定律：对于一个家庭或一个国家来说，富裕程度越高，则食物支出的收入弹性就越小；反之，则越大。

恩格尔定律是根据经验数据提出的，它是在假定其他一切变量都是常数的前提下才适用的。因此，在考察食物支出在收入中所占比例的变动问题时，还应当考虑到城市化程度、食品加工、饮食业和食物本身结构变化等因素都会影响家庭的食物支出增加。只有达到相当高的平均食物消费水平时，收入的进一步增加才不对食物支出发生重要的影响。

### 3. 影响需求弹性的因素

影响需求弹性的主要因素有：商品的可替代性、商品用途的广泛性、商品对消费者生活的重要程度、商品的消费支出在消费者预算总支出中所占的比重，以及所考察的消费者调节需求量的时间。一种商品的需求弹性系数值，取决于影响该商品需求弹性的所有因素的综合作用。

## 七、蛛网模型

蛛网模型是指西方经济学中分析生产周期较长商品的产量和价格波动情况的模型。其基本前提是本期消费量受本期价格影响，本期供给量既受上期价格的影响，又影响下期价格的形成。蛛网模型分析了商品的产量和价格波动的三种情况。第一种情况是当相对于数量轴该商品供给曲线斜率的绝对值大于需求曲线斜率的绝对值时，市场由于受到外力干扰偏离原有的均衡状态以后，实际价格和实际产量会围绕均衡水平上下波动，但波动的幅度越来越小，最后会恢复到原来的均衡点。这是经济持续稳定发展的理想模式，称收敛型蛛网；第二种情况是当相对于数量轴该商品供给曲线斜率的绝对值小于需求曲线斜率的绝对值时，市场由于受到外力干扰偏离原有的均衡状态以后，实际价格和实际产量上下波动幅度越来越大，偏离均衡点越来越远，称为发散型蛛网，在这种情况下经济发展极不稳定；第三种情况是当相对于数量轴该商品供给曲线斜率的绝对值等于需求曲线的绝对值时，市场由于受到外力干扰偏离原有的均衡状态以后，实际价格和实际产量始终按同一幅度围绕均衡水平上下波动，既不进一步偏离均衡点，也不逐步地趋向均衡点，称为封闭型蛛网，在这种情况下经济发展成周期性波动。

# 第二章　需求曲线和供给曲线概述以及有关基本概念

**考研真题与难题详解**

## 一、概念题

**1. 恩格尔定律**（对外经贸大学 2006 研；华东理工大学 2006 研；南京大学 2007 研；中南财大 2009 研；中央财大 2010 研）

**答案**：德国统计学家恩格尔根据统计资料，对消费结构的变化得出一个规律：在一个家庭或在一个国家中，食物支出在收入中所占的比例随着收入的增加而减少。反映这一定律的系数被称为恩格尔系数，公式表示为：

$$恩格尔系数 = \frac{消费用于购买食品的支出}{消费者的可支配收入}$$

用弹性概念来表述恩格尔定律可以是：对于一个家庭或一个国家来说，富裕程度越高，则食物支出的收入弹性就越小；反之，则越大。

随着时间的推移，后来的经济学家对恩格尔定律做了若干补充，恩格尔定律的内容有所增加。目前，经济学对恩格尔定律的表述是：

(1) 随着家庭收入的增加，用于购买食品的支出占家庭收入的比重会下降。

(2) 随着家庭收入的增加，用于家庭住宅建设和家务经营的支出占家庭收入的比重大体不变。

(3) 随着家庭收入的增加，用于服装、交通、娱乐、卫生保健、教育方面的支出和储蓄占家庭收入的比重会上升。

**2. 需求变化与需求量变化**（东北财大 2011 研）

**答案**：需求量的变动是指在其他条件不变时，由某商品的价格变动所引起的该商品的需求数量的变动。在几何图形中，需求量的变动表现为商品的价格—需求数量组合点沿着一条既定的需求曲线的运动。

需求的变动是指在某商品价格不变的条件下，由于其他因素变动所引起的该商品的需求数量的变动。在几何图形中，需求的变动表现为需求曲线的位置发生移动。

如图 2.1 所示，当一种产品的价格变化时，将引起沿着需求曲线的变动和需求量的变动，如需求曲线 $D_0$ 上的箭头所示。当任何一种其他影响购买计划的因素变动时，将引起需求曲线移动和需求变动。需求增加使需求由线向右移动（从 $D_0$ 到 $D_1$），需求减少使需求曲线向左移动（从 $D_0$ 到 $D_2$）。

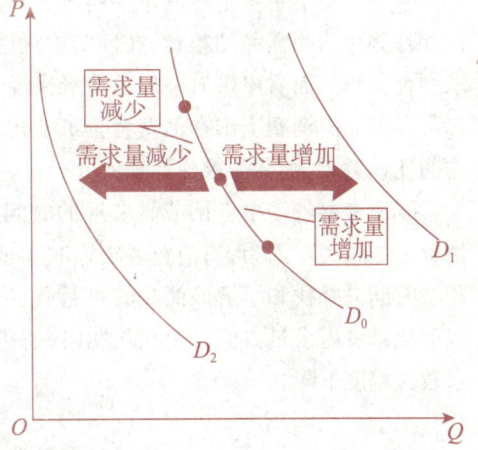

图 2.1　需求量变动与需求变动

**3. 蛛网模型**（对外经贸大学 2004 研；中南财大 2010 研）

**答案**：蛛网模型运用弹性原理解释某些生产周期较长的商品在失去均衡时发生的不同波动情况的一种动态分析理论。古典经济学理论认为，如果供给量和价格的均衡被打破，经过竞争，均衡状态会自动恢复。蛛网模型却证明，按照古典经济学静态下完全竞争的假设，均衡一旦被打破，经济系统并不一定自动恢复均衡。

与均衡价格决定模型不同的是,蛛网模型是一个动态模型,假定商品的本期产量决定于一期的价格 $P_{t-1}$,即供给函数为 $Q_t^s = f(P_{t-1})$,并根据需求弹性、供给弹性的不同,分为"收敛型蛛网"、"发散型蛛网"和"封闭型蛛网"三种类型。

蛛网模型解释了某些生产周期较长的商品的产量和价格的波动的情况,对实践具有一定的指导作用。但是,这个模型还是一个很简单的、有缺陷的模型,需要进一步的完善。

## 二、简答题

**何为需求价格弹性?影响需求价格弹性的因素有哪些?**(重庆大学 2004 研;昆明理工大学 2010 研;中央财大 2011 研;西南大学 2012 研)

**答案:**(1)需求的价格弹性指某种商品需求量变化的百分率与价格变化的百分率之比,它用来测度商品需求量变动对于商品自身价格变动反应的敏感性程度。

(2)影响需求价格弹性的因素是很多的,其中主要有以下几个:

①商品的价格水平的高低。一般而言,价格越高,$E_d$ 越大;反之,价格越低,$E_d$ 越小。

②商品的可替代性。一种商品其替代品愈多,愈重要,则需求弹性愈大。例如樟脑过去没有替代品,其需求弹性较小。现在有了替代品(即人造樟脑),则天然樟脑的需求弹性即行加大,价格上涨时可以用人造樟脑代替天然樟脑,因而需求量大幅减少。

③商品用途的广泛性。一般来说,一种商品的用途越是广泛,它的需求的价格弹性就可能越大;相反,用途越狭窄,它的需求的价格弹性就可能越小。这是因为,如果一种商品具有多种用途,当它的价格较高时,消费者只购买较少的数量用于最重要的用途上。当它的价格逐步下降时,消费者的购买量就会逐渐增加,将商品越来越多地用于其他各种用途上。

④商品对消费者生活的重要程度。一种产品对人们生活必需的程度愈大,则其需求弹性愈小。例如作为生活必需品的粮食,在现实中,价格虽有变化,消费量一般不会有太大的变化,因此,其需求弹性甚小。而看电影对一般消费者来说,是非生活必需品,其需求弹性就较大。

⑤商品的消费支出在消费者全部支出中所占的比例。一种产品其消费支出在全部支出中所占的比例愈大,则其需求弹性愈大。

⑥所考察的消费者调节需求量的时间。一般说来,所考察的调节时间越长,则需求的价格弹性就可能越大。因为,当消费者决定减少或停止对价格上升的某种商品的购买之前,他一般需要花费时间去寻找和了解该商品的可替代品。例如,当石油价格上升时,消费者在短期内不会较大幅度地减少需求量。但设想在长期内,消费可能找到替代品,于是,石油价格上升会导致石油的需求较大幅度下降。

## 三、计算题

设现阶段我国居民对新汽车需求的价格弹性是 $E_d = -1.2$,需求的收入弹性是 $E_y = 3.0$,计算:

(1)在其他条件不变的情况下,价格提高 3% 对需求的影响;

(2)在其他条件不变的情况下,收入提高 2% 对需求的影响;

(3)假设价格提高 8%,收入增加 10%。2002 年新汽车的销售量为 800 万辆。利用有关弹性

# 第二章 需求曲线和供给曲线概述以及有关基本概念

系数估算 2003 年新汽车的销售量。(华中科大 2003 研;武汉大学 2009 研)

**答案:**(1) $E_d = \dfrac{\dfrac{\Delta Q_d}{Q_d}}{\dfrac{\Delta P}{P}}$,将 $E_d = -1.2$,$\dfrac{\Delta P}{P} = 3\%$ 代入可得:

$$-1.2 = \dfrac{\dfrac{\Delta Q_d}{Q_d}}{0.03} \Rightarrow \dfrac{\Delta Q_d}{Q_d} = -0.036$$

所以在其他条件不变的情况下,价格提高 3% 使需求降低 3.6%。

(2) $E_y = \dfrac{\Delta Q}{\Delta Y} \cdot \dfrac{Y}{Q}$,将 $\dfrac{\Delta Y}{Y} = 0.02$,$E_y = 3.0$ 代入可得:

$$3.0 = \dfrac{\dfrac{\Delta Q}{Q}}{0.02} \Rightarrow \dfrac{\Delta Q}{Q} = 0.06$$

因此,其他条件不变收入提高 2% 时,需求增加 6%。

(3) 假设价格提高 8%,收入增加 10%。2002 年新汽车的销售量为 800 万辆。因此,2003 年新汽车销售增量为:

$$\Delta Q' = (-1.2 \times 8\% + 3.0 \times 10\%) \times 800 = 163.2 (万辆)$$

因此,2003 年新汽车的销售量为 800 + 163.2 = 963.2(万辆)。

## 三、论述题

棉花市场需求函数为 $Q_d = 10 - 2p$,供给函数为 $Q_s = 3p - 5$,政府为了保护棉农利益,决定采取适当政策。

(1) 政府决定制定最低价格,并决定按照最低 $p = 4$ 收购市场上剩余棉花,求政策前后供给量与需求量的变化量以及政府需要采购的数量。

(2) 计算政策实行前后消费者剩余以及生产者剩余的变化、政府采购的成本。

(3) 政府决定将最后价格政策改为对棉农补贴。棉农每销售一单位棉花,政府对其补贴 $s$ 元,请确定 $s$ 使生产者利益和实行最低价格时相同以及政府的成本。(上海财大 2011 研)

**答案:**(1) 根据市场均衡条件 $Q_d = Q_s$ 可以求得政府决定制定最低价格之前的均衡价格和均衡数量,为此有 $10 - 2p = 3p - 5$,均衡价格为 $p^* = 3$,均衡数量 $Q^* = 4$。政府制定最低 $p = 4$ 后,需求量变为 $Q_d = 10 - 2 \times 4 = 2$,减少了 1,供给量变为 $Q_s = 3 \times 4 - 5 = 7$,增加了 3,市场的剩余量为 $7 - 2 = 5$,所以政府需要购买 5 个单位的棉花。

(2) 需求函数和供给函数如图 2.2 所示。

显然政策实行前的消费者剩余为三角形 $EP^*D'$ 的面积,该三角形的底边长为 $EP^* = OQ^* = 4$,高为 $P^*D' = OD' - OP^* = 5 - 3 = 2$,因此消费者剩余为 $4 \times 2 \div 2 = 4$。生产者剩余为三角形 $EP^*S'$ 的面积,该三角形的底边长为 $EP^* = OQ^* = 4$,高为 $P^*S' = OP^* - OS' = 3 - 5/3 = 4/3$,因此生产者剩余 $4 \times 4/3 \div 2 = 8/3$。

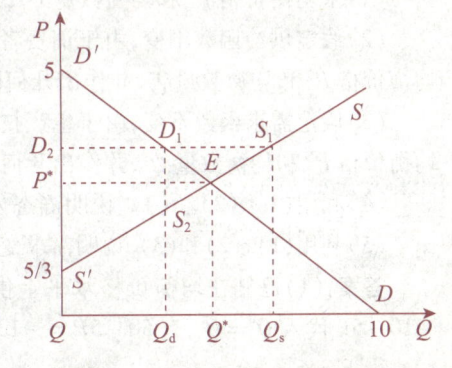

图 2.2 需求函数和供给函数

政策实行后的消费者剩余为三角形 $D'D_2D_1$ 的面积,该三角形的底边长为 $D_1D_2 = OQ_d = 2$,高为 $D_2D' = OD' = OD_2 = 5 - 4 = 1$,因此消费者剩余为 $2 \times 1 \div 2 = 1$。生产者剩余为三角形 $S_1D_2S'$ 的面积,该三角形的底边为 $D_2S_1 = OQ_s = 7$,高为 $D_2S' = OD_2 - OS' = 4 - 5/3 = 7/3$,因此生产者剩余为 $7 \times 7/3 \div 2 = 49/6$。

因此政策实行后的消费者剩余减少了 3,而生产剩余增加了 $11/2 = 5.5$。

政府采购的成本就是矩形 $Q_dD_1S_1Q_s$ 的面积 $4 \times 5 = 20$。

(3)设棉农每销售一单位棉花政府对其补贴 $s$ 元才能使生产者利益和实行最低价格时相同,则有 $8/3 + 4_s = 49/6$。

可得 $s = 1.375$,政府需要支付的总成本为 5.5,单位成本 1.375。

### 典型案例分析

#### ——需求定理:"是先有蛋还是先有鸡"

当然,有一个问题还不能说清:究竟是先产生需求再产生供给呢,还是先产生供给才产生需求?这有点像问"是先有蛋还是先有鸡"。我想,可能有时候是需求带动供给,很多的新产品就是在人们强烈的需求下产生的;也有时候是供给诱导需求,比如新潮的时装,常常是提供出来之后,才左右了人们的视线,引发了人们的需求。但在某一种商品的价格决定中,供给与需求就像一把剪刀的两个刀片,不分彼此,共同决定一种商品的价格;同时价格又像一只无形的手在市场经济中自发地调节需求、调节供给,调节的最后结果使市场达到了均衡——社会资源配置合理。

总之,许多的东西在经济学家眼里都成了产品,都可以从供给和需求的角度来进行分析。需求是提供产品的动力,供给是满足需求的前提。比如要兴办教育,是因为存在大量的对"教育"产品有需求的人,而有了"教育"产品的供给,才能满足"教育"产品的需求。如果想上学的都能上学,教育资源得到充分利用,也就达到了教育市场的供求平衡。

### 教材习题精解参考答案

**1. 已知某一时期内某商品的需求函数为 $Q^d = 50 - 5P$,供给函数为 $Q^s = -10 + 5P$。**

(1)求均衡价格 $P^e$ 和均衡数量 $Q^e$,并作出几何图形。

(2)假定供给函数不变,由于消费者收入水平提高,使需求函数变为 $Q^d = 60 - 5P$。求出相应的均衡价格 $P^e$ 和均衡数量 $Q^e$,并作出几何图形。

(3)假定需求函数不变,由于生产技术水平提高,使供给函数变为 $Q^s = -5 + 5P$。求出相应的均衡价格 $P^e$ 和均衡数量 $Q^e$,并作出几何图形。

(4)利用(1)、(2)和(3),说明静态分析和比较静态分析的联系和区别。

(5)利用(1)、(2)和(3),说明需求变动和供给变动对均衡价格和均衡数量的影响。

**答案:**(1)已知在均衡价格水平上供给等于需求,将需求函数 $Q^d = 50 - 5P$ 和供给函数 $Q^s = -10 + 5P$ 代入 $Q^d = Q^s$,有 $50 - 5P = -10 + 5P$。

得 $P^e = 6$。

把 $P^e = 6$ 代入需求函数 $Q^d = 50 - 5P$,得:

$Q^e = 50 - 5 \times 6 = 20$,所以,均衡价格和均衡数量分别为 $P^e = 6$,$Q^e = 20$,如图 2.3 所示。

(2)消费者收入变化,则需求变化,从而需求曲线向右移动,形成新的均衡。将由于消费者收入

## 第二章 需求曲线和供给曲线概述以及有关基本概念

水平提高而产生的需求函数 $Q^d = 60 - 5P$ 和原供给函数 $Q^s = -10 + 5P$,代入均衡条件 $Q^d = Q^s$,有 $60 - 5P = -10 + 5P$,得 $P^e = 7$。

把 $P^e = 7$ 代入 $Q^d = 60 - 5P$,得 $Q^e = 60 - 5 \times 7 = 25$,或者,以均衡价格 $P^e = 7$ 代入 $Q_s = -10 + 5P$,得 $Q^e = -10 + 5 \times 7 = 25$。

所以,均衡价格和均衡数量分别为 $P^e = 7, Q^e = 25$,如图2.4所示。

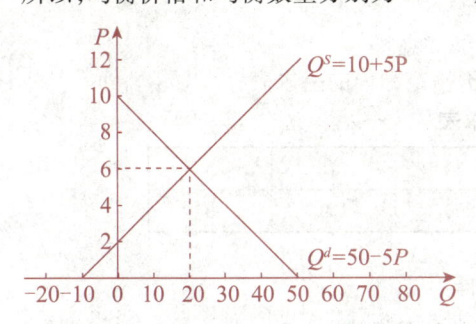

图2.3 均衡价格和均衡数量

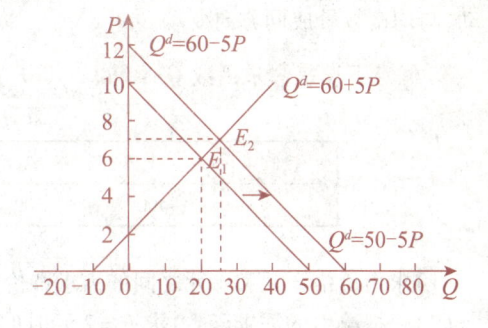

图2.4 需求曲线移动后均衡

(3)生产技术水平变动,从而供给曲线向右移动,形成新的均衡将原需求函数 $Q^d = 50 - 5P$ 和由于技术水平提高而产生的供给函数 $Q^s = -5 + 5P$,代入均衡条件 $Q^d = Q^s$,有 $50 - 5P = -5 + 5P$,得 $P^e = 5.5$。

把 $P^e = 5.5$ 代入 $Q^d = 50 - 5P$,得:$Q^e = 50 - 5 \times 5.5 = 22.5$。

或者,以均衡价格 $P^e = 5.5$ 代入 $Q^s = -5 + 5P$,得:$Q^e = -5 + 5 \times 5.5 = 22.5$。

所以,均衡价格和均衡数量分别为 $P^e = 5.5, Q^e = 22.5$,如图2.5所示。

(4)静态分析是考察在既定条件下某一经济事物在经济变量的相互作用下所实现的均衡状态及其特征。以(1)为例,在图2.3中,均衡点 $E$ 就是一个体现了静态分析特征的点。它是在给定的供求力量的相互作用下所达到的一个均衡点。在此,给定的供求力量分别用给定的供给函数 $Q^s = -10 + 5P$ 和需求函数 $Q^d = 50 - 5P$ 表示,均衡点 $E$ 具有的特征是:均衡价格 $P^e = 6$,且当 $P^e = 6$ 时,有 $Q^d = Q^s = Q^e = 20$;同时,均衡数量 $Q^e = 20$,且当 $Q^e = 20$ 时,有 $P^d = P^s = P^e = 6$。

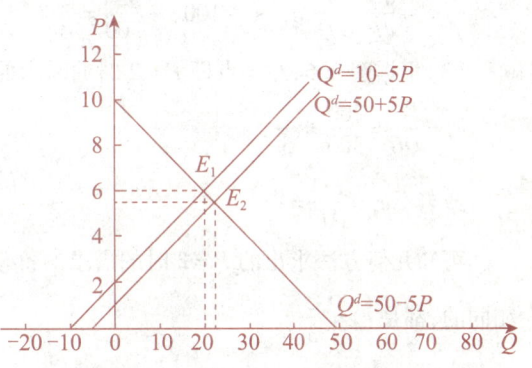

图2.5 供给曲线移动后均衡

依此类推,以上所描述的关于静态分析的基本要点,在(2)及图2.4和(3)及图2.5中的每一个单独的均衡点 $E_i (i = 1, 2)$ 都得到了体现。

比较静态分析是考察当原有的条件发生变化时,原有的均衡状态会发生什么变化,并分析比较新旧均衡状态。以(2)为例加以说明。在图2.4中,由均衡点 $E_1$ 变动到均衡点 $E_2$,就是一种比较静态分析,它表示当需求增加即需求函数发生变化时对均衡点的影响。很清楚,比较新、旧两个均衡点 $E_1$ 和 $E_2$ 可以看到:由于需求增加导致需求曲线右移,最后使得均衡价格由6上升为7,同时,均衡数量由20增加为25。也可以这样理解比较静态分析:在供给函数保持不变的前提下,由于需求函数中的外生变量发生变化,即其中一个参数值由50增加为60,从而使得内生变量的数值发生变化,其结果为,均衡价格由原来的6上升为7,同时,均衡数量由原来的20增加为25。类似地,利用(3)及其图2.5也可以说明比较静态分析方法的基本要点。

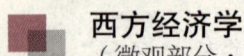

(5)比较(1)和(2)可得,当消费者收入水平提高导致需求增加,即表现为需求曲线右移时,均衡价格提高了,均衡数量增加了。

比较(1)和(3)可得,当技术水平提高导致供给增加,即表现为供给曲线右移时,均衡价格下降了,均衡数量增加了。

一般地,需求与均衡价格成同方向变动,与均衡数量成同方向变动;供给与均衡价格成反方向变动,与均衡数量成同方向变动。

**2. 假定下表是需求函数 $Q^d = 500 - 100P$ 在一定价格范围内的需求表:**

**某商品的需求表**

| 价格(元) | 1 | 2 | 3 | 4 | 5 |
|---|---|---|---|---|---|
| 需求量 | 400 | 300 | 200 | 100 | 0 |

(1)求出价格2元和4元之间的需求和价格弧弹性。
(2)根据给出的需求函数,求 $P=2$ 元时的需求的价格点弹性。
(3)根据该需求函数或需求表作出几何图形,利用几何方法求出 $P=2$ 元时的需求的价格点弹性。它与(2)的结果相同吗?

**答案:**(1)由需求的价格弧弹性中点公式 $e_d = -\dfrac{\Delta Q}{\Delta P} \cdot \dfrac{\dfrac{P_1+P_2}{2}}{\dfrac{Q_1+Q_2}{2}}$,有 $e_d = \dfrac{200}{2} \cdot \dfrac{\dfrac{2+4}{2}}{\dfrac{300+100}{2}} = 1.5$。

(2)已知当 $P=2$ 时,$Q^d = 500 - 100 \times 2 = 300$,所以,可得:

$$e_d = -\frac{dQ}{dP} \cdot \frac{P}{Q} = -(-100) \cdot \frac{2}{300} = \frac{2}{3}$$

(3)根据图2.6,在 $a$ 点即 $P=2$ 时的需求的价格点弹性为:

$$e_d = \frac{GB}{OG} = \frac{200}{300} = \frac{2}{3},$$

或者 $e_d = \dfrac{FO}{AF} = \dfrac{2}{3}$。

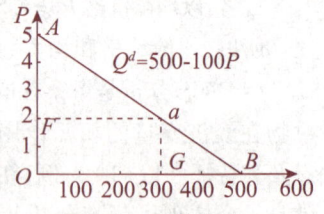

图2.6 需求曲线

可知几何方法求出的 $P=2$ 时的需求的价格点弹性系数和(2)中根据定义公式求出的结果是相同的,都是 $e_d = \dfrac{2}{3}$。

**3. 假定下表是供给函数 $Q^s = -2 + 2P$ 在一定价格范围内的供给表。**

**某商品的供给表**

| 价格(元) | 2 | 3 | 4 | 5 | 6 |
|---|---|---|---|---|---|
| 供给量 | 2 | 4 | 6 | 8 | 10 |

(1)求出价格3元和5元之间的供给的价格弧弹性。
(2)根据给出的供给函数,求 $P=3$ 元时的供给的价格点弹性。
(3)根据该供给函数或供给表作出几何图形,利用几何方法求出 $P=4$ 元时供给的价格点弹性。它与(2)的结果相同吗?

**答案:**(1)由供给的价格弧弹性公式可得

## 第二章　需求曲线和供给曲线概述以及有关基本概念

$$e_s = \frac{\Delta Q}{\Delta P} \cdot \frac{\frac{P_1 + P_2}{2}}{\frac{Q_1 + Q_2}{2}},$$

$$e_s = \frac{4}{2} \times \frac{\frac{3+5}{2}}{\frac{4+8}{2}} = \frac{4}{3}。$$

图 2.7　供给曲线

(2) 当 $P = 3$ 时，$Q^s = -2 + 2 \times 3 = 4$，所以

$$e_s = \frac{\mathrm{d}Q}{\mathrm{d}P} \cdot \frac{P}{Q} = 2 \times \frac{3}{4} = 1.5。$$

(3) 根据图 2.7，在 $a$ 点即 $P = 3$ 时的供给的价格点弹性为

$$e_s = \frac{AB}{OB} = \frac{6}{4} = 1.5。$$

可见，利用几何方法求出的 $P = 3$ 时的供给的价格点弹性系数和(2)中根据定义公式求出的结果是相同的，都是 $e_s = 1.5$。

**4. 图 2.8 中有三条线性的需求曲线 AB、AC 和 AD。**
(1) 比较 $a$、$b$、$c$ 三点的需求的价格点弹性的大小。
(2) 比较 $a$、$f$、$e$ 三点的需求的价格点弹性的大小。

**答案：**(1) 根据求需求的价格点弹性的几何方法，可知：分别处于三条不同的线性需求曲线上的 $a$、$b$、$c$ 三点的需求的价格点弹性是相等的。因为，在这三点上，都有 $e_d = \frac{FO}{AF}$。

(2) 根据求需求的价格点弹性的几何方法，同样可以很方便地推知：分别处于三条不同的线性需求曲线上的 $a$、$e$、$f$ 三点的需求的价格点弹性是不相等的，且有 $e_d^a < e_d^f < e_d^e$。其理由在于：

在 $a$ 点有：$e_d^a = \frac{GB}{OG}$；在 $f$ 点有：$e_d^f = \frac{GC}{OG}$；在 $e$ 点：$e_d^e = \frac{GD}{OG}$。

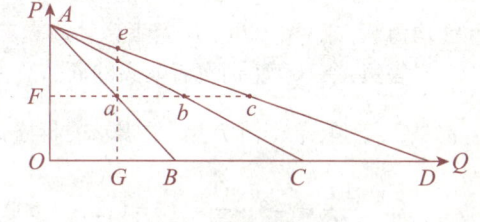

图 2.8　需求曲线

在以上三式中，由于 $GB < GC < GD$，所以，$e_d^a < e_d^f < e_d^e$。

**5. 利用图 2 – 29(原书图略)比较需求的价格点弹性的大小。**
(1) 图(a)中，两条线性需求曲线 $D_1$ 和 $D_2$ 相交于 $a$ 点。试问：在交点 $a$，两条直线型的需求的价格点弹性相等吗？
(2) 图(b)中，两条曲线型的需求曲线 $D_1$ 和 $D_2$ 相交于 $a$ 点。试问：在交点 $a$，两条曲线型的需求的价格点弹性相等吗？

**答案：**(1) 图(a)中两条直线型的需求的价格点弹性不相等，虽然两条直线相交，但与 $x$、$y$ 轴相交的点并不相同。
(2) 图(b)中两条曲线型的需求的价格点弹性不相等，虽然两条曲线相交，但切线并不相同。

**6. 假定某消费者关于某种商品的需求数量 Q 与收入 M 之间的函数关系为 $M = 100Q^2$。求：当收入 $M = 2500$ 时的需求的收入点弹性。**

**答案:** 由已知条件 $M=100Q^2$,可得 $Q=\sqrt{\dfrac{M}{100}}$,

于是,有 $\dfrac{dQ}{dM}=\dfrac{1}{2}\left(\dfrac{M}{100}\right)^{-\frac{1}{2}}\cdot\dfrac{1}{100}$。

进而,可得 $e_m=\dfrac{dQ}{dM}\cdot\dfrac{M}{Q}=\dfrac{1}{2}\left(\dfrac{M}{100}\right)^{-\frac{1}{2}}\cdot\dfrac{1}{100}\cdot 100\cdot\left(\sqrt{\dfrac{M}{100}}\right)^2 \bigg/ \sqrt{\dfrac{M}{100}}=\dfrac{1}{2}$。

进而可知,当收入函数 $M=aQ^2$(其中 $a>0$ 为常数)时,则无论收入 $M$ 为多少,相应的需求的收入点弹性恒等于 $\dfrac{1}{2}$。

**7. 假定需求函数为 $Q=MP^{-N}$,其中 $M$ 表示收入,$P$ 表示商品价格,$N(N>0)$ 为常数。求:需求的价格点弹性和需求的收入点弹性。**

**答案:** 已知 $Q=MP^{-N}$,可得

$$e_d=-\dfrac{dQ}{dP}\cdot\dfrac{P}{Q}=-M\cdot(-N)\cdot P^{-N-1}\cdot\dfrac{P}{MP^{-N}}=N,$$

$$e_m=\dfrac{dQ}{dM}\cdot\dfrac{M}{Q}=P^{-N}\cdot\dfrac{M}{MP^{-N}}=1。$$

由此可见,一般地,对于幂指数需求函数 $Q(P)=MP^{-N}$ 而言,其需求的价格点弹性总等于幂指数的绝对值 $N$。而对于线性需求函数 $Q(M)=MP^{-N}$ 而言,其需求的收入点弹性总是等于 1。

**8. 假定某商品市场上有 100 个消费者,其中,60 个消费者购买该市场 $\dfrac{1}{3}$ 的商品,且每个消费者的需求的价格弹性均为 3;另外 40 个消费者购买该市场 $\dfrac{2}{3}$ 的商品,且每个消费者的需求的价格弹性均为 6。求:按 100 个消费者合计的需求的价格弹性系数是多少?**

**答案:** 令 100 个消费者购买的商品总量为 $Q$,市场价格为 $P$,且每个消费者的需求的价格弹性都是 3,于是,单个消费者 $i$ 的需求的价格弹性可以写为 $e_{di}=-\dfrac{dQ_i}{dP}\cdot\dfrac{P}{Q_i}=3$,

即 $\dfrac{dQ_i}{dP}=-3\cdot\dfrac{Q_i}{P}$ $(i=1,2,\cdots,60)$ (1)

且 $\sum\limits_{i=1}^{60}Q_i=\dfrac{Q}{3}$。 (2)

该市场 $\dfrac{2}{3}$ 的商品被另外 40 个消费者购买,且每个消费者的需求的价格弹性都是 6,于是,单个消费者 $j$ 的需求的价格弹性可以写为:

$$e_{dj}=-\dfrac{dQ_j}{dP}\cdot\dfrac{P}{Q_j}=6,$$

即 $\dfrac{dQ_j}{dP}=-6\cdot\dfrac{Q_j}{P}$ $(j=1,2,\cdots,40)$, (3)

且 $\sum\limits_{j=1}^{40}Q_j=\dfrac{2Q}{3}$。 (4)

该市场上 100 个消费者合计的需求的价格弹性可以写为

$$e_d=-\dfrac{dQ}{dP}\cdot\dfrac{P}{Q}=-\dfrac{d\left(\sum\limits_{i=1}^{60}Q_i+\sum\limits_{j=1}^{40}Q_j\right)}{dP}\cdot\dfrac{P}{Q}=-\left(\sum\limits_{i=1}^{60}\dfrac{dQ_i}{dP}+\sum\limits_{j=1}^{40}\dfrac{dQ_j}{dP}\right)\cdot\dfrac{P}{Q}。$$

# 第二章 需求曲线和供给曲线概述以及有关基本概念

将(1)式、(3)式代入上式,得

$$e_d = -\left[\sum_{i=1}^{60}\left(-3 \cdot \frac{Q_i}{P}\right) + \sum_{j=1}^{40}\left(-6 \cdot \frac{Q_j}{P}\right)\right] \cdot \frac{P}{Q}$$

$$= -\left[-\frac{3}{P}\sum_{i=1}^{60}Q_i + \frac{-6}{P}\sum_{j=1}^{40}Q_j\right] \cdot \frac{P}{Q}。$$

再将(2)式、(4)式代入上式,得

$$e_d = -\left(-\frac{3}{P} \cdot \frac{Q}{3} - \frac{6}{P} \cdot \frac{2Q}{3}\right) \cdot \frac{P}{Q} = -\frac{Q}{P}(-1-4) \cdot \frac{P}{Q} = 5。$$

所以,按 100 个消费者合计的需求的价格弹性系数是 5。

**9.** 假定某消费者的需求的价格弹性 $e_d = 1.3$,需求的收入弹性 $e_m = 2.2$。求(1)在其他条件不变的情况下,商品价格下降 2% 对需求数量的影响。(2)在其他条件不变的情况下,消费者收入提高 5% 对需求数量的影响。

**答案:**(1)由于 $e_d = -\dfrac{\frac{\Delta Q}{Q}}{\frac{\Delta P}{P}}$,可得:$\dfrac{\Delta Q}{Q} = -e_d \cdot \dfrac{\Delta P}{P} = -(1.3) \cdot (-2\%) = 2.6\%$,

即商品价格下降 2% 使得需求数量增加 2.6%。

(2)由于 $e_m = \dfrac{\frac{\Delta Q}{Q}}{\frac{\Delta M}{M}}$,可得 $\dfrac{\Delta Q}{Q} = e_m \cdot \dfrac{\Delta M}{M} = (2.2) \cdot (5\%) = 11\%$。

即消费者收入提高 5% 使得需求数量增加 11%。

**10.** 假定在某市场上 A、B 两厂商是生产同种有差异的产品的竞争者;该市场对 A 厂商的需求曲线为 $P_A = 200 - Q_A$,对 B 厂商的需求曲线为 $P_B = 300 - 0.5Q_B$;两厂商目前的销售量分别为 $Q_A = 50, Q_B = 100$。求:

(1)A、B 两厂商的需求的价格弹性 $e_{dA}$ 和 $e_{dB}$ 各是多少?

(2)如果 B 厂商降价后,使得 B 厂商的需求量增加为 $Q'_B = 160$,同时使竞争对手 A 厂商的需求量减少为 $Q'_A = 40$。那么,A 厂商的需求的交叉价格弹性 $e_{AB}$ 是多少?

(3)如果 B 厂商追求销售收入最大化,那么,你认为 B 厂商的降价是一个正确的行为选择吗?

**答案:**(1)关于 A 厂商:

由于 $P_A = 200 - Q_A = 200 - 50 = 150$,

需求函数:$Q_A = 200 - P_A$,

于是,A 厂商的需求的价格弹性为:$e_{dA} = -\dfrac{dQ_A}{dP_A} \cdot \dfrac{P_A}{Q_A} = -(-1) \cdot \dfrac{150}{50} = 3$。

关于 B 厂商:由于 $P_B = 300 - 0.5Q_B = 300 - 0.5 \times 100 = 250$,且 B 厂商的需求函数可以写成:

$Q_B = 600 - 2P_B$。

于是,B 厂商的需求的价格弹性为:$e_{dB} = -\dfrac{dQ_B}{dP_B} \cdot \dfrac{P_B}{Q_B} = -(-2) \cdot \dfrac{250}{100} = 5$。

(2)令 B 厂商降价前后的价格分别为 $P_B$ 和 $P'_B$,且 A 厂商相应的需求量分别为 $Q_A$ 和 $Q'_A$,根据题意有:$P_B = 300 - 0.5 \times 100 = 250$。

$P'_B = 300 - 0.5Q'_B = 300 - 0.5 \times 160 = 220$，$Q_A = 50$，$Q'_A = 40$。

因此，A 厂商的需求的交叉价格弹性为：

$$e_{AB} = -\frac{\Delta Q_A}{\Delta P_B} \cdot \frac{P_B}{Q_A} = \frac{10}{30} \cdot \frac{250}{50} = \frac{5}{3} = 1\frac{2}{3}。$$

（3）对于富有弹性的商品而言，厂商的价格和销售收入成反方向的变化。由（1）可知，B 厂商在 $P_B = 250$ 时的需求的价格弹性为 $e_{dB} = 5$，也就是说，对 B 厂商的需求是富有弹性的。我们知道，对于富有弹性的商品而言，厂商的价格和销售收入成反方向的变化，所以，B 厂商将商品价格由 $P_B = 250$ 下降为 $P'_B = 220$，将会增加其销售收入。具体地有：

降价前，当 $P_B = 250$ 且 $Q_B = 100$ 时，B 厂商的销售收入为：

$$TR_B = P_B \cdot Q_B = 250 \times 100 = 25000。$$

降价后，当 $P'_B = 220$ 且 $Q'_B = 160$ 时，B 厂商的销售收入为：

$$TR'_B = P'_B \cdot Q'_B = 220 \times 160 = 35200。$$

显然，$TR_B < TR'_B$，即 B 厂商降价增加了它的销售收入，所以，对于 B 厂商的销售收入最大化的目标而言，它的降价行为是正确的。

**11.** 假定肉肠和面包卷是完全互补品。人们通常以一根肉肠和一个面包卷为比率做一个热狗，并且已知一根肉肠的价格等于一个面包卷的价格。

（1）求肉肠的需求的价格弹性。

（2）求面包卷对肉肠的需求的交叉弹性。

（3）如果肉肠的价格是面包卷的价格的两倍，那么，肉肠的需求的价格弹性和面包卷对肉肠的需求的交叉弹性各是多少？

**答案：**（1）设肉肠的需求为 $X$，面包卷的需求为 $Y$，则相应的价格为 $P_X$、$P_Y$，且有 $P_X = P_Y$。

将效用最大化问题可以写为：

$$\max U(X,Y) = \min\{X,Y\}，\quad \text{s.t.} \quad P_X \cdot X + P_Y \cdot Y = M。$$

联立并解上述方程组有 $X = Y = \dfrac{M}{P_X + P_Y}$。

由此可得肉肠的需求的价格弹性为：

$$e_{dX} = -\frac{\partial X}{\partial P_X} \cdot \frac{P_X}{X} = -\left(-\frac{M}{(P_X + P_Y)^2} \cdot \frac{P_X}{\dfrac{M}{P_X + P_Y}}\right) = \frac{P_X}{P_X + P_Y}。$$

由于一根肉肠和一个面包卷的价格相等，所以，进一步有

$$e_{dX} = \frac{P_X}{P_X + P_Y} = \frac{1}{2}。$$

（2）面包卷对肉肠的需求的交叉弹性为：

$$e_{交叉} = \frac{\partial Y}{\partial P_X} \cdot \frac{P_X}{Y} = -\frac{M}{(P_X + P_Y)^2} \cdot \frac{P_X}{\dfrac{M}{P_X + P_Y}} = -\frac{P_X}{P_X + P_Y}。$$

由于一根肉肠和一个面包卷的价格相等，所以，进一步有

$$e_{交叉} = -\frac{P_X}{P_X + P_Y} = -\frac{1}{2}。$$

（3）若 $P_X = 2P_Y$，则根据上面（1）、（2）两题的结果，可得肉肠的需求的价格弹性为：

$$e_{dX} = -\frac{\partial X}{\partial P_X} \cdot \frac{P_X}{X} = \frac{P_X}{P_X + P_Y} = \frac{2}{3}。$$

## 第二章 需求曲线和供给曲线概述以及有关基本概念

面包卷对肉肠的需求的交叉弹性为:

$$e_{交叉} = \frac{\partial Y}{\partial P_X} \cdot \frac{P_X}{Y} = -\frac{P_X}{P_X + P_Y} = -\frac{2}{3}。$$

**12. 假设某商品销售的总收益函数为 $TR = 120Q - 3Q^2$。求：当 $MR = 30$ 时需求的价格弹性。**

**答案**：由 $TR = 120Q - 3Q^2$ 可得 $MR = 120 - 6Q$，$P = 120 - 3Q$；当 $MR = 30$ 时，$Q = 15$，$P = 75$。从而 $e = 5/3$。

**13. 假定某商品的需求的价格弹性为 1.6，现售价格为 P = 4。求：该商品的价格下降多少，才能使得销售量增加 10%？**

**答案**：由需求的价格弹性为 1.6 可知，$e_d = -\frac{\Delta Q/Q}{\Delta P/P} = 1.6$，其中：$\Delta Q = 0.1Q$，$P = 4$，代入可得 $\Delta P = 0.25$。

**14. 利用图阐述需求的价格弹性的大小与厂商的销售收入之间的关系，并举例加以说明。**

**答案**：厂商的销售收入等于商品的价格与销售量的乘积，即 $TR = P \cdot Q$。若令厂商的销售量等于需求量，则厂商的销售收入又可以改写为 $TR = P \cdot Q_d$。由此可以分析在不同的需求的价格弹性的条件下，价格变化对需求量变化的影响，进而探讨相应的销售收入的变化，如图 2.9 所示。

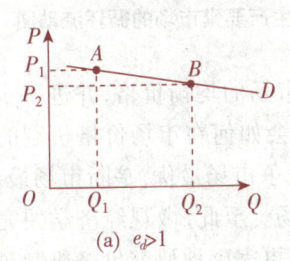

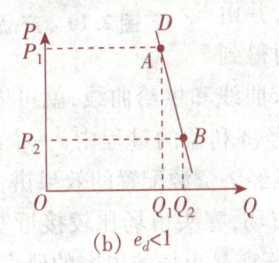

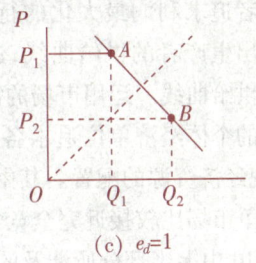

图 2.9 需求的价格弹性与销售收入

第一种情况，在图 (a) 中有一条平坦的需求曲线，它表示该商品的需求是富有弹性的，即 $e_d > 1$。需求曲线上的 $A$、$B$ 两点显示，较小的价格下降比例导致了较大的需求量的增加比例。则有降价前的销售收入 $TR_1 = P_1 \cdot Q_1$（相当于矩形 $OP_1AQ_1$ 的面积），而降价后的销售收入 $TR_2 = P_2 \cdot Q_2$（相当于矩形 $OP_2BQ_2$ 的面积），且 $TR_1 < TR_2$。也就是说，对于富有弹性的商品而言，价格与销售收入成反方向变动的关系。

第二种情况，在图 (b) 中有一条陡峭的需求曲线，它表示该商品的需求是缺乏弹性的，即 $e_d < 1$。需求曲线上的 $A$、$B$ 两点显示，较大的价格下降比例却导致一个较小的需求量的增加比例。则有降价前的销售收入 $TR_1 = P_1 \cdot Q_1$（相当于矩形 $OP_1AQ_1$ 的面积）大于降价后的销售收入 $TR_2 = P_2 \cdot Q_2$（相当于矩形 $OP_2BQ_2$ 的面积），即 $TR_1 > TR_2$。也就是说，对于缺乏弹性的商品而言，价格与销售收入成同方向变动的关系。

第三种情况，在图 (c) 中的需求曲线上 $A$、$B$ 两点之间的需求的价格弹性 $e_d = 1$（按需求的价格弹性中点公式计算）。由图可见，降价前后的销售收入没有发生变化，即 $TR_1 = TR_2$，它们分别相当于两块面积相等的矩形面积（即矩形 $OP_1AQ_1$ 和 $OP_2BQ_2$ 面积相等）。也就是说，对于单位弹性的商品而言，价格变化对厂商的销售收入无影响。

举例时可将 $P_1$、$P_2$、$Q_1$、$Q_2$ 换成相应数字，并计算出矩形面积比较即可。

**15. 利用图 2.10 简要说明微观经济学的理论体系框架和核心思想。**

**答案：**(1)关于微观经济学的理论体系框架。

微观经济学通过对个体经济单位的经济行为的研究,说明现代西方经济社会市场机制的运行和作用,以及改善这种运行的途径。或者,也可以简单地说,微观经济学是通过对个体经济单位的研究来说明市场机制的资源配置作用的。市场机制亦可称价格机制,其基本的要素是需求、供给和均衡价格。

以需求、供给和均衡价格为出发点,微观经济学通过效用论研究消费者追求效用最大化的行为,并由此推导出消费者的需求曲线,进而得到市场的需求曲线。生产论、成本论和市场论主要研究生产者追求利润最大化的行为,并由此推导出生产者的供给曲线,进而得到市场的供给曲线。运用市场的需求曲线和供给曲线,就可以决定市场的均衡价格,并进一步理解在所有的个体经济单位追求各自经济利益的过程中,一个经济社会如何在市场价格机制的作用下,实现经济资源的配置。其中,从经济资源配置的效果讲,完全竞争市场最优,垄断市场最差,而垄断竞争市场比较接近完全竞争市场,寡头市场比较接近垄断市场。至此,微观经济学便完成了对图 2.10 中上半部分所涉及的关于产品市场的内容的研究。为了更完整地研究价格机制对资源配置的作用,市场论又将考察的范围从产品市场扩展至生产要素市场。生产要素的需求方面的理论,从生产者追求利润最大化的行为出发,推导生产要素的需求曲线；生产要素的供给方面的理论,从消费者追求效用最大化的角度出发,推导生产要素的供给曲线。据此,进一步说明生产要素市场均衡价格的决定及其资源配置的效率问题。这样,微观经济学便完成了对图 2.10 中下半部分所涉及关于生产要素市场的内容的研究。

在以上讨论了单个商品市场和单个生产要素市场的均衡价格决定及其作用之后,一般均衡理论讨论了一个经济社会中所有的单个市场的均衡价格决定问题,其结论是：在完全竞争经济中,存在着一组价格$(P_1, P_2, \cdots, P_n)$,使得经济中所有的 $n$ 个市场同时实现供求相等的均衡状态。这样,微观经济学便完成了对其核心思想即"看不见的手"原理的证明。

在上面实证研究的基础上,微观经济学又进入了规范研究部分,即福利经济学。福利经济学的一个主要命题是：完全竞争的一般均衡就是帕累托最优状态。也就是说,在帕累托最优的经济效率的意义上,进一步肯定了完全竞争市场经济的配置资源的作用。

在讨论了市场机制的作用以后,微观经济学又讨论了市场失灵的问题。市场失灵产生的主要原因包括垄断、外部经济、公共物品和不完全信息。为了克服市场失灵导致的资源配置的无效率,经济学家又探讨和提出了相应的微观经济政策。

(2)核心思想。

微观经济学的核心思想主要是论证资本主义的市场经济能够实现有效率的资源配置。通常用英国古典经济学家亚当·斯密在其 1776 年出版的《国民财富的性质和原因的研究》一书中提出的、以后

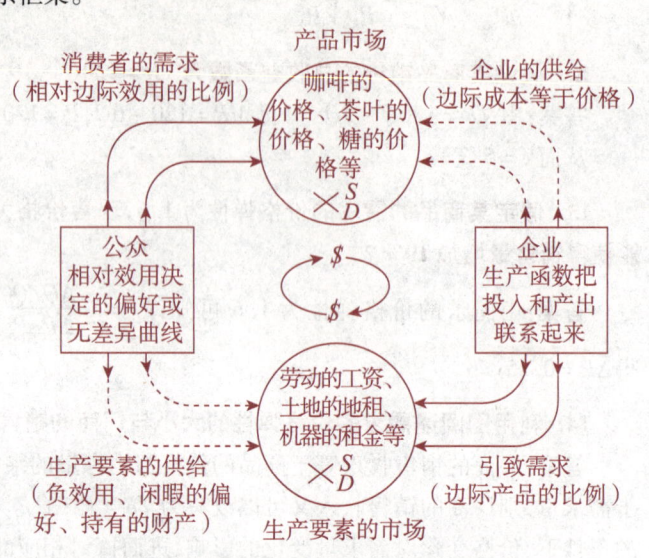

图 2.10 产品市场和生产要素市场的循环流动图

## 第二章 需求曲线和供给曲线概述以及有关基本概念

又被称为"看不见的手"原理的那一段话,来表述微观经济学的核心思想,其原文为:"每人都力图应用他的资本,来使其生产品能得到最大的价值。一般地说,他并不企图增进公共福利,也不知道他所增进的公共福利为多少。他所追求的仅仅是他个人的安乐,仅仅是他个人的利益。在这样做时,有一只看不见的手引导他去促进一种目标,而这种目标决不是他所追求的东西。由于他追逐自己的利益,他经常促进了社会利益,其效果要比其他真正想促进社会利益时所得到的效果更大。"

### 自测题

## 一、名词解释

1. 需求   2. 供给   3. 均衡价格   4. 需求弹性
5. 供给弹性   6. 替代品   7. 互补品   8. 恩格尔定律

## 二、单项选择

1. 下列因素中除( )项外都会使得需求曲线移动?
    A. 购买者(消费者)收入变化   B. 商品价格下降
    C. 相关商品价格下降   D. 消费偏好变化

2. 在某一时期内,双滚筒洗衣机的需求曲线向左平移的原因可以是 ( )
    A. 双滚筒洗衣机的价格上升
    B. 普通滚筒洗衣机的价格上升
    C. 消费者对双滚筒洗衣机的预期价格下降等着之后买
    D. 消费者的收入水平提高

3. 表示在一定时期内一种商品的需求量的相对变动对于它的相关商品的价格的相对变动的反映程度是需求的 ( )
    A. 价格弹性   B. 供给弹性   C. 交叉弹性   D. 收入弹性

4. 假设一条线性的需求曲线与一条曲线型的需求曲线相切,那么在切点处两条需求曲线的需求的价格弹性系数的关系是 ( )
    A. 相同   B. 相同
    C. 可能相同,也可能不相同   D. 根据切点的位置而定

5. 如果商品甲和商品乙是相互替代的,则甲商品的价格下降将造成 ( )
    A. 甲商品的需求曲线向右移动   B. 甲商品的需求曲线向左移动
    C. 乙商品的需求曲线向右移动   D. 乙商品的需求曲线向左移动

6. 如果甲产品价格下降引起乙产品需求曲线向右移动,那么 ( )
    A. 甲和乙产品互为替代商品   B. 甲和乙产品为互补商品
    C. 甲为低档商品,乙为高档商品   D. 甲为高档商品,乙为低档商品

7. 生产者预期某物品未来价格要下降,则对该物品当前的供给会 ( )
    A. 增加   B. 减少   C. 不变   D. 上述三种都可能

8. 玉米歉收导致玉米价格上升,准确地说在这个过程中 ( )
    A. 玉米供给的减少引起需求量下降   B. 玉米供给的减少引起需求下降

C. 玉米供给量的减少引起需求量下降　　D. 玉米供给量的减少引起需求下降

9. 已知某商品的需求为 $P=100-4Q$，供给为 $P=40+2Q$，均衡价格和均衡产量应为　　（　　）
   A. $P=60, Q=10$　　　　　　　　　B. $P=10, Q=6$
   C. $P=40, Q=6$　　　　　　　　　　D. $P=20, Q=20$

10. 需求大于供给时的价格　　　　　　　　　　　　　　　　　　　　　　　　　　　（　　）
    A. 在均衡价格之上　　　　　　　　B. 在均衡价格之下
    C. 将导致需求曲线的移动　　　　　D. 不可能出现

11. 非均衡价格指的是　　　　　　　　　　　　　　　　　　　　　　　　　　　　　（　　）
    A. 在此价格上需求量和供给量相一致　　B. 在此价格上需求量和供给量不一致
    C. 实际中不存在，除非供给商可控制价格　　D. 上述都不正确

12. 如果某商品的市场供给曲线是一条通过原点的直线，那么该商品供给的价格弹性（　　）
    A. 不可确定　　　　　　　　　　　B. 随价格变化而变化
    C. 等于斜率值　　　　　　　　　　D. 总是为 1

13. 假定生产某种商品的原料价格上升，那么该商品的　　　　　　　　　　　　　　（　　）
    A. 供给曲线朝右方移动　　　　　　B. 供给曲线朝左方移动
    C. 需求曲线朝右方移动　　　　　　D. 需求曲线朝左方移动

14. 假如买者可以按不变价格购买任何数量某商品，这意味着该商品的需求价格弹性为（　　）
    A. 零　　　　　B. 无穷小　　　　C. 1　　　　　D. 无穷大

15. 已知某商品的需求弹性是 0.5，供给弹性是 1.8，则蛛网形状是（　　）的。
    A. 收敛型　　　B. 发散型　　　　C. 封闭型　　　D. 圆圈型

16. 下列选项中，度量沿着需求曲线的移动而不是曲线本身移动的弹性是　　　　　（　　）
    A. 需求的价格弹性　　　　　　　　B. 需求的收入弹性
    C. 需求的交叉价格弹性　　　　　　D. 需求的预期价格弹性

17. 当两种商品中一种商品的价格发生变化时，这两种商品的需求量都同时增加或减少，则这两种商品的需求的交叉价格弹性系数为　　　　　　　　　　　　　　　　　　　　　（　　）
    A. 正　　　　　B. 负　　　　　　C. 0　　　　　D. 1

18. 如果价格下降 10% 能使买者总支出增加 1%，则这种商品的需求量对价格　　　（　　）
    A. 富有弹性　　B. 具有单位弹性　C. 缺乏弹性　　D. 其弹性不能确定

19. 根据恩格尔定律，如果人们收入水平提高，则食物支出在总支出中比重将　　　（　　）
    A. 大大提高　　B. 稍有增加　　　C. 下降　　　　D. 不变

20. 假定商品 A、B、C 和 D 的需求弹性系数分别为 2.5、0.80、3.27 和 0.74，哪种情况在价格提高后将导致总收益的增加　　　　　　　　　　　　　　　　　　　　　　　　　（　　）
    A. A 和 C　　　B. C 和 D　　　　C. B 和 D　　　D. 仅 A

21. 某商品的价格从 5 美元下降到 4 美元，需求量增加了 100，需求为　　　　　　（　　）
    A. 缺乏弹性　　B. 富有弹性　　　C. 单位弹性　　D. 不能确定

22. 需求量和价格呈现反方向变化的原因是　　　　　　　　　　　　　　　　　　　（　　）
    A. 替代效应的作用　　　　　　　　B. 收入效应的作用
    C. 上述两种效应同时发生作用　　　D. 以上都不正确

23. 当消费者的收入增加 80% 时，某商品的需求量增加 40%，则该商品极可能是　（　　）
    A. 必需品　　　B. 奢侈品　　　　C. 低档商品　　D. 吉芬商品

## 第二章　需求曲线和供给曲线概述以及有关基本概念

24. 政府为了扶持农业,对农产品规定了高于其均衡价格的支持价格。政府为了维持支持价格,应该采取的相应措施是 （　　）
   A. 增加对农产品的税收　　　　B. 实行农产品配给制
   C. 收购过剩的农产品　　　　　D. 对农产品生产者予以补贴
25. 蛛网模型是以下列哪个假定为前提的 （　　）
   A. 需求量对价格缺乏弹性　　　B. 供给量对价格缺乏弹性
   C. 生产者按本期价格决定下期的供给量　D. 消费者改变对价格的预期
26. 某类电影现行平均票价为4元,对该类电影需求的价格弹性为1.5,经常出现许多观众买不到票的现象,这些观众大约占可买到票的观众的15%,采取以下(　　)项方法,可以改善这种状况。
   A. 电影票降价10%　　　　　　B. 电影票提价10%
   C. 电影票降价15%　　　　　　D. 电影票提价15%

## 三、判断题

1. 供给曲线右移的意思是生产者在每一种价格上提供更多的产品。（　　）
2. 根据均衡理论,均衡价格随着需求的增加和供给的减少而下降。（　　）
3. 燃气价格上升时,燃气的汽车的需求将上升。（　　）
4. 互为替代产品的两种产品中,相应的需求的交叉弹性系数为负值。（　　）
5. 消费者在某商品上的消费支出在预算总支出中所占的比重越大,该商品的需求弹性就越大;反之,就越小。（　　）
6. 线性需求曲线上每点的斜率都相等,因此每点的点弹性也都相等。（　　）
7. 需求富有弹性的商品适合"薄利多销"的经营策略。（　　）
8. 价格上升,消费者的购买数量下降,这是对所有商品都成立的。（　　）
9. 需求定理表明,随着商品的价格上升,需求将减少。（　　）
10. 在其他条件不变的情况下,需求变动分别引起均衡价格和均衡数量的同方向变动。（　　）
11. 如果两种商品的需求交叉弹性系数为正值,则这两种商品之间为互补关系。（　　）
12. 陡峭的需求曲线弹性一定小;而平坦的需求曲线弹性一定大。（　　）
13. 如果两种商品的交叉弹性小于零,则这两种商品是替代品。（　　）
14. 政府规定某种商品的最高限价会使该商品短缺现象发生。（　　）

## 四、计算题

1. 已知某一时期内某商品的需求函数为 $Qd = 50 - 5P$,供给函数为 $Qs = -10 + 5P$。
   (1) 求均衡价格 $Pe$ 和均衡数量 $Qe$。
   (2) 假定供给函数不变,由于消费者收入水平提高,使需求函数变为 $Qd = 60 - 5P$。求出相应的均衡价格 $Pe$ 和均衡数量 $Qe$。
   (3) 假定需求函数不变,由于生产技术水平提高,使供给函数变为 $Qs = -5 + 5P$。求出相应的均衡价格 $Pe$ 和均衡数量 $Qe$。
   (4) 利用(1)、(2)、(3),说明静态分析和比较静态分析的联系和区别。

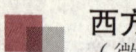

(5) 利用(1)、(2)、(3),说明需求变动和供给变动对均衡价格和均衡数量的影响。

2. 假设 A 公司和 B 公司的产品的需求曲线分别为 $QA = 200 - 0.2PA$, $QB = 400 - 0.25PB$,这两家公司现在的销售量分别为 100 和 250。

(1) 求 A、B 两公司当前的价格弹性。

(2) 假定 B 公司降价后,使 B 公司的销售量增加到 300,同时又导致 A 公司的销售量下降到 75,问 A 公司产品的交叉价格弹性是多少?

(3) 假定 B 公司目标是谋求销售收入最大,你认为它降价在经济上是否合理?

## 五、简答题

1. 解释什么是供求定理?结合现实经济生活的实例予以说明。
2. 结合所学知识与实际,说明收入弹性的宏观和微观意义。
3. 试运用微观理论说明我国政府以保护价(支持价)敞开收购农民余粮的福利效应和积极作用。

**参考答案**

## 一、名词解释

1. 需求是在一定的时期,在某一既定的价格水平下,消费者愿意并且能够购买的商品数量。

2. 供给是指生产者在某一特定时期内,在每一价格水平上愿意并且能够提供的一定数量的商品或劳务。

3. 均衡价格是商品的供给曲线与需求曲线相交时的价格。也就是商品的供给量与需求量相等,商品的供给价格与需求价格相等时的价格。在市场上,由于供给和需求力量的相互作用,市场价格趋向于均衡价格。如果市场价格高于均衡价格,则市场上出现超额供给,超额供给使市场价格趋于下降;反之,如果市场价格低于均衡价格,则市场上出现超额需求,超额需求使市场价格趋于上升直至均衡价格。因此,市场竞争使市场稳定于均衡价格。

4. 需求弹性表示需求量对价格变动反应程度的指标。弹性系数(需求的价格弹性系数 = $Ep$)等于需求量变动百分比除以价格变动的百分比。

5. 供给弹性也称供给的价格弹性,是指一定时期内,一种商品供给量的相对变动相对于其价格的相对变动的反应程度,即价格变动百分之一时引起的供给量变动的百分比,它是供给量变动率与价格变动率之比。

6. 如果两种商品之间能够相互替代以满足消费者的某种欲望,则称这两种商品之间存在着替代关系,这两种商品互为替代品。或者说对于两种物品,如果一种物品价格的上升引起另一种物品需求的增加,则这两种物品被称为替代品。

7. 互补品是指两种商品必须互相配合,才能共同满足消费者的同一种需要,如照相机和胶卷。胶卷的需求量与照相机的价格有着密切关系,一般而言,照相机价格上升,胶卷的需求量下降,两者呈反方向变化。所以,如果 $X$ 和 $Y$ 是互补品,$X$ 的需求量就与 $Y$ 的价格呈现反向变化。

8. 恩格尔定律是指在一个家庭或在一个国家中,食物支出在收入中所占的比例,随着收入的增加

# 第二章 需求曲线和供给曲线概述以及有关基本概念

而减少。在需求的收入弹性的基础上,如果具体地研究消费者用于购买食物的支出量对于消费者收入量变动的反映程度,就可以得到食物支出的收入弹性。用弹性来定义恩格尔定律:对于一个家庭或者一个国家来说,富裕程度越高,则食物支出的收入弹性就越小;反之,则越大。

## 二、单项选择

1—5  BCCBD      6—10  BAAAB      11—15  BDBDB      16—20  ABACC
21—25  DCACC    26  B

## 三、判断题

1. √  2. ×  3. ×  4. ×  5. √  6. √  7. √  8. √  9. √  10. ×  11. √  12. ×  13. ×
14. ×  15. √

## 三、计算题

**1. 解**:(1) ∵ $Q^d = 50 - 5P, Q^s = -10 + 5P, Q^d = Q^s$
　　　∴ $50 - 5P = -10 + 5P$　得: $P_e = 6, Q_e = 20$
(2) ∵ $Q^d = 60 - 5P, Q^s = -10 + 5P, Q^d = Q^s$
　　∴ $60 - 5P = -10 + 5P$　得: $P_e = 7, Q_e = 25$
(3) ∵ $Q^d = 50 - 5P, Q^s = -5 + 5P, Q^d = Q^s$
　　∴ $50 - 5P = -5 + 5P$　得: $P_e = 5.5, Q_e = 22.5$

(4) 联系:变量的调整时间被假设为零。在(1)、(2)、(3)中,所有外生变量和内生变量即 $P$、$Q$ 及其 $\alpha$、$\beta$、$\gamma$、$\delta$ 都属于同一个时期,或者都适用于任何时期。而且,在分析由外生变量变化所引起的内生变量的变化过程中,也假定这种变量的调整时间为零。

区别:静态分析是根据既定的外生变量值来求得内生变量值的分析方法。如(1)中,需求函数和供给函数中的外生变量 $\alpha$、$\beta$、$\gamma$、$\delta$ 被赋予确定数值后,求出相应的均衡价格 $P_e$ 和均衡数量 $Q_e$。而(2)、(3)中,外生变量 $\alpha$、$\beta$、$\gamma$、$\delta$ 被确定为不同的数值,得出的内生变量 $P$ 和 $Q$ 的数值是不相同的,在图2.2(2)和图2.2(3)中,当外生变量的变化使得需求曲线或供给曲线的位置发生移动时,表示内生变量的 $P$ 和 $Q$ 的数值的均衡点的位置也会发生变化。这种研究外生变量变化对内生变量的影响方式,以及分析比较不同数值的外生变量下的内生变量的不同数值,被称为比较静态分析。

(5) 需求变动对均衡价格和均衡数量的影响:在供给不变的情况下,需求增加会使需求曲线向右平移,从而使得均衡价格和均衡数量都增加;同理,需求减少会使需求曲线向左平移,从而使得均衡价格和均衡数量都减少。

供给变动对均衡价格和均衡数量的影响:在需求不变的情况下,均衡数量增加。同理,供给减少会使供给曲线向左平移,从而使得均衡价格上升,均衡数量减少。

综上所述,在其他条件不变的情况下,需求变动分别引起均衡价格和均衡数量的同方向的变动;供给变动分别引起均衡价格的反方向的变动和均衡数量的同方向的变动。

**2. 解**:(1) 由题意知: $Q_A = 200 - 0.2 P_A, Q_B = 400 - 0.25 P_B$,而 $Q_A = 100, Q_B = 250$,则
　　　　$P_A = 200/0.2 - 100/0.2 = 500, P_B = 400/0.25 - 250/0.25 = 600$

∴ A 公司当前的价格弹性 $e_{dA} = -(dQ_A/dP_A) \times (P_A/Q_A) = -(-0.2) \cdot (500/100) = 1$
B 公司当前的价格弹性 $e_{dB} = -(dQ_B/dP_B) \times (P_B/Q_B) = -(-0.25) \cdot (600/250) = 0.6$

(2)由题意知：$Q_B = 300, Q_A = 75$，

则 $P_B = 400/0.25 - 300/0.25 = 400, \Delta Q_A = 75 - 100 = -25, \Delta P_B = 400 - 600 = -200$

∴ A 公司产品的交叉价格弹性

$$e_{AB} = (\Delta Q_A/Q_A)/(\Delta P_B/P_B)$$
$$= (-25/100)/(-200/600) = 0.75$$

(3)由(1)可知，B 公司生产的产品在价格为 600 时的需求价格弹性为 0.6，即其需求缺乏弹性。对于缺乏弹性的商品，其价格与销售收入成同方向变动。因此，B 公司要使销售收入最大，应该提价而不是降价。

## 五、简答题

**1.答**：若供给不变，需求的变化引起均衡价格和均衡数量同方向变化；若需求不变，供给的变化引起均衡价格反方向变化，引起均衡数量同方向变化。供求变动对均衡价格和均衡数量的这种影响，称为供求定理。

例如，小汽车供给过剩，价格下降，需求增多，企业会减少小汽车的生产，导致供给减少，价格上升，一直上升到均衡价格的水平。相反，小汽车供给不足，价格上涨，企业看到有利可图，会增加供给，而价格上涨导致需求减少，价格会下降，一直下降到均衡价格的水平。

**2.答**：收入弹性是指收入变动对商品需求量的影响程度，或者是需求量的变动对价格变动反应的灵敏程度。它是需求量变动的百分比与收入变动百分比的比例。某种商品收入弹性大于1，说明该商品的销售速度快于国民收入的增长速度，生产该商品行业的员工的收入增长要快于其他行业，国家要支持收入弹性小的商品行业的生产，而个人则要尽可能进入收入弹性大的行业，以实现个人利益的最大化。

**3.答**：当政府以支持价格敞开收购农民余粮时，意味着农民出售粮食的价格高于市场均衡价格，尽管从私人部门来看，粮食产品存在过剩，但加上政府的收购，从整个市场来看粮食是供求平衡的。相关的福利效应可从图 2.11 来分析。

如图 2.11 所示，原均衡价格为 $P_1$，作为福利的衡量，原消费者剩余为三角形 $WQP_1$ 的面积，原生产者剩余为三角形 $QGP_1$ 的面积；当政府实行支持价格 $P_2$ 后，消费者（不包括政府）剩余为三角形 $WDP_2$ 的面积，减小的福利为 $P_2P_1QD$ 的面积，生产者剩余为三角形 $P_2EG$ 的面积，增加的福利为 $P_2P_1QE$ 的面积且大于消费者的福利损失，就此而言有福利的净增加，数值上等于三角形 $DQE$ 的面积，因而对于生产者即农民而言是有收益的；然而考虑到政府因而不得不有大笔的支出，支出额在数值上大于上述的福利净增加值，这种支出可能导致政府在其他领域的支出减少或采取增税等政策，因而社会总福利并不一定有所改善。

由上面分析可知，就这种政策的积极意义来讲，最明显的一点就是增加了农民的福利。此外，由于粮食的价格需求弹性较小，在年成好的时候农民收入反而减少，因此支持价格保证了农民的收入稳定。

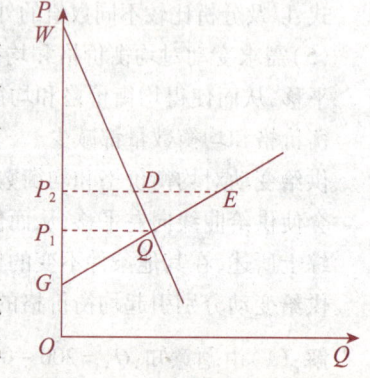

图 2.11 福利效应分析图

# 第三章 效用论

**知识脉络图**

效用论
- 效用的概念
- 基数效用分析（边际效用分析）
  - 边际效用递减规律
  - 消费者均衡：$MU_1/P_1 = MU_2/P_2 = \cdots = MU_n/P_n = \lambda$
  - 由 $MU$ 导出需求曲线
  - 消费者剩余：$CS = \int_0^{Q_0} f(Q)dQ - p_0 Q_0$
- 序数效用分析（无差异曲线分析）
  - 关于偏好的假定
  - 无差异分析：含义、特性、斜率（$MRS$）递减规律
  - 消费均衡
    - 目标：单个消费者将有限的货币收入分配在各种商品的购买中以获得最大的效用
    - 预算线：$P_1 X_1 + P_2 X_2 = 1$
    - 均衡条件：$MU_1/P_1 = MU_2/P_2$（预算线与无差异曲线的相切）
  - 价格和收入变化对消费者均衡的影响
    - 价格—消费曲线：导出消费者的需求曲线
    - 收入—消费曲线：导出消费者的恩格尔曲线
  - 替代效应和收入适应
    - 正常商品
    - 低档商品
- 市场需求曲线：个人需求曲线的加总
- 不确定性的风险

**复习提示**

**概念**：效用、基数效用、效用单位、序数效用、边际量、总效用、边际效用、边际效用递减规律、消费者均衡、消费者剩余、无差异曲线、边际替代率、预算线、恩格尔系数、吉芬商品、风险、期望效用、"单向度的人"。

**理解**：正常商品、低档商品、吉芬商品的替代效应和收入效应，消费者的三种风险偏好。

**掌握**：基数效用和序数效用及其比较、需求曲线的推导、消费者效用最大化的均衡条件、分析价格变化和收入变化对消费者均衡的影响、需求曲线上每一点都满足消费者效用最大化条件。
**计算**：利用需求供给相等计算均衡，计算收入效应、价格效应等。
**图解**：完全替代品和完全互补品的无差异曲线、正常商品的无差异曲线、价格消费曲线和收入消费曲线、替代效应和收入效应。

### 重、难点常识理解

## 一、效用论概述

效用指商品满足人的欲望的能力，是消费者从商品消费中所获得的满足，是消费者对商品主观上的偏好和评价。

## 二、无差异曲线

无差异曲线指用来表示消费者偏好相同的两种商品的不同数量的各种组合的一簇曲线。或者说，它是表示能给消费者带来同等效用水平或满足程度的两种商品的不同数量的各种组合。与无差异曲线相对应的效用函数为 $U = f(X_1, X_2)$。其中，$X_1$、$X_2$ 分别为商品 1 和商品 2 的消费数量；$U$ 是常数，表示某个效用水平。由于无差异曲线表示的是序数效用，所以，这里的 $U$ 只表示某一个效用水平，而不在乎其具体数值的大小，有的西方经济学者称这种效用水平为效用指数。无差异曲线可以表示为图 3.1。

无差异曲线具有这样的特点：第一，由于通常假定效用函数的连续性，于是，在同一坐标平面上的任何两条无差异曲线之间，存在着无数条无差异曲线。或者说，可以有无数条无差异曲线覆盖整个坐标平面图。离原点越近的无差异曲线所代表的效用水平越低，离原点越远的无差异曲线所代表的效用水平越高。第二，在同一坐标平面上的任意两条无差异曲线不会相交。第三，无差异曲线总是凸向原点的，这一特点是由商品的边际替代率递减规律所决定的。

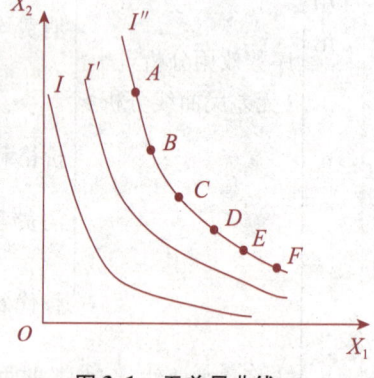

图 3.1 无差异曲线

## 三、预算线

预算线表示在消费者收入和商品价格既定的条件下，消费者的全部收入所能购买到的两种商品的不同数量的各种组合。预算线以外的区域中的任何一点，表示消费者利用全部收入不可能实现的商品购买的组合点；预算线以内的区域中的任何一点，表示消费者的全部收入购买该点的商品组合以后还有剩余；预算线上的任何一点表示消费者的全部收入刚好用完所购买到的商品组合点。

预算线的方程为：

$$I = P_1 X_1 + P_2 X_2$$

任何关于消费者的收入 $I$ 的变动，以及两商品的价格 $P_1$ 和 $P_2$ 的变动，都可以影响预算线的位置。若两商品的价格的比例 $P_1/P_2$ 发生变化,则预算线的斜率会发生变化;若 $I/P_1$ 或 $I/P_2$ 的值发生变化,则预算线在横轴或纵轴上的截距会发生变化。

## 四、消费者的均衡

序数效用论者把无差异曲线和预算线结合在一起来分析消费者的均衡。在消费者的偏好不变、消费者的收入固定和两种商品的价格已知的条件下,消费者的预算线和无差异曲线的相切点便是消费者实现最大效用的均衡点,如图 3.2 所示,消费者的最优购买组合为 $(X_1^*, X_2^*)$。

在消费者的均衡点,无差异曲线的斜率等于预算线的斜率,即有:

$$MRS_{12} = P_1/P_2$$

这就是序数效用论者关于消费者效用最大化的均衡条件。该均衡条件表示:在消费者的均衡点上,消费者愿意用一单位的某种商品去交换另一种商品的数量应该等于该消费者能够在市场上用一单位的这种商品去交换另一种商品的数量。

虽然基数效用论者和序数效用论者分别用不同的方法研究消费者行为,并得出不同的消费者的均衡条件,但是,两者关于消费者的均衡条件本质上是相同的。因为,若假定商品的效用可以用基数来衡量,则商品的边际替代率可以写为:

$$MRS_{12} = -\frac{\Delta X_2}{\Delta_1} = \frac{MU_1}{MU_2}$$

图 3.2

于是,序数效用论者关于消费者的均衡条件可以改写为:

$$\frac{MU_1}{P_1} = \frac{MU_2}{P_2} = \lambda$$

这就是基数效用论者关于消费者的均衡条件。

## 五、价格和收入变化对消费者均衡的影响

### 1. 价格—消费曲线

价格消费曲线是在消费者的偏好、收入以及其他商品价格不变的条件下,与某一种商品的不同价格水平相联系的消费者效用最大化的均衡点的轨迹。

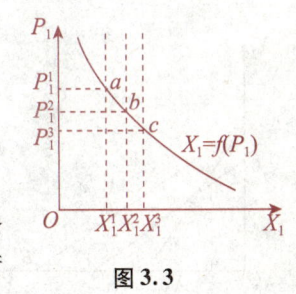

图 3.3

根据消费者的价格—消费曲线可以推导出消费者的需求曲线。如图 3.3 所示,价格—消费曲线上的三个均衡点可以看出,在每一个均衡点上,都存在着商品 1 的价格与商品 1 的需求量之间一一对应的关系,将每一个价格的数值与相应的均衡点的商品数量绘制在商品的价格—数量坐标图上,便可以得到单个消费者的需求曲线。

### 2. 收入—消费曲线

收入—消费曲线是在消费者的偏好和商品的价格不变的条件下,与消费者的不同收入水平相联系的消费者效用最大化的均衡点的轨迹如图 3.4 所示。

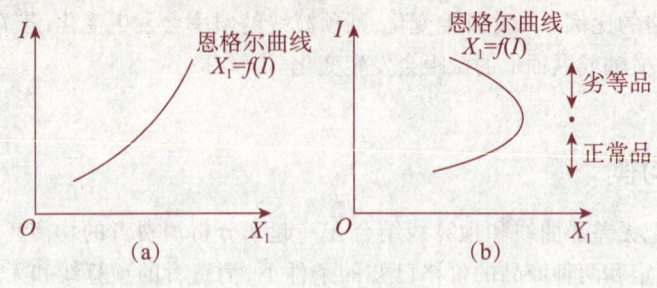

图 3.4

由消费者的收入—消费曲线可以推导出消费者的恩格尔曲线。

恩格尔曲线表示消费者在每一收入水平上对某商品的需求量。

## 六、替代效应和收入效应

一种商品价格变动所引起的该商品需求量的变动可以分解为收入效应和替代效应两个部分。由商品价格变动引起实际收入水平变动,进而引起该商品需求量的变动,为收入效应。由商品价格变动引起商品相对价格变动,进而引起该商品需求量的变动,为替代效应。

商品可以分为正常物品和低档物品两大类。正常物品的需求量与消费者的收入水平成同方向变动,低档物品的需求量与消费者的收入水平成反方向变动。由此可推知,当商品的价格变化时,正常物品的收入效应与价格成反方向的变动,低档物品的收入效应与价格成同方向变动。

由于正常物品和低档物品的区别是不对替代效应产生影响,所以,所有商品的替代效应都与价格成反方向变动。

在某些场合,低档物品的收入效应的作用大于替代效应的作用,于是,这类特殊的低档物品的价格与需求量成同方向变动,相应的需求曲线呈现出向右上方倾斜的特殊形式。这类特殊的低档物品被称为吉芬物品,对吉芬物品的替代效应和收入效应的分析如图 3.5 所示。

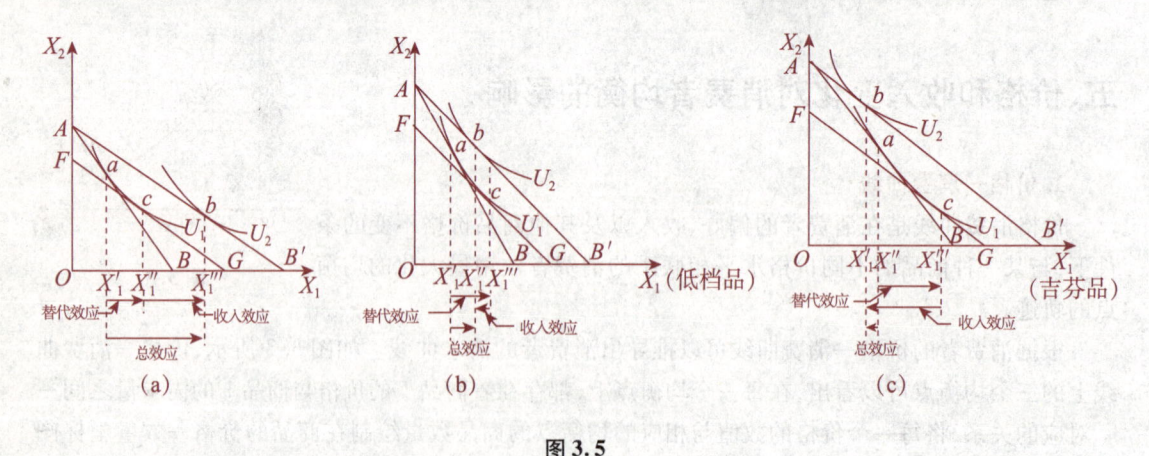

图 3.5

## 七、从单个消费者的需求曲线到市场的需求曲线

市场需求曲线是单个消费者的需求曲线的水平加总,市场需求曲线一般也是向右下方倾斜的。市场的需求曲线上的每一个点都表示在相应的价格水平下可以给全体消费者带来最大的效用

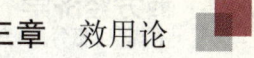

## 八、不确定性和风险

不确定性指经济行为者在事先不能准确地知道自己的某种决策的结果。或者说,只要经济行为者的某种决策的可能结果不止一种,就会产生不确定性。

如果消费者知道自己某种经济决策的各种可能的结果,而且,还知道各种可能的结果的概率,则可以称这种不确定的情况为风险。

**考研真题与难题详解**

## 一、概念题

**1. 补偿预算线**(人大 2004 研;华中科大 2006 研;西南大学 2012 研)

**答案:** 补偿预算线是用来表示当商品的价格发生变化引起消费者的实际收入水平发生变化时用假设的货币收入的增减来维持消费者的实际收入水平不变的一种分析工具。具体来说,在商品价格下降引起消费者的实际收入水平提高时,假设可以取走消费者的一部分货币收入,以使消费者的实际收入下降到只能维持原有的无差异曲线的效用水平(即原有的实际收入水平)这一情况。相反,在商品价格上升引起消费者实际收入水平下降时,假设可以对消费者的损失给予一定的货币收入补偿,以使消费者的实际收入维持原有的水平,则补偿预算线在此就可以用来表示消费者的货币收入提高到得以维持原有的无差异曲线的效用水平(即原有的实际收入水平)这一情况。

**2. 劣等品(Inferior Goods)**(南京大学 2007 研;上海交大 2007 研)**与吉芬品(Giffen Goods)**(西安交大 2006 研;中央财大 2007 研;北京理工大学 2012 研)

**答案:**(1)劣等品指需求量随收入变化而成反方向变化,收入增加,其需求量反而减少的商品。对于劣等品来说,替代效应与价格成反方向的变动,收入效应与价格成同方向的变动。而且,一般情况下,收入效应的作用小于替代效应的作用,从而总效应与价格成反方向的变动,这样使得其需求曲线向右下方倾斜。但是,在少数的场合,某些低档物品的收入效应的作用会大于替代效应的作用,于是,就会出现违反需求曲线向右下方倾斜的现象。这类物品就是吉芬品。(2)吉芬品是随着价格下降其需求量也下降,即需求量与价格同方向变化的商品。吉芬品是一种特殊的劣等品。作为劣等品,吉芬品的替代效应与价格成反方向的变动,收入效应与价格成同方向的变动。其特殊性在于:它的收入效应的作用大于替代效应的作用,从而总效应与价格成同方向的变动,这样使得吉芬品的需求曲线向右上方倾斜。

**3. 消费者剩余**(南开大学 2005、2009 研;中山大学 2005、2006 研;厦门大学 2006、2007 研;华中科大 2007 研;南京大学 2007 研;上海财大 2007 研;对外经贸大学 2007 研;财政部财科所 2008 研;中央财大 2010 研)

**答案:** 消费者剩余是指消费者愿意支付的价格与其实际所支付的价格之间的差额。消费者剩余的产生是由于不同消费者对同一种商品的不同数量评价不同,因此他们对这种商品的不同数量所愿意做出的最大支付也就不同。在厂商不能对消费者索取差别性价格的条件下,决定市场价格的是边际购买者(或边际购买量),他正是对这一产品评价最低的消费者。这样,那些非边际购买

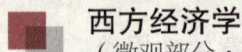

者(或边际购买量)就可以获得额外的"津贴",这就产生了消费者剩余。

若某产品需求函数为 $P = D(x)$,$P_1$ 和 $X_1$ 分别代表成交价格和成交量,则从 $x = 0$ 到 $x = X_1$ 时,$\int_0^{X_1} D(x)dx$ 是消费者愿意支付的数额,$P_1 X_1$ 为实际支付的数额,于是消费者剩余(用 $CS$ 表示)$CS = \int_0^{X_1} D(x)dx - P_1 X_1$。

### 4. 期望效用(华中科大 2005 研;中央财大 2009 研;对外经贸大学 2010 研)

**答案**:期望效用是指消费者在不确定条件下可能获得的各种结果的效用的加权平均数。如果用 $P$ 和 $1 - P$ 表示两种结果 $W$ 和 $Q$ 发生的概率,则期望效用函数可记作:

$$EU = PU(W) + (1 - P)U(Q)$$

可以看出,消费者的期望效用就是消费者在不确定条件下可能得到的各种结果的效用的加权平均数。由于期望效用函数的建立,于是,对不确定条件下的消费者面临风险的行为的分析,就成了对消费者追求期望效用最大化的行为的分析。

### 5. 消费者均衡(Equilibrium of The Consumer)(中南财大 2004 研;人大 2001、2005 研中国海洋大学 2001 研;中国政法大学 2005 研;东南大学 2002 研;东北财大 2007、2012 研)

**答案**:消费者均衡是指消费者的效用达到最大并维持不变的一种状态。其研究单个消费者如何把有限的货币收入分配在各种商品的购买中以获得最大的效用。也可以说,它是研究单个消费者在既定收入下实现效用最大化的均衡条件。这里的均衡指消费者实现最大效用时既不想再增加、也不想再减少任何商品购买数量的一种相对静止的状态。在基数效用论者那里,消费者实现效用最大化的均衡条件是:如果消费者的货币收入水平是固定不变的,市场上各种商品的价格是已知的,那么,消费者应该使自己所购买的各种商品的边际效用与价格之比相等,或者说,消费者应使自己花费在各种商品购买上的最后一元钱所带来的边际效用相等,即 $MU/P = \lambda$,其中 $\lambda$ 为货币的边际效用。序数效用论者把无差异曲线和预算线结合在一起说明消费者的均衡。任何一个理性的消费者在用一定的收入购买商品时,其目的是为了从中获得尽可能大的消费满足。消费者偏好决定了消费者的无差异曲线,一个消费者的关于任何两种商品的无差异曲线组可以覆盖整个坐标平面;消费者的收入和商品的价格决定了消费者的预算线,在收入既定和商品价格已知的条件下,一个消费者关于两种商品的预算线只能有一条。那么,当一个消费者面临一条既定的预算线和无数条无差异曲线时,只有既定的预算线和其中一条无差异曲线的相切点,才是消费者获得最大效用水平或满足程度的均衡点,此时满足 $MRS_{12} = P_1/P_2$。

## 二、简答题

### 1. 消费者行为理论的三个假设公理是什么?(武汉大学 2003 研;中央财大 2012 研)

**答案**:根据消费者偏好某一个商品组合,而不喜欢另一种商品组合,以及消费者对其所消费的商品组合间的关系的安排,西方经济学者提出了三个基本的假设。这些假设被称为消费者行为公理(Axiom of Consumer Behavior)。

(1)完备性(Completeness)或顺序性(Ordering)。消费者总是有能力将多种商品的组合,按照其偏好大小而顺序排列和比较。

在这一公理的假设下,消费者对任何两组商品 $A$ 与 $B$,必须有能力辨别其偏好 $A$ 优于 $B$,或 $B$ 优于 $A$,或两者偏好相同,且此三者中只有一种状况能成立。

(2)传递性(Transitivity)。假如某消费者面临A、B和C三个商品组合,消费者在商品组合A和B之间更偏好A,在B和C之间更偏好B,则该消费者在A和C之间就更偏好A。

在这一公理的假设下,消费者的偏好具有传递性。例如,某甲偏好西瓜优于香蕉,且偏好香蕉优于橘子,则判断某甲偏好西瓜优于橘子。

(3)非饱和性(Non-satisfaction)。在非饱和状态时,消费者对愈多的物品其偏好愈大;即消费数量愈多,所获满足愈大。

在这一公理的假设条件下,若消费者达到饱和状态或超饱和状态(厌恶)时,消费者不愿再消费,否则他一定不是有理性的人。一般所设定的假定是未达饱和状态前所做的分析。

以上三个公理性假设构成了现代消费者行为理论的基础。它们并没有阐明消费者偏好本身,但它们的确使得这些偏好具有某种程度的合理性。

**2. 证明:若消费者的全部收入只购买两种商品,那么这两种商品不可能都是劣等品。(南开大学2003研;中央财大2007研;对外经贸大学2010研)**

答案:劣等品是指随着消费者收入的增加,其需求量减少的商品。如果假设 $x_i(p,m)$ 是第 $i$ 种商品的马歇尔需求函数,那么商品 $i$ 是劣等品就意味着 $\frac{\partial x_i(p,m)}{\partial m}<0$。对于消费两种商品的消费者,如下的预算约束恒成立:

$$p_1 x_1(p_1,p_2,m) + p_2 x_2(p_1,p_2,m) = m \qquad ①$$

①式两边关于收入 $m$ 求导,得到:

$$p_1 \frac{\partial x_1(p_1,p_2,m)}{\partial m} + p_2 \frac{\partial x_2(p_1,p_2,m)}{\partial m} = 1 \qquad ②$$

对于消费两种商品的消费者等式②恒成立。

下面为证明本题的结论,假设商品1和2都是劣等品,那么就有 $\frac{\partial x_i(p_1,p_2,m)}{\partial m}<0, i=1$ 或 2,从而②式左边恒小于零,等式②不成立,矛盾!所以如果一个消费者只消费两种商品,那么它们不可能都是劣等品。

**3. 试解释水和金刚石价值悖论。(中国政法大学2003研;北京理工大学2006研;中南财大2010研;厦门大学2010研)**

答案:(1)水和金刚石的价值悖论指水对人们很有用,必不可少,但水却很便宜;金刚石对人们的用途很有限,但却很昂贵。

(2)这一悖论可以从需求和供给两方面来共同说明,因为价格是由需求和供给共同决定的。①从需求一方看,价格取决于商品的边际效用,而不是总效用。对于水,水源充足,其消费量虽大,而边际效用却很小,价格也就很便宜。同理,由于金刚石的边际效用很大,其价格也就相应地昂贵。②从供给一方看,由于水源充足,生产人类用水的成本很低,因而其价格也低。金刚石则很稀缺,生产金刚石的成本也很大,因而金刚石很昂贵。

(3)综合需求和供给两方面,则水便宜,金刚石昂贵。

**4. 政府对居民征税一般有两种办法,一种是征收消费税,另一种是征收所得税,不论采取哪一种征税办法,政府征收的税额都是一样,那么哪一种税办法对居民会更有利些?(清华大学2010研)**

答案:假定该消费者只消费两种物品,征税前,该消费者的预算约束 $P_1x_1+P_2x_2=m$,但当对物品1征收消费税后,该消费者的预算约束变为 $(P_1+t)x_1+p_2x_2=m$。消费税的效果在图3.6中表示出来。如果用$(x_1^*, x_2^*)$表示税后消费水平,则征税所能得到的税收为$tx_1^*$。

现在假定要对所得征税以获取同样的税收。消费者的预算约束则变为$P_1x_1 + p_2x_2 = m - tx_1^*$。这是条斜率为$-\dfrac{P_1}{P_2}$并通过$(x_1^*, x_2^*)$的直线,如图3.6所示。需要注意的是,这条预算线穿过了通过$(x_1^*, x_2^*)$的无差异曲线,所以,尽管都能得到同样的税收,但消费者相对于缴纳消费税而言,缴纳所得税能获得更高的效用水平。

对于获取同样的税收而言,消费者被征以消费税比被征以所得税所蒙受的效用损失更大。

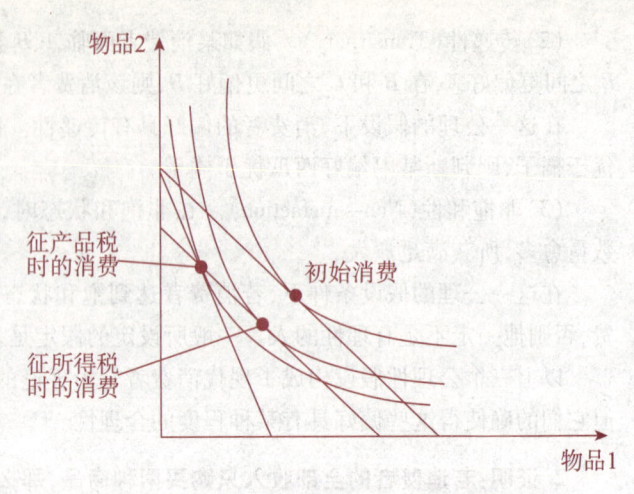

图3.6 产品税与所得税

**5. 作图分析并说明政府对汽油征税并以所得税减免的方式返还全部税额时,消费者的满足程度将会下降。**(对外经贸大学2011研)

**答案:**(1)政府对汽油征税会导致消费者支付的价格上升,导致对汽油的需求量下降;政府把税收全部返还消费者,这样消费者因为收入增加而对汽油需求增加。但是,因为汽油需求的收入弹性相对较低,所以退还税收的替代效应主导了收入效应,最终消费者对汽油的消费下降了,因此消费者的满足程度也随之下降了。

(2)如图3.7所示,假设汽油初始价格为每升1元,一位消费者的年收入为9000元,对汽油的初始需求为1200升。初始的预算线为$AB$,消费者通过选择$C$处的消费组合,购买1200升的汽油并花7800元在其他商品上来最大化其效用。如果每升征税50分,价格上涨50%,从而新预算线移至$AD$。在需求价格弹性为0.5时,消费量会下降25%,从1200升降至900升,效用最大化的点为$E$点。假设政府把450元的税收返还消费者,这使得预算线上移至$FJ$线,与$AD$平行,假设消费者的需求收入弹性为0.3,则消费者新增加450元相当于收入增加了5%,因此消费者对汽油的消费提高$0.3 \times 5\% = 1.5\%$,即13.5,消费者新的消费组合在$H$点,此时他对汽油的消费量为913.5升。

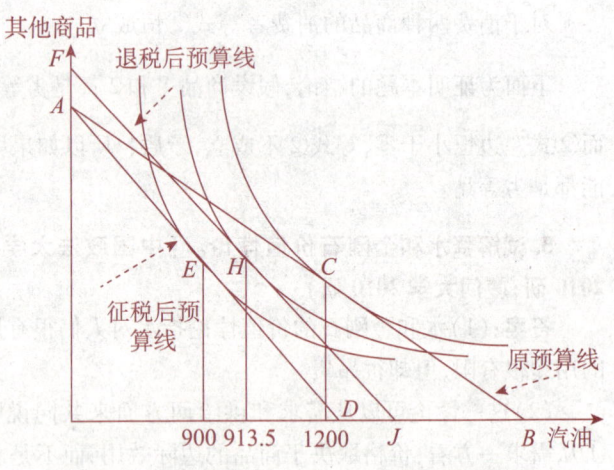

图3.7 包含税收返还计划的汽油税的影响

**6. 经济学中如何区分经济活动者对待风险的厌恶、爱好和中立态度?如何解释背水一战现象?**(清华大学2011研)

**答案:**(1)经济学中将经济活动者对待风险的态度分为三类:风险厌恶、风险爱好和风险中立。这三类风险态度是根据经济活动者的效用函数的特征来区分的。

(2)假定经济活动者的效用函数为 $U=U(Ⅳ)$,其中Ⅳ为货币财富量,且效用函数为增函数。风险厌恶者的效用函数是严格向上的(即是严格凹函数),此时它的二阶导数小于零。

这说明此人认为在无风险条件下持有一笔确定货币财富量的效用大于在风险条件下持有彩票的期望效用。风险爱好者的效用函数是严格向下的(即是严格凸函数),此时它的二阶导数也大于零。这说明此人认为在无风险条件下持有一笔确定货币财富量的效用小于在风险条件下持有彩票的期望效用。风险中立者的效用函数是线性的,此时它的二阶导数等于零。这说明此人认为在无风险条件下持有一笔确定货币财富量的效用等于在风险条件下持有彩票的期望效用。

(3)背水一战现象是典型的风险爱好者的行为,因为决策者认为冒险一拼的预期效益(或者期望效用)比安全性的撤退要大,因此背水一战现象是典型的风险爱好者的行为。

## 三、计算题

**1. 某消费者消费两种商品:商品 1 和商品 2;商品价格为 $P_1$ 和 $P_2$,消费数量为 $X_1$ 和 $X_2$,并且该消费者愿意以 $a$ 单位的商品 1 恒等换取 $b$ 单位的商品 2。当消费者消费商品 1 的量少于配给量 $\bar{X}_1$ 时不征税,当超过这个量时增加部分每单位征税 $t$。**

**(1)请写出该消费者的预算约束函数,并画图表示。**
**(2)请写出该消费者的效用函数。**
**(3)求出该消费者对商品 1 的普通需求函数。(北大 2011 研)**

答:(1)设消费者的收入为 $M$,则消费者消费商品 1 的量少于配给量 $\bar{X}_1$ 时的预算约束函数为:

$$M = P_1 X_1 + P_2 X_2 \quad (1)$$

消费者消费商品 1 的量不少于配给量 $\bar{X}_1$ 时的预算约束函数为:

$$M = P_1 \bar{X}_1 + (P_1 + t)(X_1 - \bar{X}_1) + P_2 X_2 \quad (2)$$

对应的图形如图 3.8 所示。

(2)消费者愿意以 $a$ 单位的商品 1 恒等换取 $b$ 单位的商品 2,说明两个商品是完全替代的,因此他的效用函数是一条直线,商品 1 替代商品 2 的比率为 $b/a$,效用函数为:

$$U(X_1, X_2) = b X_1 + a X_2$$

(3)效用函数和约束函数同为直线,因此最优消费点在角点处获得。

当效用线的斜率绝对值小于预算线斜率绝对值,即 $b/a < p_1/p_2$ 时,角解是预算线与纵交点,即此时商品 1 的需求函数为 $X_1 = 0$。

当效用线的斜率绝对值大于预算线斜率绝对值,即 $b/a > P_1/P_2$ 时,角解分两种情况,一是当消费者消费商品 1 的量少于配给量 $\bar{X}_1$ 时,角解是预算线与横轴交点,即商品 1 的需求函数为 $X_1 = M/P_1$;消费者消费商品 1 的量不少于配给量 $\bar{X}_1$ 时,角解是两条分段预算线的交点 $A$,此时与横轴交点,商品 1 的需求函数为 $X_1 = \bar{X}_1$。

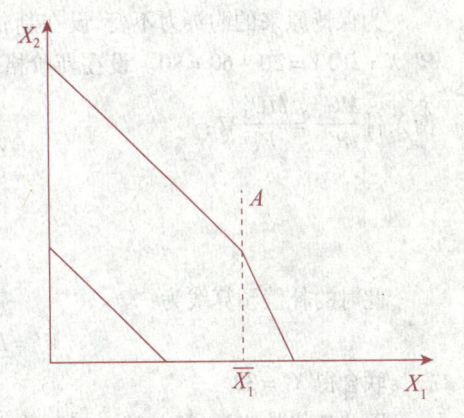

图 3.8 包含税收返还计划的汽油税的影响

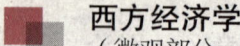

**2. 消费者消费 $X$、$Y$ 两种商品，效用函数为 $U(X,Y) = X^2Y^3$，收入 $M = 100$ 元。**

（1）求对商品 $X$ 的需求函数。

（2）设商品 $Y$ 的价格 $P_Y = 3$，商品 $X$ 的价格 $P_X$ 从 2 降为 1，求替代效应和收入效应。（南开大学 2011 研）

**答案：**（1）设商品 $X$、$Y$ 的价格分别为 $P_X$、$P_Y$，根据消费者均衡条件 $\dfrac{MU_X}{P_X} = \dfrac{MU_Y}{P_Y}$，得：

$$\frac{2XY^3}{P_X} = \frac{3X^2Y^2}{P_Y}$$

整理可得：$2P_Y Y = 2P_X Y$。

再结合约束条件 $M = P_X X + P_Y Y = 100$，可求得商品 $X$ 的需求函数为：

$$X = \frac{40}{P_X}$$

（2）当 $P_Y = 3$，$P_X = 2$ 时，根据上面求得的需求函数消费者均衡条件可以得到商品 $X$ 的最优消费量为：

$$X = \frac{40}{P_X} = \frac{40}{2} = 20$$

将数据代入进预算约束中便得商品 $Y$ 的最优消费量为：

$$Y = \frac{100 - P_X X}{P_Y} = \frac{100 - 2 \times 20}{3} = 20$$

因此，消费者效用为 $U(X,Y) = X^2Y^3 = 20^5$。

当商品 $X$ 的价格 $P_X$ 从 2 降为 1 时，根据上面求得的需求函数消费者均衡条件，可以得到商品 $X$ 的最优消费为：

$$X^* = \frac{40}{1} = 40$$

因此总的价格效应为 $(40 - 20) = 20$。替代效应计算如下：

为保持原来的购买力不变，设在新价格体系下的新收入（补偿性收入）应为 $M'$，于是有：$M' = P'_X X + P'_Y Y = 20 + 60 = 80$。设在新价格体系下消费者对两商品最优消费为 $X'$、$Y'$，根据消费者均衡条件 $\dfrac{MU'_X}{P'_X} = \dfrac{MU'_X}{P'_Y}$ 有：

$$\frac{2X'Y'^3}{P'_X} = \frac{3X'^2Y'^2}{P'Y}$$

此时的补偿预算线为：

$$M' = P''_X X' + P'_Y Y' = X' + 3Y' = 80$$

联合得 $X' = 32$。

因此替代效应为 $(32 - 30) = 12$，收入效应为 $(40 - 32) = 8$。

**3. 市场上黄瓜价格 $P_X = 3$ 元，西红柿价格 $P_Y = 4$ 元，张三的收入为 50 元，其效用函数为 $U(X,Y) = (X^2 + Y^2)$ 的平方根。**

（1）根据上述条件计算张三的最大效用；

（2）做出张三的无差异曲线和预算线的图，分析张三的最优消费组合，与（1）对比，说明其何区别并说明理由。（人大 2010 研）

**解**:(1)由题意得预算约束方程为 $3X+4Y=50$。由效用函数 $U(X,Y)=\sqrt{X^2+Y^2}$ 得 $MU_X=\dfrac{X}{\sqrt{X^2+Y^2}}R, MU_Y=\dfrac{Y}{\sqrt{X^2+Y^2}}$,边际替代率 $MRS_{XY}=\dfrac{MU_X}{MU_Y}=\dfrac{X}{Y}$,可得边际替代率是随着 $X$ 的增加而增加的,所以不能根据消费者均衡条件 $\dfrac{MU_X}{P_X}=\dfrac{MU_Y}{P_Y}$ 去求效用最大化时的消费组合(最大化的二阶条件不满足),此时效用最大化的点只能在预算线上的两个端点处获得,在点 $\left(0,\dfrac{25}{2}\right)$ 处的效用为 $\dfrac{25}{2}$,在另外一个点 $\left(\dfrac{50}{3},0\right)$ 的效用为 $\dfrac{50}{3}$,因此张三的最大效用是 $\dfrac{50}{3}$。

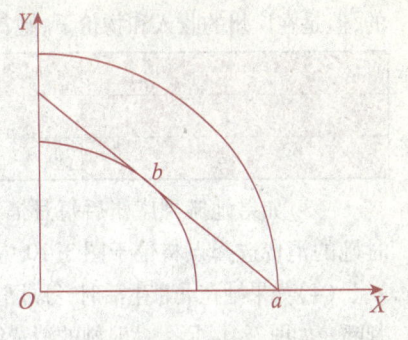

图 3.9 张三的无差异曲线和预算线

(2)张三的无差异曲线和预算线如图 3.24 所示,对应的无差异曲线凹向原点,最优选择为 $a$ 点,此时张三效用水平为最大值。

## 四、论述题

**1.** 假定一个学生只消费食品和书本两种商品,在过去的 4 年中她生活在北京,每月消费 1 份食品和 2 份书本,每份食品的价格为 1 元,书本的价格为 2 元,后来她考上了中大学研究生并到广州生活。在那里她每月消费 2 份食品和 2 份书本,每份食品和书本的价格都是 1 元。请问:

(1)到广州后她每月的生活水平是提高了,还是下降了?为什么?

(2)她的消费行为符合显示偏好弱公理吗?

(3)如果她搬到广州后每月消费的食品多于 3 份,那么她的消费行为还符合弱公理吗、为什么?

(4)如果她在北京生活时,每月消费 4 份食品和 0.5 份书本,那么她搬来广州后生活水平提高了,还是下降了?为什么?(提示:先画图,后回答)(中山大学 2007 研)

**答案**:(1)到广州以后,她每月的生活水平提高了。

在北京她每月用于食品和书籍的支出为:$1\times1+2\times2=5$ 元,而在广州她每月用于食品和书籍的支出为:$1\times2+1\times2=4$。此时她用于食品和书籍的总支出减少了,但是她获得的食品和书籍数量并没有减少,食品数量反而增加了,她可以用(相对于在北京生活)多余的 1 元钱用于购买其他商品,因此她的生活水平因为广州相对低于北京的物价而好了。

(2)她的行为符合显示偏好弱公理。

如图 3.10 所示,在预算约束 $L_1$ 下,消费者选择了 $A$ 点处的消费组合,在预算约束 $L_2$ 下,$A$ 点显然仍是可行的,但是消费者选择了位于 $A$ 点右方的 $B$ 点,$B$ 点显然比 $A$ 点给该学生带来的效用水平要高。

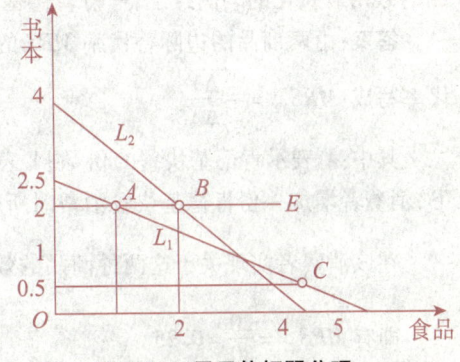

图 3.10 显示偏好弱公理

此外,也可以采用表格法判断。如下表所示,在北京的物价和收入下是买不起广州的消费组合的,但是在广州的收入和物价下,她却买得起北京的消费组合,这意味着她更偏好广州的消费组合。

|  | 北京的消费($X_f=1, X_b=2$) | 广州的消费($X_f=2, X_b=2$) |
| --- | --- | --- |
| 北京的物价($p_f=1, P_b=2$) | $1\times1+2\times2=5$ | $1\times2+2\times2=6$ |
| 广州物价($P_f=1, p_b=1$) | $1\times1+1\times2=3$ | $1\times2+1\times2=4$ |

(3)如果她搬到广州后每月消费的食品多于3份,那么她的消费行为还符合弱公理。因为此时她的消费选择点将位于图 3.10 中的 BE 段,此时显示偏好弱公理仍将成立。

(4)如果她在北京生活时,每月消费4份食品和0.5份书本,那么她搬来广州后生活水平的变化无法判断。如图 3.41 所示,此时她的消费组合为点 C,原来的消费组合为点 B,而显示偏好弱理论无法判断。

## 典型案例分析

### ——"恩格尔系数"降到 50% 以下标志着什么

"吃了吗?"这是过去相当一段时期中国人见面后最熟悉不过的口头语。用意几乎相当于国际流行的"你好吗"。

渐渐地,"吃了吗"这口头语我们听得越来越少了,因为吃对于中国人越来越不像过去那样重要了。换句话说,"吃"在中国人生活中所占的比重越来越小了。此现象在经济学上就叫做"恩格尔系数"降低。

何谓"恩格尔系数"?恩格尔是19世纪德国统计学家,他在研究人们的消费结构变化时发现了一条规律,即一个家庭收入越少,这个家庭用来购买食物的支出所占的比例就越大,反过来也是一样。而这个家庭用以购买食物的支出与这个家庭的总收入之比,就叫恩格尔系数。由此可以得出结论,对一个国家而言,这个国家越穷,其恩格尔系数就越高;反之,这个国家越富,其恩格尔系数越低。这就是世界经济学界所公认的恩格尔定律。

## 教材习题精解参考答案

**1. 已知一件衬衫的价格为 80 元,一份肯德基快餐的价格为 20 元,在某消费者关于这两种商品的效用最大化的均衡点上,一份肯德基快餐对衬衫的边际替代率 MRS 是多少?**

**答案:**由两商品的边际替代率 MRS 的定义公式可知,可以将一份肯德基快餐对衬衫的边际替代率写成:$MRS_{XY}=-\dfrac{\Delta Y}{\Delta X}$。

其中:X 表示肯德基快餐的份数;Y 表示衬衫的件数;$MRS_{XY}$ 表示在维持效用水平不变的前提下,消费者增加一份肯德基快餐消费时所需要放弃的衬衫的消费数量。

在该消费者实现关于这两种商品的效用最大化时,在均衡点上有 $MRS_{XY}=\dfrac{P_X}{P_Y}$,

即有 $MRS_{XY}=\dfrac{20}{80}=0.25$。

它表明:在效用最大化的均衡点上,该消费者关于一份肯德基快餐对衬衫的边际替代率 MRS 为 0.25。

**2. 假设某消费者的均衡如图 3.11(即教材中第 118 页的图 3-22)所示。其中,横轴 $OX_1$ 和纵

轴 $OX_2$ 分别表示商品 1 和商品 2 的数量,线段 $AB$ 为消费者的预算线,曲线 $U$ 为消费者的无差异曲线,$E$ 点为效用最大化的均衡点。已知商品 1 的价格 $P_1=2$ 元。

(1)求消费者的收入;
(2)求商品 2 的价格 $P_2$;
(3)写出预算线方程;
(4)求预算线的斜率;
(5)求 $E$ 点的 $MRS_{12}$ 的值。

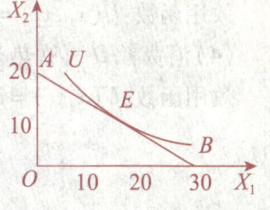

图 3.11　某消费者的均衡

**答案:**(1)图 3.11 中的横截距表示消费者的收入全部购买商品 1 时可购买 30 单位,又已知 $P_1=2$ 元,则,消费者的收入 $M=2$ 元 $\times 30=60$ 元。

(2)图中的纵截距表示消费者的收入全部购买商品 2 时可购买 20 单位,且由(1)已知收入 $M=60$ 元,所以,商品 2 的价格 $P_2=\dfrac{M}{20}=\dfrac{60}{20}=3$ 元。

(3)已知预算线方程的一般形式为:$P_1 x_1 + P_2 x_2 = M$。

所以,由(1)、(2)可将预算线方程具体写为:$2x_1 + 3x_2 = 60$。

(4)将(3)中的预算线方程进一步整理为 $x_2 = -\dfrac{2}{3} x_1 + 20$。很清楚,预算线的斜率为 $-\dfrac{2}{3}$。

(5)在消费者效用最大化的均衡点 $E$ 上,有 $MRS_{12} = \dfrac{P_1}{P_2}$,即无差异曲线的斜率的绝对值即 $MRS$ 等于预算线的斜率的绝对值 $\dfrac{P_1}{P_2}$。

因此,在此 $MRS_{12} = \dfrac{P_1}{P_2} = \dfrac{2}{3}$。

**3. 请画出以下各位消费者对两种商品(咖啡和热茶)的无差异曲线,同时请对(2)和(3)分别写出消费者 $B$ 和消费者 $C$ 的效用函数。**

(1)消费者 $A$ 喜欢喝咖啡,但对喝热茶无所谓。他总是喜欢有更多杯的咖啡,或者单独只喝热茶。
(2)消费者 $B$ 喜欢一杯咖啡和一杯热茶一起喝,他从来不喜欢单独只喝咖啡,或者单独只喝热茶。
(3)消费者 $C$ 认为,在任何情况下,1 杯咖啡和 2 杯热茶是无差异的。
(4)消费者 $D$ 喜欢喝热茶,但厌恶喝咖啡。

**答案:**已知(1)消费者对喝热茶无所谓,即热茶对消费者来说是中性商品。则其无差异曲线是一条垂直线,如图 3.12 所示。

(2)已知消费者 $B$ 喜欢一起喝,即咖啡和热茶对他来说是完全互补品。则其无差异曲线如图 3.13 所示。效用函数:$U(x_1, x_2) = \min\{x_1, x_2\}$。

图 3.12

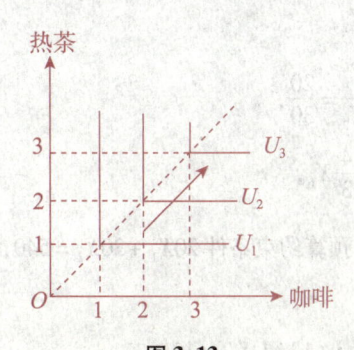

图 3.13

(3)消费者 $C$ 认为 1 杯咖啡和 2 杯热茶无差异,故热茶和咖啡对 $C$ 来说是完全替代品。故其无差异曲线如图 3.14 所示。

效用函数:$U(x_1,x_2) = x_1 + 2x_2$。

(4)消费者 $D$ 喜欢热茶,但厌恶咖啡。故其无差异曲线如图 3.15 所示。

效用函数:$U(x_1,x_1) = 2x_1 + x_2$。

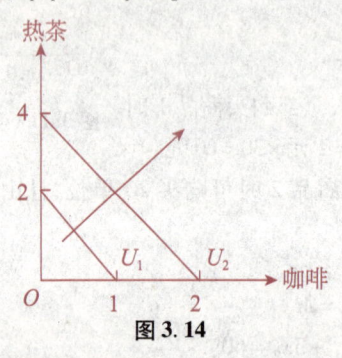

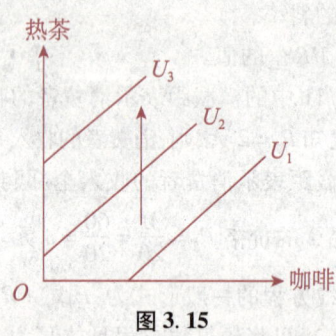

图 3.14

图 3.15

**4.** 对消费者实行补助有两种方法:一种是发给消费者一定数量的实物补贴,另一种是发给消费者一笔现金补助,这笔现金额等于按实物补助折算的货币量。试用无差异曲线分析法,说明哪一种补助方法能给消费者带来更大的效用。

**答案:**由图 3.16 的无差异曲线可知现金补助使得消费者的效用更大,原因如下:

当政府补贴的产品数量未超过消费者在某一收入水平上愿意购买的数量时,两者作用一致,不存在效率损失,即无差异曲线与预算线切点在 $FD$ 段;当政府补贴的产品数量超过消费者在某一收入水平上愿意购买的数量时,多余的实物对消费者来说就是效率损失,如果是现金,则消费者可用于别的消费以达到更大的效用。

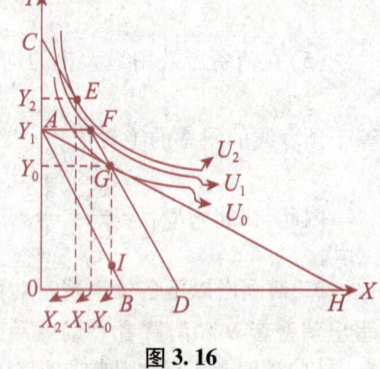

图 3.16

**5.** 已知某消费者每年用于商品 1 和商品 2 的收入为 540 元,两商品的价格分别为 $P_1 = 20$ 元和 $P_2 = 30$ 元,该消费者的效用函数为 $U = 3X_1 X_2^2$,该消费者每年购买这两种商品的数量应各是多少?每年从中获得的总效用是多少?

**答案:**已知 $U = 3X_1 X_2^2$,又根据消费者的效用最大化的均衡条件:$\dfrac{MU_1}{MU_2} = \dfrac{P_1}{P_2}$,$MU_1 = \dfrac{\mathrm{d}TU}{\mathrm{d}X_1} = 3X_2^2$,$MU_2 = \dfrac{\mathrm{d}TU}{\mathrm{d}X_2} = 6X_1 X_2$。

于是,有 $\dfrac{3X_2^2}{6X_1 X_2} = \dfrac{20}{30}$, (1)

整理得 $X_2 = \dfrac{4}{3} X_1$。

将(1)式代入预算约束条件 $20X_1 + 30X_2 = 540$,得 $20X_1 + 30 \cdot \dfrac{4}{3} X_1 = 540$,

解得 $X_1^* = 9$,

以 $X_1^* = 9$,代入(1)得 $X_2^* = 12$。

因此，该消费者每年购买这两种商品的数量应该为：$X_1^* = 9, X_2^* = 12$。

将以上最优的商品组合代入效用函数，得

$U^* = 3X_1^* (X_2^*)^2 = 3 \times 9 \times 12^2 = 3888$。

它表明：该消费者的最优商品购买组合给他带来的最大效用水平为3888。

**6.** 假设某商品市场上只有 **A、B** 两个消费者，他们的需求函数分别为 $Q_A^d = 20 - 4P$ 和 $Q_B^d = 30 - 5P$。

(1) 列出这两个消费者的需求表和市场需求表。

(2) 根据(1)，画出这两个消费者的需求曲线和市场需求曲线。

**答案：**(1) 由消费者 A 的需求函数 $Q_A^d = 20 - 4P$，可编制消费者 A 的需求表；由消费者 B 的需求函数 $Q_B^d = 30 - 5P$，可编制消费 B 的需求表。至于市场的需求表的编制可以先将消费者 A 和 B 的需求函数加总来求得市场需求函数，即市场需求函数 $Q^d = Q_A^d + Q_B^d = (20 - 4P) + (30 - 5P) = 50 - 9P$，然后，运用所得到的市场需求函数 $Q^d = 50 - 9P$，来编制市场需求表。这两种方法所得到的市场需求表是相同的。按以上方法编制的三张需求表如下所示。

消费者 A 的需求表

| P | $Q_A^d$ |
|---|---|
| 0 | 20 |
| 1 | 16 |
| 2 | 12 |
| 3 | 8 |
| 4 | 4 |
| 5 | 0 |

消费者 B 的需求表

| P | $Q_B^d$ |
|---|---|
| 0 | 30 |
| 1 | 25 |
| 2 | 20 |
| 3 | 15 |
| 4 | 10 |
| 5 | 5 |
| 6 | 0 |

市场的需求表

| P | $Q^d = Q_A^d + Q_B^d$ |
|---|---|
| 0 | 50 |
| 1 | 41 |
| 2 | 32 |
| 3 | 23 |
| 4 | 14 |
| 5 | 5 |
| 6 | 0 |

(2) 由(1)中的三张需求表，所画出的消费者 A 和 B 各自的需求曲线以及市场的需求曲线如图 3.17 所示。

在此，需要特别指出的是，市场需求曲线有一个折点，该点发生在价格 $P = 5$ 和需求量 $Q^d = 5$ 的坐标点位置。关于市场需求曲线的这一特征，可以从两个角度来解释：一个角度是从图形理解，市场需求曲线是市场上单个消费者需求曲线的水平加总，即在 $P \leq 5$ 的范围，市场需求曲线由两个消费者需求曲线水平加总得到；而当 $P > 5$ 时，只有消费者 B 的需求曲线发生作用，所以，它的需求曲线就是市场需求曲线。另一个角度是从需求函数看，在 $P \leq 5$ 的范围，市场需求函数 $Q^d = Q_A^d + Q_B^d = 50 - 9P$ 成立；而当 $P > 5$ 时，只有消费者 B 的需求函数才构成市场需求函数，即 $Q^d = Q_B^d = 30 - 5P$。

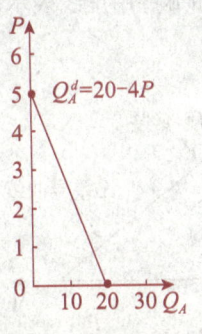

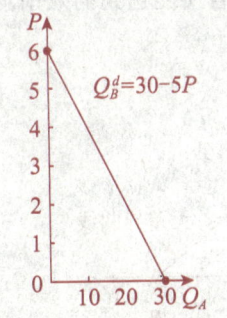

(a) 消费者A的曲线　　　(b) 消费者B的曲线　　　(c) 消费者C的曲线

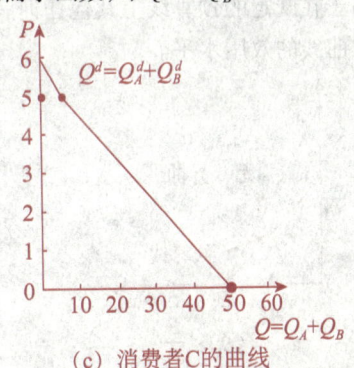

**图 3.17　消费者及市场的需求曲线**

**7.** 假定某消费者的效用函数为 $U = x_1^{0.5} x_2^{0.5}$，两商品的价格分别为 $P_1, P_2$，消费者的收入为 $M$。

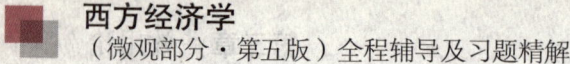

**分别求该消费者关于商品 1 和商品 2 的需求函数。**

**答案:** 根据消费者效用最大化的均衡条件: $\dfrac{MU_1}{MU_2} = \dfrac{P_1}{P_2}$。

其中,由已知的效用函数 $U = x_1^{0.5} x_2^{0.5}$ 可得 $MU_1 = \dfrac{\mathrm{d}TU}{\mathrm{d}x_1} = 0.5 x_1^{-0.5} x_2^{0.5}$,

$MU_2 = \dfrac{\mathrm{d}TU}{\mathrm{d}x_2} = 0.5 x_1^{0.5} x_2^{-0.5}$,于是,有 $\dfrac{0.5 x_1^{-0.5} x_2^{0.5}}{0.5 x_1^{0.5} x_2^{-0.5}} = \dfrac{P_1}{P_2}$,

整理得 $\dfrac{x_2}{x_1} = \dfrac{P_1}{P_2}$,即有 $x_2 = \dfrac{P_1 x_1}{P_2}$。 (1)

以(1)式代入约束条件 $P_1 x_1 + P_2 x_2 = M$,有 $P_1 x_1 + P_2 \cdot \dfrac{x_1 P_1}{P_2} = M$,

解得 $x_1^* = \dfrac{M}{2P_1}$,代入(1)式得 $x_2^* = \dfrac{M}{2P_2}$。

所以,该消费者关于两商品的需求函数为 $\begin{cases} x_1^* = \dfrac{M}{2P_1} \\ x_2^* = \dfrac{M}{2P_2} \end{cases}$

**8.** 令某消费者的收入为 $M$,两商品的价格为 $P_1$、$P_2$。假定该消费者的无差异曲线是线性的,且斜率为 $-a$。求:该消费者的最优商品消费组合。

**答案:** 由于无差异曲线是一条直线,且其斜率的绝对值 $MRS_{12} = -\dfrac{\mathrm{d}x_2}{\mathrm{d}x_1} = a$,又由于预算线总是一条直线,且其斜率为 $-\dfrac{P_1}{P_2}$,所以,该消费者的最优商品组合有以下三种情况,其中的第一、二种情况属于边角解。

(1) 由 $MRS_{12} > \dfrac{P_1}{P_2}$,即 $a > \dfrac{P_1}{P_2}$ 时,如图 3.18(a)所示,效用最大化的均衡点 $E$ 的位置发生在横轴,它表示此时的最优解是一个边角解,即 $x_1^* = \dfrac{M}{P_1}$,$x_2^* = 0$。也就是说,消费者将全部收入都购买商品 1,并由此达到最大的效用水平,该效用水平在图中以实线表示的无差异曲线标出。显然,该效用水平高于在既定的预算线上其他任何一个商品组合所能达到的效用水平,例如那些用虚线表示的无差异曲线的效用水平。

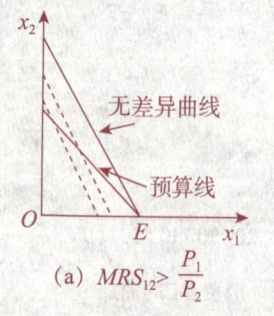

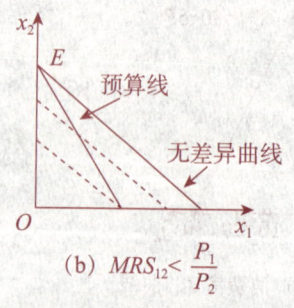

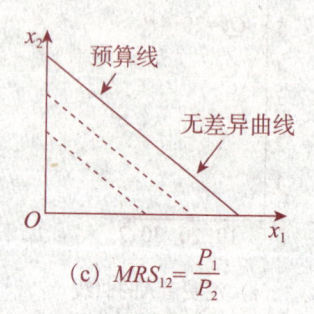

图 3.18 无差异曲线

(2) 当 $MRS_{12} < \dfrac{P_1}{P_2}$,即 $a < \dfrac{P_1}{P_2}$ 时,如图 3.18(b)所示,效用最大化的均衡点 $E$ 的位置发生在纵

轴,它表示此时的最优解是一个边角解,即 $x_1^* = 0, x_2^* = \frac{M}{P_2}$。也就是说,消费者将全部收入都购买商品 2,并由此达到最大的效用水平,该效用水平在图中以实线表示的无差异曲线标出。显然,该效用水平高于在既定的预算线上其他任何一个商品组合所能达到的效用水平,例如那些用虚线表示的无差异曲线的效用水平。

(3) 当 $MRS_{12} = \frac{P_1}{P_2}$,即 $a = \frac{P_1}{P_2}$ 时,如图 3.18(c)所示,无差异曲线与预算线重叠,效用最大化的均衡点可以是预算线上的任何一点的商品组合,即最优解为 $x_1^* \geq 0, x_2^* \geq 0$,且满足 $P_1 x_1 + P_2 x_2 = M$。此时所达到的最大效用水平在图中以实线的无差异曲线标出,显然,该效用水平高于其他任何一条在既定预算约束条件下可以实现的用虚线表示的无差异曲线的效用水平。

**9.** 假定某消费者的效用函数为 $U = q^{0.5} + 3M$,其中,$q$ 为某商品的消费量,$M$ 为收入。求:(1) 该消费者的需求函数;(2) 该消费者的反需求函数;(3) 当 $p = \frac{1}{12}, q = 4$ 时的消费者剩余。

**答案:**(1) 由题意可得,商品的边际效用为 $MU = \frac{\partial U}{\partial q} = 0.5 q^{-0.5}$。

货币的边际效用为 $\lambda = \frac{\partial U}{\partial M} = 3$。

于是,根据消费者均衡条件 $\frac{MU}{p} = \lambda$,有 $\frac{0.5 q^{-0.5}}{p} = 3$,整理得需求函数为 $q = \frac{1}{36 p^2}$。

(2) 由需求函数 $q = \frac{1}{36 P^2}$,可得反需求函数为 $p = \frac{1}{6\sqrt{q}}$。

(3) 由反需求函数 $p = \frac{1}{6\sqrt{q}}$,可得消费者剩余为

$$CS = \int_0^q \left(\frac{1}{6\sqrt{q}}\right) dq - pq = \frac{1}{3} q^{\frac{1}{2}} \Big|_0^q - pq = \frac{1}{3} q^{\frac{1}{2}} - pq。$$

以 $p = \frac{1}{12}, q = 4$ 代入上式,则有消费者剩余:

$$CS = \frac{1}{3} \times 4^{\frac{1}{2}} - \frac{1}{12} \times 4 = \frac{1}{3}。$$

**10.** 设某消费者的效用函数为所谓柯布—道格拉斯类型的,即 $U = x^\alpha y^\beta$,商品 $x$ 和商品 $y$ 的价格分别为 $P_x$ 和 $P_y$,消费者收入为 $M$,$\alpha$ 和 $\beta$ 为常数,且 $\alpha + \beta = 1$。

(1) 求该消费者关于商品 $x$ 和商品 $y$ 的需求函数;

(2) 证明当商品 $x$ 和 $y$ 的价格以及消费者的收入同时变动一个比例时,消费者对两商品的需求关系维持不变;

(3) 证明该消费者效用函数中的参数 $\alpha$ 和 $\beta$ 分别为商品 $x$ 和商品 $y$ 的消费支出占消费者收入的份额。

**答案:**(1) 由已知的效用函数 $U = x^\alpha y^\beta$ 可得

$$MU_x = \frac{\partial U}{\partial x} = \alpha x^{\alpha-1} y^\beta, MU_y = \frac{\partial U}{\partial y} = \beta x^\alpha y^{\beta-1}。$$

由消费者效用最大化的均衡 $\frac{MU_x}{MU_y} = \frac{P_x}{P_y}$,有 $\frac{\alpha x^{\alpha-1} y^\beta}{\beta x^\alpha y^{\beta-1}} = \frac{P_x}{P_y}$,则 $y = \frac{\beta P_x}{\alpha P_y} x$。

代入约束条件 $P_x x + P_y y = M$，有 $P_x x + P_y \cdot \dfrac{\beta P_x}{\alpha P_y} = M$，

解得 $x = \dfrac{\alpha M}{P_x}, y = \dfrac{\beta M}{P_y}$。

所以，该消费者关于商品的需求函数为 $x = \dfrac{\alpha M}{P_x}, y = \dfrac{\beta M}{P_y}$。

(2)证明：设商品 $x$ 和 $y$ 的价格以及消费者的收入同时变为原来的 $k$ 倍，则消费者对两商品的需求分别为 $x' = \dfrac{\alpha(kM)}{kP_x} = \dfrac{\alpha M}{P_x} = x, y' = \dfrac{\beta(kM)}{kP_y} = \dfrac{\beta M}{P_y} = y$。

所以消费者对两商品的需求维持不变。

(3)证明：消费者对商品 $x$ 的消费支出为 $Q_x \cdot P_x = \dfrac{\alpha M}{P_x} \cdot P_x = \alpha M$，所以，商品 $x$ 的消费支出占消费者收入的份额为 $\dfrac{\alpha M}{M} = \alpha$。同理可得商品 $y$ 的消费支出占消费者收入的份额为 $\beta$。

综上，消费者效用函数中的参数 $\alpha$ 和 $\beta$ 分别为商品 $x$ 和商品 $y$ 的消费支出占消费者收入的份额。

**小结**：本题需把握效用函数的相关计算，需求函数的求解以及消费者效用最大的均衡条件。

**11.** 已知某消费者的效用函数为 $U = X_1 X_2$，两商品的价格分别为 $P_1 = 4, P_2 = 2$，消费者的收入是 $M = 80$。现在假定商品1的价格下降为 $P_1 = 2$。求：

(1)由商品1的价格 $P_1$ 下降所导致的总效应，使得该消费者对商品1的购买量发生多少变化？

(2)由商品1的价格 $P_1$ 下降所导致的替代效应，使得该消费者对商品1的购买量发生多少变化？

(3)由商品1的价格 $P_1$ 下降所导致的收入效应，使得该消费者对商品1的购买量发生多少变化？

**答案**：(1)由 $MRS_{12} = \dfrac{MU_1}{MU_2} = \dfrac{P_1}{P_2}$ 可知，当 $P_1 = 4, P_2 = 2$ 时，$X_1 = 10$；当 $P_1 = 2, P_2 = 2$ 时，$X_1 = 20$。则商品1的价格 $P_1$ 下降所导致的总效应，使得该消费者对商品1的购买量增加了10。

(2)要求替代效应的影响，首先要剔除价格下降所产生的收入效应的影响。剔除收入效应后，原来的产品组合与降价后的产品组合在同一条无差异曲线上。

当 $P_1 = 4, P_2 = 2$ 时，$U = X_1 X_2 = 10 \times 20 = 200$，

联立 $2X_1 + 2X_2 = M_2, MRS_{12} = \dfrac{MU_1}{MU_2} = \dfrac{P_1}{P_2} = \dfrac{2}{2}$，

可得 $X_1 = 10\sqrt{2}$，$M_2 = 40\sqrt{2}$，

则商品1的价格 $P_1$ 下降所导致的替代效应，使得该消费者对商品1的购买量增加了 $10\sqrt{2} - 10$。

(3)由上题中的替代效应，可得收入效应为 $20 - 10\sqrt{2}$。

**12.** 某消费者是一个风险回避者，他面临是否参与一场赌博的选择：如果他参与这场赌博，他将以5%的概率获得10000元，以95%的概率获得10元；如果他不参与这场赌博，他将拥有509.5元。那么，他会参与这场赌博吗？为什么？

**答案**：由题意可知：$pW_1 + (1-p)W_2 = 0.05 \times 10000 + 0.95 \times 10 = 509.5$ 元，由于此消费者是一个风险回避者，因此其满足赌博期望值的效用大于赌博的期望效用，因此他不会参与赌博。

**13. 基数效用论者是如何推导需求曲线的?**

**答案:**(1)基数效用论者提出的商品的边际效用递减规律指出,在其他条件不变的前提下,随着消费者对某商品消费数量的连续增加,该商品的边际效用是递减的,所以,消费者对每增加一单位商品所愿意支付的最高价格(即需求价格)也是递减的,即消费者对该商品的需求曲线是向右下方倾斜的。

(2)在只考虑一种商品的前提下,消费者实现效用最大化的均衡条件是 $\frac{MU}{P} = \lambda$。由此均衡条件出发,可以计算出需求价格,并推导与理解(1)中的消费者的向右下方倾斜的需求曲线。

**14. 用图说明序数效用论者对消费者均衡条件的分析,以及在此基础上对需求曲线的推导。**

**答案:**(1)本题涉及的两个基本分析工具是无差异曲线和预算线。无差异曲线是用来表示消费者偏好相同的两种商品的全部组合的,其斜率的绝对值可以用商品的边际替代率 $MRS$ 来表示。预算线表示在消费者收入和商品价格给定的条件下,消费者全部收入所能购买到的两种商品的全部组合,其斜率为 $-\frac{P_1}{P_2}$。

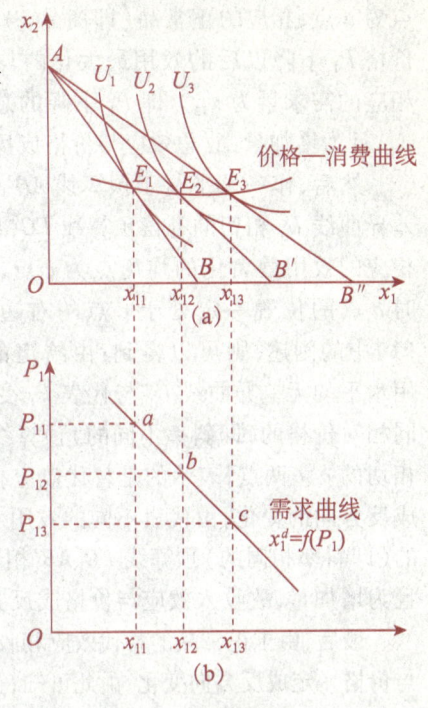

图3.19 需求曲线

(2)消费者效用最大化的均衡点发生在一条给定的预算线与无数条无差异曲线中的一条相切的切点上,于是,消费者效用最大化的均衡条件为:$MRS_{12} = \frac{P_1}{P_2}$,或者 $\frac{MU_1}{P_1} = \frac{MU_2}{P_2}$。

(3)在(2)的基础上进行比较静态分析,即令一种商品的价格发生变化,便可以得到该商品的价格—消费曲线。价格—消费曲线是在其他条件不变的前提下,与某一商品的不同价格水平相联系的消费者效用最大化的均衡点的轨迹,如图3.19(a)所示。

(4)在(3)的基础上,将一种商品的不同价格水平和相应的最优消费量即需求量之间的一一对应关系描绘在同一坐标平面上,就可以得到需求曲线,如图3.19(b)所示。显然有:需求曲线一般斜率为负,表示商品的价格和需求量成反方向变化;而且,在需求曲线上与每一价格水平相对应的需求量都是可以在该价格水平给消费者带来最大效用的最优消费数量。

**15. 分别用图分析正常物品、低档物品和吉芬物品的替代效应和收入效应,并进一步说明这三类物品的需求曲线的特征。**

**答案:**(1)当一种商品的价格发生变化时所引起的该商品需求量的变化可以分解为两个部分,它们分别是替代效应和收入效应。替代效应是指仅考虑商品相对价格变化所导致的该商品需求量的变化,而不考虑实际收入水平(即效用水平)变化对需求量的影响。收入效应则相反,它仅考虑实际收入水平(即效用水平)变化导致的该商品需求量的变化,而不考虑相对价格变化对需求量的影响。

无论是分析正常品还是低档品,甚至吉芬品的替代效应和收入效应,都需要运用的一个重要分析工具就是补偿预算线。

(2)在图3.20中,以正常品的情况为例加以说明。图中,初始的消费者效用最大化的均衡

点为 $a$ 点,相应的正常品(即商品1)的需求为 $x_{11}$。价格 $P_1$ 下降以后的效用最大化的均衡点为 $b$ 点,相应的需求量为 $x_{12}$。即 $P_1$ 下降的总效应为 $x_{12}-x_{11}$,且为增加量,故总效应与价格成反方向变化。

然后,作一条平行于预算线 $AB'$ 且与原有的无差异曲线 $U_1$ 相切的补偿预算线 $FG$(以虚线表示),相应的效用最大化的均衡点为 $c$ 点,而且注意,此时 $b$ 点的位置一定处于 $c$ 点的右边。于是,根据(1)中的阐述,则可以得到:由给定的代表原有效用水平的无差异曲线 $U_1$ 与代表 $P_1$ 变化前、后的不同相对价格的(即斜率不同的)预算线 $AB$、$FG$ 分别相切的 $a$、$c$ 两点,表示的是替代效应,即替代效应为 $x_{12}-x_{11}$,且为增加量,故有替代效应与价格成反方向的变化;由代表不同的效用水平的无差异曲线 $U_1$ 和 $U_2$ 分别与两条代表相同相对价格的(即斜率相同的)预算线 $FG$、$AB'$ 相切的 $c$、$b$ 两点,表示的是收入效应,即收入效应为 $x_{13}-x_{12}$,且为增加量,故收入效应与价格成反方向的变化。

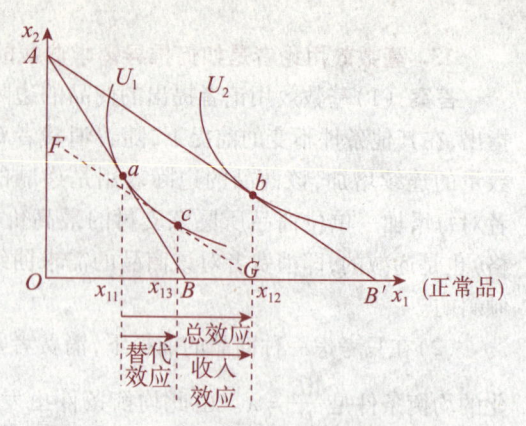

图 3.20 正常品的替代效应和收入效应

最后,由于正常品的替代效应和收入效应都分别与价格成反方向变化,所以,正常品的总效应与价格一定成反方向变化,由此可知,正常品的需求曲线是向右下方倾斜的。

(3)关于劣等品和吉芬品。在此略去关于这两类商品的具体的图示分析。需要指出的要点是:这两类商品的替代效应都与价格成反方向变化,而收入效应都与价格成同方向变化,其中,大多数的劣等品的替代效应大于收入效应,而劣等品中的特殊商品吉芬品的收入效应大于替代效应。于是,大多数劣等品的总效应与价格成反方向的变化,相应的需求曲线向右下方倾斜,劣等品中少数的特殊商品即吉芬品的总效应与价格成同方向的变化,相应的需求曲线向右上方倾斜。

(4)基于(3)的分析,所以,在读者自己利用与图 3.17 相类似的图形来分析劣等品和吉芬品的替代效应和收入效应时,在一般的劣等品的情况下,一定要使 $b$ 点落在 $a$、$c$ 两点之间,而在吉芬品的情况下,则一定要使 $b$ 点落在 $a$ 点的左边。唯有如此作图,才能符合(3)中理论分析的要求。

### 自测题

## 一、名词解释

1. 边际效用　　2. 消费者均衡　　3. 消费者剩余
4. 无差异曲线　5. 商品的边际替代率　6. 替代效应
7. 收入效应　　8. 期望效用

## 二、单项选择

1. 对消费者的偏好做如下假定:A 组合比 B 组合好,C 组合比 A 组合好,B 组合和 C 组合一样好,那么根据经济学理论,这个消费者的偏好序　　　　　　　　　　　　　　　　　　　(　　)

A. 违反了完备性定理  B. 违反了反身性定理
C. 违反了传递性定理  D. 没有违反任何定理

2. 在坐标系中,无差异曲线的横纵坐标分别为 （　）
A. 两种消费品  B. 消费品和价格
C. 两种生产要素  D. 生产要素及其产出

3. 消费者进行个人消费的过程中,均衡的条件是 （　）
A. $PX/PY = MUY/MUX$  B. $PX/PY = MUX/MUY$
C. $PX \cdot X = PY \cdot Y$  D. 以上三者都不是

4. 对于某消费者,货币的效用要大于消费者所购入的商品的效用,则他会 （　）
A. 停止购买  B. 继续购买
C. 扔掉已经买入的商品  D. 大量购买

5. 根据效用论,无差异曲线的位置和形状取决于 （　）
A. 消费者的偏好和收入  B. 消费者收入和商品价格
C. 消费者偏好、收入和商品价格  D. 消费者的偏好

6. 假设消费者消费的甲、乙商品的价格之比是 1.25,它们的边际效用之比是 2,为达到效用最大化,消费者应 （　）
A. 增购甲和减少购买乙  B. 增购乙和减少购买甲
C. 同时增购甲、乙两种商品  D. 同时减少甲、乙的购买量

7. 下列选项中表示边际效用的是 （　）
A. 张某吃了第二个面包,满足程度从 10 个效用单位增加到了 15 个效用单位,增加了 5 个效用单位
B. 张某吃了两个面包,共获得 15 个效用单位
C. 张某吃了 4 个面包后再不想吃了
D. 张某吃了两个面包,平均每个面包给张某的满足程度为 7.5 个效用单位

8. 假定消费者的预算收入为 50 美元,商品甲和乙的价格分别为 5 美元和 4 美元,消费者打算购买 6 单位甲和 4 单位乙,商品甲、乙的边际效用分别为 25 和 20,那么,要达到效用最大化,他应该 （　）
A. 按原计划购买  B. 减少 X 和 Y 的购买量
C. 增加 X、Y 的购买量  D. 增购 X 的同时减少 Y 的量

9. 如果无差异曲线上任一点的斜率为 -0.25,这意味着消费者愿意放弃几个单位 X 而获得一单位 Y （　）
A. 5  B. 1  C. 0.25  D. 4

10. 如果价格提供线是一条平行于 $X$ 轴的直线,则能肯定商品 X 的需求曲线是 （　）
A. 完全富于弹性  B. 完全缺乏弹性
C. 单位弹性  D. 向下倾斜的直线

11. 根据经济学理论,消费者购买每单位物品所支付的价格一定等于 （　）
A. 消费者从消费第一单位的这种物品中获取的边际效用
B. 消费者从消费这种物品中获得的总效用
C. 消费者从平均每单位物品的消费中获得的效用
D. 消费者从消费最后一单位物品中获得的边际效用

12. 如果消费者的真实收入上升,他将 （　）

A. 购买更少的低档商品 B. 增加消费
C. 移到更高的一条无差异曲线上 D. 以上都是

13. 一种商品价格下降所引起的该商品需求量变动的总效应可以分解为替代效应和收入效应两部分,总效应为负值的商品是 （ ）
A. 正常物品 B. 低档物品 C. 吉芬物品 D. 必需品

14. 如果无差异曲线是水平的,表示消费者对（ ）商品的消费已达到饱和状态。
A. X 商品 B. Y 商品
C. X 和 Y 商品 D. 既不是 X 商品也不是 Y 商品

15. 下列（ ）可以反映一种商品的价格变化和两种商品的需求量之间的对应关系。
A. 价格提供线 B. 需求曲线 C. 恩格尔曲线 D. 收入扩展线

16. 若消费者 A 的 $MRS_{XY}$ 大于消费者 B 的 $MRS_{XY}$,那么 A 应该 （ ）
A. 用 X 换 B 的 Y B. 用 Y 换 B 的 X
C. 或放弃 X 或放弃 Y D. 无法判断

17. 如果某商品的消费量随着消费者收入的增加而减少,则该商品是 （ ）
A. 替代品 B. 互补品 C. 正常品 D. 低档品

18. 某低档商品的价格下降而其他情况不变时, （ ）
A. 替代效应和收入效应相互加强导致该商品的需求量增加
B. 替代效应和收入效应相互加强导致该商品的需求量减少
C. 替代效应倾向于增加该商品的需求量,而收入效应倾向于减少其需求量
D. 替代效应倾向于减少该商品的需求量,而收入效应倾向于增加其需求量

19. 无差异曲线的斜率被称为 （ ）
A. 边际替代率 B. 边际技术替代率 C. 边际转换率 D. 边际效用

20. 已知甲商品的价格为 5 元,乙商品的价格为 2 元,如果消费者从这两种商品的消费中得到最大效用时,商品甲的边际效用为 30,那么此时乙商品的边际效用为 （ ）
A. 60 B. 45 C. 150 D. 75

## 三、判断题

1. 在无差异曲线图上存在无数条无差异曲线是因为消费者的收入有时高有时低。（ ）
2. 如果一种商品满足了一个消费者坏的欲望,说明该商品具有负效用。 （ ）
3. 如果边际效用递减,则总效用相应下降。 （ ）
4. 在同一条预算线上,货币收入是不变的。 （ ）
5. 如果消费者的效用函数为 $U = XY$,那么他总是把他的收入的一半花在 X 上。（ ）
6. 预算线上的每一点代表了当收入一定时消费者可能购买的不同数量的商品组合。（ ）
7. 在消费者均衡条件下,消费者购买商品的总效用一定等于他所支付货币的总效用。（ ）
8. 因为商品的边际效用递减,所以商品的需求曲线向右下方倾斜。 （ ）
9. 消费者剩余是消费者的主观感受。 （ ）
10. 假定其他条件不变,消费者从每单位商品中得到的效用随着这种商品的数量的增加而增加。（ ）

## 四、计算题

1. 假定某人每月收入 120 元可花费在 X 和 Y 两种商品上,他的效用函数为 $U = XY, PX = 2$ 元,$PY = 4$ 元。要求:(1)为获得最大效用,他会购买多少单位 X 和 Y?(2)货币的边际效用和总效用各多少?(3)假如 X 的价格提高 44%,Y 的价格不变,为使他保持原有的效用水平,他的收入必须增加多少?

2. 小明将参加三门功课的期终考试,他能够用来复习功课的时间只有 6 小时。又设每门功课占用的复习时间和相应的成绩如下表所示:

| 小时数 | 0 | 1 | 2 | 3 | 4 | 5 | 6 |
|--------|----|----|----|----|----|----|----|
| 经济学分数 | 30 | 44 | 65 | 75 | 83 | 88 | 90 |
| 数学分数 | 40 | 52 | 62 | 70 | 77 | 83 | 88 |
| 英语分数 | 70 | 80 | 88 | 90 | 91 | 92 | 93 |

现在要问:为使这三门课的成绩总分最高,他应怎样分配复习时间?说明你的理由。

## 五、简答题

1. 简述标准无差异曲线和边际替代率的关系,并分析边际替代率递减的原因。
2. 试解释为什么劣质商品的需求价格弹性可能为负的、零或正的?
3. (1)导致消费者需求曲线移动的因素是什么?
   (2)用作图方法表示正常商品与劣质商品的区别。
   (3)正常商品的需求曲线与吉芬物品的需求曲线的区别。
   (4)吉芬物品与劣质商品的相同之处与不同之处。

## 六、分析题

在日常生活中,钻石用处极小而价格昂贵,生命必不可少的水却非常便宜。请用边际效用的概念加以解释。

### 参考答案

## 一、名词解释

1. 消费者均衡是研究单个消费者在既定收入条件下实现效用最大化的均衡条件。在既定收入和各种商品价格的限制下选购一定数量的各种商品,以达到最满意的程度,称为消费者均衡。消费者均衡是消费者行为理论的核心,是指消费者的效用达到最大并维持不变的一种状态。

2. 消费者剩余是指消费者为取得一种商品所愿意支付的价格与他取得该商品而支付的实际价格之间的差额。

3. 无差异曲线是用来表示消费者偏好相同的两种商品的所有组合。或者说它是表示能够给消费者带来相同的效用水平或满足程度的两种商品的所有组合的。

4. 商品的边际替代率：在维持效用水平不变的前提下，消费者增加一单位某种商品的消费数量时所需要放弃的另一种商品的消费数量，被称为商品的边际替代率。

5. 替代效应指由商品的价格变动所引起的商品相对价格的变动，进而由商品的相对价格变动所引起的商品需求量的变动。它不改变消费者的效用水平。

6. 收入效应指由商品的价格变动所引起的实际收入水平的变动，进而由实际收入水平的变动所引起的商品需求量的变动。它改变消费者的效用水平。

7. 期望效用是指消费者在不确定条件下可能得到的各种结果的效用的加权平均数。

## 二、单项选择

1—5　ABADA　　6—10　ACCDD　　11—15　CADBD　　16—18　CAD

## 三、判断题

1. ×　2. ×　3. ×　4. √　5. √　6. √　7. ×　8. √　9. √　10. ×

## 四、计算题

1. **答案**：（1）$MU_X = Y$　　$MU_Y = X$

   $MU_X/MU_Y = Y/X = P_X/P_Y$ 和 $P_X X + P_Y Y = 120$　联立求得：$X = 30$　$Y = 20$

   （2）边际效用 $MU_M = MU_X/P_X = Y/P_X = 20/2 = 10$　　总效用 $TU_M = MU_M \cdot M = 10 \times 120 = 1200$

   （3）$MU_X/MU_Y = Y/X = P_X/P_Y = 2(1 + 0.44)/3 = 2.88/3$ 和 $X_Y = 600$ 联立求得

   $X = 25$　$Y = 24$　$M' = 2.88X + 3Y = 2.88 \times 25 + 3 \times 24 = 144$

   所以，需增加的收入 $\Delta M = M' - M = 144 - 120 = 24$。

2. **答案**：我们先把时间占用分为1、2、3、4、5、6小时，经济学、数学、英语相应的边际效用分别计算出来，并列成下表：

| 小时数 | 1 | 2 | 3 | 4 | 5 | 6 |
|---|---|---|---|---|---|---|
| 经济学分数 $MU$ | 14 | 11 | 10 | 8 | 5 | 2 |
| 数学分数 $MU$ | 12 | 10 | 8 | 70 | 6 | 5 |
| 英语分数 $MU$ | 10 | 8 | 2 | 1 | 1 | 1 |

根据表中所示，经济学用3小时，每小时的边际效用是10分；数学用2小时，每小时的边际效用是10分；英语用1小时，每小时的边际效用也是10分。而且所用总时间 = 3小时 + 2小时 + 1小时 = 6小时。由消费者均衡条件可知，他把6小时作如上分配时，总分最高。

注意，如果经济学用4小时，数学用3小时，英语用2小时，每小时的边际效用虽也相等，都是8分，但所用总时间 = 4小时 + 3小时 + 2小时 = 9小时，超过6小时，所以此方案不取。

## 五、简答题

**1. 答案:** 无差异曲线的斜率被称为边际替代率($MRS_{XY}$),一般表达为 $MRS_{XY} = \Delta Y/\Delta X = -MU_X/MU_Y$。边际替代率递减的原因是,随着 X 商品数量的增加,$MU_X$ 在下降;同时,随着 Y 商品数量的减少,$MU_Y$ 在增加。而 $MRS_{XY}$ 的绝对值是 $MU_X$ 与 $MU_Y$ 之比,所以 $MRS_{XY}$ 必然是递减的。

**2. 答案:** 劣质商品的价格下降时,替代效应倾向于增加这种商品的需求量,而收入效应倾向于减少这种商品的需求量,两种相反的力量同时发生作用。

若替代效应大于收入效应,则随着价格下降,商品的需求量增加。这时,需求价格弹性为负。

若替代效应等于收入效应,则随着价格下降,商品的需求量不发生变化。这时,需求价格弹性为零。

若替代效应小于收入效应,则随着价格下降,商品需求量也减少。这时,需求价格弹性为正。这样的劣质商品就是吉芬商品。

**3. 答案:** (1)导致需求曲线移动的因素包括除商品本身价格以外一切能影响该商品需求量的因素,如消费者收入、消费者嗜好、其他商品价格、消费者对商品价格的预期、商品广告费用等。由于其中最主要因素是消费者收入,因此,一般用消费者收入的变动来说明需求曲线移动的原因。消费者收入增加时,则某商品在原有价格水平上会增加其需求量,表现为需求曲线向右上方平行移动。相反,消费者收入下降时,则对商品需求量在该商品价格不变情况下会减少,表现为需求曲线向原点方向平行移动。

(2)正常商品与劣质商品的区别可用图 3.21(a)和图 3.21(b)表示。

图 3.21(a)中,EC 表示恩格尔曲线,它表示收入(M)变化时消费的商品 X 量如何变化。当收入从 $OM_1$ 增加为 $OM_2$ 时,消费的商品从 $OX_1$ 增为 $OX_2$,这是正常商品的情况。图 3.21(b)表示,消费者收入增加时,消费的商品量反而下降,这是劣质商品的情况。

(3)正常商品的需求曲线与吉芬物品的需求曲线的区别可以从图 3.21(c)和图 3.21(d)中看出。在图 3.21(c)中,当商品价格从 $OP_1$ 降为 $OP_2$ 时,需求量从 $OX_1$ 增加到 $OX_2$,需求曲线向右下方倾斜,这是正常商品的情况。在图 3.21(d)中,当商品价格从 $OP_1$ 降为 $OP_2$ 时,需求量从 $OX_1$ 下降为 $OX_2$,需求曲线向右上方倾斜,这是吉芬物品的情况。

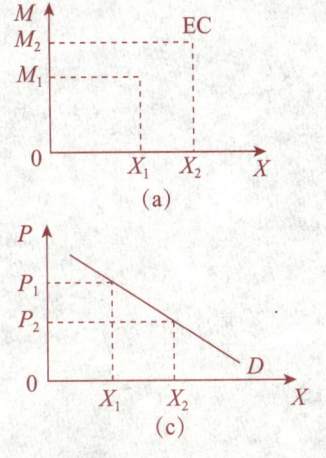

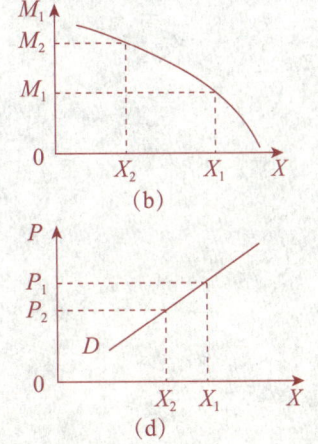

图 3.21

(4)吉芬物品与劣质商品的相同之处是,替代效果与收入效果的方向,二者互相抵消。即当 $X$ 商品价格下降时,从替代效应看,对 $X$ 的需求量会增加,因为消费者总会用多消费 $X$ 来取代其他商品的消费。但从收入效应看,对 $X$ 的需求量会减少,因为 $X$ 的价格下降意味着购买 $X$ 的消费者的实际收入增加,而收入增加时,无论是劣质品还是吉芬品,其需求量都会下降。二者不同之处是,劣质品的替代效应大于收入效应,因此,劣质品价格下降时,需求量的增加超过需求量的减少,因此,需求量总的说还是增加的;而吉芬物品的收入效应大于替代效应,因而吉芬品价格下降时,需求量的减少(收入效应)大于需求量的增加(替代效应),因此,需求量总的说是减少的。

## 六、分析题

**答案:** 钻石于人的用处确实远不如水,所以,人们从水的消费中所得的总效用远远大于人们从钻石的使用中所得的总效用。但是,商品的需求价格不是由总效用而是由商品的边际效用的大小来决定,即由 $P = Mu/\lambda$ 决定。

虽然人们从水的消费中所得的总效用很大,但是,由于世界上水的数量很大,因此,水的边际效用很小,人们只愿付非常低的价格。相反,钻石的用途虽远不及水大,但世界上钻石数量很少,因此,其边际效用很大。

# 第四章 生产论

**知识脉络图**

- 厂商
  - 组织形式
  - 企业的本质
  - 企业的经营目标

- 生产函数
  - 生产函数的几个概念
    - 生产要素
    - 生产函数 $Q = f(L, k)$
    - 长期和短期
  - 生产的形式
    - 固定替代比例：$Q = al + bk$
    - 柯布－道路拉斯生产函数：$Q = AL^{\alpha} K^{\beta}$
    - 里昂惕夫生产函数：$Q = \min(\dfrac{L}{u}, \dfrac{K}{v})$

- 短期生产函数
  - 形式：$Q = f(L, \bar{k})$
  - 总产量：$TP_L = f(L, \bar{k})$
  - 平均产量：$AP_L = \dfrac{TP_L(L, \bar{k})}{L}$
  - 边际产量：$MP_L = \dfrac{\Delta TP_L(L, \bar{k})}{\Delta L} = \dfrac{\mathrm{d} TP_L(L, \bar{k})}{\mathrm{d} L}$
  - 生产要素报酬递减规律
    - 内容
    - 原因
    - 前提条件
  - 生产的三个阶段

- 长期生产函数
  - 形式
    - 多种可变要素 $Q = f(x_1, x_2 \cdots, x_n)$
    - 两种可变要素 $Q = f(L, k)$
  - 等产量曲线的含义与性质
  - 边际技术替代率及其递减法则
  - 脊线和生产的经济区域

$$\begin{cases}\text{等成本线}\begin{cases}\text{含义及表示}\quad C=wL+vK,\text{或者}K=-\dfrac{W}{v}L+\dfrac{C}{r}\\\text{特点}\end{cases}\\\text{生产要素的最优组合}\begin{cases}\text{生产均衡点}\\\text{满足要素投入最优组后的两个条件}\\\text{生产扩展线}\end{cases}\\\text{规模报酬}\begin{cases}\text{含义}\\Q=f(L,k)\end{cases}\begin{cases}\text{递增}:f(\lambda L,\lambda K)>\lambda Q\\\text{不变}:f(\lambda L,\lambda K)=\lambda Q\\\text{递减}:f(\lambda L,\lambda K)<\lambda Q\end{cases}\end{cases}$$

### 复习提示

**概念**：生产者、生产函数、生产要素、短期、长期、总产量、平均产量、边际产量、等斜线、扩展线、规模报酬。

**理解**：生产要素最优组合与利润最大化的关系、短期生产的三个阶段、生产要素的最优组合原理以及该原理对社会主义市场经济的启示。

**掌握**：能够利用图形说明既定成本下如何实现最大化产量的最优要素组合、能够利用图形说明既定产量下如何实现最小成本的最优要素组合、固定投入比例生产函数，边际技术替代率递减规律。

**计算**：边际报酬递减规律相关计算。

**图解**：根据提供的生产函数画出生产函数的图形、等产量线、等成本线，能够根据某一生产函数画出该生产函数的 $TP$、$AP$、$MP$（尤其需要掌握柯布—道格拉斯生产函数及其性质）。

## 重、难点常识理解

## 一、厂商

在西方经济学中，生产者亦称厂商或企业，它是指能够做出统一的生产决策的单个经济单位。

## 二、生产函数

### 1. 生产函数的概念

生产函数是一定条件下生产要素投入量与产品的最大产出量之间的物质数量关系，可记为 $Q=f(L,K,\cdots,T)$。它表示厂商生产某产品的产量（$Q$）取决于劳动（$L$）、资本（$K$）等要素的投入量和技术水平（$T$）。在短期内，假定资本设备不变，只有一种要素可变，由上述生产函数可记为 $Q=f(L)$。例如 $Q=27L+12L^2-L^3$，表示该产品产量决定于劳动投入量。

### 2. 常见的生产函数

（1）固定投入比例生产函数（也被称为里昂惕夫生产函数）

固定投入比例生产函数是指在每一产量水平上任何一对要素投入量之间的比例都是固定的生产函数的通常形式为：

$$Q = \min\left(\frac{L}{u}, \frac{K}{v}\right)$$

其中，$Q$ 表示产量，$L$ 和 $K$ 分别表示劳动和资本的投入量，$U$ 和 $V$ 分别表示固定的劳动和资本的生产技术系数。

### 3. 柯布—道格拉斯生产函数

柯布—道格拉斯生产函数的一般形式为：

$$Q = AL^{\alpha}K^{\beta}$$

其中，$Q$ 表示产量，$L$ 和 $K$ 分别表示劳动和资本的投入量，$A$、$a$ 和 $b$ 为三个参数，$0<a<1$，$0<b<1$。

## 三、一种可变生产要素的生产函数

### 1. 一种可变生产要素的生产函数

一种可变生产要素的生产函数的通常形式为：

$$Q = f(L, K)$$

其中，$Q$ 表示产量，$L$ 表示可变要素劳动的投入量，$K$ 表示不变要素资本的投入量。

图 4.1 中的横轴和纵轴分别表示可变要素劳动投入量和产量，$TP_L$、$AP_L$ 和 $MP_L$ 分别表示劳动的总产量、劳动的平均产量和劳动的边际产量曲线。图中三条曲线都是先上升，各自达到最高点以后，再下降。这三条曲线的相互关系如下：

第一，当 $AP_L$ 曲线达极大值时，$TP_L$ 曲线必定有一条从原点出发的最陡的切线。

第二，当 $MP_L$ 曲线达极大值时，$TP_L$ 曲线必定存在一个拐点。

第三，$AP_L$ 曲线和 $MP_L$ 曲线必定相交于 $AP_L$ 曲线的最高点。

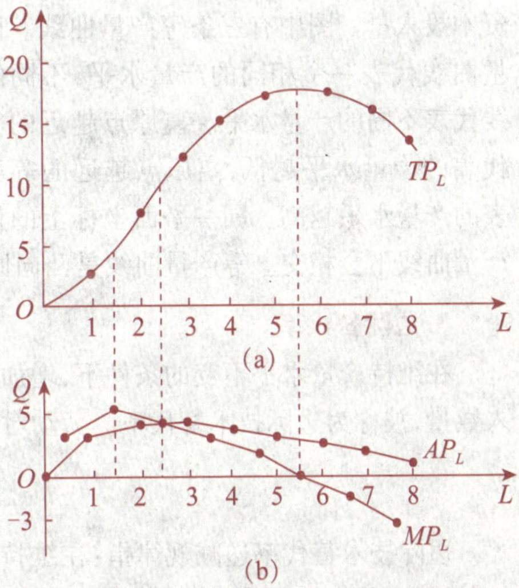

**图 4.1 一种可变生产要素的生产函数**

### 2. 边际报酬递减规律

边际报酬递减规律指在技术水平不变的条件下，在连续等量地把一种可变生产要素增加到一种或几种数量不变的生产要素上去的过程中，当这种可变生产要素的投入量小于某一特定值时，增加该要素投入所带来的边际产量是递增的；当这种可变要素的投入量连续增加并超过这个特定值时，增加该要素投入所带来的边际产量是递减的。在厂商的厂房、机器设备等资本投入不变的情况下，随着可变投入劳动的增加，劳动的边际产量一开始是递增的，但当劳动投入量增加到一定程度之后，其边际产量就会递减，直到出现负数。出现边际报酬递减规律的主要原因是，随着可变投入的不断增加，不变投入和可变投入的组合比例变得愈来愈不合理。当可变投入较少的时候，不变投入显得相对较多，此时增加可变投入可以使要素组合比例趋向合理从而提高产量的增量；

而当可变投入与不变投入的组合达到最有效率的那一点以后,再增加可变投入,就使可变投入相对于不变投入来说显得太多,从而使产出的增加量递减。边际报酬递减规律是有条件的:①以技术不变为前提;②以其他生产要素固定不变,只有一种生产要素的变动为前提;③在可变要素增加到一定程度之后才出现;④假定所有的可变投入要素是同质的,如所有劳动者在操作技术、劳动积极性等各个方面都没有差异。

## 四、两种可变生产要素的生产函数

### 1. 含义

长期生产函数可以写为:

$$Q = f(x_1, x_2, \cdots, x_n)$$

其中,$Q$ 表示产量,$X_i(i=1,2,\cdots,n)$ 分别表示 $n$ 种可变要素的投入数量。

### 2. 等产量曲线

等产量曲线是在技术水平不变条件下生产同一产量的两种可变生产要素投入量的各种不同组合的轨迹。

图 4.2 中的横轴和纵轴分别表示劳动投入量和资本投入量。图中有三条等产量曲线。同一条等产量曲线代表一个相同的产量水平,不同的等产量曲线代表不同的产量水平。离原点越近的等产量曲线代表的产量水平越低,离原点越远的等产量曲线代表的产量水平越高。同一平面坐标上的任意两条等产量曲线不会相交。等产量曲线是凸向原点的。

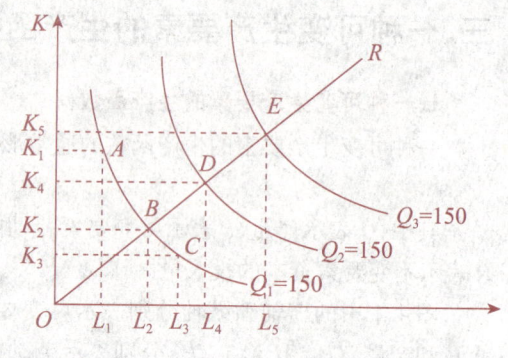

图 4.2 等产量曲线

### 3. 边际替代率

在维持产量水平不变的条件下,增加一个单位的某种要素投入量时所减少的另一种要素的投入数量,被称为边际技术替代率。劳动对资本的边际技术替代率的公式为:

$$MRTS_{LK} = \frac{\Delta K}{\Delta L}$$

边际技术替代率递减规律指:在维持产量不变的前提下,当一种生产要素的投入数量不断增加时,每一单位的这种生产要素所能替代的另一种生产要素的数量是递减的。

边际技术替代率递减规律决定了等产量曲线是凸向原点的。

## 五、等成本线

等成本线是在既定的成本和既定的生产要素价格条件下,生产者可以购买到的两种生产要素的各种不同数量组合的轨迹。假定要素市场上既定的劳动的价格即工资率为 $w$,既定的资本的价格即利息率为 $r$,厂商既定的成本支出为 $C$,则成本方程为:

$$C = wL + rK$$

## 六、最优的生产要素组合

### 1. 生产要素最优组合

生产要素的最佳组合,即一定成本下产量最大的投入组合或生产一定产量所需要的最小的成本组合。厂商均衡发生在等产量曲线与等成本线相切之点。均衡的条件用公式表示是:$MRTS_{LK} = \frac{MPP_L}{MPP_K} = \frac{P_L}{P_K}$。若已知生产函数$Q = F(L,K)$,又已知$P_L$和$P_K$,则可求得一定成本下最大的产量组合及一定产量下最小的成本投入组合。

从厂商均衡条件中可知,其投入要素价格发生变化,则价格比例发生变化,厂商就会更多地使用比以前便宜的投入要素,少使用比以前贵的投入要素。若$P_L$下降而$P_K$不变,由厂商对$L$的需求会增加。这是厂商用劳动替代资本的结果(替代效应),另一方面是厂商用同样的成本可买到更多的劳动的结果(产量效应)。

所有等产量曲线和等成本线的都代表一定产量和成本的最优的要素组合,这些都是均衡点。连接各均衡点的曲线是生产提高警惕线(膨胀线)。提高警惕线方程可从厂商均衡条件($\frac{MPP_L}{MPP_K} = \frac{P_L}{P_K}$)中求得。

### 2. 扩展线

生产扩展线是在技术、要素价格和其他因素不变的条件下,当产量扩张时要素最优组合点的轨迹,又称为生产扩张线,它是一条等斜线。生产扩展线表明了厂商为保持成本最低,生产要素的组合如何随产出的变化而变化。扩展线上的每一点都符合厂商最优生产要素的组合条件$\frac{MP_L}{w} = \frac{MP_K}{r}$。

## 七、规模报酬

规模报酬是指所有的投入要素以相同的比例变动时产量变动的比例,也就是厂商生产规模变动对产量的影响。

**考研真题与难题详解**

## 一、概念题

**1.** 边际替代率(Marginal Rate of Substitution)(上海财经大学 2007 研;西安交大 2007 研)与边际技术替代率(Marginal Rate of Technical Substitution)(北大 1997、1998 研;北师大 2006 研;西安交大 2006 研;华中科大 2007 研;深圳大学 2007 研;财政部财科所 2008 研;中山大学 2009 研;湖南大学 2012 研)

(1)边际替代率是指在维持效用水平或满足程度不变的前提下,消费者增加1单位的某种商品的消费时所需放弃的另一种商品的消费数量。以 MRS 代表商品的边际替代率,$\Delta X_1$ 和 $\Delta X_2$ 分别是商品1和商品2的变化量,则商品1对商品2的边际替代率的公式为:$MRS_{12} = -\dfrac{\Delta X_2}{\Delta X_1}$,或 $MRS_{12} = -\dfrac{dX_2}{dX_1}$。根据这个边际替代率的定义可以知道:无差异曲线上任意一点的商品的边际替代率等于无差异曲线上该点的斜率的绝对值。

(2)边际技术替代率是指在维持产量水平不变的条件下,增加一个单位的某种要素投入量时减少的另一种要素的投入数量。以 MRTS 表示边际技术替代率,$\Delta K$ 和 $\Delta L$ 分别表示资本投入的变化量和劳动投入的变化量,劳动 L 对资本 K 的边际技术替代率的公式为:$MRTS_{LK} = -\dfrac{\Delta K}{\Delta L}$,$MRTS_{LK} = -\dfrac{dK}{dL}$。

**2. 边际报酬递减规律(Law of Diminishing Marginal Returns)**(北京理工大学2003研;中山大学2005研;中国政法大学2005研;南京大学2008研;中国青年政治学院2009研;厦门大学2010研)

**答案:**边际报酬递减规律是指在技术水平不变的条件下,在连续等量的把一种可变生产要素增加到一种或几种数量不变的生产要素上去的过程中,当这种可变生产要素的投入量小于某一特定值时,增加该要素投入所带来的边际产量是递增的;当这种可变要素的投入量连续增加并超过这个特定值时,增加该要素投入所带来的边际产量是递减的。出现边际报酬递减规律的主要原因是,随着可变投入的不断增加,不变投入和可变投入的组合比例变得愈来愈不合理。边际报酬递减规律是有条件的:①以技术不变为前提;②以其他生产要素固定不变,只有一种生产要素的变动为前提;③在可变要素增加到一定程度之后才出现;④假定所有的可变投入要素是同质的,如所有劳动者在操作技术、劳动积极性等各个方面都没有差异。

## 二、简答题

**生产的三个阶段是如何划分的?为什么生产者通常会选择在第二阶段生产?**(东北财大2006研;东华大学2010研;南京财经大学2010研)

**答案:**(1)生产的三个阶段是在假定生产技术水平和其他要素投入量不变,只有劳动投入可变的条件下,以劳动投入多少来划分的生产不同阶段。

具体而言,生产的三个阶段是根据总产量曲线、平均产量曲线和边际产量曲线的形状及其相互之间的关系来划分的。如图4.3所示:第一阶段,平均产量递增阶段,即平均产量从0增加到平均产量最高的阶段,这一阶段是从原点到 AP、MP 曲线的交点,即劳动投入量由0到 $L_3$ 的区间;

第二阶段,平均产量的递减阶段,边际产量仍然大于0,所以总产量仍然是递增的,直到总产量达到最高点。这一阶段是从 AP、MP 两曲线的交点到 MP 曲线与横轴的

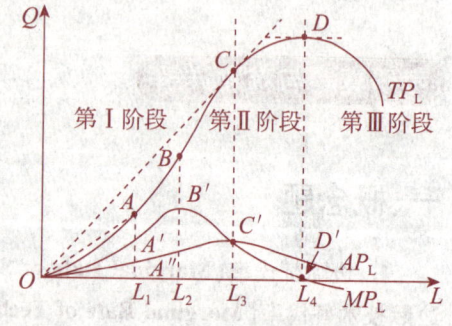

图4.3 一种可变要素的生产函数的产量曲线

交点,即劳动投入量由 $L_3$ 到 $L_4$ 的区间;第三阶段,边际产量为负,总产量也是递减的,这一阶段是 $MP$ 曲线和横轴的交点以后的阶段,即劳动投入量 $L_4$ 以后的区间。

(2)首先,厂商肯定不会在第三阶段进行生产,因为这个阶段的边际产量为负值,生产不会带来任何好处。其次,厂商也不会在第一阶段进行生产,因为平均产量在增加,投入的这种生产要素还没有发挥最大的作用,厂商没有获得预期的好处,继续扩大可变投入的使用量从而使产量扩大是有利可图的,至少使平均产量达到最高点时为止。因此厂商可以在第二阶段进行生产,此时平均产量和边际产量都下降,但是总产量还在不断增加,收入也增加,只是增加的速度逐渐减慢,直到停止增加时为止。

## 三、计算题

**假设厂商的生产函数为 $y = 10L^2 - L^3$。**
**(1)求厂商生产合理区域。**
**(2)已知价格 $P = 1$ 的工资 $W = 12$,求最优要素使用量。(华南师大 2011 研)**

**答案:**(1)厂商生产合理区域就是平均产量最大值点(此时边际产量等于平均产量)到边际产量为 0 的点之间的区域。平均产量 $AP_L = \dfrac{y}{L} = 10L - L^2$,令其一阶导数为 0,得平均产量最大时的劳动投入量为 $L = 5$。边际产量 $MP_L = y' = 20L - 3L^2$,令其为 0,得边际产量为 0 时的劳动投入量为 $L = \dfrac{20}{3}$(舍去 0 值),因此厂商生产合理区域为 $5 < L < \dfrac{20}{3}$。

(2)利润函数为 $\pi = TR - TC = Py - wL = 10L^2 - L^3 - 12L$,令其一阶导数为 0,得 $\pi' = 20L - 3L^2 - 12 = 0$,可得 $L_1 = 6, L_2 = \dfrac{2}{3}$(舍去,因为这是利润最小化的投入量),所以最优要素投入量为 $L = 6$。

## 四、论述题

**运用生产三阶段理论,作图说明我国国有企业实行减员增效改革的意义。(北师大 2008 研)**

**答案:**根据短期生产的总产量曲线、平均产量曲线和边际产量曲线之间的关系,可将短期生产划分为三个阶段,如图 4.4 所示。在第 I 阶段,产量曲线的特征为:劳动的平均产量始终是上升的,且达到最大值;劳动的边际产量上升达到最大值,且劳动的边际产量始终大于劳动的平均产量;劳动的总产量始终是增加的。这说明:在这一阶段,不变要素资本的投入量相对过多,生产者增加可变要素劳动的投入量是有利的。或者说,生产者只要增加可变要素劳动的投入量,就可以增加总产量。因此,任何理性的生产都不会在这一阶段停止生产,而是连续增加可变要素劳动的投入量,以增加总产量,并将生产扩大到第 II 阶段。

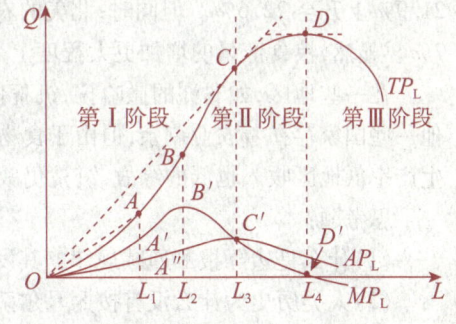

**图 4.4 生产三阶段理论**

在第 III 阶段,产量曲线的特征为:劳动的平均产量继续下降,劳动的边际产量降为负值,劳动的总产量也呈现下降趋势。这说明:在这一阶段,可变要素劳动的投入量相对过多,生产者减少可

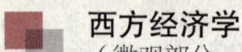

变要素劳动投入量是有利的。因此，这时即使劳动要素是免费供给的，理性的生产者也会通过减少劳动投入量来增加总产量，以摆脱劳动的边际产量为负值和总产量下降的局面，并退回到第Ⅱ阶段。

由此可见，任何理性的生产者既不会将生产停留在第Ⅰ阶段，也不会将生产扩张到第Ⅲ阶段，所以，生产只能在第Ⅱ阶段进行。

在生产的第Ⅱ阶段，生产者可以得到由于第Ⅰ阶段增加可变要素投入所带来的全部好处，又可以避免将可变要素投入增加到第Ⅲ阶段而带来的不利影响。因此，第Ⅱ阶段是生产者进行短期生产的决策区间。在第Ⅱ阶段的起点处，劳动的平均产量曲线和劳动的边际产量曲线相交，即劳动的平均产量达最高点。在第Ⅱ阶段的终点处，劳动的边际产量曲线与水平轴相交，即劳动的边际产量等于零。至于在生产的第Ⅱ阶段，生产者所应选择的最佳投入数量究竟在哪一点，这一问题还有待于结合成本、收益和利润进行深入的分析。

在我国现阶段，由于企业冗余人员过多，使得企业生产位于生产的第Ⅲ阶段，以使得劳动的边际产量降为负值，劳动的总产量也呈现下降趋势。根据生产三阶段理论，为了增强企业活力，企业应该在第Ⅱ阶段进行生产，所以企业必须进行减员增效。

## 典型案例分析

### ——马尔萨斯人口论与边际报酬递减规律

经济学家马尔萨斯(1766~1834)的人口论的一个主要依据便是报酬递减定律。他认为，随着人口的膨胀，越来越多的劳动耕种土地，地球上有限的土地将无法提供足够的食物，最终劳动的边际产出与平均产出下降，但又有更多的人需要食物，因而会产生大的饥荒。幸运的是，人类的历史并没有按马尔萨斯的预言发展（尽管他正确地指出了"劳动边际报酬"递减）。

在20世纪，技术发展突飞猛进，改变了许多国家（包括发展中国家，如印度）的食物的生产方式，劳动的平均产出因而上升。这些进步包括高产抗病的良种、更高效的化肥、更先进的收割机械。在"二战"结束后，世界上总的食物生产的增幅总是或多或少地高于同期人口的增长。

粮食产量增长的源泉之一是农用土地的增加。例如，从1961~1975年，非洲农业用地所占的百分比从32%上升至33.3%，拉丁美洲则从19.6%上升至22.4%，在远东地区，该比值则从21.9%上升至22.6%。但同时，北美的农业用地则从26.1%降至25.5%，西欧由46.3%降至43.7%。显然，粮食产量的增加更大程度上是由于技术的改进，而不是农业用地的增加。

在一些地区，如非洲的撒哈拉，饥荒仍是个严重的问题，劳动生产率低下是原因之一。虽然其他一些国家存在着农业剩余，但由于食物从生产率高的地区向生产率低的地区的再分配的困难和生产率低地区收入也低的缘故，饥荒仍威胁着部分人群。

思考题：

(1) 什么是边际报酬递减规律？其发生作用的条件如何？

(2) 人类历史为什么没有按照马尔萨斯的预言发展？

(3) 既然马尔萨斯的预言失败，你认为边际报酬递减规律还起作用吗？

(4) 请你谈谈"中国人口太多，将来需要世界来养活中国"或"谁来养活中国"的观点。

(本案例选自平狄克·鲁宾费尔德的《微观经济学》，经济科学出版社，2002年。)

# 第四章 生产论

## 教材习题精解参考答案

**1.** 下面是一张一种可变生产要素的短期生产函数的产量表：

| 可变要素的数量 | 可变要素的总产量 | 可变要素的平均产量 | 可变要素的边际产量 |
|---|---|---|---|
| 1 | | 2 | |
| 2 | | | 10 |
| 3 | 24 | | |
| 4 | | 12 | |
| 5 | 60 | | |
| 6 | | | 6 |
| 7 | 70 | | |
| 8 | | | 0 |
| 9 | 63 | | |

(1) 在表中填空。

(2) 该生产函数是否表现出边际报酬递减？如果是，是从第几单位的可变要素投入量开始的？

**答：**(1) 利用短期生产的总产量($TP$)、平均产量($AP$)和边际产量($MP$)之间的关系，可以完成对该表的填空，其结果如下表所示：

| 可变要素的数量 | 可变要素的总产量 | 可变要素的平均产量 | 可变要素的边际产量 |
|---|---|---|---|
| 1 | 2 | 2 | 2 |
| 2 | 12 | 6 | 10 |
| 3 | 24 | 8 | 12 |
| 4 | 48 | 12 | 24 |
| 5 | 60 | 12 | 12 |
| 6 | 66 | 11 | 6 |
| 7 | 70 | 10 | 4 |
| 8 | 70 | $8\frac{3}{4}$ | 0 |
| 9 | 63 | 7 | -7 |

(2) 所谓边际报酬递减是指短期生产中一种可变要素的边际产量在达到最高点以后开始逐步下降的一种普遍的生产现象。本题的生产函数表现出边际报酬递减的现象，具体地说，由表可见，当可变要素的投入量由第 4 单位增加到第 5 单位时，该要素的边际产量由原来的 24 下降为 12。

**2.** 用图说明短期生产函数 $Q = f(L, \overline{K})$ 的 $TP_L$ 曲线、$AP_L$ 曲线和 $MP_L$ 曲线的特征及其相互之间的关系。

**答：** 短期生产函数的 $TP_L$ 曲线、$AP_L$ 曲线和 $MP_L$ 曲线的综合图如图 4.5 所示。

由图 4.5 可见，在短期生产的边际报酬递减规律的作用下，$MP_L$ 曲线呈现出先上升到最高点 $A$ 以后又下降的趋势。由边际报酬递减规律决定的 $MP_L$ 曲线出发，可以方便地推导出 $TP_L$ 曲线和 $AP_L$ 曲线，并掌握它们各自的特征及其相互之间的关系。

关于 $TP_L$ 曲线。由于 $MP_L = \dfrac{\mathrm{d}TP_L}{\mathrm{d}L}$，所以，当 $MP_L > 0$ 时，随着变化收入的增加，$TP_L$ 是增加的；当 $MP_L < 0$ 时，$TP_L$ 是减少的；而当 $MP_L = 0$ 时，$TP_L$ 曲线达最高点。换言之，在 $L = L_3$ 时，$MP_L$ 曲线达到零值的 $B$ 点与 $TP_L$ 曲线达到最大值的 $B'$ 点是相互对应的。此外，在 $L < L_3$ 即 $MP_L > 0$ 的范围内，

当 $MP'_L>0$ 时，$TP_L$ 曲线的斜率递增，即 $TP_L$ 曲线以递增的速率上升；当 $MP'_L<0$ 时，$TP_L$ 曲线的斜率递减，即 $TP_L$ 曲线以递减的速率上升；而当 $MP'_L=0$ 时，$TP_L$ 曲线存在一个拐点，换言之，在 $L=L_1$ 时，$MP_L$ 曲线斜率为零的 $A$ 点与 $TP_L$ 曲线的拐点 $A'$ 是相互对应的。

关于 $AP_L$ 曲线。由于 $AP_L=\dfrac{TP_L}{L}$，所以在 $L=L_2$ 时，$TP_L$ 曲线有一条由原点出发的切线，其切点为 $C$。该切线是由原点出发与 $TP_L$ 曲线上所有的点的连线中斜率最大的一条连线，故该切点对应的是 $AP_L$ 的最大值点。再考虑到 $AP_L$ 曲线和 $MP_L$ 曲线一定会相交在 $AP_L$ 曲线的最高点。因此，在图4.5中，在 $L=L_2$ 时，$AP_L$ 曲线与 $MP_L$ 曲线相交于 $AP_L$ 曲线的最高点 $C'$，而且与 $C'$ 点相对应的是 $TP_L$ 曲线上的切点 $C$。

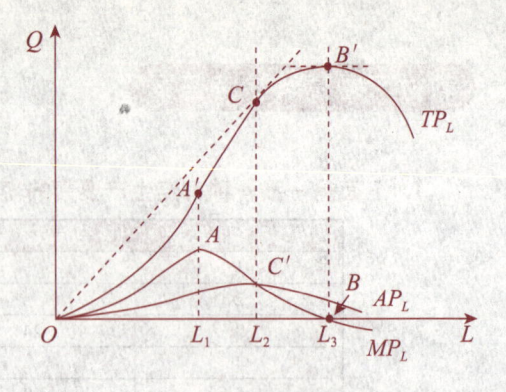

图4.5 生产函数综合图

**3. 已知生产函数 $Q=f(L,K)=2KL-0.5L^2-0.5K^2$，假定厂商目前处于短期生产，且 $K=10$。**

(1) 写出在短期生产中该厂商关于劳动的总产量 $TP_L$ 函数、劳动的平均产量 $AP_L$ 函数和劳动的边际产量 $MP_L$ 函数。

(2) 分别计算当劳动的总产量 $TP_L$、劳动的平均产量 $AP_L$ 和劳动的边际产量 $MP_L$ 各自达到最大值时厂商的劳动投入量。

(3) 什么时候 $AP_L=MP_L$？它的值是多少？

**答案：**(1) 已知 $Q=2KL-0.5L^2-0.5K^2$，且 $K=10$，可得短期生产函数为：

$Q=20L-0.5L^2-0.5\times 10^2$
$\quad =20L-0.5L^2-50$。

于是，根据总产量、平均产量和边际产量的定义，可得函数：

$TP_L=20L-0.5L^2-50$，

$AP_L=\dfrac{TP_L}{L}=20-0.5L-\dfrac{50}{L}$，

$MP_L=\dfrac{dTP_L}{dL}=20-L$。

(2) 令 $\dfrac{dTP_L}{dL}=0$，即 $\dfrac{dTP_L}{dL}=20-L=0$，

解得 $L=20$，且 $\dfrac{d^2TP_L}{dL^2}=-1<0$。

所以，当劳动投入量 $L=20$ 时，劳动的总产量 $TP_L$ 达极大值。

令 $\dfrac{dAP_L}{dL}=0$，即 $\dfrac{dAP_L}{dL}=-0.5+50L^{-2}=0$。

解得 $L=10$（负值舍去），且 $\dfrac{d^2AP_L}{dL^2}=-100L^{-3}<0$。

所以，当劳动投入量 $L=10$ 时，劳动的平均产量 $AP_L$ 达极大值。

由劳动的边际产量函数 $MP_L=20-L$ 可知，边际产量曲线是一条斜率为负的直线。考虑到劳动投入量总是非负的，所以，当劳动投入量 $L=0$ 时，劳动的边际产量 $MP_L$ 达极大值。

(3)当劳动的平均产量 $AP_L$ 达到最大值时,一定有 $AP_L = MP_L$。由(2)已知,当 $L = 10$ 时,劳动的平均产量 $AP_L$ 达最大值,即相应的最大值为:

$AP_L$ 的最大值 $= 20 - 0.5 \times 10 - \dfrac{50}{10} = 10$。

以 $L = 10$ 代入劳动的边际产量函数 $MP_L = 20 - L$,得 $MP_L = 20 - 10 = 10$。

很显然,当 $AP_L = MP_L = 10$ 时,$AP_L$ 一定达到其自身的极大值,此时劳动投入量为 $L = 10$。

**4. 区分边际报酬递增、不变和递减的情况与规模报酬递增、不变和递减的情况。**

**答案:**边际报酬是指既定技术水平下,在其他要素投入不变的情况下,增加一单位某要素投入所带来的产量的增量。在技术水平不变的条件下,在连续等量地把某一种可变生产要素增加到其他一种或几种数量不变的生产要素上去的过程中,当这种可变生产要素的投入量小于某一特定值时,增加该要素投入所带来的边际产量是递增的;当这种可变要素的投入量连续增加并超过这个特定值时,增加该要素投入所带来的边际产量是递减的。边际报酬是每增加一单位产品成本带来的报酬,比如购买原材料、工人工资等。规模报酬是指增加企业的生产规模带来的报酬,比如修厂房、购设备等。规模报酬是从长期来看的,边际报酬递减是从短期来看的。规模报酬是指在其他条件不变的情况下,企业内部各种生产要素按相同比例变化时所带来的产量变化。企业的规模报酬变化可以分为规模报酬递增、规模报酬不变和规模报酬递减三种情况。产量增加的比例大于生产要素增加的比例,这种情形叫做规模报酬递增。

**5. 已知生产函数 $Q = \min(2L, 3K)$。求:**

(1)当产量 $Q = 36$ 时,$L$ 与 $K$ 值分别是多少?

(2)如果生产要素的价格分别为 $P_L = 2$,$P_K = 5$,则生产 480 单位产量时的最小成本是多少?

**答案:**(1)由题意,$Q = \min(2L, 3K)$ 表示该函数是一个固定投入比例的生产函数,所以,厂商进行生产时,总有 $Q = 2L = 3K$。当产量为 36 时,有 $L = 18$,$K = 12$。

(2)由 $Q = 2L = 3K$,且 $Q = 480$,可得 $L = 240$,$K = 160$。

又因为 $P_L = 2$,$P_K = 5$,所以有

$C = P_L \cdot L + P_K \cdot K = 2 \times 240 + 5 \times 160 = 1280$。

即生产 480 单位产量的最小成本为 1280。

**6. 假设某厂商的短期生产函数为 $Q = 35L + 8L^2 - L^3$。**

求:(1)该企业的平均产量函数和边际产量函数。

(2)如果企业使用的生产要素的数量为 $L = 6$,是否处于短期生产的合理区间?为什么?

**答案:**(1)由 $Q = 35L + 8L^2 - L^3$ 可得:

$AP = Q/L = 35 + 8L - L^2$;$MP = dQ/dL = 35 + 16L - 3L^2$。

(2)当 $L = 6$ 时,$AP = 47$,$MP = 23$,由于 $MP < AP$,则处于短期生产的合理区间。

**7. 假设生产函数 $Q = 3L^{0.8} K^{0.2}$。试问:**

(1)该生产函数是否为齐次生产函数?

(2)如果根据欧拉分配定理,生产要素 $L$ 和 $K$ 都按其边际产量领取实物报酬,那么,分配后产品还会有剩余吗?

**答案:**(1)由题意可知:当生产要素 $L$ 和 $K$ 都扩大 $n$ 倍时,$Q' = 3(nL)^{0.8}(nK)^{0.2} = 3nL^{0.8}K^{0.2} = nQ$。从而该生产函数是齐次生产函数。

(2)根据欧拉定理,如果产量是劳动和资本的一次齐次函数,则分配必然是合理的,该归属劳

动的归属劳动,该归属资本的归属资本,各个生产要素取得自己贡献的一份报酬,这在经济学上意味着,所谓的利润并不存在,或者说利润其实就是资本的贡献。

**8. 假设生产函数 $Q = min\{5L, 2K\}$。**
(1) 做出 $Q = 50$ 时的等产量曲线。
(2) 推导该生产函数的边际技术替代率函数。
(3) 分析该生产函数的规模报酬情况。

**答案:** (1) 略。

(2) 由 $MRTS_{LK} = -\dfrac{dK}{dL}$ 可知,该生产函数的边际技术替代率函数如下:

$$MRTS_{LK} = \begin{cases} \infty & \left(L \leq \dfrac{2}{5}k\right) \\ 0 & \left(L > \dfrac{2}{5}k\right) \end{cases}$$

(3) 当生产要素 $L$、$K$ 同时增加 $n$ 倍时,$Q_2 = \min\{5nL, 2nK\} = n\min\{5L, 2K\} = nQ$,从而该生产函数的规模报酬不变。

**9. 已知柯布—道格拉斯生产函数为 $Q = AL^\alpha K^\beta$。请讨论该生产函数的规模报酬情况。**

**答案:** 由题意可知: $Q(n) = A(nL)^\alpha (nK)^\beta = n^{\alpha+\beta} AL^\alpha K^\beta$,若 $\alpha + \beta > 1$,则该生产函数的规模报酬递增;若 $\alpha + \beta = 1$,则该生产函数的规模报酬不变;若 $\alpha + \beta < 1$,则该生产函数的规模报酬递减。

**10. 已知生产函数为: (1) $Q = 5L^{\frac{2}{3}}K^{\frac{1}{3}}$, (2) $Q = \dfrac{KL}{K+L}$, (3) $Q = KL^2$, (4) $Q = \min(3L, K)$,求:**
(1) 厂商长期生产的扩展线方程。
(2) 当 $P_L = 1, P_K = 1, Q = 1000$ 时,厂商实现最小成本的要素投入组合。

**答案:** 由最优要素组合的均衡条件 $\dfrac{MP_L}{MP_K} = \dfrac{P_L}{P_K}$ 可得:

(1)(a) 关于生产函数 $Q = 5L^{\frac{2}{3}}K^{\frac{1}{3}}$。

$MP_L = \dfrac{5}{3}L^{-\frac{1}{3}}K^{\frac{1}{3}}$,$MP_K = \dfrac{10}{3}L^{\frac{2}{3}}K^{-\frac{2}{3}}$。

可得 $\dfrac{\dfrac{5}{3}L^{-\frac{1}{3}}K^{\frac{1}{3}}}{\dfrac{10}{3}L^{\frac{2}{3}}K^{-\frac{2}{3}}} = \dfrac{P_L}{P_K}$,

整理得 $\dfrac{K}{2L} = \dfrac{P_L}{P_K}$。

即厂商长期生产的扩展线方程为: $K = \left(\dfrac{2P_L}{P_K}\right) \cdot L$。

(b) 关于生产函数 $Q = \dfrac{KL}{K+L}$。

$MP_L = \dfrac{K(K+L) - KL}{(K+L)^2} = \dfrac{K^2}{(K+L)^2}$,

$MP_K = \dfrac{L(K+L) - KL}{(K+L)^2} = \dfrac{L^2}{(K+L)^2}$,

可得 $\dfrac{K^2/(K+L)^2}{L^2/(K+L)^2} = \dfrac{P_L}{P_K}$。

整理得 $\dfrac{K^2}{L^2} = \dfrac{P_L}{P_K}$,

即厂商长期生产的扩展线方程为 $K = \left(\dfrac{P_L}{P_K}\right)^{\frac{1}{2}} \cdot L$。

(c)关于生产函数 $Q = KL^2$。

$MP_L = 2KL, MP_K = L^2$,

可得 $\dfrac{2KL}{L^2} = \dfrac{P_L}{P_K}$。

即厂商长期生产的扩展线方程为:$K = \left(\dfrac{P_L}{2P_K}\right)L$。

(d)关于生产函数 $Q = \min(3L, K)$。

由于该函数是固定投入比例的生产函数,即厂商的生产总有 $3L = K$,所以,直接可以得到厂商长期生产的扩展线方程为 $K = 3L$。

(2)(a)关于生产函数 $Q = 5L^{\frac{1}{2}}K^{\frac{1}{2}}$。

当 $P_L = 1, P_K = 1, Q = 1000$ 时,由其扩展线方程 $K = \left(\dfrac{2P_L}{P_K}\right)L$ 得:$K = 2L$。

代入生产函数 $Q = 5L^{\frac{1}{2}}K^{\frac{1}{2}}$ 得 $5L^{\frac{1}{2}}(2L)^{\frac{1}{2}} = 1000$,

解得 $L = \dfrac{200}{\sqrt[3]{4}}, K = \dfrac{400}{\sqrt[3]{4}}$。

(b)关于生产函数 $Q = \dfrac{KL}{K+L}$。

当 $P_L = 1, P_K = 1, Q = 1000$ 时,由其扩展线方程 $K = \left(\dfrac{P_L}{P_K}\right)^{\frac{1}{2}} \cdot L$ 得 $K = L$。

代入生产函数 $Q = \dfrac{KL}{K+L}$,得:$\dfrac{L^2}{L+L} = 1000, L = 2000, K = 2000$。

(c)关于生产函数 $Q = KL^2$。

当 $P_L = 1, P_K = 1, Q = 1000$ 时,由其扩展线方程 $K = \left(\dfrac{P_L}{2P_K}\right) \cdot L$,得 $K = \dfrac{1}{2}L$。

代入生产函数 $Q = KL^2$,得 $\left(\dfrac{L}{2}\right) \cdot L^2 = 1000, L = 10\sqrt[3]{2}, K = 5\sqrt[3]{2}$。

(d)关于生产函数 $Q = \min(3L, K)$。

当 $P_L = 1, P_K = 1, Q = 1000$ 时,将其扩展线方程 $K = 3L$ 代入生产函数,得:

$K = 3L = 1000$。

于是,有 $K = 1000, L = \dfrac{1000}{3}$。

**11.** 已知生产函数 $Q = AL^{1/3}K^{2/3}$。

判断:(1)在长期生产中,该生产函数的规模报酬属于哪一种类型?

(2)在短期生产中,该生产函数是否受边际报酬递减规律的支配?

**答案:**(1)因为 $Q = f(L, K) = AL^{\frac{1}{3}}K^{\frac{2}{3}}$,于是有:

$f(\lambda L, \lambda K) = A(\lambda L)^{\frac{1}{3}}(\lambda K)^{\frac{2}{3}} = A\lambda^{\frac{1}{3}+\frac{2}{3}}L^{\frac{1}{3}}K^{\frac{2}{3}} = \lambda AL^{\frac{1}{3}}K^{\frac{2}{3}} = \lambda \cdot f(L,K)$。

所以,生产函数 $Q = AL^{\frac{1}{3}}K^{\frac{2}{3}}$ 属于规模报酬不变的生产函数。

(2)假定在短期生产中,资本投入量不变,以 $\overline{K}$ 表示;而劳动投入量可变,以 $L$ 表示。

对于生产函数 $Q = AL^{\frac{1}{3}}\overline{K}^{\frac{2}{3}}$,有 $MP_L = \frac{1}{3}AL^{-\frac{2}{3}}\overline{K}^{\frac{2}{3}}$,且 $\frac{\mathrm{d}MP_L}{\mathrm{d}L} = -\frac{2}{9}AL^{-\frac{5}{3}}\overline{K}^{\frac{2}{3}} < 0$。

这表明:在短期资本投入量不变的前提下,随着一种可变要素劳动投入量的增加,劳动的边际产量 $MP_L$ 是递减的。

相类似地,假定在短期生产中,劳动投入量不变,以 $\overline{L}$ 表示;而资本投入量可变,以 $K$ 表示。

对于生产函数 $Q = A\overline{L}^{\frac{1}{3}}K^{\frac{2}{3}}$,有 $MP_K = \frac{2}{3}A\overline{L}^{\frac{1}{3}}K^{-\frac{1}{3}}$,

且 $\frac{\mathrm{d}MP_K}{\mathrm{d}K} = -\frac{2}{9}A\overline{L}^{\frac{1}{3}}K^{-\frac{4}{3}} < 0$。

这表明:在短期劳动投入量不变的前提下,随着一种可变要素资本投入量的增加,资本的边际产量 $MP_K$ 是递减的。

以上的推导过程表明该生产函数在短期生产中受边际报酬递减规律的支配。

**12.** 令生产函数 $f(L,K) = \alpha_0 + \alpha_1(LK)^{\frac{1}{2}} + \alpha_2 K + \alpha_3 L$,其中,$0 \leq \alpha_n \leq 1, i = 0,1,2,3$。

(1)当满足什么条件时,该生产函数表现出规模报酬不变的特征。

(2)证明:在规模报酬不变的情况下,相应的边际产量是递减的。

**答案:**(1)规模报酬不变,则有

$\lambda f(L,K) = f(\lambda L \cdot \lambda K)$,

即有 $\alpha_0 + \alpha_1(\lambda L \cdot \lambda K)^{\frac{1}{2}} + \alpha_2 \lambda K + \alpha_3 \lambda L = \lambda \alpha_0 + \lambda \alpha_1(LK)^{\frac{1}{2}} + \lambda \alpha_2 K + \lambda \alpha_3 K$。

故得出 $\alpha_0 = \lambda \alpha_0$ 对任意 $\lambda$ 成立,即 $\alpha_0 = 0$。故当满足 $\alpha_0 = 0$ 时,该生产函数表现出规模报酬不变。

(2)规模报酬不变时,生产函数为 $f(L,K) = \alpha_1(LK)^{\frac{1}{2}} + \alpha_2 K + \alpha_3 L$,

$MP_L = \frac{\partial f}{\partial L} = \alpha_1(K)^{\frac{1}{2}} \cdot \frac{1}{2} \cdot L^{-\frac{1}{2}} + \alpha_3 = \frac{\alpha_1}{2}\left(\frac{K}{L}\right)^{\frac{1}{2}} + \alpha_3$,

$MP_K = \frac{\partial f}{\partial K} = \frac{\alpha_1}{2}\left(\frac{L}{K}\right)^{\frac{1}{2}} + \alpha_2$,

又因为 $\frac{\partial MP_L}{\partial L} = \frac{\alpha_1}{2} \cdot \frac{1}{2} \cdot \left(\frac{L}{K}\right)^{\frac{1}{2}} \cdot \left(-\frac{K}{L^2}\right) = -\frac{\alpha_1}{4} \cdot \frac{K^{\frac{1}{2}}}{L^{\frac{3}{2}}}$,

同理 $\frac{\partial MP_K}{\partial K} = \frac{\alpha_1}{2} \cdot \frac{1}{2}\left(\frac{K}{L}\right)^{-\frac{1}{2}} \cdot \left(-\frac{L}{K^2}\right) = \frac{-\alpha_1}{4} \cdot \frac{L^{\frac{1}{2}}}{K^{\frac{3}{2}}}$。

由以上可得知相应的边际产量是递减的。

**13.** 已知某企业的生产函数为 $Q = L^{\frac{2}{3}}K^{\frac{1}{3}}$,劳动的价格 $\omega = 2$,资本的价格 $r = 1$。求:

(1)当成本 $C = 3000$ 时,企业实现最大产量时的 $L$、$K$ 和 $Q$ 的均衡值。

(2)当产量 $Q = 800$ 时,企业实现最小成本时的 $L$、$K$ 和 $C$ 的均衡值。

**答案:**(1)根据企业实现给定成本条件产量最大化的均衡条件:$\frac{MP_L}{MP_K} = \frac{\omega}{r}$,

其中 $MP_L = \frac{\mathrm{d}Q}{\mathrm{d}L} = \frac{2}{3}L^{-\frac{1}{3}}K^{\frac{1}{3}}$,$MP_K = \frac{\mathrm{d}Q}{\mathrm{d}K} = \frac{1}{3}L^{\frac{2}{3}}K^{-\frac{2}{3}}$,$\omega = 2, r = 1$。

于是有 $\dfrac{\frac{2}{3}L^{-\frac{1}{3}}K^{\frac{1}{3}}}{\frac{1}{3}L^{\frac{2}{3}}K^{-\frac{2}{3}}}=\dfrac{2}{1}$,整理得 $\dfrac{K}{L}=\dfrac{1}{1}$,

即 $K=L$。

再以 $K=L$ 代入约束条件 $2L+K=3000$,有 $2L+L=3000$。

解得 $L^*=1000$,且有 $K^*=1000$。

即 $L^*=K^*=1000$ 代入生产函数,求得最大的产量 $Q^*=(L^*)^{\frac{2}{3}}(K^*)^{\frac{1}{3}}=1000^{\frac{2}{3}+\frac{1}{3}}=1000$。

本题的计算结果表示:在成本 $C=3000$ 时,厂商以 $L^*=1000$,$K^*=1000$ 进行生产所达到的最大产量为 $Q^*=1000$。

此外,本题也可以用以下拉格朗日函数法来求解。

$\max\limits_{L,K} L^{\frac{2}{3}}K^{\frac{1}{3}}$ s.t. $2L+1\cdot K=3000$。

$\mathscr{L}(L,K,\lambda)=L^{\frac{2}{3}}K^{\frac{1}{3}}+\lambda(3000-2L-K)$。

将拉格朗日函数分别对 $L$、$K$ 和 $\lambda$ 求偏导,得极值的一阶条件:

$\dfrac{\partial\mathscr{L}}{\partial L}=\dfrac{2}{3}L^{-\frac{1}{3}}K^{\frac{1}{3}}-2\lambda=0$, ①

$\dfrac{\partial\mathscr{L}}{\partial K}=\dfrac{1}{3}L^{\frac{2}{3}}K^{-\frac{2}{3}}-\lambda=0$, ②

$\dfrac{\partial\mathscr{L}}{\partial\lambda}=3000-2L-K=0$。 ③

由①式、②式可得 $\dfrac{K}{L}=\dfrac{1}{1}$, 即 $K=L$。

以 $K=L$ 代入约束条件即③式,可得 $3000-2L-L=0$。

解得 $L^*=1000$, 且有 $K^*=1000$。

再以 $L^*=K^*=1000$ 代入目标函数即生产函数,得最大产量:

$Q^*=(L^*)^{\frac{2}{3}}(K^*)^{\frac{1}{3}}=1000^{\frac{2}{3}+\frac{1}{3}}=1000$。

(2)本题用以下拉格朗日函数法来求解。

$\min\limits_{L,K} 2L+K$ s.t. $L^{\frac{2}{3}}K^{\frac{1}{3}}=800$。

$\mathscr{L}(L,K,\mu)=2L+K+\mu(800-L^{\frac{2}{3}}K^{\frac{1}{3}})$。

将拉格朗日函数分别对 $L$、$K$ 和 $\mu$ 求偏导,得极值的一阶条件:

$\dfrac{\partial\mathscr{L}}{\partial L}=2-\dfrac{2}{3}\mu L^{-\frac{1}{3}}K^{\frac{1}{3}}=0$, ④

$\dfrac{\partial\mathscr{L}}{\partial K}=1-\dfrac{1}{3}\mu L^{\frac{2}{3}}K^{-\frac{2}{3}}=0$, ⑤

$\dfrac{\partial\mathscr{L}}{\partial\mu}=800-L^{\frac{2}{3}}K^{\frac{1}{3}}=0$。 ⑥

由④式、⑤式可得 $\dfrac{K}{L}=\dfrac{1}{1}$,

即 $K=L$。

以 $K=L$ 代入约束条件即⑥式,有 $800-L^{\frac{2}{3}}L^{\frac{1}{3}}=0$。

解得 $L^*=800$。

在此略去关于极小值的二阶条件的讨论。

**14. 利用图说明厂商在既定成本条件下是如何实现最大产量的最优要素组合的。**

**答案：**由于本题的约束条件是既定的成本，所以，在图 4.6 中，只有一条等成本线 AB；此外，有三条等产量曲线 $Q_1$、$Q_2$ 和 $Q_3$ 以供分析，并从中找出相应的最大产量水平。

在约束条件即等成本线 AB 给定的条件下，先看等产量曲线 $Q_3$，该曲线处于 AB 线以外，与 AB 线既无交点又无切点，所以，等产量曲线 $Q_3$ 表示的产量过大，既定的等成本线 AB 不可能实现 $Q_3$ 的产量。再看等产量曲线 $Q_1$，它与既定的 AB 线交于 a、b 两点。在这种情况下，厂商只要从 a 点出发，沿着 AB 线往下向 E 点靠拢，或者从 b 点出发，沿着 AB 线往上向 E 点靠拢，就都可以在成本不变的条件下，通过对生产要素投入量的调整，不断地增加产量，最后在等成本线 AB 与等产量曲线 $Q_2$ 的相切处 E 点，实现最大的产量。由此可得，厂商实现既定成本条件下产量最大化的均衡条件是 $MRTS_{LK}=\dfrac{\omega}{r}$，且整理可得 $\dfrac{MP_L}{\omega}=\dfrac{MP_K}{r}$。

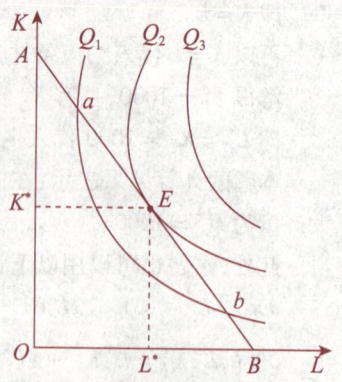

图 4.6 在既定成本下实现最大产量

**15. 利用图说明厂商在既定产量条件下是如何实现最小成本的最优要素组合的。**

**答案：**（1）由于本题的约束条件是既定的产量，所以，在图 4.7 中，只有一条等产量曲线 $\overline{Q}$；此外，有三条等成本线 AB、A'B' 和 A"B" 以供分析，并从中找出相应的最小成本。

（2）在约束条件即等产量曲线 $\overline{Q}$ 给定的条件下，先看等成本线 AB，该线处于等产量曲线 $\overline{Q}$ 以下，与等产量曲线 $\overline{Q}$ 既无交点又无切点，所以，等成本线 AB 所代表的成本过小，它不可能生产既定产量 $\overline{Q}$。再看等成本线 A"B"，它与既定的等产量曲线交于 a、b 两点。在这种情况下，厂商只要从 a 点出发，沿着等产量曲线 $\overline{Q}$ 往下向 E 点靠拢，或者，从 b 点出发，沿着等产量曲线 $\overline{Q}$ 往上向 E 点靠拢，就都可以在既定的产量条件下，通过对生产要素投入量的调整，不断地降低成本，最后在等产量曲线 $\overline{Q}$ 与等成本线 A'B' 的相切处 E 点，实现最小的成本。由此可得，厂商实现既定产量条件下成本最小化的均衡条件是 $MRTS_{LK}=\dfrac{\omega}{r}$，且整理可得 $\dfrac{MP_L}{\omega}=\dfrac{MP_K}{r}$。

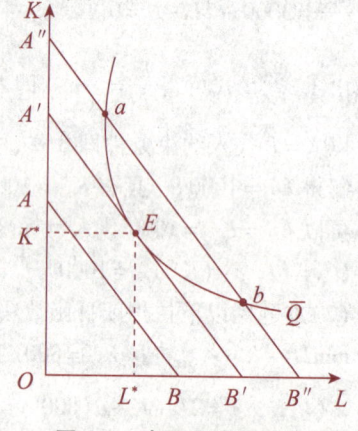

图 4.7 在既定产量下实现最小成本

### 自测题

## 一、名词解释

1. 生产函数
2. 生产要素
3. 柯布—道格拉斯生产函数
4. 边际产量
5. 边际报酬递减规律
6. 等成本线
7. 扩展线
8. 规模报酬
9. 机会成本

## 二、单项选择

1. 下列关于生产函数的说法,正确的是 ( )
   A. 其他条件不变,一定投入与最大产出的关系
   B. 其他条件不变,一定产出与最小投入的关系
   C. 投入与产出的关系
   D. A 和 B 都对

2. 在生产过程中,如果连续地增加某种生产要素,在总产量达到最大值的时候,边际产量曲线与( )相交。
   A. 平均产量曲线    B. 纵轴    C. 横轴    D. 总产量曲线

3. 在生产论中,总产量、平均产量和边际产量不断发生变化,下列首先发生 ( )
   A. 边际产量下降    B. 平均产量下降    C. 总产量下降    D. B 和 C

4. 下列哪项是边际收益递减规律发生作用的前提条件 ( )
   A. 连续地投入某种生产要素而保持其他生产要素不变
   B. 生产技术既定不变
   C. 按比例同时增加各种生产要素
   D. A 和 B

5. 在边际收益递减规律作用下,边际产量会逐渐减少,在这种情况下,如果要增加相同数量的产出,应该 ( )
   A. 停止增加可变生产要素            B. 减少可变生产要素的投入量
   C. 增加可变生产要素的投入量        D. 减少固定生产要素

6. 下列关于等产量曲线的说法,正确的是 ( )
   A. 说明了为生产一个给定的产出量而可能的各种投入要素的组合
   B. 除非得到所有要素的价格,否则不能画出该曲线
   C. 表明了投入与产出的关系
   D. 表示了无论投入数量怎样变化,产出量都是一定的

7. 在生产曲线中,生产的第 Ⅱ 阶段( )始于 $APP_L$ 开始下降处。
   A. 总是    B. 决不是    C. 经常是    D. 有时是

8. 等产量线上某一点的切线的斜率等于
   A. 预算线的斜率                  B. 等成本线的斜率
   C. 边际技术替代率                D. 边际报酬

9. 在生产过程中,假设厂商增加使用一个单位的劳动,减少两个单位的资本,仍能生产相同产出,则 $MRTS_{LK}$ 是( )
   A. 1/2    B. 2    C. 1    D. 4

10. 坐标系中,等成本线向外平行移动表明 ( )
    A. 产量提高了                    B. 成本增加
    C. 生产要素价格按相同比例上升了    D. 以上任何一个都是

11. 在等产量曲线的某一点上,以生产要素 X 替代 Y 的边际替代率是 2,这意味着( )
    A. $MP_Y/MP_X = 2$    B. $MP_X/MP_Y = 2$    C. $AP_Y/AP_X = 2$    D. $Q_Y/Q_X = 2$

12. 下列关于生产者均衡点的说法,正确的是 ( )
    A. 等产量曲线与等成本曲线相切
    B. $MRTS_{LK} = P_L/P_K$
    C. $MP_L/P_L = MP_K/P_K$
    D. 上述情况都正确
13. 在边际报酬的递增阶段,STC曲线的变化是 ( )
    A. 以递增的速率上升
    B. 以递减的速率上升
    C. 以递增的速率下降
    D. 以递减的速率下降
14. 如果等成本曲线与等产量曲线既不相交也不相切,要达到等产量曲线所表示的产出水平,应 ( )
    A. 增加投入
    B. 保持原投入不变
    C. 减少投入
    D. A 或 B
15. 如果等成本曲线与等产量曲线相交,这表明要生产等产量曲线所表示的产量水平 ( )
    A. 还可以减少成本支出
    B. 不能再减少成本支出
    C. 应该再增加成本支出
    D. 上述都不正确
16. 规模收益递减发生的前提条件是 ( )
    A. 连续地投入某种生产要素而保持其他生产要素不变
    B. 按比例连续增加各种生产要素
    C. 不按比例连续增加各种生产要素
    D. 上述都正确
17. 规模收益不变,单位时间劳动力的使用增加了10%,保持资本量不变,则产出将 ( )
    A. 增加 10%
    B. 减少 10%
    C. 增加大于 10%
    D. 增加小于 10%
18. 当某厂商以既定的成本生产出最大产量时,他 ( )
    A. 一定获得了最大利润
    B. 一定没有获得最大利润
    C. 是否获得了最大利润,还无法确定
    D. 经济利润为零
19. 在完全竞争的条件下,假定生产要素 X、Y、Z 的价格分别为 6、4、1 元,边际产出分别是 12、8、2 单位,每单位产量的价格是 1 元,这意味着 ( )
    A. X、Y、Z 的边际收益分别小于各自的价格
    B. X、Y、Z 的边际收益分别等于各自的价格
    C. X、Y、Z 的边际收益分别大于各自的价格
    D. 上述 B 和 C
20. 生产率衡量的内容是 ( )
    A. 每单位投入的产出量
    B. 每单位产出所需要的投入量
    C. 每一美元投入的产出量
    D. 每一美元产出的投入量

## 三、判断题

1. 随着生产技术水平的变化,生产函数也会发生变化。 ( )
2. 边际产量可由总产量线上的任一点的切线的斜率来表示。 ( )
3. 边际技术替代率为两种投入要素的边际产量之比,其值为负。 ( )
4. 如果连续地增加某种生产要素的投入量,总产出将不断递增,边际产量在开始时递增然后趋于递减。 ( )
5. 随着某生产要素投入量的增加,边际产量和平均产量增加到一定程度将同时趋于下降。 ( )

6. 边际产量曲线与平均产量曲线的交点,一定在边际产量曲线向右下方倾斜的部分。（   ）
7. 边际实物产出是所有投入增加一个单位所带来的总产量的增加量。（   ）
8. 利用两条等产量线的交点所表示的生产要素组合,可以生产出数量不同的产品。（   ）
9. 等成本曲线的斜率等于纵轴的生产要素 Y 的价格与横轴的生产要素 X 的价格之比。（   ）
10. 假如以生产要素 X 代替 Y 的边际技术替代率等于 3,这意味着这时增加 1 个单位 X 所增加的产量,等于减少 3 个单位 Y 所减少的产量。（   ）
11. 生产要素的边际技术替代率递减是边际收益递减规律造成的。（   ）
12. 假如经济存在失业,它生产出来的商品组合可以用生产可能性曲线上的一个点表示。（   ）
13. 如果资源组合效率低下,社会将在生产可能性由线以内的点上生产。（   ）
14. MC 一开始递减是由生产中的边际收益递增引起的。（   ）
15. 由于固定成本不随产出的变化而变化,因而 AFC 也不随产出的变化而变化。（   ）

## 四、计算题

1. 设某企业的短期生产函数为 $Q = 72L + 15L^2 - L^3$,其中 $Q$ 和 $L$ 分别代表一定时间内的产量和可变要素投入量。求:
   (1) 导出 $MPP_L$ 及 $APP_L$ 函数。
   (2) 当 $L = 7$ 时,$MPP_L$ 的值。
   (3) 当 $L$ 由 7 个单位增加到 8 个单位,产量增加多少?
   (4) $L$ 投入量为多大时,$MPP_L$ 将开始面临递减?
2. 设某厂商的需求函数为 $Q = 6750 - 50P$,总成本函数为 $TC = 12000 + 0.025Q^2$,求:
   (1) 利润最大化时的产量和价格。
   (2) 最大利润。
3. 已知某企业的生产函数为劳动的价格 $\omega = 2$,资本的价格 $r = 1$。求:
   ① 当成本 $C = 3000$ 时,企业实现最大产量时的 $L$、$K$ 和 $Q$ 的均衡值。
   ② 当产量 $Q = 800$ 时,企业实现最小成本时的 $L$、$K$ 和 $C$ 的均衡值。

## 五、简答题

1. 简述边际报酬递减规律的内容。
2. 请分析一下私营企业的企业主一般要承担哪些显性成本和隐性成本?在购买或租借自身没有的生产要素时,必须支付什么样的价格?
3. 短期平均成本曲线和长期平均成本曲线都呈 U 状,请解释它们形成 U 状的原因有何不同?
4. 简述规模报酬变动规律及其成因。

## 六、分析题

1. 什么是等产量曲线?等产量曲线与无差异曲线在性质上有何异同?
2. 分析说明边际成本曲线和供给曲线之间的关系。

**参考答案**

## 一、名词解释

1. 生产函数是指在一定时期内,在技术水平不变的情况下,生产中所使用的各种生产要素的数量与所能生产的最大产量之间的关系。

2. 生产要素:现代西方经济学认为生产要素包括劳动力、土地、资本、企业家才能四种,随着科技的发展和知识产权制度的建立,技术、信息也作为相对独立的要素投入生产。这些生产要素进行市场交换,形成各种各样的生产要素价格及其体系。

3. 柯布—道格拉斯生产函数:柯布—道格拉斯生产函数最初是美国数学家柯布(C. W. Cobb)和经济学家保罗·道格拉斯(Paul H. Douglas)共同探讨投入和产出的关系时创造的生产函数。其一般形式为 $Q = AL^{\alpha}K^{\beta}$。其中 $\alpha$ 为劳动所得在总产量中所占的份额,$\beta$ 为资本所得在总产量中所占的份额。

4. 边际产量是指增加一单位可变生产要素投入量所增加的产量。

5. 边际报酬递减规律是指在其他条件不变的情况下,如果一种投入要素连续地等量增加,增加到一定产值后,所提供的产品的增量就会下降,即可变要素的边际产量会递减。这就是经济学著名的边际报酬递减规律,并且是短期生产的一条基本规律。

6. 等成本线:表示用既定的成本可以实现的两种生产要素最大数量组合点的轨迹。等成本线上的任意一点所表示的两种生产要素的组合,其成本都是相等的。

7. 扩展线:当生产要素的价格不变时,随着成本的增加,等成本线不断向右上方移动,结果新的等成本线与更高水平的等产量线相切,把各个均衡点连接起来,就是扩展线。它表示在生产要素价格不变的条件下,与不同总成本支出相对应的最优要素投入组合的轨迹。

8. 规模报酬:是指在其他条件不变的情况下,企业内部各种生产要素按相同比例变化时所带来的产量变化。规模报酬分析的是企业的生产规模变化与所引起的产量变化之间的关系。企业只有在长期内才能变动全部生产要素,进而变动生产规模,因此企业的规模报酬分析属于长期生产理论问题。

9. 机会成本:是指为了得到某种东西而所要放弃另一些东西的最大价值。

## 二、单项选择

1—5 DCADC　6—10 AACBB　11—15 BBBAA　16—20 BDCCA

## 三、判断题

1. √　2. √　3. √　4. ×　5. ×　6. √　7. ×　8. ×　9. ×　10. √　11. √　12. ×　13. √

14. √  15. ×

## 四、计算题

**1.** 解：(1) $MPP_L = dQ/dL = 72 + 30L - 3L^2$，$APP_L = Q/L = 72 + 15L - L^2$。

(2) $MPP_L = 135$。

(3) 产量的增量为 128。

(4) 当 $MPP_L$ 达到最大化时它开始面临递减。$MPP_L$ 达到最大的必要条件为 $dMPP_L/d_L = 0$，由(1)令 $dMPP_L/dL = 30 - 6L = 0, L = 5$。又 $d^2MPP_L/dL^2 = -6 < 0$（充分条件满足），由以上各式可知 $L = 5$ 时，$MPP_L$ 开始递减。

(5) $Q$ 取最大时，令 $MPP_L = 0, MPP_L = 72 + 30L - 3L^2 = 0$，
$L = (-30 \pm (900 + 600)^{1/2})/(-6) = -2$ 或 12，由于 $L = -2$ 无意义，故 $L = 12$，
当 $L = 12$ 时，$Q = 1296$，所以该公司最大产量为 1296，为达到这个产量所需的 $L$ 投入量为 12。

**2.** 解：(1) $Q = 6750 - 50P, P = 135 - 0.02Q$，
利润 $Π = TR - TC = P \cdot Q - TC = (135 - 0.02Q)Q - 12000 - 0.025Q^2$，
因为 $Π' = 135 - 0.04Q - 0.05Q = 0$，
所以 $Q = 1500$    $P = 135 - 0.02 \times 1500 = 105$。

(2) $\max \cdot Π = TR - TC = 105 \times 1500 - 12000 - 0.025 \times 1500 \times 1500 = 89250$。

**3.** 解：
$$\frac{MP_L}{MP_K} = \frac{\frac{2}{3}L^{-\frac{1}{3}}K^{\frac{1}{3}}}{\frac{1}{3}L^{\frac{2}{3}}K^{-\frac{2}{3}}} = 2\frac{K}{L} = \frac{w}{l} = \frac{2}{1}$$

∴ $K = L$

① $C = wL + rK = 3L = 3000$    ∴ $L = K = 1000$    $Q = 1000$
② $L^{\frac{1}{3}}K^{\frac{1}{3}}, L = K = 800$    $C = wL + rK = 2400$

## 五、简答题

**1.** 答案：在技术水平不变的条件下，在连续地等量地把某一种可变生产要素增加到其他一种或几种数量不变的生产要素上去的过程中，当这种可变生产要素的投入量小于某一特征值时，增加一单位该要素的投入量所带来的产量是递增的；当这种可变要素的投入量连续增加并超过这个特定值时，增加一单位该要素的投入量所带来的边际产量是递减的。这就是边际报酬递减规律。

**2.** 答案：私营企业的显性成本一般包括雇佣劳动力的工资、购买原材料和半成品的支出、贷款利息和租用土地及建筑物时支付的租金等。隐性成本包括企业主为其他人工作所能挣得的最高工资、他自身拥有并使用的资源，如资本、土地和其他生产要素。在企业购买或租借生产要素时，它所支付的价格至少应当等于同样的投入在其他最好用途中所能挣得的收益，这就是所谓的"机会成本"。

**3.** 答案：虽然 SAC 和 LAC 都是呈 U 状，但两者形成 U 状的原因是不同的。SAC 先下降后上升是因为一开始随着可变要素的投入和产量的增加，固定要素生产效能的发挥和专业化程度的提高使

得边际产量增加。但当产量增加到一定程度时,由于边际收益递减规律的作用,SAC 曲线必将上升。而 LAC 呈 U 状则由规模的经济或不经济决定。产出水平位于 LAC 递减的阶段,意味着在长期内企业资源利用不足,此时若扩大生产规模,其长期平均成本就会递减。但若产出水平超过了 LAC 的最低点,意味着企业被过度利用,LAC 上升必对应着规模报酬的递减。

**4. 答案:** 规模收益变动规律是指在技术水平不变的条件下,当两种生产要素按同一比例同时增加时,最初这种生产规模的扩大会使得产量增加超过生产规模的扩大,但当规模扩大超过一定限度时,产量的增加会小于生产规模的扩大,甚至会出现产量的绝对减少。

在技术水平不变的条件下,生产要素同比例增加所引起的生产规模扩大使得产量的增加可以分成三个阶段:规模收益递增,即产量增加的比率超过投入增加的比率;规模收益不变,即产量增加的比率等于投入增加的比率;规模收益递减,即产量增加的比率小于投入增加的比率。

之所以出现这种情况,一方面是由于厂商规模的扩大使得厂商的生产由内在经济逐渐转向内在不经济。在规模扩大的初期,厂商可以购置到大型的先进机器设备,这是小规模生产所无法解决的。随着规模的扩大,厂商可以在内部进一步实行专业分工,提高生产率。同时,企业的管理人员也可以发挥管理才能,提高管理效率,并且大规模的生产有利于副产品的综合利用。另一方面,大厂商在购买生产要素方面往往具有某些优惠条件,从而减少成本支出。因此,随着厂商规模的扩大收益的增加量会超过投入的增加量,从而出现规模收益递减。

但是,厂商的规模并不是越大越好。当厂商的规模扩大到一定程度以后,由于管理机构越来越大,信息不畅,从而出现管理效率下降的现象。此外,一方面厂商规模的扩大使得信息处理费用和销售费用增加,可能抵消规模经济带来的利益;另一方面,当厂商的规模扩大到只有提高价格才能购买到足够的生产要素时,厂商的成本势必增加。这些因素最终会导致生产出现规模收益递减。

当然,在规模收益递增和递减阶段会出现规模收益不变阶段,这一阶段的长短在不同的生产过程中表现不同。

## 六、分析题

**1. 答案:** 等产量曲线是表示在其他条件不变情况下,为保持一定的产量所投入的两种生产要素之间各种可能性组合。

和无差异曲线相比较,相同点:(1)在有效的区域内,等产量曲线的斜率为负。(2)由于边际收益递减规律的作用,等产量曲线凸向原点。(3)等产量曲线之间决不会相交。

不同点:(1)无差异曲线反映的是消费者的同等效用,而等产量曲线反映的是生产者的同等产量。(2)等产量曲线不能像无差异曲线那样,将两端无限延长则与两坐标轴无限接近,而到一定限度则向两坐际轴上方翘起。

这表明,任何两种生产要素都不能完全替代,只能在一定的范围内互相替代,超出这个范围则无法替代。在两种要素互相替代,到达其中一种要素必不可少的最低使用量时,就不能再继续替代了。否则,就会因替代的要素过度产生负值,而不得不增加被替代的要素,才能保持总产量不变。

**2. 答案:** 厂商生产的目的是利润最大化。而利润($\Pi$)是总收益($TR$)与总成本($TC$)之差,即 $\Pi = TR - TC = P \cdot Q - TC$。

求一阶导数: $\Pi' = (PQ - TC)' = P - TC/Q = P - MC = 0$

所以 $P=MC$ 是利润最大化的必要条件。当 $MC$ 由 $P$ 来代替时,$MC$ 曲线就表现为价格和产量之间的正向关系,相当于厂商的供给曲线。

但值得注意的是,并不是整条 $MC$ 曲线(如图 4.8 所示)都代表供给曲线,只有在 $MC$ 曲线和 $AVC$ 曲线交点以上的那段 $MC$ 曲线才是厂商的供给曲线。因为:①在 $MC$ 和 $AC$ 相交的 $F$ 点上,$P=AC$,厂商正好可以收回全部成本,经济利润为零,是厂商的保本点;②在 $F$ 点和 $E$ 点($MC$ 和 $AVC$ 的交点)之间,厂商仍会继续生产。因为,如果在 $E$ 点和 $F$ 点之间停产,厂商仍然要支付全部固定成本,而如果继续生产,则它不但能收回全部可变成本,还可以补偿一部分亏损的固定成本,可使亏损最小;③在 $E$ 点上,厂商继续生产和停止生产已没有区别,$P=AVC$ 点是厂商的关门点。在 $P<AVC$ 的情况下,厂商不会再生产。故 $P \geq AVC$ 时,对应的 $MC$ 曲线就是厂商的供给曲线。

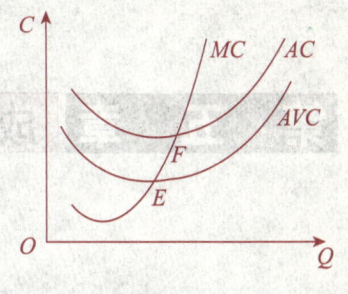

图 4.8

# 第五章 成 本 论

**知识脉络图**

$$\text{成本的概念}\begin{cases}\text{机会成本}\\\text{显成本与隐成本}\\\text{利润}\end{cases}$$

$$\text{短期总产量和短期总成本}\begin{cases}\text{短期总产量曲线和总成本曲线的关系}\\\text{短期总成本和扩展线图}\end{cases}$$

短期成本曲线
- 分类
- 各成本之间的数字表述式：
$$\begin{cases}F(Q) = TFC + TVC(Q)\\AFC(Q) = \dfrac{TFC}{Q}\\AVC(Q) = \dfrac{TVC(Q)}{Q}\\MC(Q) = \dfrac{dTC}{dQ} = \dfrac{dTVC}{dQ}\\AC(Q) = \dfrac{TC(Q)}{Q} = \dfrac{TFC + TVC(Q)}{Q}\\\qquad\quad = AFC + AVC(Q)\end{cases}$$
- 各成本曲线的形状
- SMC 呈 U 形的原因：边际报酬先↓后↑
- MC 与 $MP_L$ 的关系
- AVC 与 $AP_L$ 的关系

长期成本曲线
- 无固定成本与变动成本之分
- LTC、LAC、LMC 曲线的推导
- LAC 呈现 U 形的原因：规模经济与规模不经济

第五章 成本论

> **复习提示**
>
> **概念**:机会成本、显性成本、隐性成本、会计成本、固定成本、可变成本、规模经济、规模不经济、收支相抵点、规模报酬、企业。
> **理解**:边际成本曲线先降后升的 $U$ 形特征、长期平均成本曲线的推导以及其先降后升的 $U$ 形特征、长期成本曲线的位置移动的原因。
> **掌握**:边际产量和边际成本的关系、平均产量和平均成本的关系、短期产量曲线与短期成本曲线之间的关系、长期成本曲线的经济含义。
> **计算**:求成本函数和生产函数。
> **画图**:能够根据某一成本函数画出该成本函数的 $TC$、$TVC$、$AFC$、$AC$、$MC$ 以及这几条曲线的关系(尤其需要掌握柯布—道格拉斯生产函数及其性质)。

> **重、难点常识理解**

## 一、机会成本

### 1. 显性成本和隐性成本

显性成本是指厂商在生产要素市场上购买或租用各种生产要素而支付的一切费用,它包括雇用工人所支付的工资、购买原材料和燃料及电力的价款、资本设备的折旧费、借贷利息和租金等。隐性成本是指厂商使用自有资源应得到的报酬,它包括厂商使用自有资金应得的利息,使用自有的房屋、土地、机器设备等应得的租金以及企业主经营管理自己的企业应得的薪金等。

### 2. 利润

企业的经济利润指企业的总收益和总成本之间的差额,简称企业的利润。正常利润通常指厂商对自己所提供的企业家才能支付的报酬。正常利润是厂商生产成本的一部分。

## 二、短期总产量和短期总成本

在短期生产函数中,投入要素有可变与不变(即变动与固定)之分,相应地,成本在短期内也有可变与不变之分。可变成本($TVC$)随产量变化,即 $TVC = \varphi(Q)$,而不变成本($TFC$)不随产量变化,假定为一常数 $b$,则总成本(指短期)$STC$ 为短期可变成本与不变成本之和,即 $STC = STVC + STFC = \varphi(Q) + b$。短期平均可变成本 $SAVC = \dfrac{STVC}{Q}$。短期平均不变成本 $SAFC = \dfrac{STFC}{Q}$。短期平均成本 $SAC = \dfrac{STC}{Q} = \dfrac{STVC + STFC}{Q} = SAVC + SAFC$。短期边际成本 $SMC = \dfrac{\mathrm{d}STC}{\mathrm{d}Q} = \varphi'(Q)$。

## 三、短期成本曲线

厂商的短期成本有以下七种:总不变成本、总可变成本、总成本、平均不变成本、平均可变成本、平均总成本和边际成本。总不变成本 FTC 是厂商在短期内生产一定数量的产品对不变生产要素所支付的总成本。总可变成本 TVC 是厂商在短期内生产一定数量的产品对可变生产要素支付的总成本。总成本 TC 是厂商在短期内为生产一定数量的产品对全部生产要素所支出的总成本。平均不变成本 AFC 是厂商在短期内平均每生产一单位产品所消耗的不变成本。平均可变成本 AVC 是厂商在短期内平均每生产一单位产品所消耗的可变成本。平均总成本 AC 是厂商在短期内平均每生产一单位产品所消耗的全部成本。边际成本 MC 是厂商在短期内增加一单位产量时所增加的总成本。

七种短期成本曲线之间的关系如图 5.1 所示。

边际报酬递减规律的作用下,短期边际产量和短期边际成本之间的关系为:在短期生产中,边际产量的递增阶段对应的是边际成本的递减阶段,边际产量的递减阶段对应的是边际成本的递增阶段,与边际产量的最大值相对应的是边际成本的最小值。正因为如此,在边际报酬递减规律作用下的边际成本 MC 曲线表现出先降后升的 U 形特征。

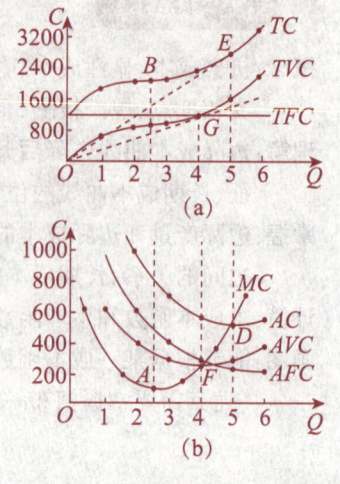

图 5.1 七种短期成本曲线

## 四、长期成本曲线

在长期中,生产要素投入都是可变的,因此,成本也没有不变和可变之分,所有成本都可变。因而长期成本中只有总成本($LTC$)、平均成本($LAC$)和边际成本($LMC$)三种。

$LTC$ 是生产扩展线上各点所表示的总成本。长期总成本曲线表示长期中每一特定产量所有的最低成本点的轨迹。它由无数 STC 曲线与之相切,是 STC 曲线的包络曲线。

LAC 曲线是无数条 SAC 曲线与之相切的切点的轨迹,是所有短期平均成本曲线的包络线。

LMC 是厂商长期内每增加 1 单位产量所增加的总成本量,但不是短期边际成本曲线的包络线。

LAC 和 LMC 曲线也都是 U 形的,并且 SMC 曲线也与 LAC 曲线的最低点相交。短期中和长期中的平均成本曲线和边际成本曲线虽同样呈 U 形,但短期中的 U 形成本曲线与要素报酬变化有关,而长期中的 U 形成本曲线与规模报酬变化有关。

还应记住,本单元习题所体现的成本理论是假设厂商在购买生产要素时处于完全竞争状态。

**考研真题与难题详解**

## 一、概念题

**1. 经济利润(Economic Profit)(武汉大学 2001 研;东北大学 2004 研;湖南大学 2012 研)**

**答案:** 经济利润是指属于企业所有者的、超过生产过程中所运用的所有要素的机会成本的一种收益。企业的会计利润,是厂商的总收益与会计成本的差,也就是厂商在申报应缴纳所得税时的账面利润。但是西方经济学中的利润概念并不仅仅是会计利润,必须进一步考虑企业自身投入要素的代价,其中包括自有资本应得利息、经营者自身的才能及风险的代价等。

这部分代价的总和至少应与该资源投向其他行业所能带来的正常利润率相等,否则,厂商便会将这部分资源用于其他途径的投资而获取利润或收益。在西方经济学中,这部分利润被称为正常利润,显然,它等于隐性成本。如果将会计利润再减去隐性成本,就是经济学意义上的利润的概念,称为经济利润或超额利润。上述各种利润关系为:

企业利润 = 会计利润 = 总收益 - 显性成本

经济利润 = 超额利润 = 会计利润 - 隐性成本 = 会计利润 - 正常利润

正常利润 = 隐性成本

**2. 机会成本**(中国海洋大学 2000 研;浙江工商大学 2002 研;武汉大学 2002、2005 研;北邮 2003 研;北师大 2001、2004 研;东北大学 2004 研;电子科大 2004 研;中南大学 2004 研;中央财大 2011 研;财政部财科所 2011 研;山东大学 2012 研)

答案:机会成本是指将一种资源用于某种用途,而未用于其他更有利的用途时所放弃的最大预期收益。机会成本的存在需要三个前提条件:①资源是稀缺的;②资源具有多种生产用途;③资源的投向不受限制。从机会成本的角度来考察生产过程时,厂商需要将生产要素投向收益最大的项目,从而避免带来生产的浪费,达到资源配置的最优。机会成本的概念是以资源的稀缺性为前提而提出的。

从经济资源的稀缺性这一前提出发,当一个社会或一个企业用一定的经济资源生产一定数量的一种或者几种产品时,这些经济资源就不能同时被使用在其他的生产用途上。这就是说,这个社会或这个企业所能获得的一定数量的产品收入,是以放弃用同样的经济资源来生产其他产品时所能获得的收入作为代价的,这也是机会成本产生的缘由。

因此,社会生产某种产品的真正成本就是它不能生产另一些产品。所以,机会成本的含义是任何生产资源或生产要素一般都有多种不同的使用途径或机会,也就是说可以用于多种产品的生产。但是当一定量的某种资源用于生产甲种产品时,就不能同时用于生产乙种产品。因此生产甲种产品的真正成本就是不生产乙种产品的代价,或者是等于该种资源投放于一种产品生产上可能获得的最大报酬。

**3. 沉淀成本**(中央财大学 2004 研复试;西安交大 2008 研;厦门大学 2011 研)

答案:沉淀成本(Sunk cost)也称为沉没成本,是指已经发生而无法收回的支出。沉淀成本通常是可见的,但一旦发生以后,在做出经济决策之时经常被人们忽视。由于它是无法收回的,因而不会影响企业的决策。例如,一项按企业特定要求而设计的专用设备,假定该项设备仅能用于起初设计的用途,而不能转作他用,这项支出就属于沉淀成本。因为该设备别无他用,其机会成本为零。从而这不应包括在企业成本之中。不管购置该设备的决策是否正确,这项支出已付诸东流,不应该影响当期的决策。

## 二、简答题

**1. 判断下列说法是否正确。**

(1) 平均不变成本(即固定成本)绝不随产量的增加而提高;

(2) 短期平均成本大于长期平均成本;

(3) 边际成本先于平均成本而上升;

(4) 如果规模报酬不变,长期平均成本等于边际成本且不变。(北大 1996 研;中央财大 2010

研）

**答案：**（1）正确。平均不变成本 $AFC = \dfrac{TFC}{Q}$，在短期内 $TFC$ 保持不变，随 $Q$ 的增加，$AFC$ 不断减少，它是一条趋于不断下降的曲线。因此，平均不变成本绝不会随产量的增加而提高。

（2）错误。长期平均成本曲线 $LAC$ 与无数条短期平均成本曲线相切，但 $LAC$ 并非全是由所有各条 $SAC$ 曲线之最低点构成。在 $LAC$ 曲线最低点的左侧，$LAC$ 曲线相切于 $SAC$ 最低点左边，右侧则相切于 $SAC$ 曲线最低点右边。在 $LAC$ 曲线最低点处，$LAC$ 曲线切线的斜率为零，又因 $SAC$ 曲线与 $LAC$ 曲线相切，故在 $LAC$ 最低点处其 $SAC$ 曲线的斜率也为零。所以整条长期平均成本曲线上必有一点，长期平均成本与短期平均成本最小值相等。

（3）正确。边际成本先于平均成本而上升。边际成本的变化总是较之平均成本的变化要快。当投入生产要素进行生产时，由于边际报酬递减规律作用，边际产量增加，边际成本下降，平均成本下降，当生产要素的配置达到最佳状态之后，边际产量开始下降，边际成本开始上升，但平均产量仍在上升，于是平均成本也仍在下降，一直到边际产量上升交于平均产量的最低点，平均成本才转而进入上升阶段。

（4）正确。规模报酬不变是指随着产量的增加，长期平均成本保持不变（常数）。假设 $LAC = K$（$K$ 为常数），则 $LTC = KQ$，$LMC = \dfrac{\mathrm{d}LTC}{\mathrm{d}Q} = K$，所以长期平均成本等于边际成本且不变。

**2. 简要说明短期和长期平均成本曲线呈 U 形的原因。（人大 1999 研；深圳大学 2007 研；厦门大学 2011 研）**

**答案：**（1）短期平均成本曲线呈 U 形，即最初阶段递减后又转入递增阶段。之所以产生这种现象是由于产量达到一定数量前，每增加一单位的可变要素所增加的产量超过先前每单位可变要素之平均产量。这表现为，平均可变成本随产量的增加而递减。当产量达到一定数量后，随着投入可变要素的增加，每增加一单位可变要素所增加的产量小于先前的可变要素的平均产量，即短期平均可变成本曲线自此点开始转入递增。

（2）长期平均成本曲线呈 U 形的原因在于，随着产量的扩大，使用的厂房设备等的规模扩大，因而产品的生产经历规模报酬递增阶段，这表现为产品的单位成本将随着产量的增加而递减。长期平均成本经历递减阶段之后，最好的资本设备和专业化的利益已全部被利用，这时可能进入报酬不变阶段，即平均成本固定不变阶段，由于企业管理这个生产要素不会像其他要素那样增加，因而随着企业规模的扩大，管理的困难和成本将越来越大，若再增加产量，企业的长期平均成本最终将转为递增。

**3. 请分析为什么平均成本的最低点一定在平均可变成本的最低点的右边。（中央财大 2012 研）**

**答案：**平均成本是平均固定成本和平均可变成本之和。当平均可变成本达到最低点开始上升的时候，平均固定成本仍在下降，只要平均固定成本下降的幅度大于平均可变成本上升的幅度，平均成本就会继续下降，只有当平均可变成本上升的幅度和平均固定成本下降的幅度相等的时候，平均成本才达到最低点。因此，平均总成本总是比平均可变成本晚达到最低点。也就是说，平均总成本的最低点总是在平均可变成本的最低点的右边。

## 三、计算题

假如一个企业家拥有两个工厂生产相同的产品，两个工厂的生产函数为 $qi = \sqrt{K_i L_i}$（$i = 1, 2$）。

两个工厂的初始资本存量 $K_1 = 25, K_2 = 100$。单位 $L$ 和 $K$ 的要素价格 $w$ 和 $v$ 均为 $1$。

（1）企业家要使短期成本最小化,产出在两个工厂之间该如何分配？

（2）企业家要使长期成本最小化,产出在两个工厂之间该如何分配？（人大 2011 研）

**答案**：(1) 短期内,每个工厂的固定投入的数量是确定的,所以它们的生产函数就变为：

$$q_1 = 5\sqrt{L_1} \quad q_2 = 10\sqrt{L_2}$$

于是两个工厂各自的短期成本函数为：

$$STC_1(q_1) = 25\frac{q_1^2}{25}, STC_2(q_2) = 100 + \frac{q_2^2}{100}$$

工厂 1 边际成本为 $SMC_1(q_1) = \frac{2q_1}{25}$

工厂 2 边际成本为 $SMC_2(q_2) = \frac{q_2}{50}$

由等边际法 $SMC_1(q_1) = SMC_2(q_2)$,即有：

$$\frac{2q_1}{25} = \frac{q_2}{50}$$

解得：$q_1 = \frac{1}{4}q_2$,即产量两个工厂之间分配的比例为 1 : 4。设总产量为 $Q$,则工厂 1 产量为 $\frac{1}{5}Q$,工厂 2 产量为 $\frac{4}{5}Q$。

(2) 长期内,由于两个工厂的生产函数相同,那么对于每一个单独的工厂而言,其成本最小化问题是：

$$\min_{L,K} vK + wL$$
$$\text{s.t.} \quad q = K^{1/2}L^{1/2}$$

利用拉格朗乘数法解得资本和劳动力的要素需求函数为：

$$K = \frac{q}{2}\left(\frac{w}{v}\right)^{1/2}, L = \frac{q}{2}\left(\frac{v}{w}\right)^{1/2}$$

把要素需求函数代入目标函数式中得到单个工厂的长期成本函数：

$$LTC = q(wv)^{1/2} = q$$

这样企业的成本最小化问题就是：

$$\min_{q_1, q_2} q_1 + q_2$$
$$\text{s.t.} \quad q_1 + q_2 = q$$

易见,由于两个工厂的生产函数完全相同,故在长期,给定产出总量不变的条件下,总产出在两个工厂之间如何分配产量都不会影响企业的总成本。

## 四、论述题

证明一般行业短期边际成本曲线 $MC$ 与平均总成本曲线 $ATC$、平均可变成本曲线 $WC$ 相交,且交点为 $ATC$ 和 $AVC$ 的最低点。（中央财大 2009 研）

**答案**：(1) 平均总成本曲线 $ATC$、平均可变成本曲线 $AVC$ 和边际成本曲线 $MC$ 的关系边际成本曲线函数方程为：

$$MC(Q) = \frac{\mathrm{d}TVC(Q)}{\mathrm{d}Q}$$

此函数方程表明,在短期内的总成本中,由于有一部分要素是固定不变的,所以,边际成本($MC$)随着产量的变动,只取决于可变成本($TVC$)的变动量。而可变要素的报酬随其数量的增加会有先递增而后递减的变化。因此,$MC$曲线会先下降而后上升的变化,平均成本($ATC$)曲线由于是平均固定成本($AFC$)曲线与平均可变成本($AVC$)曲线叠加的结果,其函数方程为:

$$ATC(Q) = \frac{TFC(Q)}{Q} + \frac{TVC(Q)}{Q}$$

因此,$ATC$曲线必然是一条先下降后上升的$U$形曲线,但是它由下降到上升的转折点要晚于$MC$曲线,于是$MC$曲线必然会与$ATC$曲线相交。根据两条曲线的不同性质可知,当$MC<ATC$时,每增加一单位产品,单位产品的平均成本比以前要小些,所以$AC$是下降的;当$MC>ATC$时,每增加一单位产品,单位产品的平均成本比以前要大些,所以$AC$是上升的。这样,$MC$曲线只能在$ATC$曲线最低点与之相交。如图5.2所示,两曲线相交于$B$点,$B$点便是$ATC$曲线的最低点。

平均均可变成本($AVC$)曲线的函数方程为:

$$AVC(Q) = \frac{TVC(Q)}{Q}$$

$AVC$曲线也是一条先下降后上升的$U$形曲线,同上,根据$AVC$与$MC$曲线的性质可知,$MC$曲线只能在$AVC$曲线最低点与之相交。如图5.2所示,两曲线相交于$A$点,$A$点便是$MC$曲线的最低点。

(2)$ATC$、$AVC$和$MC$曲线关系的证明过程。

①$ATC$曲线和$MC$曲线的关系可以用数学证明如下:

$$\frac{\mathrm{d}}{\mathrm{d}Q}ATC = \frac{\mathrm{d}}{\mathrm{d}Q}\left(\frac{TC}{Q}\right) = \frac{TC'Q - TC}{Q^2} = \frac{1}{Q}\left(TC' - \frac{TC}{Q}\right) = \frac{1}{Q}(MC - ATC)$$

由于$Q>0$,所以$MC<ATC$时,$ATC$的斜率为负,$ATC$曲线是下降的;当$MC>ATC$时,$ATC$曲线的斜率为正,$ATC$曲线是上升的;当$MC=ATC$时,$AC$的斜率为0,$ATC$曲线达到极值点。②$AVC$曲线和$MC$曲线的关系可以用数学证明如下:

$$\frac{\mathrm{d}}{\mathrm{d}Q}AVC = \frac{\mathrm{d}}{\mathrm{d}Q}\left(\frac{TVC}{Q}\right) = \frac{TVC'Q - TVC}{Q^2}$$

$$= \frac{1}{Q}\left(TVC' - \frac{TVC}{Q}\right) = \frac{1}{Q}(MC - AVC)$$

由于$Q>0$,所以$MC<AVC$时,$AVC$的斜率为负,$AVC$曲线是下降的;当$MC>AVC$时,$AVC$曲线的斜率为正,$AVC$曲线是上升的;当$MC=AVC$时,$AVC$的斜率为0,$AVC$曲线达到极值点。

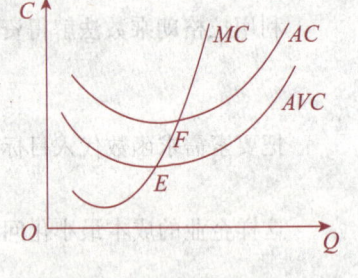

图5.2 短期边际成本曲线$MC$与平均总成本曲线$ATC$、平均可变成本曲线$AVC$

### 典型案例分析

——门脸房是出租还是自己经营

假如,你们家有一间门脸房,你用它开了一家杂货店。一年下来你算账的结果是挣了5万人民币。你觉得很高兴,但用经济成本分析你恐怕就高兴不起来了,因为,你没有把隐性成本算进去。假定,如果门脸房出租按市场价一年是2万,假定你原来有工作年收入也是2万,这4万就是你自

第五章　成本论

己经营的隐性成本。从经济学分析来看,应该是成本,是你提供了自有生产要素房子和劳务所理应得到的正常报酬,而在会计账目上没有作为成本项目记入账上。这样算的结果你一年没有挣5万,只是1万。如果再加上自己经营需要1万的资金进货,这1万的银行存款利息也是隐性成本。这样一算你自己经营就非常不合适了,应该出租;但是如果你下岗,也找不到高于3万的工作,还是自己经营为上策。

显性成本和隐性成本之间的区别说明了经济学家与会计师分析经营活动之间的重要不同。经济学家关心研究企业如何做出生产和定价决策,因此,当他们衡量成本时就包括了隐性成本。而会计师的工作是记录流入和流出企业的货币,结果,他们只衡量显性成本,但忽略了隐性成本。

所谓机会成本,又称替换成本,是指生产者为了生产一定数量的产品所放弃的使用相同的生产要素在其他生产用途中所能得到的最高收入。例如,某人拥有100万元资金,他可以把这100万元资金用于三种不同的用途:开商店获利20万元,开饭店获利25万元,投资房地产业获利30万元。他决定把100万元投资房地产业,在所放弃的用途中,最好的用途是开饭店获利25万元,这就是他选择投资房地产业的机会成本。经济学之所以要从机会成本的概念来分析厂商的生产成本,是因为,经济学是从稀缺资源配置的代价而不是会计学的意义上来考察成本的概念的。

## 教材习题精解参考答案

**1.** 下面是一张关于短期生产函数 $Q=f(L,\bar{K})$ 的产量表(即教材第180页表5-2):

**短期生产的产量表**

| $L$ | 1 | 2 | 3 | 4 | 5 | 6 | 7 |
|---|---|---|---|---|---|---|---|
| $TP_L$ | 10 | 30 | 70 | 100 | 120 | 130 | 135 |
| $AP_L$ | | | | | | | |
| $MP_L$ | | | | | | | |

(1)在表中填空。

(2)根据(1),在一张坐标图上作出 $TP_L$ 曲线,在另一张坐标图上作出 $AP_L$ 曲线和 $MP_L$ 曲线(提示:为了便于作图与比较,$TP_L$ 曲线图的纵坐标的刻度单位大于 $AP_L$ 曲线和 $MP_L$ 曲线图)。

(3)根据(1),并假定劳动的价格 $\omega=200$,完成下面的相应的短期成本表(即教材第181页表5-3)。

**短期生产的成本表**

| $L$ | $Q$ | $TVC=\omega\cdot L$ | $AVC=\dfrac{\omega}{AP_L}$ | $MC=\dfrac{\omega}{MP_L}$ |
|---|---|---|---|---|
| 1 | 10 | | | |
| 2 | 30 | | | |
| 3 | 70 | | | |
| 4 | 100 | | | |
| 5 | 120 | | | |
| 6 | 130 | | | |
| 7 | 135 | | | |

(4)根据(3)中的短期生产的成本表,在一张坐标图上作出 $TVC$ 曲线,在另一张坐标图上作出

AVC 曲线和 MC 曲线(提示:为了便于作图与比较,TVC 曲线图的纵坐标的单位刻度大于 AVC 曲线图和 MC 曲线图)。

(5)根据(2)、(4),说明短期生产曲线和短期成本曲线之间的关系。

**答案:**(1)经填空完成的短期生产的产量表如下:

**短期生产的产量表**

| $L$ | 1 | 2 | 3 | 4 | 5 | 6 | 7 |
|---|---|---|---|---|---|---|---|
| $TP_L$ | 10 | 30 | 70 | 100 | 120 | 130 | 135 |
| $AP_L$ | 10 | 15 | $23\frac{1}{3}$ | 25 | 24 | $21\frac{2}{3}$ | $19\frac{2}{7}$ |
| $MP_L$ | 10 | 20 | 40 | 30 | 20 | 10 | 5 |

(2)根据(1)中的短期生产的产量表,所绘制的 $TP_L$ 曲线、$AP_L$ 曲线和 $MP_L$ 曲线如图 5.5 所示。

(3)令劳动的价格 $\omega=200$,与(1)中的短期生产的产量表相对应的短期生产的成本表如下:

**短期生产的成本表**

| $L$ | $Q$ | $TVC=\omega\cdot L$ | $AVC=\dfrac{\omega}{AP_L}$ | $MC=\dfrac{\omega}{MP_L}$ |
|---|---|---|---|---|
| 1 | 10 | 200 | 20 | 20 |
| 2 | 30 | 400 | $13\frac{1}{3}$ | 10 |
| 3 | 70 | 600 | $8\frac{4}{7}$ | 5 |
| 4 | 100 | 800 | 8 | $6\frac{2}{3}$ |
| 5 | 120 | 1000 | $8\frac{1}{3}$ | 10 |
| 6 | 130 | 1200 | $9\frac{3}{13}$ | 20 |
| 7 | 135 | 1400 | $10\frac{10}{27}$ | 40 |

(4)根据(3)中的短期生产的成本表,所绘制的 TVC 曲线、AVC 曲线和 MC 曲线(如图 5.6 所示)。

(5)与由边际报酬递减规律决定的先递增后递减的 $MP_L$ 值相对应的是先递减后递增的 MC 值;与先递增后递减的 $AP_L$ 值相对应的是先递减后递增的 AVC 值。而且,$AP_L$ 的最大值与 AVC 的最小值相对应;$MP_L$ 的最大值与 MC 的最小值相对应。即短期生产函数及其曲线与短期成本函数及其曲线之间的关系是:$AVC=\dfrac{W}{AP_L},MC=\dfrac{W}{MP_L}$。

以上的关系,在(2)中的图 5.3 和(4)中的图 5.4 中得到了体现。在产量曲线图 5.3 中,$MP_L$ 曲线和 $AP_L$ 曲线都是先上升各自达到最高点以后再下降,且 $AP_L$ 曲线与 $MP_L$ 曲线相交于 $AP_L$ 曲线的最高点。相对应地,在成本曲线图 5.4 中,MC 曲线和 AVC 曲线便都是先下降各自达到最低点以后再上升,且 AVC 曲线与 MC 曲线相交于 AVC 曲线的最低点。此外,在产量曲线图 5.3 中,用 $MP_L$ 曲线先上升后下降的特征所决定的 $TP_L$ 曲线的斜率是先递增,经拐点之后再递减。相对应地,在成本曲线图 5.4 中,由 MC 曲线先下降后上升的特征所决定的 TVC 曲线的斜率是先递减,经拐点之后再递增。[①]

---

[①]由于图 5.5 和图 5.6 中的坐标点不是连续绘制的,所以,曲线的特征及其相互之间的数量关系在图中只能是一种近似的表示。

第五章 成本论

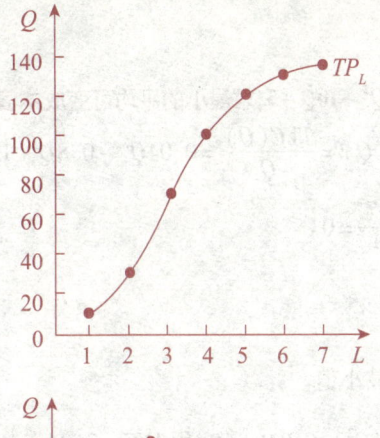

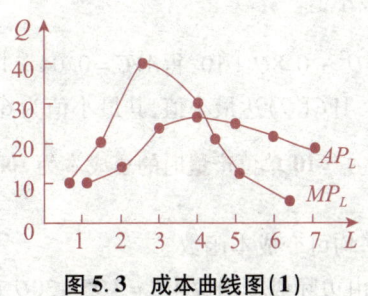

图 5.3 成本曲线图(1)

图 5.4 成本曲线图(2)

**2.** 下面是一张某厂商的 $LAC$ 曲线和 $LMC$ 曲线图(见图 5.5,即教材第 181 页图 5-15)。请分别在 $Q_1$ 和 $Q_2$ 的产量上画出代表最优生产规模的 $SAC$ 曲线和 $SMC$ 曲线。

**解：** 本题的作图结果如图 5.6 所示。

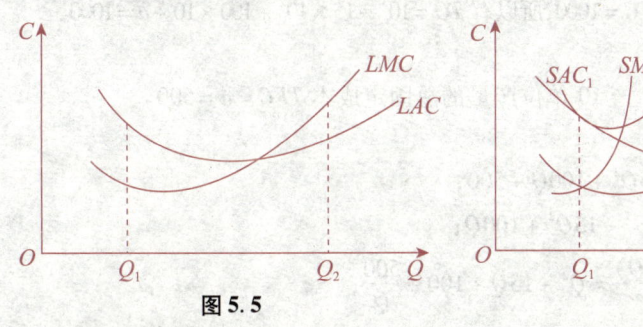

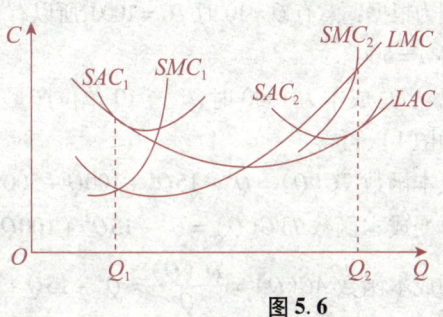

图 5.5

图 5.6

**3.** 假定某企业的短期成本函数是 $TC(Q) = Q^3 - 10Q^2 + 17Q + 66$。
(1)指出该短期成本函数中的可变成本部分和不变成本部分；
(2)写出下列相应的函数：$TVC(Q)$、$AC(Q)$、$AVC(Q)$、$AFC(Q)$ 和 $MC(Q)$。

**答案：** (1)在短期成本函数 $TC(Q) = Q^3 - 10Q^2 + 17Q + 66$ 中,可变成本部分为 $TVC(Q) = Q^3 - 10Q^2 + 17Q$；不变成本部分为 $TFC = 66$。

(2)根据已知条件和(1),可以得到以下相应的各类短期成本函数：

$TVC(Q) = Q^3 - 10Q^2 + 17Q$

$AC(Q) = \dfrac{TC(Q)}{Q} = \dfrac{Q^3 - 10Q^2 + 17Q + 66}{Q} = Q^2 - 10Q + 17 + \dfrac{66}{Q}$

$AVC(Q) = \dfrac{TVC(Q)}{Q} = \dfrac{Q^3 - 10Q^2 + 17Q}{Q} = Q^2 - 10Q + 17$

$AFC(Q) = \dfrac{TFC}{Q} = \dfrac{66}{Q}$

$$MC(Q) = \frac{dTC(Q)}{dQ} = 3Q^2 - 20Q + 17$$

**4.** 已知某企业的短期总成本函数是 $STC(Q) = 0.04Q^3 - 0.8Q^2 + 10Q + 5$，求最小的平均可变成本值。

**答案：** 由 $STC(Q) = 0.04Q^3 - 0.8Q^2 + 10Q + 5$，可知 $AVC(Q) = \frac{TVC(Q)}{Q} = 0.04Q^2 - 0.8Q + 10$。

因为，当平均可变成本 $AVC$ 函数达最小值时，一定有 $\frac{dAVC}{dQ} = 0$。

故令 $\frac{dAVC}{dQ} = 0$，有 $\frac{dAVC}{dQ} = 0.08Q - 0.8 = 0$，解得 $Q = 10$。

又由于 $\frac{d^2AVC}{dQ^2} = 0.08 > 0$，所以，当 $Q = 10$ 时，$AVC(Q)$ 达最小值。

最后，以 $Q = 10$ 代入平均可变成本函数 $AVC(Q) = 0.04Q^2 - 0.8Q + 10$，得 $AVC = 0.04 \times 10^2 - 0.8 \times 10 + 10 = 6$。这就是说，当产量 $Q = 10$ 时，平均可变成本 $AVC(Q)$ 达最小值，其最小值为 6。

**5.** 假定某厂商的边际成本函数 $MC = 3Q^2 - 30Q + 100$，且生产 10 单位产量时的总成本为 1000。

求：(1) 固定成本的值。

(2) 总成本函数、总可变成本函数，以及平均成本函数、平均可变成本函数。

**答案：** (1) 根据边际成本函数和总成本函数之间的关系，由边际成本函数 $MC = 3Q^2 - 30Q + 100$ 积分可得总成本函数，即有：

总成本函数 $TC = \int (3Q^2 - 30Q + 100) dQ = Q^3 - 15Q^2 + 100Q + a(\text{常数})$

又因为根据题意有 $Q = 10$ 时 $TC = 1000$，所以有 $TC = 10^3 - 15 \times 10^2 + 100 \times 10 + a = 1000$，解得 $a = 500$。

所以，当总成本为 1000 时，生产 10 单位产量的总固定成本 $TFC = a = 500$。

(2) 由 (1)，可得：

总成本函数 $TC(Q) = Q^3 - 15Q^2 + 100Q + 500$；

总可变成本函数 $TVC(Q) = Q^3 - 15Q^2 + 100Q$；

平均成本函数 $AC(Q) = \frac{TC(Q)}{Q} = Q^2 - 15Q + 100 + \frac{500}{Q}$；

平均可变成本函数 $AVC(Q) = \frac{TVC(Q)}{Q} = Q^2 - 15Q + 100$。

**6.** 假定生产某产品的边际成本函数为 $MC = 110 + 0.04Q$。

求：当产量从 100 增加到 200 时总成本的变化量。

**答案：** 由 $MC = 110 + 0.04Q$，可得 $TC = 110Q + 0.02Q^2 + FC$，

从而 $TC(100) = 11200 + FC$，$TC(200) = 22800 + FC$，

则总成本的变化量为 $TC(200) - TC(100) = 11600$。

**7.** 某公司用两个工厂生产一种产品，其总成本函数为 $C = 2Q_1^2 + Q_2^2 - Q_1Q_2$，其中 $Q_1$ 表示第一个工厂生产的产量，$Q_2$ 表示第二个工厂生产的产量。

求：当公司生产的产量为 40 时能够使得公司生产成本最小的两工厂的产量组合。

**答案：** 当一个厂商用两个工厂生产同一种产品时，他必须使得两个工厂生产的边际成本相等，即 $MC_1 = MC_2$，才能实现成本最小的产量组合。

第五章　成本论

根据题意,第一个工厂生产的边际成本函数为:$MC_1 = \dfrac{\partial C}{\partial Q_1} = 4Q_1 - Q_2$。

第二个工厂生产的边际成本函数为:$MC_2 = \dfrac{\partial C}{\partial Q_2} = 2Q_2 - Q_1$。

于是,由 $MC_1 = MC_2$ 的原则,得 $4Q_1 - Q_2 = 2Q_2 - Q_1$,

即 $Q_1 = \dfrac{3}{5}Q_2$。　　①

又因为 $Q = Q_1 + Q_2 = 40$,于是将(1)式代入有:$\dfrac{3}{5}Q_2 + Q_2 = 40$,$Q_2^* = 25$。

再由 $Q_1 = \dfrac{3}{5}Q_2$,有 $Q_1^* = 15$。

$$\min_{Q_1, Q_2} \quad C = 2Q_1^2 + Q_2^2 - Q_1 Q_2 \quad \text{s.t.} \quad Q_1 + Q_2 = 40。$$

$\mathscr{L}(Q_1, Q_2, \lambda) = 2Q_1^2 + Q_2^2 - Q_1 Q_2 + \lambda(40 - Q_1 - Q_2)$。

将以上拉格朗日函数分别对 $Q_1$、$Q_2$ 和 $\lambda$ 求偏导,得最小值的一阶条件为:

$\dfrac{\partial \mathscr{L}}{\partial Q_1} = 4Q_1 - Q_2 - \lambda = 0$;　　②

$\dfrac{\partial \mathscr{L}}{\partial Q_2} = 2Q_2 - Q_1 - \lambda = 0$;　　③

$\dfrac{\partial \mathscr{L}}{\partial \lambda} = 40 - Q_1 - Q_2 = 0$。　　④

由②式、③式可得:

$4Q_1 - Q_2 = 2Q_2 - Q_1$　　$5Q_1 = 3Q_2$　　即 $Q_1 = \dfrac{3}{5}Q_2$。

以 $Q_1 = \dfrac{3}{5}Q_2$ 代入④式,得 $40 - \dfrac{3}{5}Q_2 - Q_2 = 0$。

解得　$Q_2^* = 25$,再由 $Q_1 = \dfrac{3}{5}Q_2$,得 $Q_1^* = 15$。

在此略去关于成本最小化二阶条件的讨论。

稍加分析便可以看到,以上的第一种和第二种方法的实质是相同的,都强调了 $MC_1 = MC_2$ 的原则和 $Q_1 + Q_2 = 40$ 的约束条件。自然,两种方法的计算结果也是相同的:当厂商以产量组合($Q_1^* = 15$, $Q_2^* = 25$)来生产产量 $Q = 40$ 时,其生产成本是最小的。

**8. 已知生产函数 $Q = A^{1/4} L^{1/4} K^{1/2}$;各要素价格分别为 $P_A = 1$,$P_L = 1$,$P_K = 2$;假定厂商处于短期生产,且 $\overline{K} = 16$。**

推导:该厂商短期生产的总成本函数和平均成本函数;总可变成本函数和平均可变成本函数;边际成本函数。

**答案:** 由于是短期生产,且 $\overline{K} = 16$,$P_A = 1$,$P_L = 1$,$P_K = 2$,故总成本等式 $C = P_A \cdot A + P_L \cdot L + P_K \cdot \overline{K}$ 可以写成:$C = 1 \cdot A + 1 \cdot L + 32 = A + L + 32$。

生产函数 $Q = A^{\frac{1}{4}} L^{\frac{1}{4}} K^{\frac{1}{2}}$ 可以写成:$Q = A^{\frac{1}{4}} L^{\frac{1}{4}} (16)^{\frac{1}{2}} = 4 A^{\frac{1}{4}} L^{\frac{1}{4}}$。

而且,所谓的成本函数是指相对于给定产量而言的最小成本。因此,根据以上的内容,相应的拉格朗日函数法表述如下:

$$\min_{A, L} \quad A + L + 32, \quad \text{s.t.} \quad 4 A^{\frac{1}{4}} L^{\frac{1}{4}} = Q \quad (其中,Q 为常数)。$$

$$\mathscr{L}(A,L,\lambda) = A + L + 32 + \lambda(Q - 4A^{\frac{1}{4}}L^{\frac{1}{4}})。$$

将以上拉格朗日函数分别对 $A、L、\lambda$ 求偏导，得最小值的一阶条件为：

$$\frac{\partial \mathscr{L}}{\partial A} = 1 - \lambda A^{-\frac{3}{4}}L^{\frac{1}{4}} = 0; \tag{1}$$

$$\frac{\partial \mathscr{L}}{\partial L} = 1 - \lambda A^{\frac{1}{4}}L^{-\frac{3}{4}} = 0; \tag{2}$$

$$\frac{\partial \mathscr{L}}{\partial \lambda} = Q - 4A^{\frac{1}{4}}L^{\frac{1}{4}} = 0。\tag{3}$$

由(1)式、(2)式可得 $\dfrac{L}{A} = \dfrac{1}{1}$，即 $L = A$。

以 $L = A$ 代入约束条件即(3)式，得 $Q - 4A^{\frac{1}{4}}A^{\frac{1}{4}} = 0$。

解得 $A^* = \dfrac{Q^2}{16}$ 且 $L^* = \dfrac{Q^2}{16}$。

在此略去关于成本最小化问题的二阶条件的讨论。
于是，有短期生产的各类成本函数如下：

$$TC(Q) = A + L + 32 = \frac{Q^2}{16} + \frac{Q^2}{16} + 32 = \frac{Q^2}{8} + 32;$$

$$AC(Q) = \frac{TC(Q)}{Q} = \frac{Q}{8} + \frac{32}{Q};$$

$$TVC(Q) = \frac{Q^2}{8};$$

$$AVC(Q) = \frac{TVC(Q)}{Q} = \frac{Q}{8}。$$

边际成本函数 $MC(Q) = \dfrac{\mathrm{d}TC(Q)}{\mathrm{d}Q} = \dfrac{1}{4}Q$。

**9.** 已知某厂商的生产函数为 $Q = 0.5L^{1/3}K^{2/3}$；当资本投入量 $K = 50$ 时资本的总价格为 500；劳动的价格 $P_L = 5$。求：

(1) 劳动的投入函数 $L = L(Q)$。

(2) 总成本函数、平均成本函数和边际成本函数。

(3) 当产品的价格 $P = 100$ 时，厂商获得最大利润的产量和利润各是多少？

**答案：** 根据题意可知，本题是通过求解成本最小化问题的最优要素组合，最后得到相应的各类成本函数，并进一步求得相应的最大的利润值。

(1) 因为当 $K = 50$ 时的资本总价格为 500，即 $P_K \cdot K = P_K \cdot 50 = 500$，所以有 $P_K = 10$。

根据成本最小化的均衡条件 $\dfrac{MP_L}{MP_K} = \dfrac{P_L}{P_K}$，

其中，$MP_L = \dfrac{1}{6}L^{-\frac{2}{3}}K^{\frac{2}{3}}$；$MP_K = \dfrac{2}{6}L^{\frac{1}{3}}K^{-\frac{1}{3}}$；$P_L = 5$；$P_K = 10$。

于是有 $\dfrac{\frac{1}{6}L^{-\frac{1}{3}}K^{\frac{2}{3}}}{\frac{2}{6}L^{\frac{1}{3}}K^{-\frac{1}{3}}} = \dfrac{5}{10}$,

整理得 $\dfrac{K}{L} = \dfrac{1}{1}$,

即 $K = L$。

以 $K = L$ 代入生产函数 $Q = 0.5L^{\frac{1}{3}}K^{\frac{2}{3}}$，有 $Q = 0.5L^{\frac{1}{3}}L^{\frac{2}{3}}$。

得劳动的投入函数 $L(Q) = 2Q$。

（2）以 $L(Q) = 2Q$ 代入成本等式 $C = 5L + 10K$ 得：

总成本函数 $TC(Q) = 5 \times 2Q + 500 = 10Q + 500$；

平均成本函数 $AC(Q) = \dfrac{TC(Q)}{Q} = 10 + \dfrac{500}{Q}$；

边际成本函数 $MC(Q) = \dfrac{\mathrm{d}TC(Q)}{\mathrm{d}Q} = 10$。

（3）由（1）可知，$K = L$，且已知 $K = 50$，所以，有 $K = L = 50$。

代入生产函数有：$Q = 0.5L^{\frac{1}{3}}K^{\frac{2}{3}} = 0.5 \times 50 = 25$。

由于成本最小化的要素组合 $(L = 50, K = 50)$ 已给定，相应的最优产量 $Q = 25$ 也已给定，且令市场价格 $P = 100$，所以，由利润等式计算出的就是厂商的最大利润。

厂商的利润 = 总收益 − 总成本
$= P \cdot Q - TC = P \cdot Q - (P_L \cdot L + P_K \cdot K)$
$= (100 \times 25) - (5 \times 50 + 500) = 2500 - 750 = 1750$。

所以，本题利润最大化时的产量 $Q = 25$，利润 $\pi = 1750$。

**10.** 假定某厂商短期生产的边际成本函数 $SMC(Q) = 3Q^2 - 8Q + 100$，且已知当产量 $Q = 10$ 时的总成本 $STC = 2400$，求相应的 $STC$ 函数、$SAC$ 函数和 $AVC$ 函数。

**答案：** 因该厂商的边际成本函数

$SMC(Q) = 3Q^2 - 8Q + 100$，

故其成本函数

$STC = \int (3Q^2 - 8Q + 100)\mathrm{d}Q = 3 \times \dfrac{Q^3}{3} - 8 \times \dfrac{Q^2}{2} + 100Q + A$

$= Q^3 - 4Q^2 + 100Q + A$ （其中 $A$ 为常数）。

又因为当 $Q = 10$ 时，$STC = 2400$，代入上式得 $A = 800$。故

$STC = Q^3 - 4Q^2 + 100Q + 800$，$SAC = \dfrac{STC}{Q} = Q^2 - 4Q + 100 + \dfrac{800}{Q}$，

$AVC = \dfrac{TVC}{Q} = \dfrac{Q^3 - 4Q^2 + 100Q}{Q} = Q^2 - 4Q + 100$。

**11.** 试用图 5.9 说明短期成本曲线相互之间的关系。

**答案：** 短期成本曲线共有七条，分别是总成本 $TC$ 曲线、总可变成本 $TVC$ 曲线、总固定成本 $TFC$ 曲线；以及相应的平均成本 $AC$ 曲线、平均可变成本 $AVC$ 曲线、平均固定成本 $AFC$ 曲线和边际成本 $MC$ 曲线。

由短期生产的边际报酬递减规律出发，可以得到短期边际成本 $MC$ 曲线是 U 形的，如图 5.7(b) 所示。

由于 $MC(Q) = \dfrac{\mathrm{d}TC(Q)}{\mathrm{d}Q} = \dfrac{\mathrm{d}TVC(Q)}{\mathrm{d}Q}$，所以，$MC$ 曲线的 U 形特征便决定了 $TC$ 曲线和 $TVC$ 曲线的斜率和形状，且 $TC$ 曲线和 $TVC$ 曲线的斜率是相等的。在图 5.9 中，$MC$ 曲线的下降段对应 $TC$ 曲线和 $TVC$ 曲线的斜率递减段；$MC$ 曲线的上升段对应 $TC$ 曲线和 $TVC$ 曲线的斜率递增段；$MC$ 曲线的最低点

(即 $MC$ 曲线斜率为零时的点)$A$ 分别对应的是 $TC$ 曲线和 $TVC$ 曲线的拐点 $A''$ 和 $A'$。这也就是在 $Q=Q_1$ 的产量上,$A$、$A'$ 和 $A''$ 三点同在一条垂直线上的原因。

此外,由于总固定成本 $TFC$ 是一个常数,且 $TC(Q) = TVC(Q) + TFC$,所以,$TFC$ 曲线是一条水平线,$TC$ 曲线和 $TVC$ 曲线之间的垂直距离刚好等于不变的 $TFC$ 值。

平均量与边际量之间的关系是:只要边际量大于平均量,则平均量上升;只要边际量小于平均量,则平均量下降;当边际量等于平均量时,则平均量达极值点(即极大值或极小值点)。关于 $AC$ 曲线。由 U 型的 $MC$ 曲线决定的 $AC$ 曲线一定也是 U 形的。$AC$ 曲线与 $MC$ 曲线一定相交于 $AC$ 曲线的最低点 $C$,在 $C$ 点之前,$MC < AC$,则 $AC$ 曲线是下降的;在 $C$ 点之后,$MC > AC$,则 $AC$ 曲线是上升的。此外,当 $AC$ 曲线达最低点 $C$ 时,$TC$ 曲线一定有一条从原点出发的切线,切点为 $C'$,该切线以其斜率表示最低的 $AC$。这就是说,图 5.7 中当 $Q = Q_3$ 时,$AC$ 曲线最低点 $C$ 和 $TC$ 曲线的切点 $C'$ 一定处于同一条垂直线上。

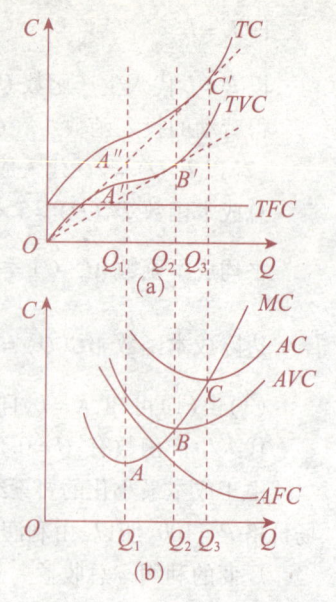

图 5.7 短期成本曲线

相类似地,关于 $AVC$ 曲线。由 U 形的 $MC$ 曲线决定的 $AVC$ 曲线一定也是 U 形的。$AVC$ 曲线与 $MC$ 曲线一定相交于 $AVC$ 曲线的最低点 $B$。在 $B$ 点之前,$MC < AVC$,则 $AVC$ 曲线是下降的;在 $B$ 点之后,$MC > AVC$,则 $AVC$ 曲线是上升的。此外,当 $AVC$ 曲线达到最低点 $B$ 时,$TVC$ 曲线一定有一条从原点出发的切线,切点为 $B'$,该切线以其斜率表示最低的 $AVC$。这就是说,图 5.7 中当 $Q = Q_2$ 时,$AVC$ 曲线的最低点 $B$ 和 $TVC$ 曲线的切点 $B'$ 一定处于同一条垂直线上。

由于 $AFC(Q) = \dfrac{TFC}{Q}$,所以,$AFC$ 曲线是一条斜率为负的曲线。而且,又由于 $AC(Q) = AVC(Q) + AFC(Q)$,所以,在每一个产量上的 $AC$ 曲线和 $AVC$ 曲线之间的垂直距离等于该产量上的 $AFC$ 曲线的高度。

**12. 短期平均成本 $SAC$ 曲线与长期平均成本 $LAC$ 曲线都呈现出 U 形特征。请问:导致它们呈现这一特征的原因相同吗?为什么?**

**答案:**长期平均成本曲线 $LAC$ 也是一条先下降而后上升的 U 形曲线。但长期平均成本曲线与短期平均成本曲线有区别,长期平均成本曲线无论在下降时还是上升时都比较平坦,这说明在长期中平均成本无论是减少还是增加都变动较慢。这是由于在长期中全部生产要素可以随时调整,从规模收益递增到规模收益递减有一个较长的规模收益不变阶段,而在短期中,规模收益不变阶段很短,甚至没有。短期平均成本的变动规律是由平均固定成本与平均可变成本决定的。当产量增加时,平均固定成本迅速下降,加之平均可变成本也在下降,因此短期平均成本迅速下降。以后,随着平均固定成本越来越小,它在平均成本中也越来越不重要,这时平均成本随产量的增加而下降,产量增加到一定程度之后,又随着产量的增加而增加。短期平均成本曲线也是一条先下降而后上升的 U 形曲线,表明随着产量增加先下降而后上升的变动规律。

**13. 试用图从短期总成本曲线推导长期总成本曲线,并说明长期总成本曲线的经济含义。**

**答案:**(1)长期总成本 $LTC(Q)$ 函数是指在其他条件不变的前提下,在每一个产量水平上,通过选择最优的生产规模所达到的生产该产量的最小成本。这便是我们推导长期总成本 $LTC$ 曲线,并进一步推导长期平均成本 $LAC$ 曲线(即第 11 题)和长期边际成本 $LMC$ 曲线(即第 12 题)

的基础。

（2）根据（1），于是，我们推导长期总成本 LTC 曲线的方法是：LTC 曲线是无数条 STC 曲线的包络线，如图5.8所示。LTC 曲线表示：例如，在 $Q_1$ 的产量水平，厂商只有选择以 $STC_1$ 曲线所代表的最优生产规模进行生产，才能将生产成本降到最低，即相当于 $aQ_1$ 的高度。同样，当产量水平分别为 $Q_2$ 和 $Q_3$ 时，则必须分别选择相应的以 $STC_2$ 曲线和 $STC_3$ 曲线所代表的最优生产规模进行生产，以达到各自的最低的生产成本，即分别为 $bQ_2$ 和 $cQ_3$ 的高度。

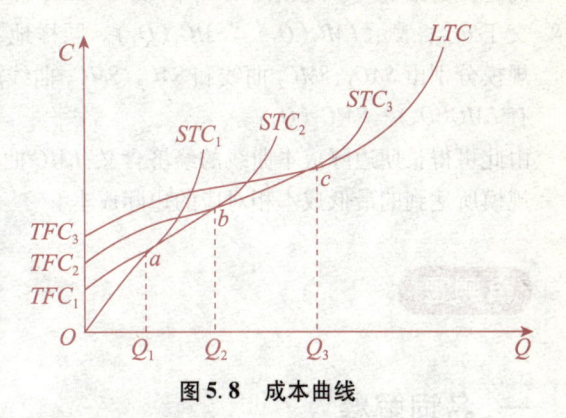

由此可得长期总成本 LTC 曲线的经济含义：LTC 曲线表示长期内厂商在每一个产量水平上由最优生产规模所带来的最小生产总成本。

（3）图 5.10 中三条短期总成本曲线 $STC_1$、$STC_2$ 和 $STC_3$ 的纵截距是不同的，且 $TFC_1 < TFC_2 < TFC_3$，而 STC 曲线的纵截距表示相应的工厂规模的总固定成本 TFC，所以，$STC_1$ 曲线所代表的生产规模小于 $STC_2$ 曲线所代表的，$STC_2$ 曲线所代表的生产规模又小于 $STC_3$ 曲线所代表的。

**14. 试用图从短期平均成本曲线推导长期平均成本曲线，并说明长期平均成本曲线的经济含义。**

**答案**：（1）LAC 曲线是无数条 SAC 曲线的包络线，如图5.9所示。LAC 曲线表示：例如，在 $Q_1$ 的产量水平，厂商应该选择以 $SAC_1$ 曲线所代表的最优生产规模进行生产，这样才能将生产的平均成本降到最低，即相当于 $aQ_1$ 的高度。同样，在产量分别为 $Q_2$、$Q_3$ 时，则应该分别选择以 $SAC_4$ 曲线和 $SAC_7$ 曲线所代表的最优生产规模进行生产，相应的最低平均成本分别为 $bQ_2$ 和 $cQ_3$。

由此可得长期平均成本曲线的经济含义：LAC 曲线表示长期内厂商在每一个产量水平上由选择最优生产规模所带来的最小的平均成本。

（2）LAC 曲线是 U 形特征，它是由长期生产的内在经济和内在不经济所决定的。进一步地，在 LAC 曲线的最低点，如图中的 b 点，LAC 曲线与相应的代表最优生产规模的 SAC 曲线相切在该 SAC 曲线的最低点。而在 LAC 曲线最低点的左边，LAC 曲线与多条代表生产不同产量水平的最优生产规模的 SAC 曲线均相切在 SAC 曲线最低点的左边；相反，在 LAC 曲线最低点的右边，LAC 曲线与相应的这些 SAC 曲线均相切在 SAC 曲线最低点的右边。此外，企业的外在经济将使 LAC 曲线的位置下移，而企业的外在不经济将使 LAC 曲线的位置上移。

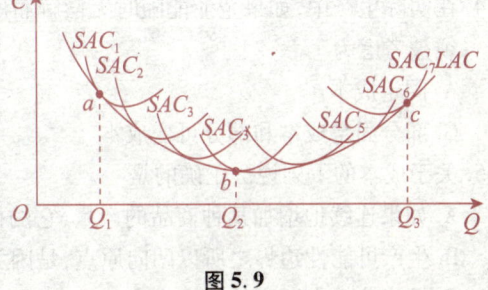

**15. 试用图从短期边际成本曲线推导长期边际成本曲线，并说明长期边际成本曲线的经济含义。**

**答案**：（1）在每一个产量 $Q_i$ 上，由于 LTC 曲线与相应的 $STC_i$ 曲线相切，即这两条曲线的斜率相等，故有 $LMC(Q_i) = SMC_i(Q_i)$。由此，我们便可推导出 LMC 曲线，如图5.10所示。例如，当产量为 $Q_1$ 时，厂

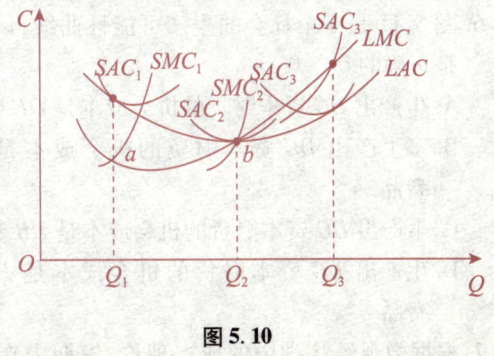

图 5.8 成本曲线

图 5.9

图 5.10

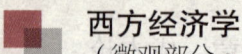

商选择的最优生产规模由 $SAC_1$ 曲线和 $SMC_1$ 曲线所代表,且在 $Q_1$ 时有 $SMC_1$ 曲线与 $LMC$ 曲线相交于 $a$ 点,表示 $LMC(Q_1)=SMC_1(Q_1)$。同样地,在产量分别为 $Q_2$ 和 $Q_3$ 时,厂商选择的最优生产规模分别由 $SAC_2$、$SMC_2$ 曲线和 $SAC_3$、$SMC_3$ 曲线所代表,且在 $b$ 点有 $LMC(Q_2)=SMC_2(Q_2)$,在 $c$ 点有 $LMC(Q_3)=SMC_3(Q_3)$。

由此可得长期边际成本曲线的经济含义:$LMC$ 曲线表示的是与厂商在长期内通过选择最优的生产规模所达到的最低成本相对应的边际成本。

## 自测题

## 一、名词解释

1. 机会成本　　　2. 显性成本　　　3. 隐性成本　　　4. 长期边际成本

## 二、单项选择

1. 经济学中划分长期和短期的依据是　　　　　　　　　　　　　　　　　　(　　)
   A. 时间长短　　　　　　　　　　B. 可否调整产
   C. 可否调整产品价格　　　　　　D. 可否调整生产规模
2. 在成本理论中,不随产量变动而变动的成本称为　　　　　　　　　　　　(　　)
   A. 平均成本　　B. 固定成本　　C. 长期成本　　D. 总成本
3. 在长期中,下列成本中哪一项是不存在的　　　　　　　　　　　　　　　(　　)
   A. 可变成本　　B. 平均成本　　C. 机会成本　　D. 隐性成本
4. 在实际生产中,如果企业能随时无偿解雇所雇佣劳动的一部分,那么企业付出的总工资和薪水必须被考虑为　　　　　　　　　　　　　　　　　　　　　　　　　　　　　　(　　)
   A. 固定成本　　　　　　　　　　B. 可变成本
   C. 部分固定成本和部分可变成本　　D. 上述任意一种
5. 关于成本的下列说法正确的是　　　　　　　　　　　　　　　　　　　　(　　)
   A. 如果连续地增加某种商品的产量,它的机会成本将递增
   B. 生产可能性边界之所以凹向原点,是因为机会成本递增
   C. 经济分析中厂商的生产成本与机会成本这两个词是同义词
   D. 如果一个人选择了上学而不是工作,那他的机会成本等于他在学习期间的学费
6. 图 5.11 是一个社会的生产可能性曲线,以下说法中哪个是正确的?　　　(　　)
   A. 生产出 $DG$ 资本财货的机会成本是 $OF$ 数量的消费品
   B. 多生产出 $DG$ 资本财贸的机会成本是 $FH$ 数量的消费品
   C. 生产出 $DG$ 资本财货的机会成本是 $HB$ 数量的消费品
   D. 生产出 $DG$ 资本财货的机会成本是 $FB$ 盈数量的消费品
7. 根据微观经济学中的成本理论,短期内在每一产量上的

图 5.11

MC 值应该 ( )
   A. 是该产量上的 TVC 曲线的斜率，但不是该产量上的 TC 曲线的斜率
   B. 是该产量上的 TC 曲线的斜率，但不是该产量上的 TVC 曲线的斜率
   C. 既是该产量上的 TVC 曲线的斜率，又是该产量上的 TC 曲线的斜率
   D. 以上说法都不正确

8. 根据成本理论，利息支付、财产税和折旧都属于 ( )
   A. 可变成本    B. 固定成本    C. 短期成本    D. 以上都对

9. 长期平均成本曲线成为 U 形的原因与 ( )
   A. 规模报酬有关              B. 外部经济与不经济有关
   C. 要素的边际生产率有关      D. 固定成本与可变成本所占比重有关

10. 长期总成本曲线是各种产量的 ( )
    A. 最低成本点的轨迹          B. 最低平均成本点的轨迹
    C. 最低边际成本点的轨迹      D. 平均成本变动的轨迹

11. 根据成本理论，在 LAC 曲线与代表最优生产规模的 SAC 曲线相切的产量上必定有 ( )
    A. 相应的 LMC 曲线和代表最优生产规模的 SMC 曲线的一个交点，以及相应的 LTC 曲线和代表最优生产规模的 STC 曲线的一个切点
    B. 代表最优生产规模的 SAC 曲线达最低点
    C. LAC 曲线达最低点
    D. 以上说法都不正确

12. 当 LAC 曲线下降时，LAC 曲线切于 SAC 曲线的最低点的说法 ( )
    A. 总是对的    B. 绝不对    C. 有时对    D. 不能判断

13. 假如增加一单位产量所带来的边际成本大于产量增加前的平均可变成本，那么在产量增加后平均可变成本 ( )
    A. 减少    B. 增加    C. 不变    D. 都有可能

14. 已知产量为 99 单位时，总成本等于 995 元，产量增加到 100 单位时，平均成本等于 10 元，由此计算可得边际成本为 ( )
    A. 10 元    B. 5 元    C. 15 元    D. 7.5 元

15. 根据成本理论，如果具有 U 形的短期平均成本线的厂商通过工厂的数目翻番而使产量翻番，且平均成本不变，那么长期的供给曲线是 ( )
    A. 完全有弹性    B. 完全没有弹性    C. 向上倾斜    D. 向下倾斜


## 三、判断题

1. 进行经济决策分析的成本通常是指厂商在生产过程中按市场价格支付的一切费用。 ( )
2. 生产一单位商品的机会成本是指生产者所放弃的使用相同的生产要素在其他生产用途中所能得到的收入。 ( )
3. 经济学中所说的"短期"具体包括两个条件：一是厂商的要素规模不变；二是行业内厂商的数量不变。 ( )
4. 根据成本理论，长期总成本曲线是无数条短期总成本曲线的包络线。 ( )
5. 当企业生产扩大、总成本增加时，正常要素增加，而劣质要素则减少。 ( )

6. 在微观经济学中,规模经济、规模报酬、边际报酬都是长期概念。（　　）
7. 在生产过程中,如果厂商连续的增加某要素的投入,那该要素的机会成本将增加。（　　）

## 四、计算题

假定某厂商在进行生产过程中,只有一种可变要素劳动 $L$,产出一种产品 $Q$,固定成本为既定,短期生产函数 $Q = -0.1L^3 + 6L^2 + 12L$,求解：
(a) 劳动的平均产量 $APP_L$ 为极大时雇佣的劳动人数。
(b) 劳动的边际产量 $MPP_L$ 为极大时雇佣的劳动人数。
(c) 平均可变成本极小（$APP_L$ 极大）时的产量。
(d) 假如每人工资 $W = 360$ 元,产品价格 $P = 30$ 元,求利润极大时雇佣的劳动人数。

## 五、简答题

1. 根据成本理论,画图并说明 $LMC$ 曲线与 $SMC$ 曲线的相互关系。
2. 在实际的生产过程中,当企业处于 $MRTS_{LK} > \frac{w}{r}$ 或者 $MRTS_{LK} < \frac{w}{r}$ 时,根据成本理论,企业应该如何调整劳动（$L$）和资本（$K$）的投入量,以达到最优的要素组合？

## 六、分析题

为什么短期平均成本曲线和长期平均成本曲线都是 $U$ 形曲线？为什么由无数短期平均成本曲线推导出来的长期平均成本曲线必有一点也只有一点才和短期平均成本相等？

### 参考答案

## 一、名词解释

1. 机会成本是指生产一单位的某种商品的生产者所放弃的使用相同的生产要素在其他生产用途中所能得到的最高收入。
2. 显性成本是指厂商在生产要素市场上购买或租用他人所拥有的生产要素的实际支出。
3. 隐性成本是指厂商本身自己所拥有的且被用该企业生产过程的那些生产要素的总价格。
4. 长期边际成本：厂商在长期内增加一单位产量所引起的最低总产本的增量。

## 二、单项选择

1—5　DBACA　6—10　BCBAA　11—15　ABBBA

## 三、判断题

1. ×　2. ×　3. √　4. ×　7. √　8. ×　9. √　10. ×　11. ×

## 四、计算题

**解**：(a) 对于生产函数 $Q = -0.1L^3 + 6L^2 + 12L$

劳动的平均产量函数

$$APP_L = \frac{Q}{L} = \frac{-0.1L^3 + 6L^2 + 12L}{L} = -0.1L^2 + 6L + 12$$

令 $\frac{d}{dx}APP_L = -0.2L + 6 = 0$，求得 $L = 30$，

即劳动的平均产量 $APP_L$ 为极大时雇佣的劳动人数为 30。

(b) 对于生产函数 $Q = -0.1L^3 + 6L^2 + 12L$

劳动的边际产量函数

$$MPP_L = \frac{dQ}{dL} = \frac{d}{dL}(-0.1L^3 + 6L^2 + 12L) = -0.3L^2 + 12L + L2$$

令 $\frac{d}{dL}MPP_L = -0.6L + 12 = 0$，求得 $L = 20$，

即劳动的边际产量 $MPP_L$ 为极大时雇佣的劳动人数为 20。

(c) 由(a)题结论，当平均可变成本极小时，

$L = 30$ 代入生产函数 $Q = -0.1L^3 + 6L^2 + 12L$ 中，

$Q = 3060$ 即平均可变成本最小($APP_L$ 极大)时的产量为 3060。

(d) 利润 $\pi = PQ - WL = 30(-0.1L^3 + 6L^2 + 12L) - 360L = -3L^3 + 180L^2$

则 $\pi' = -9L^2 + 360L$，令 $\pi' = 0$，即 $-9L^2 + 360L = 0$，解得 $L_1 = 40, L_2 = 0$（舍去）

即当 $W = 360$ 元，$P = 30$ 元，利润极大时雇佣的劳动人数为 40 人。

## 五、简答题

**1. 答案**：长期边际成本曲线 LMC 是 LAC 曲线向各 SAC 曲线的切点所代表的产量水平上的短期边际成本(由 SMC 曲线某一点表示)的连结线。具体做法是：从 LAC 曲线和 SAC 曲线的各切点向横轴作垂线，相应得到同各 SMC 曲线的交点，将这些交点连结起来，即为 LMC 曲线。而短期边际成本曲线可由总成本曲线或可变成本曲线推导出，由总成本曲线和可变成本曲线上各点切线的斜率与相应产量的轨迹构成。

由图 5.12 可知，SMC 曲线与 LMC 曲线的关系：短期边际成本曲线比长期边际成本曲线显得相对比较陡峭，长期边际成本曲线是由各短期边际成本曲线上的点连接而成。任一特定的短期边际成本曲线总是与长期边际成本曲线相交于某一点，交点对应的产量是短期平均成本曲线与长期平均成本曲线相切时的产量。在交点左侧，任一给定的短期边际成本曲线位于长期边际成本曲线的下方；在交点右侧，短期边际成本曲线位于长期边际成本曲线的上方。

图 5.12

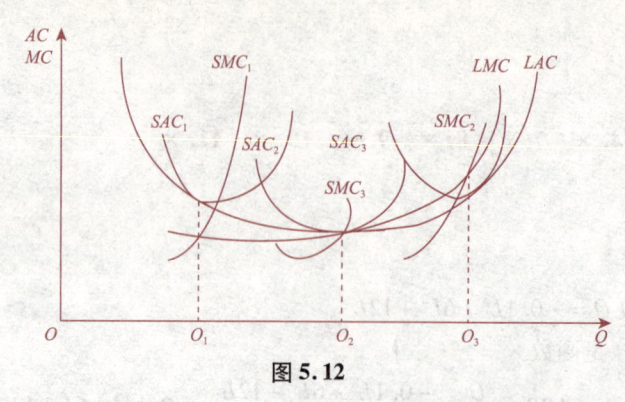

**2. 答案**：为了实现成本既定产量最大和产量既定成本最小，两种变动投入要素的最优组合条件是两种要素的边际技术替代率等于两种要素的价格比率；或一种要素每增加一单位成本所增加的产量，与另一种要素每增加一单位成本所增加的产量相等。

(1) 如果企业处于 $MRTS_{LK} > \dfrac{w}{r}$ 时，由于 $MRTS = \dfrac{MP_L}{MP_K}$，表明此时劳动的边际产量过大，资本的边际产量过小，因此应该减少资本要素的投入量，增加劳动 $L$ 的投入量。当边际技术替代率等于要素的价格比率时，要素的投入量即为最优投入量。

(2) 如果企业处于 $MRTS_{LK} < \dfrac{w}{r}$ 时，表明此时劳动的边际产量过小，资本的边际产量过大，增加资本的投入能够产生更大的产出，因此应该增加资本 $K$ 的投入量，同时减少劳动要素的投入量。当增加 $K$ 和减少 $L$ 到劳动和资本的边际产量的比值达到和两种要素价格的比值相等时为止，此时的投入要素组合即为最佳组合。

## 六、分析题

**答案**：短期平均成本（$SAC$）曲线之所以一般呈 U 形，即最初递减然后转入递增，是因为产量达到一定数量前每增加一单位可变要素所增加的产量超过每单位可变要素之平均产量，这表现为平均可变成本随产量的增加而递减；而当产量达到一定数量后，随着投入可变要素的增多，每增加一单位可变要素所增加的产量小于先前的可变要素之平均产量，即 $AVC$ 曲线自此开始转入递增。

长期平均成本（$LAC$）曲线所以一般呈 U 形，是因为随着产量的扩大，使用的厂房设备的规模增大，因而产品的生产经历规模报酬递增的阶段，这表现为产品的单位成本随产量增加而递减。长期平均成本经历一段递减阶段以后，最好的资本设备和专业化的利益已全被利用，这时可能进入报酬不变，即平均成本固定不变阶段，而由于企业的管理这个生产要素不能像其他要素那样增加，因而随着企业规模的扩大，管理的困难和成本越来越增加，再增加产量长期平均成本将最终转入递增。

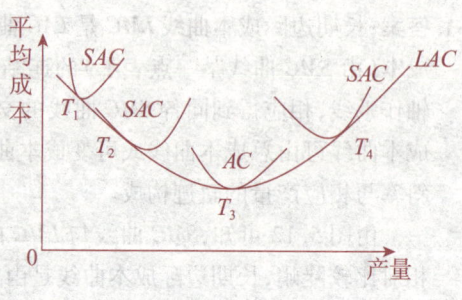

图 5.13

作为包络线的 $LAC$ 曲线上的每一点总是与某一特定的 $SAC$ 曲线相切，但 $LAC$ 并非全是由所有各条 $SAC$ 曲线之最低点构成的。事实上，在整个 $LAC$ 曲线上，只有一点才是某一特定的 $SAC$

的最低点。具体说(见图5.13):(1)只有 LAC 曲线本身的最低点(即 LAC 从递减转入递增之转折点)$T_3$ 与相应的 SAC3 相切之点才是 $SAC_3$ 之最低点,因为 $T_3$ 点是呈 U 形的 LAC 曲线之最低点,故过 $T_3$ 点作 LAC 曲线的切线的斜率为零;又因 $SAC_3$ 与 LAC 相切于 $T_3$,故身 $SAC_3$ 在 $T_3$ 点的切线的斜率也为零,故 $T_3$ 也是呈 U 形的 $SAC_3$ 的最低点。(2)当 LAC 处于递减阶段时,即 $T_3$ 的左边部分,LAC 曲线各点与各 SAC 曲线相切之点必然位于各 SAC 曲线最低点的左边和上面,或者说有关 SAC 曲线之最低点必然位于切点的右边和下面。LAC 与 $SAC_2$ 切于 $T_2$,因 $T_2$ 点位于 $SAC_2$ 之最低点 B 的左边,即该产品的生产处于规模报酬递增(平均成本递减)阶段,因而 LAC 曲线上的 $T_2$ 点的切线的斜率是负数,故 $SAC_2$ 曲线在 $T_2$ 点的斜率也是负数,位于 $T_3$ 点(LAC 之最低点)左边之 LAC 上的各个点都不是有关各 SAC 曲线之最低点。(3)当 LAC 处于递增阶段时,即 $T_3$ 的右边部分,LAC 曲线各点与各 SAC 曲线相切之点必然位于各 SAC 曲线最低点的右边和上面,或者说有关身 SAC 曲线之最低点必然位于切点之左边和下面。位于 $T_3$ 右边的 LAC 与 $SAC_4$ 的切点 $T_4$,因处于规模报酬递减(平均成本递增)阶段,故 LAC 曲线上的 $T_4$ 点的斜率为正,故 $SAC_4$ 上的一点 $T4$ 的斜率也是正数,由此可知 $T_4$ 点不是 $SAC_4$ 的最低点。

综上所述,由无数短期平均成本曲线推导出来的长期平均成本曲线必有一点也只有一点,长期平均成本才和短期平均成本相等。

# 第 六 章　完全竞争市场

**知识脉络图**

完全竞争市场的特点 
- 完全竞争市场的特点 $\begin{cases} 市场类型的划分和特征 \\ 条件 \end{cases}$
- 完全竞争厂商的需求曲线和收益曲线
- 短期均衡 $\begin{cases} 厂商的均衡条件：MR=SMC,MR=AR=P \\ 生产者剩余 \end{cases}$
- 供给曲线 $\begin{cases} 个别厂商：P \geqslant AVC 最低点的 MC 曲线 \\ 行业：厂商的短期供给曲线的水平加总 \end{cases}$
- 长期均衡 $\begin{cases} 厂商的均衡条件：MR=LMC=SMC=LAC=SAC,MR=AR=P \\ 行业的长期均衡 \begin{cases} 成本不变行业 \\ 成本递增行业 \\ 成本递减行业 \end{cases} \end{cases}$

**复习提示**

**概念**：完全竞争市场、生产者剩余、总收益、平均收益、边际收益、收支相抵点、停止营业点、成本不变行业、成本递增行业、成本递减行业、消费者统治。

**理解**：完全竞争市场的条件、完全竞争厂商的需求曲线和收益曲线。

**掌握**：厂商实现利润最大化的均衡条件（图解），完全竞争厂商的短期均衡和短期供给曲线（图解），完全竞争厂商的长期均衡（图解），成本不变、成本递增、成本递减情况下完全竞争行业的长期供给曲线。

**计算**：完全竞争厂商的收益与利润、厂商利润最大化的产量和利润、完全竞争市场的短期（长期）均衡价格和均衡产量。

**重、难点常识理解**

## 一、厂商和市场的类型

市场结构、划分市场结构的标准及市场类型的介绍如下。

# 第六章 完全竞争市场

市场指从事物品买卖的交易场所或接洽点。从本质上讲,市场是物品买卖双方相互作用并得以决定其交易价格和交易数量的一种组织形式和制度安排。市场结构就是表示某种商品或劳务在市场中的竞争程度。

决定市场类型划分的主要因素:①市场上厂商的数目;②厂商所生产的产品的差别程度;③单个厂商对市场价格的控制程度;④厂商进入或退出一个行业的难易程度。

**四种市场类型比较**

| 完全竞争 | 垄断竞争 | 寡头垄断 | 完全垄断 |
| --- | --- | --- | --- |
| 非常多 | 很多 | 几个 | 一个 |
| 完全无差别 | 有差别 | 有差别或无差别 | 唯一产品,无相近替代品 |
| 不能控制 | 一定程度 | 较大程度 | 很大程度,但经常受到管制 |
| 完全自由 | 比较容易 | 较难 | 相当困难,几乎不可能 |
| 最有效率 | 较有效率 | 较差 | 最差 |
| 农产品 | 零售商业 | 汽车、钢铁业 | 公用事业(煤气、自来水) |

## 二、完全竞争厂商的需求曲线和收益曲线

### 1. 完全竞争市场的条件

完全竞争市场的假设条件主要有以下四点:第一,市场上有无数的买者和卖者。于是每一个买者和卖者只能被动地接受市场价格,他们每一个人对市场价格都没有任何控制的力量。第二,同一行业内每个厂商生产的产品是完全无差别的。这样,每一个厂商既不会提价,也没有必要降价。第三,厂商进出一个行业是完全自由的。第四,市场中每一个从事交易活动的人都准确地掌握与自己的经济决策有关的全部信息。由此可见,完全竞争市场的假设条件是很严格的。在现实的经济生活中,完全竞争的市场是不存在的。

### 2. 完全竞争市场的需求曲线和完全竞争厂商的需求曲线

行业所面临的需求曲线,就是市场的需求曲线,如图6.1(a)中的 $D$ 曲线所示。厂商的所面临的需求曲线,简称厂商的需求曲线所示。完全竞争厂商的需求曲线是由既定市场价格水平出发一条水平线,如图6.1(b)中的 $d$ 需求曲线。水平形状的 $d$ 需求曲线表示:完全竞争厂商只能被动地接受既定的市场价格,而且,总是能够根据既定的市场价格销售他愿意销售的任何数量的商品。

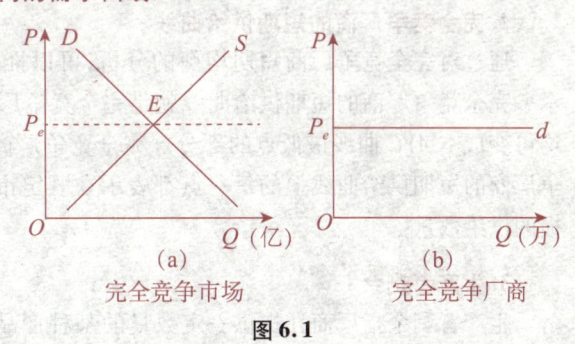

图6.1
(a) 完全竞争市场
(b) 完全竞争厂商

### 3. 完全竞争厂商的收益曲线

厂商的收益就是厂商的销售收入。总收益是指厂商按一定价格出售一定量产品时所获得的全部收入。平均收益指厂商在平均每一单位产品销售上所获得的收入。边际收益指厂商增加一单位产品销售所获得的总收入的增量。

完全竞争厂商的平均收益 $AR$ 曲线、边际收益 $MR$ 曲线和需求曲线 $d$ 三条重叠,它们都用同一

条由既定价格水平出发的水平线来表示。

## 三、厂商实现利润最大化的均衡条件

厂商只要实现了 $MR=MC$ 的均衡条件,不管是赢利还是亏损,厂商都处于由既定的收益曲线和成本曲线所能产生的最好的结果之中。故 $MR=MC$ 也被称为利润最大或亏损最小的均衡条件。厂商实现最大利润的 $MR=MC$ 的均衡条件,对各种市场条件下的厂商都是适用的。

## 四、完全竞争厂商的短期均衡和短期供给曲线

### 1. 完全竞争厂商的短期均衡

完全竞争厂商短期均衡的条件是:$MR=SMC$,式中,$MR=AR=P$。在短期中,厂商的利润可以大于零,也可以等于零,或者小于零。

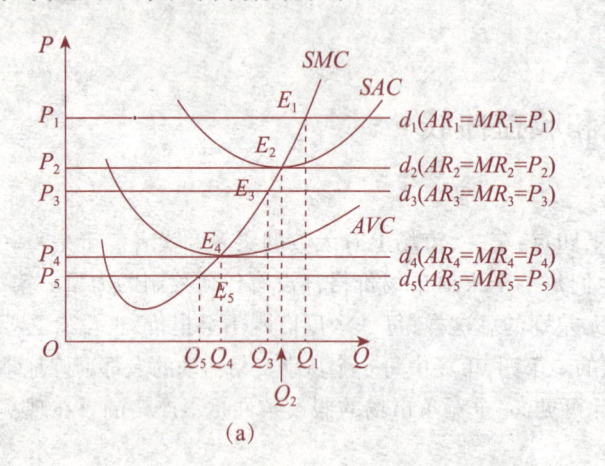

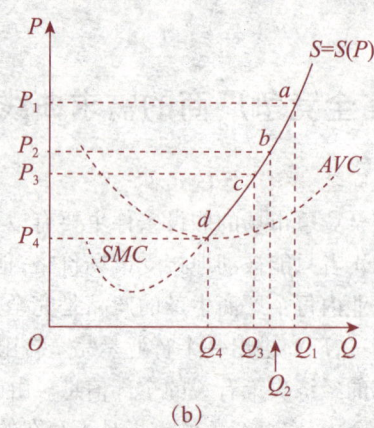

图 6.2

### 2. 完全竞争厂商的短期供给曲线

通过对完全竞争厂商短期均衡的分析,可以推导完全竞争厂商的短期供给曲线,如图 6.2 所示。完全竞争厂商的短期供给曲线就是完全竞争厂商的短期边际成本 $SMC$ 曲线上等于和高于平均可变成本 $AVC$ 曲线最低点的部分。完全竞争厂商的短期供给曲线是向右上方倾斜的。完全竞争厂商的短期供给曲线上的每一点都表示在既定市场价格下可以给厂商带来最大利润或最小亏损的供给数量。

### 3. 生产者剩余

生产者剩余指厂商在提供一定数量的某种产品时实际接受的总支付和愿意接受的最小总支付之间的差额。就单个生产者而言,生产者剩余是生产者所获得的价格超出边际成本的部分;就整个市场而言,生产者剩余是供给曲线以上、市场价格以下部分。

$$PS = P_0 Q_0 - \int_0^Q f(Q) \mathrm{d}Q$$

$PS$:生产者剩余,反供给函数 $PS=f(Q)$。

第一项表示厂商实际接受的总支付,第二项表示厂商愿意接受的最小总支付。

用几何图形表示,生产者剩余是生产者的供给曲线以上、市场价格以下的面积,如图 6.2 所示。

生产者剩余 = TR − TVC。

利润($\pi$) = TR − TVC − TFC。

## 五、完全竞争行业的短期供给曲线

一个行业的短期供给曲线由该行业内所有厂商的短期供给曲线的水平加总而得到。行业的短期供给曲线也是向右上方倾斜的,它表示市场的产品价格和市场的短期供给量成同方向的变动。而且,行业的短期供给曲线上与每一个价格水平相对应的供给量都是可以使全体厂商在该价格水平获得最大利润或最小亏损的最优产量。

## 六、完全竞争厂商的长期均衡

在长期内,完全竞争厂商通过对全部生产要素投入量的调整来实现 $MR = LMC$ 的利润最大化的条件。完全竞争厂商在长期内对全部生产要素的调整可以分为两个方面,一方面表现为厂商进入或退出一个行业,即行业内企业数量的调整,另一方面表现为厂商对生产规模的调整。完全竞争厂商就是在以上的调整过程中达到长期均衡的。总之,完全竞争厂商是在长期平均成本 LAC 曲线的最低点实现长期均衡。完全竞争厂商长期均衡的条件为:

$$MR = LMC = SMC = LAC = SAC$$

其中,$MR = AR = P$。每个厂商的利润都为零。

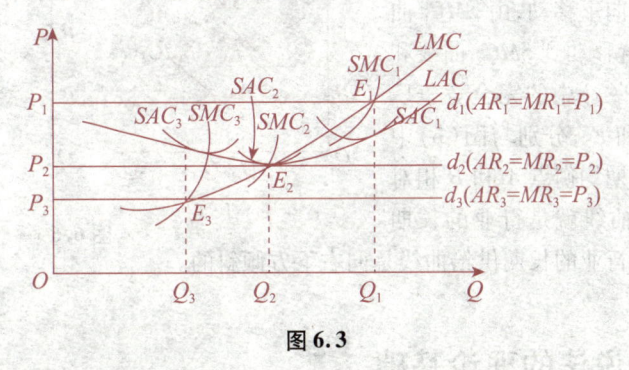

图 6.3

## 七、完全竞争行业的长期供给曲线

### 1. 成本不变行业的长期供给曲线

成本不变行业是这样一种行业,它的产量变化所引起的生产要素需求量的变化,不对生产要素的价格发生影响。

图 6.4(a)中,由于生产要素价格不变,所以,厂商的成本曲线的位置不发生移动,即 SMC 曲线、SAC 曲线的位置不发生变化。图(a)中完全竞争厂商的长期均衡点 E 与图(b)中完全竞争行业的长期均衡点 A、B

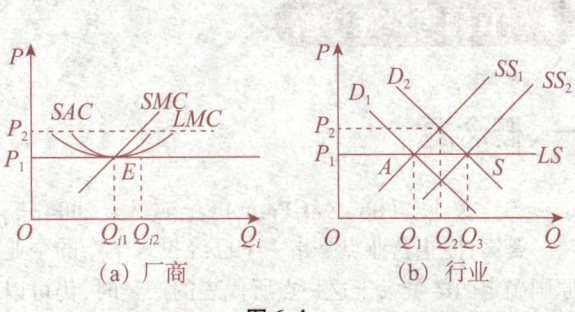

(a) 厂商　　(b) 行业

图 6.4

是相对应的。过 $A$、$B$ 点的 $LS$ 曲线就是行业的长期供给曲线。成本不变行业的长期供给曲线是一条水平线。

### 2. 成本递增行业的长期供给曲线

成本递增行业是这样一种行业，它的产量增加所引起的生产要素需求量的增加，会导致生产要素的价格上升。

在图 6.5(a) 中，由于生产要素价格上升，所以，厂商的成本曲线的位置向上移动，由 $SMC_1$ 曲线和 $LAC_1$ 曲线的位置移动到 $SMC_2$ 曲线和 $LAC_2$ 曲线的位置。图(a)中的完全竞争厂商的长期均衡点 $E_1$ 和 $E_2$，分别与图(b)中的完全竞争行业的长期均衡点 $A$ 和 $B$ 相对应。过 $A$、$B$ 点的 $LS$ 曲线就是行业的长期供给曲线。成本递增行业的长期供给曲线是向右上方倾斜的。

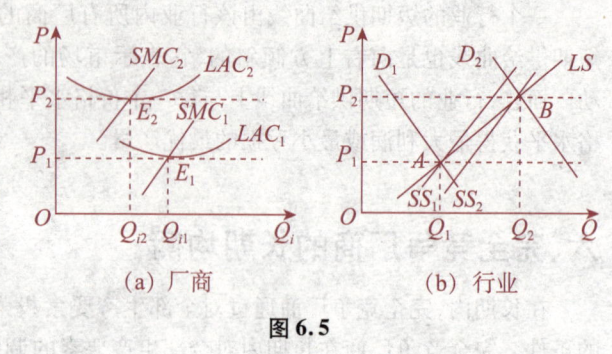

图 6.5

### 3. 成本递减行业的长期供给曲线

成本递减行业是这样一种行业，它的产量增加所引起的生产要素需求量的增加，反而使生产要素的价格下降了。

在图(a)中，生产要素价格下降使得厂商的成本曲线的位置向下移动，由 $SMC_1$ 曲线和 $LAC_1$ 曲线的位置移动到 $SMC_2$ 曲线和 $LAC_2$ 曲线的位置。图(a)中的完全竞争厂商的长期均衡点 $E_1$ 和 $E_2$，分别与图(b)中的完全竞争行业的长期均衡点 $A$ 和 $B$ 相对应。过 $A$、$B$ 点的 $LS$ 曲线就是行业的长期供给曲线。成本递减行业的长期供给曲线是向右下方倾斜的。

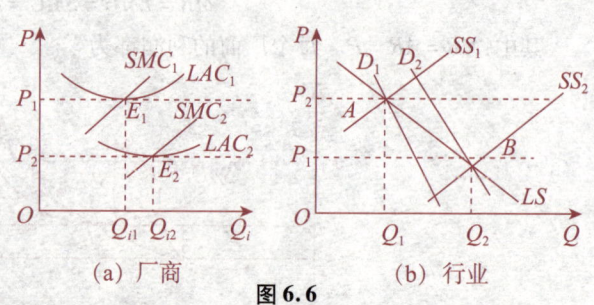

图 6.6

## 八、消费者统治说法的理论基础

消费者统治是指在一个经济社会中消费者在商品生产这一最基本的经济问题上所起的决定性作用。

---

**考研真题与难题详解**

## 一、概念题

**停止营业点（Shutout Point）**（上海财大 2000 研；中国青年政治学院 2007 研；北邮 2010 研）

答案：停止营业点是指一个已经投入生产的企业，在生产中总有这样一点，当根据利润最大化原则确定的产量大于这一点所代表的产量时，仍可以继续生产，小于这一点所代表的产量时，就只好关闭。该点就是企业的停止营业点。一个已经投入生产的企业是否必须关闭的条件不在于它是否盈利,而在于它关闭后的亏损与生产时的亏损哪种情况更大。如果关闭后的亏损比生产时的亏损更大,则应继续生产;如果生产时的亏损比关闭后的亏损更大,则必须闭。实际上关闭后也是有亏损的,其亏损就是固定成本。因此,是否关闭就视生产时的亏损是否大于固定成本,若不大,就可继续生产;若大,就必须停止营业。企业的停止营业点可用图6.7说明:图中N点即平均可变成本最低点,它就是企业停止营业点。当市场确定的价格为 $P_1$ 时,均衡产量为 $Y_1$,小于 $N$ 点所代表的产量。这时,总亏损为面积 $AGILE$,大于总固定成本面积 $CGHS$,所以企业不能在此点生产。当市场决定的价格为 $P_3$ 时,均衡产量为 $Y_3$,大 $N$ 点所代表的产量。这时,

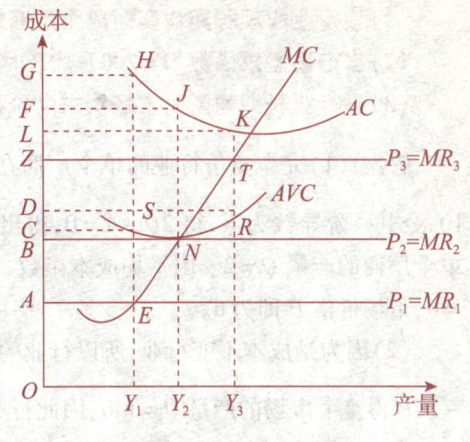

**图6.7 停止营业点**

总亏损为面积 $ZLKT$,小于总固定成本的面积 $DLKR$,所以企业在此点不应停止生产。当市场决定的价格为 $P_2$ 时,均衡产量为 $Y_2$,恰好等于 $N$ 点所表示的产量。这时,总亏损为面积 $BFJN$,即等于总固定成本面积 $BFJN$。此时,厂商的平均收益 $AR$ 等于平均可变成本 $AVC$,厂商可以继续生产,也可以不生产,也就是说,厂商生产或不生产的结果都是一样的。这是因为,如果厂商生产的话,则全部收益只能弥补全部的可变成本,不变成本得不到任何弥补。如果厂商不生产的话,厂商虽然不必支付可变成本,但是全部不变成本仍然存在。由于在这一均衡点上,厂商处于关闭企业的临界点,所以,该均衡点也被称作停止营业点或关闭点。

## 二、简答题

**为什么说厂商均衡的一般原则是 MR = MC?**(北京理工大学 2008、2012 研)

**答案:**厂商进行生产的目的就是获得最大化的利润,因此厂商均衡的一般原则即厂商利润最大化原则,下面分析厂商利润最大化原则。

(1)当边际收益大于边际成本,即有 $MR > MC$。这表明厂商增加单位产量所带来总收益的增加量大于所付出的总成本的增加量,也就是说,厂商增加产量是有利的,可以使利润得到增加,此时厂商会增加产量;

(2)当边际收益小于边际成本,即有 $MR < MC$。这表明厂商增加单位产量所带来总收益的增加量小于所付出的总成本的增加量,也就是说,厂商增加产量是不利的,不可以使利润得到增加,此时厂商应该减少产量,以实现利润最大化的目标;

(3)当边际收益等于边际成本,即有 $MR = MC$。这表明厂商增加单位产量所带来总收益的增加量等于所付出的总成本的增加量,也就是说,厂商增加产量是不会给企业带来利润的增加的,此时厂商既没必要增加产量也没必要减少产量,此时利润实现最大化。因此,可以说厂商均衡的一般原则是 $MR = MC$。

## 三、计算题

1. 已知某完全竞争的成本不变行业的单个厂商长期总成本函数为 $LTC = Q^3 - 4Q^2 + 10Q$,求:

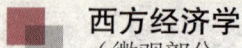

（1）该行业实现长期均衡时单个厂商的产量的市场价格。

（2）当市场需求函数 $Q = 200 - 10P$ 时，行业长期均衡时的企业数目。

（3）当行业长期均衡时市场需求的价格点弹性是多少。（中央财大2011研）

**答案**：（1）完全竞争行业的单个厂商在最低平均成本处实现长期均衡，$LAC = \frac{LTC}{Q} = Q^2 - 4Q + 10$，令其一阶导数为零，得 $2Q - 4 = 0$，得出最低平均成本时单个厂商的产量 $Q = 2$。因平均成本时单个厂商的产量 $Q = 2$。因平均成本函数二阶导数大于零，此时最低平均成本为 $LAC = Q^2 - 4Q + 10 = 6$，市场价格 $P$ 即为6。

（2）因为是成本不变行业，所以行业的供给曲线就是水平线 $P = 6$，代入市场需求函数 $Q = 200 - 10P$ 得整个市场的产量 $Q = 140$，因此行业长期均衡时的企业数目 $n = \frac{140}{2} = 70$。

（3）当行业长期均衡时，将 $\frac{dQ}{dP} = -10$、$P = 6$、$Q = 140$ 代入需求价格点弹性计算公式 $E_d = -\frac{dQ}{dP} \cdot \frac{P}{Q}$，得：

$$E_d = -(-10) \times \frac{6}{140} = 0.42$$

即当行业长期均衡时市场需求的价格点弹性为0.42。

**2.** 已知某完全竞争市场的需求函数为 $Q = 60000 - 3200P$，短期市场供给函数为 $Q = 15000 + 1300P$；单个企业在 $LAC$ 曲线最低点的价格为10，产量为20；单个企业的成本规模不变。

（1）求市场的短期均衡价格和均衡产量。

（2）判断（1）中的市场是否同时目处于长期均衡，求行业内的厂商数量。

（3）如果市场的需求函数为 $Q = 72000 - 3200P$，短期供给函数为 $Q = 2700 + 1300P$，求市场的短期均衡价格和产量。

（4）判断（3）中市场是否同进处于长期均衡，并求行业内厂商数量。

（5）判断该行业属于什么类型。

（6）需要新加入多少企业，才能由（1）和（3）所增加的行业总产量？（对外经贸大学2011研）

**答案**：（1）市场的短期均衡价格和均衡时，由供给等于需求得：

$$60000 - 3200P = 15000 + 1300P$$

解得：$P = 10$，$Q = 28000$，

即市场短期均衡价格为10元，短期均衡产量为28000。

（2）中市场处于长期均衡，因为其短期均衡价格等于单个企业在 $LAC$ 曲线最低点的价格10，行业内厂商 $N = \frac{2800}{20} = 1400$。

（3）若市场供求变动，由供给等于需求得：

$$72000 - 3200P = 27000 + 1300P$$

解得：$P = 10$，$Q = 40000$，

即此时市场短期均衡价格为10，短期均衡产量为40000。

（4）（3）中市场也处于长期均衡，因为价格仍为10。行业内厂商数量 $N = \frac{40000}{20} = 2000$。

（5）该行业属于成本不变行业，因为产量增加时，产品价格不变。

(6)因为(3)中的厂商数量为2000,(1)中的厂商数量为1400,所以需要新加入600家企业才能由(1)到(3)所增加的行业总产量。

## 四、论述题

**有人声称,在完全竞争市场中,虽然很高的固定成本会是厂商亏损的原因,但永远不会是厂商停业的原因。你同意这一说法吗?(厦门大学2008研;武汉大学2012研)**

答案:个人同意这一说法。分析如下:

如果一家厂商的产量为零,但该厂商仍要支付固定成本$FC$,此时的利润为$-FC$。所以,在完全竞争市场中,如果固定成本$FC$很高,则可能会导致厂商亏损。当产量为$q$时,此时的利润为$pq - C_v(q) - FC$。当$-FC > pq - C_v(q) - FC$成立时,厂商停止生产就比较有利。也就是说,在产量为零时所获得的利润,即支付的固定成本,超过在边际成本等于价格处生产所获得的利润时,厂商就应该停业。整理不等式$-FC > pq - C_v(q) - FC$,可得厂商停业的条件为:

$$AVC(q) = \frac{C_v(q)}{q} > p$$

即如果平均可变成本$AVC$大于价格$P$,太平厂商停业是比较有利的。也就是说,在完全竞争市场中,厂商停业与否的判断原则是价格平均可变成本的比较;如果价格平均可变成本,企业就应该停业。但如果在短期,价格高于平均可变成本,企业就可能进行生产。在长期,一切成本都是可变的,无可变成本的固定成本之分。因此,无论在短期还是长期,很高的固定成本永远不会是厂商停业的原因。

### 教材习题精解参考答案

**1. 假定某完全竞争市场的需求函数和供给函数分别为$D = 22 - 4P, S = 4 + 2P$。**
求:(1)该市场的均衡价格和均衡数量。
(2)单个完全竞争厂商的需求函数。
答案:(1)由需求函数$D = 22 - 4P$和供给函数$S = 4 + 2P$可得:$P = 3, Q = 10$。
(2)单个完全竞争厂商的需求函数是一条由既定市场价格水平出发的水平线,即$P = 3$。

**2. 请区分完全竞争市场条件下,单个厂商的需求曲线、单个消费者的需求曲线以及市场的需求曲线。**
答案:在完全竞争条件下,单个厂商所面临的需求曲线是一条由既定的市场均衡价格水平决定的水平线,它表示:完全竞争厂商只是市场价格的接受者。单个消费者的需求曲线表示在每一价格下所需求的商品数量,是显示价格与需求量关系的曲线,是指其他条件相同时,在每一价格水平上买主愿意购买的商品量的表或曲线。市场需求曲线表示的是在整个市场中产品的价格和它的需求量之间的关系。

**3. 请分析在短期生产中追求利润最大化的厂商一般会面临哪几种情况?**
答案:在短期生产中追求利润最大化的厂商可能会面临五种情况。根据利润最大化的均衡条件,当价格(边际收益)与$SMC$的交点大于$SAC$的最低点时,厂商获得利润;当价格(边际收益)与$SAC$的最低点相切时,厂商出于收支均衡状态;当价格(边际收益)与$SMC$的交点小于$SAC$的最低点,但厂商的$AR$大于$AVC$时,厂商虽然亏损,但仍继续生产;当价格(边际收益)与$SMC$的交点小

于 $SAC$ 的最低点,且厂商的 $AR$ 切于 $AVC$ 时,厂商处于停止营业点;当价格(边际收益)与 $SMC$ 的交点小于 $SAC$ 的最低点,且厂商的 $AR$ 小于 $AVC$ 时,厂商将停止生产。

**4.** 已知某完全竞争行业中的单个厂商的短期成本函数为 $STC = 0.1Q^3 - 2Q^2 + 15Q + 10$。试求:

(1)当市场上产品的价格为 $P = 55$ 时,厂商的短期均衡产量和利润;

(2)当市场价格下降为多少时,厂商必须停产?

(3)厂商的短期供给函数。

**答案:** (1)由题知 $STC = 0.1Q^3 - 2Q^2 + 15Q + 10$,

所以 $SMC = \dfrac{\mathrm{d}STC}{\mathrm{d}Q} = 0.3Q^2 - 4Q + 15$。

根据完全竞争厂商实现利润最大化的原则 $P = SMC$,且已知 $P = 55$,

于是有 $0.3Q^2 - 4Q + 15 = 55$。

整理得 $0.3Q^2 - 4Q - 40 = 0$。

解得利润最大化的产量 $Q^* = 20$(负值舍去)。

以 $Q^* = 20$ 代入利润等式有

$\pi = TR - STC = PQ - STC$

$= (55 \times 20) - (0.1 \times 20^3 - 2 \times 20^2 + 15 \times 20 + 10)$

$= 1100 - 310 = 790$。

即厂商短期均衡的产量 $Q^* = 20$,利润 $\pi = 790$。

(2) $P < AVC$ 时,厂商必须停产。

根据题意,有

$AVC = \dfrac{TVC}{Q} = \dfrac{0.1Q^3 - 2Q^2 + 15Q}{Q} = 0.1Q^2 - 2Q + 15$。

令 $\dfrac{\mathrm{d}AVC}{\mathrm{d}Q} = 0$,即有 $\dfrac{\mathrm{d}AVC}{\mathrm{d}Q} = 0.2Q - 2 = 0$。

解得 $Q = 10$,且 $\dfrac{\mathrm{d}^2 AVC}{\mathrm{d}Q^2} = 0.2 > 0$,

故 $Q = 10$ 时, $AVC(Q)$ 达最小值。

以 $Q = 10$ 代入 $AVC(Q)$ 有

最小的平均可变成本 $AVC = 0.1 \times 10^2 - 2 \times 10 + 15 = 5$,

于是,当市场价格 $P < 5$ 时,厂商必须停产。

(3)完全竞争厂商短期实现利润最大化的原则为 $P = SMC$,有

$0.3Q^2 - 4Q + 15 = P$,

整理得 $0.3Q^2 - 4Q + (15 - P) = 0$,

解得 $Q = \dfrac{4 \pm \sqrt{16 - 1.2(15 - P)}}{0.6}$。

根据利润最大化的二阶条件 $MR' < MC'$ 的要求,取解为 $Q = \dfrac{4 + \sqrt{1.2P - 2}}{0.6}$。

考虑到该厂商在短期只有在 $P \geq 5$ 时才生产,而在 $P < 5$ 时必定会停产,所以,该厂商的短期供给函数 $Q = f(P)$ 为 $\begin{cases} Q = \dfrac{4 + \sqrt{1.2P - 2}}{0.6}, & P \geq 5 \\ Q = 0, & P < 5 \end{cases}$

**5.** 已知某完全竞争的成本不变行业中的单个厂商的长期总成本函数 $LTC = Q^3 - 12Q^2 + 40Q$。试求：

(1) 当市场商品价格为 $P = 100$ 时，厂商实现 $MR = LMC$ 时的产量、平均成本和利润；

(2) 该行业长期均衡时的价格和单个厂商的产量；

(3) 当市场的需求函数为 $Q = 660 - 15P$ 时，行业长期均衡时的厂商数量。

**答案：**(1) 根据题意 $LTC = Q^3 - 12Q^2 + 40Q$，

则 $LMC = \dfrac{\mathrm{d}LTC}{\mathrm{d}Q} = 3Q^2 - 24Q + 40$。

且完全竞争厂商的 $P = MR$，根据已知条件 $P = 100$，故有 $MR = 100$。

由利润最大化的原则 $MR = LMC$，得 $3Q^2 - 24Q + 40 = 100$。

整理得 $Q^2 - 8Q - 20 = 0$。

解得 $Q = 10$（负值舍去）。

又因为平均成本函数 $SAC(Q) = \dfrac{STC(Q)}{Q} = Q^2 - 12Q + 40$。

所以，以 $Q = 10$ 代入上式，得：

平均成本值 $SAC = 10^2 - 12 \times 10 + 40 = 20$。

最后，利润 $\pi = TR - STC = PQ - STC = (100 \times 10) - (10^3 - 12 \times 10^2 + 40 \times 10) = 1000 - 200 = 800$。

因此，当市场价格 $P = 100$ 时，厂商实现 $MR = LMC$ 时的产量 $Q = 10$，平均成本 $SAC = 20$，利润 $\pi = 800$。

(2) 由已知的 $LTC$ 函数，可得

$LAC(Q) = \dfrac{LTC(Q)}{Q} = \dfrac{Q^3 - 12Q^2 + 40Q}{Q} = Q^2 - 12Q + 40$

令 $\dfrac{\mathrm{d}LAC(Q)}{\mathrm{d}Q} = 0$，即有：$\dfrac{\mathrm{d}LAC(Q)}{\mathrm{d}Q} = 2Q - 12 = 0$

解得 $Q = 6$

且 $\dfrac{\mathrm{d}^2 LAC(Q)}{\mathrm{d}Q^2} = 2 > 0$

故 $Q = 6$ 是长期平均成本最小化的解。

以 $Q = 6$ 代入 $LAC(Q)$，得平均成本的最小值为：$LAC = 6^2 - 12 \times 6 + 40 = 4$。

由于完全竞争行业长期均衡时的价格等于厂商的最小的长期平均成本，所以，该行业长期均衡时的价格 $P = 4$，单个厂商的产量 $Q = 6$。

(3) 由于完全竞争的成本不变行业的长期供给曲线是一条水平线，且相应的市场长期均衡价格是固定的，它等于单个厂商的最低的长期平均成本，所以，本题的市场的长期均衡价格固定为 $P = 4$。以 $P = 4$ 代入市场需求函数 $Q = 660 - 15P$，便可以得到市场的长期均衡数量为 $Q = 660 - 15 \times 4 = 600$。

现已求得在市场实现长期均衡时，市场的均衡数量 $Q = 600$，单个厂商的均衡产量 $Q = 6$。于是，行业长期均衡时的厂商数量 $= 600 \div 6 = 100$（家）。

**6.** 已知某完全竞争的成本递增行业的长期供给函数 $LS = 5500 + 300P$。试求：

(1) 当市场需求函数为 $D = 8000 - 200P$ 时，市场的长期均衡价格和均衡产量；

(2) 当市场需求增加，市场需求函数为 $D = 10000 - 200P$ 时，市场长期均衡价格和均衡产量；

(3) 比较(1)、(2)，说明市场需求变动对成本递增行业的长期均衡价格和均衡产量的影响。

**答案：**(1) 根据在完全竞争市场长期均衡时的条件 $LS = D$，即有 $5500 + 300P = 8000 - 200P$，

解得 $P_e = 5$。

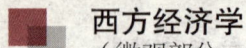

把 $P_e = 5$ 代入 $LS$ 函数,得 $Q_e = 5500 + 300 \times 5 = 7000$。

所以,市场的长期均衡价格和均衡数量分别为 $P_e = 5$, $Q_e = 7000$。

(2)同理,根据 $LS = D$,有 $5500 + 300P = 10000 - 200P$,

解得 $P_e = 9$。

以 $P_e = 9$ 代入 $LS$ 函数,得 $Q_e = 5500 + 300 \times 9 = 8200$。

所以,市场的长期均衡价格和均衡数量分别为 $P_e = 9$, $Q_e = 8200$。

(3)比较(1)、(2)可得:对于完全竞争的成本递增行业而言,市场需求增加,会使市场的均衡价格上升,即由 $P_e = 5$ 上升为 $P_e = 9$;使市场的均衡数量也增加,即由 $Q_e = 7000$ 增加为 $Q_e = 8200$。也就是说,市场需求与均衡价格成同方向的变动,与均衡数量也成同方向的变动。

**7. 已知某完全竞争市场的需求函数为 $D = 6300 - 400P$,短期市场供给函数为 $SS = 3000 + 150P$;单个企业在 $LAC$ 曲线最低点的价格为 $6$,产量为 $50$;单个企业的成本规模不变。**

(1)求市场的短期均衡价格和均衡产量;

(2)判断(1)中的市场是否同时处于长期均衡,求行业内的厂商数量;

(3)如果市场的需求函数变为 $D' = 8000 - 400P$,短期供给函数为 $SS' = 4700 + 150P$,求市场的短期均衡价格和均衡产量;

(4)判断(3)中的市场是否同时处于长期均衡,并求行业内的厂商数量;

(5)判断该行业属于什么类型;

(6)需要新加入多少企业,才能提供由(1)到(3)所增加的行业总产量?

**答案:**(1)根据市场短期均衡的条件 $D = SS$,有 $6300 - 400P = 3000 + 150P$,

解得 $P = 6$。

以 $P = 6$ 代入市场需求函数,有 $Q = 6300 - 400 \times 6 = 3900$。

所以,该市场短期均衡价格和均衡产量分别为 $P = 6$, $Q = 3900$。

(2)因为该市场短期均衡时的价格 $P = 6$,且由题意可知,单个企业在 $LAC$ 曲线最低点的价格也为 $6$,所以,由此可以判断该市场同时又处于长期均衡。

因为由(1)可知市场长期均衡时的数量是 $Q = 3900$,且由题意可知,在市场长期均衡时单个企业的产量为 $50$,所以,由此可以求出市场长期均衡时行业内的厂商数量为 $3900 \div 50 = 78$(家)。

(3)根据市场短期均衡的条件 $D' = SS'$,有 $8000 - 400P' = 4700 + 150P'$,

解得 $P' = 6$。

以 $P' = 6$ 代入市场需求函数,有 $Q' = 8000 - 400 \times 6 = 5600$。

或者,以 $P' = 6$ 代入市场短期供给函数,有 $Q' = 4700 + 150 \times 6 = 5600$。

所以,该市场在变化了的供求函数条件下的短期均衡价格和均衡产量分别为 $P' = 6$, $Q' = 5600$。

(4)与(2)中的分析相类似,在市场需求函数和短期供给函数变化之后,该市场短期均衡时的价格 $P = 6$,且由题意可知,单个企业在 $LAC$ 曲线最低点的价格也是 $6$,所以,由此可以判断该市场的这一短期均衡同时又是长期均衡。

因为由(3)可知,供求函数变化以后的市场长期均衡时的产量 $Q' = 5600$,且由题意可知,在市场长期均衡时单个企业的产量为 $50$,所以,由此可以求出市场长期均衡时行业内的厂商数量为:$5600 \div 50 = 112$(家)。

(5)由以上分析和计算过程可知:在该市场供求函数发生变化前后的市场长期均衡时的均衡

价格是不变的,均为 $P=6$,而且,单个企业在 LAC 曲线最低点的价格也是 6,于是,我们可以判断该行业属于成本不变行业。以上(1)~(5)的分析与计算结果的部分内容如图 6.2 所示。

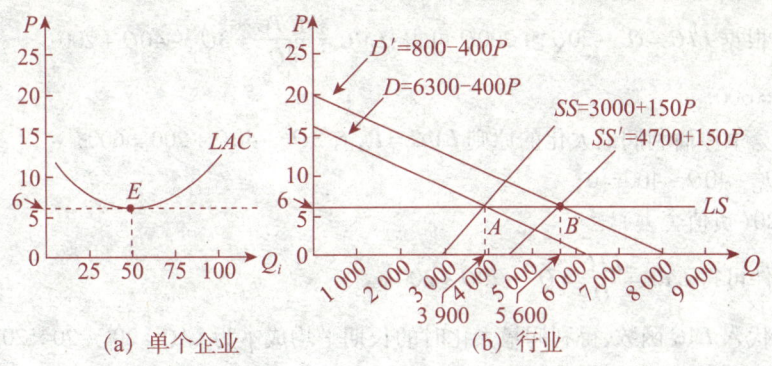

**图 6.8**

(6)由(1)、(2)可知,(1)时的厂商数量为 78 家;由(3)、(4)可知,(3)时的厂商数量为 112 家。因此,由(1)到(3)所增加的厂商数量为:$112-78=34$(家)。

或者,也可以这样计算:由于从(1)到(3)市场长期均衡产量的增加量为 $\Delta Q=5600-3900=1700$;且由题意可知,单个企业长期均衡时的产量为 $Q=50$,所以,为提供 $\Delta Q=1700$ 的新增产量,需要新加入的企业数量为:$1700\div 50=34$(家)。

**8.** 在一个完全竞争的成本不变行业中单个厂商的长期成本函数为 $LTC=Q^3-40Q^2+600Q$,该市场的需求函数为 $Q^d=13000-5P$。求:

(1)该行业的长期供给曲线。

(2)该行业实现长期均衡时的厂商数量。

**答案:**(1)根据 $LTC=Q^3-40Q^2+600Q$ 可得 $LAC=\dfrac{LTC}{Q}=Q^2-40Q+600$,

$LMC=\dfrac{\mathrm{d}TC}{\mathrm{d}Q}=3Q^2-80Q+600$。

由 $LAC=LMC$,得方程 $Q^2-40Q+600=3Q^2-80Q+600$,$Q^2-20Q=0$。

解得 $Q=20$(舍去了零值)。

由于 $LAC=LMC$ 时,$LAC$ 达极小值点,所以,以 $Q=20$ 代入 $LAC$ 函数,便可得 $LAC$ 曲线最低点的价格为 $P=20^2-40\times 20+600=200$。

因为成本不变行业的长期供给曲线是从相当于 $LAC$ 曲线最低点的价格高度出发的一条水平线,故有该行业的长期供给曲线为 $P^s=200$。

(2)已知市场的需求函数为 $Q^d=13000-5P$,又从(1)中得行业长期均衡时的价格 $P=200$,所以,以 $P=200$ 代入市场需求函数,便可以得到行业长期均衡时的数量为

$Q=13000-5\times 200=12000$。

又由于从(1)中可知行业长期均衡时单个厂商的产量 $Q=20$,所以,该行业实现长期均衡时的厂商数量为 $12000\div 20=600$(家)。

**9.** 已知完全竞争市场上单个厂商的长期成本函数为 $LTC=Q^3-20Q^2+200Q$,市场的产品价格为 $P=600$。求:

(1)该厂商实现利润最大化时的产量、平均成本和利润各是多少?

(2)该行业是否处于长期均衡?为什么?

(3) 该行业处于长期均衡时每个厂商的产量、平均成本和利润各是多少？

(4) 判断(1)中的厂商是处于规模经济阶段，还是处于规模不经济阶段？

**答案：**(1) 根据 $LTC = Q^3 - 20Q^2 + 200Q$ 可得：$LMC = \dfrac{dLTC}{dQ} = 3Q^2 - 40Q + 200$，

且已知 $P = 600$。

根据完全竞争厂商利润最大化的原则 $LMC = P$，有 $3Q^2 - 40Q + 200 = 600$，

整理得 $3Q^2 - 40Q - 400 = 0$，

解得 $Q = 20$（负值舍去）。

由已知条件可得 $LAC = \dfrac{LTC}{Q} = Q^2 - 20Q + 200$。

以 $Q = 20$ 代入 $LAC$ 函数，得利润最大化时的长期平均成本为 $LAC = 20^2 - 20 \times 20 + 200 = 200$。

此外，利润最大化时的利润值为

$\pi = P \cdot Q - LTC = (600 \times 20) - (20^3 - 20 \times 20^2 + 200 \times 20)$
$= 12000 - 4000 = 8000$。

所以，该厂商实现利润最大化时的产量 $Q = 20$，平均成本 $LAC = 200$，利润 $\pi = 8000$。

(2) 令 $\dfrac{dLAC}{dQ} = 0$，即有 $\dfrac{dLAC}{dQ} = 2Q - 20 = 0$，

解得 $Q = 10$。

且 $\dfrac{d^2 LAC}{dQ^2} = 2 > 0$。

所以，当 $Q = 10$ 时，$LAC$ 曲线达最小值。

以 $Q = 10$ 代入 $LAC$ 函数，可得：

最小的长期平均成本 $= 10^2 - 20 \times 10 + 200 = 100$。

综合(1)和(2)的计算结果，我们可以判断(1)中的行业未实现长期均衡。因为，由(2)可知，当该行业实现长期均衡时，市场的均衡价格应等于单个厂商的 $LAC$ 曲线最低点的高度，即应该有长期均衡价格 $P = 100$，且单个厂商的长期均衡产量应该是 $Q = 10$，且还应该有每个厂商的利润 $\pi = 0$。而事实上，由(1)可知，该厂商实现利润最大化时的价格 $P = 600$，产量 $Q = 20$，$\pi = 8000$。显然，该厂商实现利润最大化时的价格、产量和利润都大于行业长期均衡时对单个厂商的要求，即价格 $600 > 100$，产量 $20 > 10$，利润 $8000 > 0$。因此，(1)中的行业未处于长期均衡状态。

(3) 由(2)已知，当该行业处于长期均衡时，单个厂商的产量 $Q = 10$，价格等于最低的长期平均成本，即有 $P = LAC_{\min} = 100$，利润 $\pi = 0$。

(4) 由以上分析可以判断：(1)中的厂商处于规模不经济阶段。其理由在于：(1)中单个厂商的产量 $Q = 20$，价格 $P = 600$，它们都分别大于行业长期均衡时单个厂商在 $LAC$ 曲线最低点生产的产量 $Q = 10$ 和面对的价格 $P = 100$。换言之，(1)中的单个厂商利润最大化的产量和价格组合发生在 $LAC$ 曲线最低点的右边，即 $LAC$ 曲线处于上升段，所以，单个厂商处于规模不经济阶段。

**10.** 某完全竞争厂商的短期边际成本函数 $SMC = 0.6Q - 10$，总收益函数 $TR = 38Q$，且已知产量 $Q = 20$ 时的总成本 $STC = 260$。求该厂商利润最大化时的产量和利润。

**答案：**由 $SMC = 0.6Q - 10$ 可得 $STC = 0.3Q^2 - 10Q + FC$，又因为 $Q = 20$ 时的总成本 $STC = 260$，代入可得 $FC = 340$；从而 $STC = 0.3Q^2 - 10Q + 340$；

由总收益函数 $TR = 38Q$，可得 $MR = 38$，

由利润最大化的条件 $MR = SMC$，可得 $Q = 80$，利润 $R = 1580$。

## 第六章 完全竞争市场

**11. 用图说明完全竞争厂商短期均衡的形成及其条件。**

**答案：**（1）短期内，完全竞争厂商是在给定的价格和给定的生产规模下，通过对产量的调整来实现 $MR = SMC$ 的利润最大化的均衡条件，如图6.9所示。

（2）厂商先根据 $MR = SMC$ 的利润最大化的均衡条件来决定产量。如在图6.9中，在价格顺次为 $P_1$、$P_2$、$P_3$、$P_4$ 和 $P_5$ 时，厂商根据 $MR = SMC$ 的原则，依次选择的最优产量为 $Q_1$、$Q_2$、$Q_3$、$Q_4$ 和 $Q_5$，相应的利润最大化的均衡点为 $E_1$、$E_2$、$E_3$、$E_4$ 和 $E_5$。

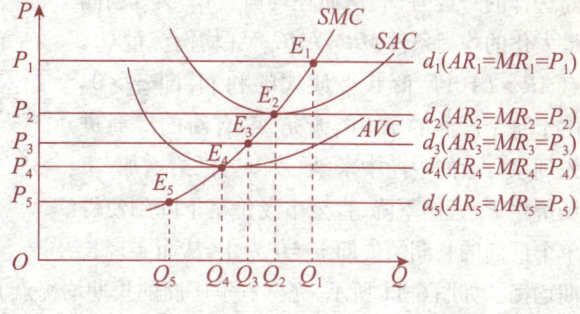

图6.9

（3）在（2）的基础上，厂商由（2）中所选择的产量出发，通过比较该产量水平上的平均收益 $AR$ 与短期平均成本 $SAC$ 的大小，来确定自己所获得的最大利润量或最小亏损量。在图中，如果厂商在 $Q_1$ 的产量水平上，则厂商有 $AR > SAC$，即 $\pi > 0$；如果厂商在 $Q_2$ 的产量水平上，则厂商有 $AR = SAC$，即 $\pi = 0$；如果厂商在 $Q_3$、$Q_4$ 或 $Q_5$ 的产量水平上，则厂商有 $AR < SAC$，即 $\pi < 0$。

（4）如果厂商在（3）中是亏损的，即 $\pi < 0$，那么，亏损时的厂商就需要通过比较该产量水平上的平均收益 $AR$ 和平均可变成本 $AVC$ 的大小，来确定自己在亏损的情况下，是否仍要继续生产。在图中，在亏损时的产量为 $Q_3$ 时，厂商有 $AR > AVC$，于是，厂商继续生产，因为此时生产比不生产强；在亏损时的产量为 $Q_4$ 时，厂商有 $AR = AVC$，于是，厂商生产与不生产都是一样的；而在亏损时的产量为 $Q_5$ 时，厂商有 $AR < AVC$，于是，厂商必须停产，因为此时不生产比生产强。

（5）综合以上分析，可得完全竞争厂商短期均衡的条件是：$MR = SMC$，其中，$MR = AR = P$。而且，在短期均衡时，厂商的利润可以大于零，也可以等于零，或者小于零。

**12. 为什么完全竞争厂商的短期供给曲线是 $SMC$ 曲线上等于和高于 $AVC$ 曲线最低点的部分？**

**答案：**（1）厂商的供给曲线所反映的函数关系为 $Q^s = f(P)$，也就是说，厂商供给曲线应该表示在每一个价格水平上厂商所愿意而且能够提供的产量。

（2）通过前面第11题利用图6.9对完全竞争厂商短期均衡的分析，可以说，$SMC$ 曲线就是完全竞争厂商的短期供给曲线。但是，这样的表述是欠准确的。考虑到在 $AVC$ 曲线最低点以下的 $SMC$ 曲线的部分，如 $E_5$ 点，由于 $AR < AVC$，厂商是不生产的，所以，准确的表述是：完全竞争厂商的短期供给曲线是 $SMC$ 曲线上等于和大于 $AVC$ 曲线最低点的那一部分，如图6.4所示。

（3）需要强调的是，由（2）所得到的完全竞争厂商的短期供给曲线的斜率为正，它表示厂商短期生产的供给量与价格成同方向的变化；此外，短期供给曲线上的每一点都表示在相应的价格水平下可给该厂商带来最大利润或最小亏损的最优产量。

**13. 用图说明完全竞争厂商长期均衡的形成及其条件。**

**答案：**（1）在长期，完全竞争厂商是通过对全部生产要素的调整，来实现 $MR = LMC$ 的利润最大化的均衡条件的。在这里，厂商在长期内对全部生产要素的调整表现为两个方面：一方面表现为自由地进入或退出一个行业；另一方面表现为对最优生产规模的选择。下面以图6.10加以说明。

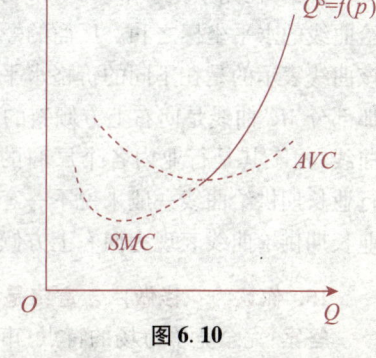

图6.10

**(2) 关于进入或退出一个行业。**

在图 6.11 中,当市场价格较高为 $P_1$ 时,厂商选择的产量为 $Q_1$,从而在均衡点 $E_1$ 实现利润最大化的均衡条件 $MR=LMC$。在均衡产量 $Q_1$,有 $AR>LAC$,厂商获得最大的利润,即 $\pi>0$。由于每个厂商的 $\pi>0$,于是,就有新的厂商进入到该行业的生产中来,导致市场供给增加,市场价格 $P_1$ 开始下降,直至市场价格下降到使得单个厂商的利润消失即 $\pi=0$ 为止,从而实现长

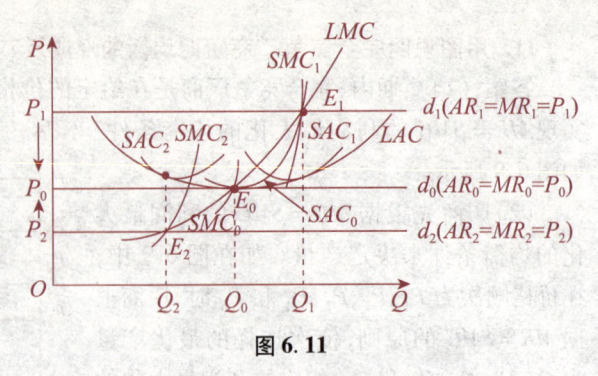

图 6.11

期均衡。如图 6.11 所示,完全竞争厂商的长期均衡点 $E_0$ 发生在长期平均成本 $LAC$ 曲线的最低点,市场的长期均衡价格 $P_0$ 也等于 $LAC$ 曲线最低点的高度。

相反,当市场价格较低为 $P_2$ 时,厂商选择的产量为 $Q_2$,从而在均衡点 $E_2$ 实现利润最大化的均衡条件 $MR=LMC$。在均衡产量 $Q_2$,有 $AR<LAC$,厂商是亏损的,即 $\pi<0$。由于每个厂商的 $\pi<0$,于是,行业内原有厂商的一部分就会退出该行业的生产,导致市场供给减少,市场价格 $P_2$ 开始上升,直至市场价格上升到使得单个厂商的亏损消失即 $\pi=0$ 为止,从而在长期平均成本 $LAC$ 曲线的最低点 $E_0$ 实现长期均衡。

**(3) 关于对最优生产规模的选择。**

通过在 (2) 中的分析,我们已经知道,当市场价格分别为 $P_1$、$P_2$ 和 $P_0$,相应的利润最大化的产量分别是 $Q_1$、$Q_2$ 和 $Q_0$。接下来的问题是,当厂商将长期利润最大化的产量分别确定为 $Q_1$、$Q_2$ 和 $Q_0$ 以后,它必须为每一个利润最大化的产量选择一个最优的生产规模,以确实保证每一产量的生产成本是最低的。于是,如图 6.11 所示,当厂商利润最大化的产量为 $Q_1$ 时,他选择的最优生产规模用 $SAC_1$ 曲线和 $SMC_1$ 曲线表示;当厂商利润最大化的产量为 $Q_2$ 时,他选择的最优生产规模用 $SAC_2$ 曲线和 $SMC_2$ 曲线表示;当厂商实现长期均衡且产量为 $Q_0$ 时,他选择的最优生产规模用 $SAC_0$ 曲线和 $SMC_0$ 曲线表示。在图 6.11 中,我们只标出了 3 个产量水平 $Q_1$、$Q_2$ 和 $Q_0$,实际上,在任何一个利润最大化的产量水平,都必然对应一个生产该产量水平的最优生产规模。这就是说,在每一个产量水平上厂商对最优生产规模的选择,是该厂商实现利润最大化进而实现长期均衡的一个必要条件。

(4) 综上所述,完全竞争厂商的长期均衡发生在 $LAC$ 曲线的最低点。此时,厂商的生产成本降到了长期平均成本的最低点,商品的价格也等于最低的长期平均成本。由此,完全竞争厂商长期均衡的条件是:$MR=LMC=SMC=LAC=SAC$,其中,$MR=AR=P$。此时,单个厂商的利润为零。

**14. 为什么完全竞争厂商和行业的短期供给曲线都向右上方倾斜?完全竞争行业的长期供给曲线也向右上方倾斜吗?**

**答案:** 在完全竞争市场上,市场短期供给曲线就是指市场上生产这种产品的所有企业短期供给曲线的水平坐标之和。厂商的短期供给曲线是由位于 $AVC$ 曲线以上的那部分 $MC$ 曲线所表示。该曲线表示的是在不同的价格水平下厂商所愿意生产、销售的商品的数量。由于 $AVC$ 曲线以上的那部分 $MC$ 曲线是向右上方倾斜的,所以厂商的短期供给曲线向右上方倾斜。同时,对于行业供给曲线,由于其是行业内各个厂商的供给曲线水平相加而得,因此也是一条向右上方倾斜的曲线。行业长期供给曲线一般来说不一定是向上方倾斜的曲线。根据行业成本递增、递减、不变,使得行业长期供给曲线表现为向右上方倾斜、向右下方倾斜和水平三种形状。

**15. 你认为花钱做广告宣传是完全竞争厂商获取更大利润的手段吗?**

**答案:** 完全竞争市场的特点:市场上有无数的买者和卖者;同一行业中的每一个厂商生产的产

品是完全无差别的;厂商进入或退出一个行业是完全自由的;市场中每一个买者和卖者都掌握与自己的经济决策有关的商品和市场的全部信息。从完全竞争的市场的特点来看最能说明为什么在完全竞争市场的厂商不愿为产品做广告而花费任何金钱,因为商品都是同质的,而且完全竞争市场没有超额利润,不像垄断竞争厂商那样可获超额利润,所以他们没有也不会花钱去打广告!

## 自测题

### 一、名词解释

1. 边际收益
2. 收支相抵点
3. 停止营业点
4. 厂商的短期供给曲线
5. 生产者剩余
6. 行业的短期供给曲线

### 二、单项选择

1. 市场上厂商的数目很多,厂商之间各自提供的产品有差别,厂商对价格有一定的控制权,厂商进入或退出一个行业比较容易,以上描述的是( )市场的特征。
   A. 完全竞争    B. 垄断竞争    C. 垄断    D. 寡头
2. 下列选项的市场中更接近完全竞争市场的是 ( )
   A. 笔记本电脑    B. 小麦    C. 化妆品    D. 轿车
3. 在实际生产过程中,成本不变行业中,完全竞争企业在长期均衡状态下,产量的增加 ( )
   A. 完全来自新企业    B. 或者完全来自新企业,或者完全来自原有企业
   C. 完全来自原有企业    D. 部分来自新企业,部分来自原有企业
4. 根据生产理论,完全竞争要素市场上,厂商对劳动要素 L 需求量决定的原则是 ( )
   A. $MRPL = MPPL$    B. $MRPL = VMPL = w = MFCL$
   C. $MFCL = w$    D. $MRPL = VMPL$
5. 完全竞争市场中,行业的长期供给曲线是由( )决定的。
   A. $SAC$ 曲线最低点的轨迹    B. $SMC$ 曲线最低点的轨迹
   C. $LAC$ 曲线最低点的轨迹    D. $LMC$ 曲线最低点的轨迹
6. 在实际生产过程中,完全竞争厂商按照利润最大化原则把产量调整到 AVC 曲线最低点所对应的水平,则该厂商( )。
   A. 能够获得最大利润    B. 再进行生产已无意义
   C. 能够获得正常利润    D. 亏损数额为可变成本
7. 在( )的条件下,总利润达到最大化。
   A. $TR = TC$ 处    B. $TR$ 曲线和 $TC$ 曲线平行,且 $TC$ 超过 $TR$
   C. $TR$ 曲线和 $TC$ 曲线平行处    D. $TR$ 曲线和 $TC$ 曲线平行,且 $TR$ 超过 $TC$
8. 下列关于厂商倒闭点的说法,正确的是 ( )
   A. $P = AVC$    B. $TR = TVC$
   C. 企业总损失等于 $TFC$    D. 以上说法都对
9. 在实际生产过程中,某完全竞争厂商的生产状况是:$Q = 100, TR = 100, TC = 150, FC = 90, MC = 1$。按照利润最大化原则,该厂商的决策是 ( )

A. 增加产量  B. 降低产量  C. 继续生产  D. 停止生产

10. 某完全竞争厂商生产要素中，$L$ 是可变要素，则（    ）可以推导出该厂商对 $L$ 要素的需求曲线。
   A. $MP_L$ 曲线   B. $MPC_L$ 曲线   C. $VWP_L$ 曲线   D. 以上都不是

11. 完全竞争与不完全竞争的区别包括                                （    ）
   A. 如果在某一行业中存在许多厂商，则这一市场是完全竞争的
   B. 如果厂商所面临的需求曲线是向下倾斜的，则这一市场是不完全竞争的
   C. 如果行业中所有厂商生产相同产品，且厂商数目大于1，则这个市场是不完全竞争的
   D. 如果某一行业中有不止一家厂商，并且它们都生产相同的产品，都有相同的价格，则这个市场是完全竞争的

12. 完全竞争市场中的厂商总收益曲线的斜率为                        （    ）
   A. 固定不变   B. 经常变动   C. 1   D. 0

13. 在成本不变的一个完全竞争行业中，长期中需求的增加会导致市场价格  （    ）
   A. 提高   B. 不变   C. 降低   D. 先增后降

14. 当生产要素的价格和数量变化呈反方向变动时，该行业属于           （    ）
   A. 成本递增行业   B. 成本递减行业   C. 成本不变行业   D. 不能确定

15. 某企业生产的商品价格为6元，平均成本为11元，平均可变成本为8元。则该企业在短期内
                                                                （    ）
   A. 停止生产且亏损             B. 继续生产且存在利润
   C. 继续生产但亏损             D. 停止生产且不亏损

## 三、判断题

1. 根据微观经济学理论，将个别厂商在不同要素价格水平下对生产要素的需求水平加总，就可得到完全竞争行业对一种可变要素的需求曲线。（    ）
2. 厂商在进行生产的过程中，边际收益与边际成本相等时，厂商必定得到最大利润。（    ）
3. 当完全竞争厂商长期均衡的利润为零时，厂商会退出所在行业。（    ）
4. 在完全竞争条件下，行业的长期供给曲线是通过将行业各厂商的边际成本曲线相加的方式推导出来的。（    ）
5. 在完全竞争条件下，厂商在生产过程中，通过调整可变要素的投入量以实现利润最大化的条件是：$MRP = MFCL = w$。（    ）
6. 在完全竞争市场中的厂商的短期供给曲线是 $MC < AVC$ 中的那部分 $MC$ 曲线。（    ）
7. 完全竞争厂商所面临的需求曲线是一条水平线，它表示完全竞争厂商可以通过改变销售量来影响商品价格。（    ）
8. 当短期均衡点位于平均成本的最低点，$AR = AC$，此时厂商既无利润也不亏损，该均衡点成为收支相抵点。（    ）
9. 在完全竞争的要素市场，利润最大化的要素使用原则是产品价格等于要素边际产值。（    ）
10. 处于长期均衡的厂商一定也处于短期均衡之中。（    ）
11. 如果某竞争性厂商最后雇用的工人所创造的产值大于该厂商雇用的全部工人的平均产值，该厂商一定没有实现最大利润。（    ）
12. 在行业中，需求曲线和 $AC$ 曲线相切，是某行业完全竞争厂商数目不再变化的条件。（    ）

13. 在完全竞争的条件下,因为厂商无法影响价格,所以不论在短期还是在长期,价格曲线都不会移动。( )

## 四、计算题

1. 已知完全竞争市场上单个厂商的长期成本函数为 $LTC = Q^3 - 20Q^2 + 200Q$,市场的产品价格为 $P = 600$。求:
   (1) 该厂商实现利润最大化时的产量、平均成本和利润各是多少?
   (2) 该行业是否处于长期均衡?为什么?
   (3) 该行业处于长期均衡时每个厂商的产量、平均成本和利润各是多少?
   (4) 判断(1)中的厂商是处于规模经济阶段,还是处于规模不经济阶段。
2. 某完全竞争厂商的短期生产函数为 $Q = 36L + L^2 - 0.01Q^3$,已知产品的价格为 0.1 元,劳动要素 $L$ 的工资率 $W = 4.8$ 元。当固定成本为 50 元时,试求厂商最大利润额。

## 五、简答题

1. 根据所学知识说明为什么完全竞争厂商的需求曲线、平均收益曲线和边际收益曲线是重叠的?
2. 为什么完全竞争厂商的短期供给曲线是 $SMC$ 曲线上等于和高于 $AVC$ 曲线最低点的部分?

## 六、分析题

分别用图推导完全竞争市场条件下成本不变行业、成本递增行业和成本递减行业的长期供给曲线。

**参考答案**

## 一、名词解释

1. 边际收益是指厂商增加一单位产品供给所获得的的收入增量。
2. 收支相抵点:当短期均衡点位于平均成本的最低点,$AR = AC$,此时厂商既无利润也不亏损,该均衡点成为收支相抵点。
3. 停止营业点:当短期均衡点位于平均可变成本的最低点,$AR = AVC$,此时厂商生产不生产的结果是一样的,该均衡点称为停止营业点或关闭点。
4. 厂商的短期供给曲线:$SMC$ 曲线位于 $AVC$ 曲线最低点的部分。表示厂商在每一个给定的价格水平上愿意提供的产量。
5. 生产者剩余是指厂商在提供一定数量的产品时实际接受的总支付和愿意接收的总支付之间的差额。
6. 行业的短期供给曲线:由该行业内所有厂商的短期供给曲线的水平加总而得到。表示在每一个给定的价格水平上全体厂商愿意提供的总产量。

## 二、单项选择

1—5　BBABC　　6—10　BDDCC　　11—15　BABBA

## 三、判断题

1. ×　2. ×　3. ×　4. ×　5. √　6. ×　7. ×　8. √　9. ×　10.　11. √　12. √　13. ×

## 四、计算题

1. **答案**：(1)有题意得：$LMC = \dfrac{dLTC}{dQ} = 3Q^2 - 40Q + 200$，$LAC = \dfrac{LTC}{Q} = Q^2 - 20Q + 200$，

且已知 $P = 600$，根据完全竞争厂商利润最大化的原则 $LMC = P$，有：

$3Q^2 - 40Q + 200 = 600$，解得：$Q = 20$（负值舍去了）

将 $Q = 20$ 带入 $LAC$ 函数，得利润最大化时的长期平均成本为

$$LAC = 20^2 - 20 \times 20 + 200 = 200$$

则利润最大化时的利润值为：

$$\begin{aligned}\pi &= P \cdot Q - LTC \\ &= (600 \times 20) - (20^3 - 20 \times 2P^2 + 200 \times 20) \\ &= 12000 - 4000 = 800\end{aligned}$$

所以，该厂商实现利润最大化时的产量 $Q = 20$，平均成本 $LAC = 200$，利润 $\pi = 8000$。

(2) 令 $\dfrac{dLAC}{dQ} = 0$，即有：$\dfrac{dLAC}{dQ} = 2Q - 20 = 0$，解得 $Q = 10$，且 $\dfrac{d^2 LAC}{dQ^2} = 2 > 0$

所以，当 $Q = 10$ 时，$LAC$ 曲线达最小值。

将 $Q = 10$ 代入 $LAC$ 函数，可得：最小的长期平均成本 $= 10^2 - 20 \times 10 + 200 = 100$

由(1)和(2)的计算结果，可以判断(1)中的行业未实现长期均衡。因为由(2)可知，当该行业实现长期均衡时，市场的均衡价格应等于单个厂商的 $LAC$ 曲线最低点的高度，即应该有长期均衡价格，且单个厂商的长期均衡产量是 $Q = 10$，且还因该有每个厂商的利润 $\pi = 10$。而事实上，由(1)可知，该厂商实现利润最大化时的价格 $P = 600$，产量 $Q = 20$，$\pi = 8000$。显然，该厂商实现利润最大化的价格、产量和利润都大于行业长期均衡时对单个厂商的要求，即价格 $600 > 100$，产量 $20 > 10$，利润 $8000 > 0$。因此，(1)中的行业未处于长期均衡。

(3) 由(2)已知，该行业处于长期均衡时，单个厂商的产量 $Q = 10$，价格等于最低的长期平均成本，此时利润 $\pi = 0$。

(4) 由以上分析可以判断：(1)中的厂商处于规模不经济阶段。(1)中单个厂商的产量 $Q = 20$，价格 $P = 600$，它们都分别大于行业长期均衡时单个厂商在 $LAC$ 曲线最低点生产的产量 $Q = 10$ 和面对的价格 $P = 100$。或者说，(1)中的单个厂商利润最大化的产量和价格组合发生在曲线最低点的右边，即曲线处于上升段，所以，单个厂商处于规模不经济阶段。

2. **答案**：厂商实现利润最大化的条件是：$VMP = P \cdot MPP = w$

由已知函数可得:$MPP = \dfrac{dQ}{dL} = 36 + 2L - 0.03L^2$

所以有$(36 + 2L - 0.03L^2) \times 0.1 = 4.8$,解得 $L = 60$ 或 $20/3$(舍去)

因为当 $L = 20/3$ 时,$\dfrac{dMPP}{dL} = 2 - 0.06L = 1.6 > 0$,因此在此处不能取最大值。所以,当 $L = 60$ 时,$Q = 3600$. 此时厂商利润最大为 $\pi = TR - TC = PQ - 50 - 4.8L = 22$。

## 五、简答题

**1. 答案:** 市场上对某一个厂商的产品的需求状况,可以用该厂商所面临的需求曲线来表示,该曲线也被简称为厂商的需求曲线。在完全竞争市场上,由于厂商是既定市场价格的接受者,所以,完全竞争厂商的需求曲线是一条由既定市场价格水平出发的水平线。假定厂商的销售量等于厂商所面临的需求量。这样,完全竞争厂商的水平的需求曲线又可以表示:在每一个销售量上,厂商的销售价格是固定不变的,于是,我们必然会有厂商的平均收益等于边际收益,且等于既定的市场价格的结论,即必有 $AR = MR = P$。所以完全竞争厂商的需求曲线、平均收益曲线和边际收益曲线是重叠的。

**2. 答案:** 对完全竞争厂商来说,有 $P = MR$,所以,完全竞争厂商的短期均衡条件又可以写成 $P = MC(Q)$。此式可以这样理解:在每一个给定的价格水平 $P$,完全竞争厂商应该选择最优的产量 $Q$,使得 $P = MC(Q)$ 成立,从而实现最大的利润。这意味着在 $P$ 和厂商的最优产量 $Q$ 之间存在着一一对应的关系,而厂商的 SMC 曲线恰好准确地表明了这种商品的价格和厂商的短期供给量之间的关系。但厂商只有在 $P \geq AVC$ 时,才会进行生产,而在 $P < AVC$ 时,厂商会停止生产。所以,厂商的短期供给曲线应该用 SMC 曲线上大于和等于 AVC 曲线最低点的部分来表示。

## 六、分析题

**答案:** 如果一个行业产量增加所引起的生产要素需求量的增加,不对生产要素的市场价格产生影响,则称该行业为成本不变行业。相应地,当一个行业产量增加所引起的生产要素需求量的增加,导致生产要素的市场价格上升或下降时,则分别称该行业为成本递增行业或成本递减行业。

在图 6.12、图 6.13 和图 6.14 这三幅图中,分析的起点都是分图(a)中的 $E$ 点和分图(b)中的 $A$ 点。$E$ 点表示单个完全竞争厂商在 LAC 曲线的最低点实现利润最大化的长期均衡,且单个厂商的利润 $= 0$。$A$ 点表示由市场的需求曲线 $D$ 和短期供给曲线 $SS$ 相交形成的短期的市场均衡价格为 $P$,但考虑到此时每个厂商的利润均为零,故行业总不再会有厂商加入或退出,所以,由 $D$ 曲线和 $SS$ 曲线的交点 $A$ 所决定的 $P$ 不仅仅是一个短期的市场均衡价格,而且同时还是一个长期的市场均衡价格。

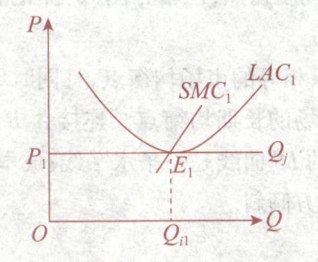

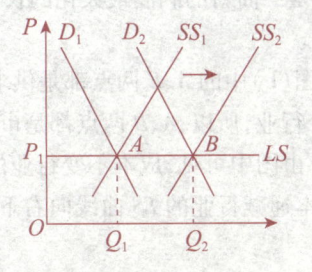

图 6.12 成本不变行业

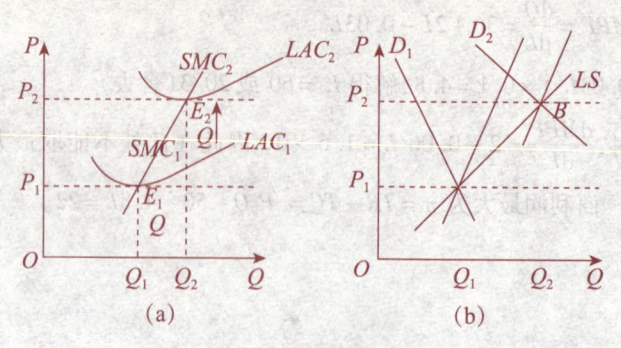

图 6.13 成本递增行业

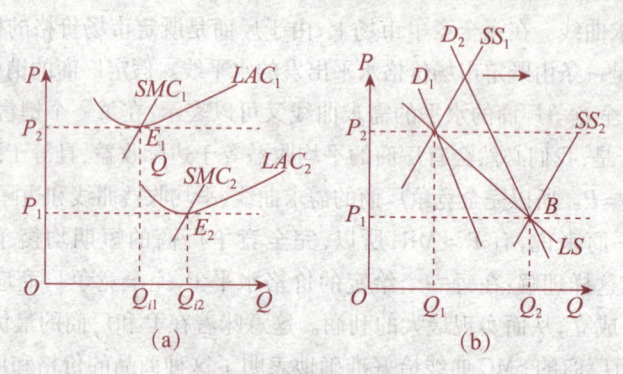

图 6.14 成本递减行业

(2)由分别表示的厂商和市场的长期均衡的 $E$ 点和 $A$ 点出发,当市场需求增加即 $D$ 曲线右移,使得市场价格上升时,单个厂商便获得利润即 >0,于是,新厂商就会加入该行业的生产中来。新厂商的加入,产生了两个影响。一个影响是使得产品市场上的供给增加,在三幅图的分图(b)中,都表现为市场的短期供给曲线 $SS$ 右移。另一个影响是使得生产要素市场上的需求增加,而在不同类型的行业,生产要素需求的增加对生产要素价格所产生的作用是不相同的:对成本不变行业来说,生产要素的市场价格不发生变化,所以,在图 6.12 中表现为单个厂商的 $LAC$ 曲线的位置不变;对成本递增行业来说,生产要素的市场价格会上升,所以,在图 6.13 中,表现为单个厂商的 $LAC$ 曲线的位置上移;对成本递减行业来说,生产要素的市场价格会下降,所以,在图 6.14 中,表现为单个厂商的 $LAC$ 曲线的位置下移。在以上两种影响的共同作用下,一方面 $SS$ 曲线向右移动,另一方面 $LAC$ 曲线的位置不变或上、下移动,最后,在这三幅图中,都有 $SS$ 曲线和 $D$ 曲线相交形成的新的短期均衡价格 $P$ 刚好等于单个厂商的新的长期平均成本 $LAC$ 曲线的最低点的高度,且单个厂商的利润=0。很清楚,行业中又一次不存在厂商加入或退出的情况,所以,三幅分图(a)中的 $E$ 点都是厂商新的利润最大化的长期均衡点;三幅分图(b)中的 $B$ 点都是完全竞争市场的长期均衡点。

最后,由于三幅分图(b)中的 $A$、$B$ 两点都是供求相等的市场均衡点,且同时单个厂商的 =0,即不存在厂商进出一个行业,所以,$A$、$B$ 两点都是市场的长期均衡点。连接 $A$、$B$ 两点的线,便是行业的长期供给曲线。由图中可见,成本不变行业的 $LS$ 曲线是一条水平线;成本递增行业的 $LS$ 曲线向右上方倾斜;成本递减行业的 $LS$ 曲线向右下方倾斜。

# 第 七 章　不完全竞争市场

### 知识脉络图

完全垄断市场 
- 条件
- 需求曲线：右下方倾斜
- 收益曲线 $\begin{cases} AR = P_1, MR, TR \\ MR = P\left(1 - \dfrac{1}{e_d}\right) \end{cases}$

短期均衡：$MR = SMC$
供给曲线：不存在具有规律性的供给曲线
长期均衡：$MR = SMC = LMC$
价格歧视：一级、二级、三级

自然垄断和政府管制
- 边际成本定价法：$P = MC$
- 平均成本定价法：$P = AC$
- 双重定价法：类似价格歧视
- 资本回报率管制

垄断竞争市场
- 条件
- 需求曲线 $\begin{cases} \text{右下方倾斜} \\ d\text{ 需求曲线与 } D \text{ 需求曲线} \end{cases}$
- 短期均衡：$MR = SMC$
- 长期均衡：$MR = LMC = SMC, AR = LAC = SAC$

寡头
- 特征
- 古诺模型
- 斯威齐模型

寡头厂商之间的博弈
- 博弈论的基本要素
- 博弈均衡的基本概念
- 寡头厂商的共谋及其特征
- 威信和承诺的可信性

不同市场的比较

### 复习提示

**概念**：自然垄断、价格歧视、产品差别、价格领导、生产集团、纯粹寡头行业、卡特尔、占优策略、囚犯的困境、博弈均衡、纳什均衡、正常利润、超额利润。

**理解**：不完全竞争市场与完全竞争市场的比较，一级价格歧视、二级价格歧视、三级价格歧视，主观需求曲线、实际需求曲线，合作与非合作的均衡。

> **掌握**：垄断市场的条件、非价格竞争、寡头市场的特征、自然垄断与政府管制、弯折的需求曲线模型及其意义、垄断厂商短期和长期均衡的形成及其条件、垄断竞争厂商短期和长期均衡的形成及其条件。
>
> **计算**：根据垄断厂商的成本函数和需求函数，计算利润最大化时的处理、价格、收益和利润。
>
> **画图**：垄断厂商的需求曲线和收益曲线、垄断厂商的短期均衡和长期均衡、垄断厂商的供给曲线、垄断竞争厂商的需求曲线和收益曲线、垄断竞争厂商的短期均衡和长期均衡、价格歧视。

## 重、难点常识理解

## 一、垄断

### 1. 完全垄断

完全垄断也可称纯粹垄断，指一个企业对市场提供所有产品，因而对市场有完全影响的市场结构。在这样的市场结构中，竞争关系完全不存在，垄断企业对产品价格有完全控制权。事实上，这种情况在现实生活中并不多见。

### 2. 垄断厂商的需求曲线和收益曲线

由于垄断市场上只有一个厂商，所以，垄断厂商的需求曲线就是市场的需求如图 7.1 中的 $d$ 需求曲线。垄断厂商的需求曲线是向右下方倾斜的。假定厂商的销售量等于市场的需求量，则向右下方倾斜的需求曲线表示垄断厂商可以通过改变商品的销售量来控制市场价格。

与垄断厂商的向右下方倾斜的需求曲线相对应，垄断厂商的平均收益 $AR$ 曲线、边际收益 $MR$ 曲线和总收益 $TR$ 曲线的特征如图 7.1 所示：$AR$ 曲线与需求曲线 $d$ 重叠，是同一条向右下方倾斜的曲线；$MR$ 曲线向右下方倾斜，位于 $AR$ 曲线的左下方；$TR$ 曲线先上升，达到最高点以后再下降；每一产量上的 $MR$ 值就是 $TR$ 曲线上相应的点的斜率。

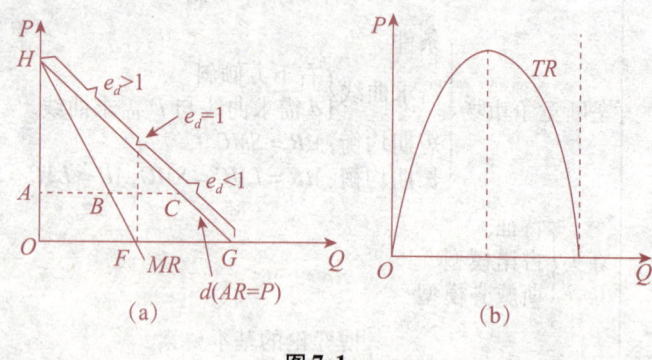

图 7.1

由图 7.1 还可看到，当向右下方倾斜的需求曲线为线性时，$MR$ 曲线和需求曲线 $d$ 在纵轴上截距是相等的，而且 $MR$ 曲线平分纵轴到需求曲线 $d$ 之间的任何一条水平线。

### 3. 垄断厂商的短期均衡

垄断厂商的短期均衡条件为 $MR = SMC$。垄断厂商在短期均衡时可以获得最大的利润，可以利润为零，也可以蒙受最小的亏损。

### 4. 垄断厂商的供给曲线

垄断厂商不存在具有规律性的供给曲线。

### 5. 垄断厂商的长期均衡

垄断厂商长期均衡的条件为：$MR = LMC = SMC$，垄断厂商在长期均衡点上是获得利润的。

### 6. 价格歧视

以不同的价格销售同一种产品，被称为价格歧视。

垄断厂商实行价格歧视，必须具备以下的基本条件：第一，市场的消费者具有不同的偏好，且这些不同的偏好可以被区分开。第二，不同的消费者群体或不同的销售市场是相互隔离的。

一级价格歧视是指厂商对每一单位产品都按消费者所愿意支付的最高价格出售。二级价格歧视只要求对不同的消费数量段规定不同的价格。三级价格歧视是指垄断厂商对同一种产品在不同的市场上（或对不同的消费群）收取不同的价格。

### 7. 自然垄断

指某些行业或部门为了有效生产而只需要一个生产者或厂商的市场状况。这种行业可能始终呈现规模报酬递增的特征，若由两家或两家以上的厂商生产将产生较高的平均成本，造成社会资源的浪费。自然垄断部门一般有电力、石油、天然气、自来水和电信等行业。

## 二、垄断竞争

### 1. 垄断竞争市场的条件

垄断竞争市场是这样一种市场组织，一个市场中有许多厂商生产和销售有差别的同时产品。具体地说，垄断竞争市场的条件主要有以下三点：第一，没在生产集团中有大量的企业生产有差别的同时产品，这些产品彼此之间都是非常接近的替代品；第二，一个生产集团中的企业数量非常多，以至于每个厂商都认为自己的行为的影响很小，不会引起竞争对手的注意和反应，因而自己也不会受到竞争对手的任何报复措施的影响；第三，厂商的生产规模比较小，因此，进入和退出一个生产集团比较容易。

### 2. 垄断竞争厂商的需求曲线

垄断竞争厂商向右下方倾斜的需求曲线是比较平坦的，相对地比较接近完全竞争厂商的水平形状需求曲线。$d$ 需求曲线表示：在垄断竞争生产集团中的某个厂商改变产品价格，而其他厂商的产品价格都保持不变时，该厂商的产品价格和销售量之间的关系。$D$ 需求曲线表示：在垄断竞争生产集团的某个厂商改变产品价格，而且集团内的其他所有厂商也使产品价格发生相同变化时，该厂商的产品价格和销售量之间的关系。

### 3. 垄断竞争厂商的短期均衡

在短期内，垄断竞争厂商是在现有的生产规模下通过对产量和价格的调整，来实现 $MR = SMC$ 的均衡条件。在短期均衡的产量上，必定存在一个 $d$ 曲线和 $D$ 曲线的交点，它意味着市场上的供求是相等的。此时，垄断竞争厂商可能获得最大利润，可能利润为零，也可能蒙受最小的亏损。

### 4. 垄断竞争厂商的长期均衡

垄断竞争厂商的长期均衡条件为：$MR = LMC = SMC$，$AR = LAC = SAC$，在长期的均衡产量上，垄断竞争厂商的利润为零，且存在一个 $d$ 需求曲线和 $D$ 需求曲线的交点。

## 三、寡头

### 1. 古诺均衡

古诺模型是法国数理经济学家奥古斯汀·古诺于 1838 年提出的。该模型分析了相互依存的两个厂商在不发生相互勾结的情况下如何调整其产量以实现利润的最大化。古诺模型的假定是两个厂商生产完全相同的产品；产品的边际成本为常数；两厂商分享市场，总需求曲线是线性的，且两厂商均知晓总需求的状况；每一厂商都根据对方的行动做出自己的决策，同时他们都认为不管自己的销量如何变化，对方都维持现状。古诺认为，经过销售量的不断调整，两个厂商实现利润最大化的销售量都相当于完全竞争市场销售量的三分之一。古诺模型可以很容易推广到一般情况，如果市场上有 $n$ 个相同厂商，市场竞争的产量为 $Q$，那么，每个厂商的销售量就为：$q = \dfrac{1}{(n+1)}Q$。

### 2. 斯塔克伯格模型

在斯塔克伯格的"领导者－追随者"模型中，追随型厂商具有反应函数，其反应函数产生于给定领导型厂商产量条件下的追随型厂商利润最大化模型。而领导型厂商没有反应函数，因为领导型厂商具有先动优势和支配地位，他不需要对追随型厂商的行为做出任何的消极适应性反应。并且，在领导型厂商利润最大化模型中一定包含追随型厂商的反应函数，这体现了领导型厂商一定是在了解追随型厂商对自己行为的反应方式的条件下来选择自己的利润最大化产量的。

### 3. 斯威齐模型

该模型的基本假设条件是：如果一个寡头厂商提高价格，行业内的其他寡头厂商都会跟着改变自己的价格；如果一个寡头厂商降低价格，行业中的其他寡头厂商会将价格下降到相同的水平。在这样的假设条件下，可以得到寡头厂商的弯折的需求曲线，即图中的 $dBD$ 曲线，及相应的间断的边际收益曲线，即图中由 $MRd$ 曲线和 $MRD$ 曲线共同构成的边际收益曲线。模型说明，只要厂商边际成本曲线的位置的变动不超出边际收益曲线的垂直间断范围 $FG$，寡头厂商的均衡价格 $P$ 和均衡数量 $Q$ 都不会发生变化。据上该模型解释了寡头市场上较为普遍的价格刚性的现象。

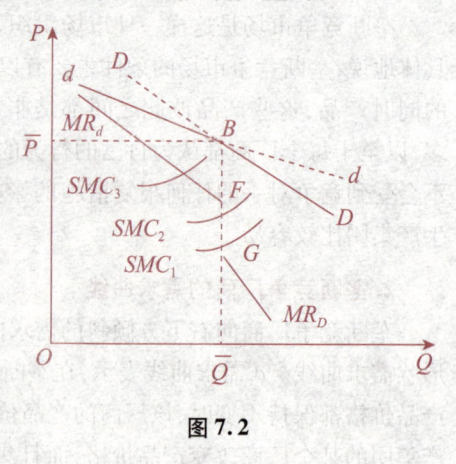

图 7.2

有的西方经济学指出，该模型的重要缺陷在于没有说明具有刚性的价格的本身是如何形成的。

**考研真题与难题详解**

## 一、概念题

**1. 价格歧视（Price Discrimination）（南开大学 2006 研；深圳大学 2007 研；中南财大 2003 研；西安交大 2007 研；中央财大 2010 研）与二重价（Two-partTariff）（北大 1997 研）**

答：（1）价格歧视指垄断者凭借其拥有的某种垄断力量，对自己所出售同类产品采取不同的价格,以使自己所获利润达到最大值。实现价格歧视必须具备以下几个条件:厂商不能是价格的接受者,即有权改变价格;厂商必须能够按需求弹性对顾客加以区分;买者必须具有不同的需求弹性;厂商必须能够防止产品的再次出售。价格歧视有以下三种情况:一级价格歧视,指垄断者对每多出售一单位产品都收取不同的价格;二级价格歧视,指垄断者对一定数量的商品收取一种价格,对于另外一定数量的该种商品收取另一种价格等,二级价格歧视又称为成批定价;三级价格歧视,指垄断者对同一商品在不同的市场上收取不同的价格,或者对不同的人收取不同的价格,但使得每一市场上出售产品的边际收益相等。实行三级价格歧视需要具备两个重要的条件。第一个条件是存在着可以分隔的市场。若市场不可分隔,市场上的套利行为将使得价格歧视消失。第二个条件是被分隔的各个市场上需求价格弹性不同。如果被分隔的各个市场需求价格弹性相同,则最佳策略是对同一产品收取相同的价格。

(2)二重价是生产者对消费自己产品或劳务的人收取的两种费用。一种是入会费(entryfee),是为了取得消费某种产品或劳务的资格而交纳的费用,在消费该产品或劳务之前交纳,这是一笔固定费用,不随消费量的变化而变化;另一种是使用费(usagfee),是每当使用或消费产品或劳务时交纳,使用一次交一次费。现实生活中有许多服务项目可采用二重价。例如,游泳馆对于每一位参加游泳俱乐部的人先收取一笔入会费,每个会员在每次游泳时再交使用费。

### 2. 自然垄断(Natural Monopoly)(北航 2004 研;中央财大 2005、2009 研;华中科大 2003 研;南开大学 2005 研;西安交大 2006 研;厦门大学 2007 研;北邮 2010 研)

**答案:**自然垄断是指某些行业或部门为了有效生产而只需要一个生产者或厂商的市场状况。这种行业可能始终呈现规模报酬递增的特征,若由两家或两家以上的厂商生产将产生较高的平均成本、造成社会资源的浪费。自然垄断部门一般有电力、石油、天然气、自来水和电信等行业。自然垄断的形成,使得一个大规模厂商能够依靠自己的规模经济来降低生产成本,使得规模经济的益处由该厂商充分加以利用。自然垄断有时来源于某些地理条件。在自然垄断的部门中,政府通常对厂商加以认可,以批准该厂商进入该行业经营,或者在不利后果发生之前进行制止,以免损害公共利益。因为:①如果自然垄断行业内竞争性厂商过多,会造成成经济资源的巨大浪费。例如,四家电话公司互相竞争,将会铺设四条电话干线,而实际上有一条就够了,这就造成了资源的浪费。同时,价格竞争必然会优胜劣汰,其他厂商将会被排挤出市场,剩下的厂商制定垄断价格,使消费者遭受损失;②多家厂商如果相互勾结起来操纵价格以避免激烈竞争,同样使消费者遭受垄断价格;③这类部门一般是资金规模大、技术水平高、风险大的行业,如果没有政府的支持和许可,私人厂商可能会避开这类行业,这样消费者将因为不能消费这些商品或劳务而受损失。

### 3. 垄断竞争(Monopoly Competition)(上海财大 1999 研;人大 2003 研;武汉大学 2012 研)

**答案:**垄断竞争指一种由许多厂商生产和销售有差别的同种产品的市场,市场中既有垄断又有竞争,既不是完全竞争又不是完全垄断。引起这种垄断竞争的基本条件是产品差别的存在。产品差别是指同一种产品在质量、包装、牌号或销售条件等方面的差别。产品差别既会产生垄断,又会引起竞争,从而形成一种垄断竞争的状态。有差别的产品往往是由不同的厂商生产的。因此,垄断竞争的另一个条件就是存在较多的厂商。这些厂商努力创造自己产品的特色以形成垄断,而这些产品之间又存在竞争,这就使这些厂商处于垄断竞争的市场中。垄断竞争市场上,厂商面临着两条需求曲线:一条表示当一厂商改变产品的价格,而该行业其他厂商并不随它而改变价格时,该厂商的价格与销售量的关系;另一条表示当一厂商改变自己产品的价格,该行业中其他与之竞争的厂商也随之改变价格时,该厂商的价格与销售量的关系。垄断厂商的均衡条件为 $MC=MR$,实现均衡时,可能有超额利润、收支相抵或亏损。垄断竞争市场有利于鼓励进行创新,但同时会使销售成本(主要是广告成本)增加。许多经济学家认为,垄断竞争的存在从总体上说是利大于弊,现在垄断竞争也是一种普遍存在的市场结构,如轻工业品市场等。

**4. 一级价格歧视与二级价格歧视**(重庆大学 2004 研;北航 2006 研;中央财大 2012 研)

**答案:**价格歧视是指以不同价格销售同一种产品。实行价格歧视,必须具备以下的基本条件:第一,市场的消费者具有不同的偏好,且这些不同的偏好可以被区分开。这样,厂商才有可能对不同的消费者或消费群体收取不同的价格;第二,不同的消费者群体或不同的销售市场是相互隔离的。这样就排除了中间商由低价处买进商品,转手又在高价处出售商品而从中获利的情况。价格歧视可以分为一级价格歧视、二级价格歧视和三级价格歧视。其中一级价格歧视也称为完全价格歧视,就是假设垄断者知道每一个消费者对任何数量的产品所要支付的最大货币量,而后以此决定其价格,所确定的价格正好等于该产品的需求价格,因此取得每个消费者的全部消费者剩余。而二级价格歧视只要求对不同的消费数量段规定不同的价格,一部分消费者剩余被垄断者占有。

## 二、简答题

**1. 请说明完全竞争市场和完全垄断市场的特征和均衡机制,为什么政府要垄断行为做出一定的控制?**(中央财大 2011 研)

**答案:**(1)在经济分析中,根据不同的市场结构的特征,将市场分为四种结构,其中完全竞争市场与完全垄断市场是两种极端的市场类型。决定市场结构的主要因素有四个:市场上厂商的数目、厂商所生产的产品差别程度、单个厂商对市场价格的控制程度以及厂商进入或退出一个行业的难易程度。就厂商数目而言,完全竞争市场有很多,而垄断市场仅有一个;就产品差别程度而言,完全竞争市场完全无差别,而垄断市场则生产唯一的几乎无法替代的产品;就对市场价格的控制程度而言,完全竞争市场完全不能控制价格,每个厂商都是价格的接受者,而垄断市场则是价格的制定者(不过经常受到政府的管制);就厂商进入或退出一个行业的难易程度而言,完全竞争市场进出门槛很低,而垄断市场进出很困难,几乎不可能。

(2)完全竞争市场上,在短期,厂商是在给定的生产规模下通过调整产量来实现 $MR=SMC$ 的利润最大化均衡条件;而在长期,厂商可以对全部生产要素进行调整,以达到最优生产规模从而实现 $MR=LMC=LAC=SMC=SAC$ 的利润最大化均衡条件,显然完全竞争厂商的长期均衡点位于长期平均成本曲线 $LAC$ 最低点,经济利润为零。完全垄断市场上,在短期,完全垄断厂商无法改变固定要素投入量,垄断厂商在给定的生产规模下,通过调整产量和价格来实现 $MR=SMC$ 的利润最大化均衡条件;而在长期,可以对全部生产要素进行调整,以达到最优生产规模从而实现 $MR=LMC=SMC$ 的利润最大化均衡条件,此时垄断厂商通常有正的经济利润。

(3)垄断常常导致资源配置缺乏效率,从而造成社会福利损失。此外,垄断利润通常也被看成是不公平的,这就使得有必要对垄断进行政府干预。

**2. 垄断是否必然造成社会福利损失?从形式上看,用产品需求弹性 $e_d$ 表示的垄断力指数 $L=\dfrac{1}{e_d}$,并不一定介于 0 和 1 之间,这是否说明公式 $L=\dfrac{1}{e_d}$ 与 Lerner 指数 $L$ 的定义之间存在着矛盾之处?**(清华大学 2011 研)

**答案:**垄断未必会造成社会福利损失,比如说,当垄断厂商施行一级价格歧视时非但没有社会

第七章　不完全竞争市场

福利损失反而实现了社会总福利的最大化,但是,这种社会福利的分配毫无疑问是不公平的。

产品需求弹性 $e_d$ 表示的垄断力指数 $L = \dfrac{1}{e_d}$ 尽管并不一定介于 0 和 1 之间,但与勒纳指数的定义并不矛盾,因为垄断厂商的定价原则决定了其不可能缺乏弹性,即 $e_d < 1$ 的地方定价。

垄断厂商的边际收益($MR$)为:

$$MR(Q) = \frac{\mathrm{d}[P(Q)Q]}{\mathrm{d}Q} = \frac{\mathrm{d}P(Q)}{\mathrm{d}Q}Q + P(Q) = P(Q)\left[1 + \frac{\mathrm{d}P(Q)}{\mathrm{d}Q}\frac{Q}{P(Q)}\right] = P(Q)\left(1 - \frac{1}{e_d}\right)$$

垄断厂商的定价原则为 $MR = MC$,即:

$$MC = P(Q)\left(1 - \frac{1}{e_d}\right)$$

由于厂商的边际成本不可能小于 0,所以 $1 - \dfrac{1}{e_d} \geq 0$,即 $e_d \geq 1$。

**3. 假设一个偏僻小镇上只有一家私人诊所,该诊所可以实行三级价格歧视(third-degree price discrimination)吗?为什么?(厦门大学 2011 研)**

**答案:**(1)三级价格歧视指的是垄断者对同一商品在不同的市场上收取不同的价格,或者对不同的人收取不同的价格,但使得每一市场上出售产品的边际收益相等。实行三级价格歧视需要具备两个重要的条件:第一个条件是存在着可以分隔的市场,若市场不可分隔,市场上的套利行为将使得歧视价格消失。第二个条件是被分隔的各个市场上需求价格弹性不同,如果被分隔的各个市场需求价格弹性相同,则最佳策略是对同一产品收取相同的价格。垄断者若想通过实行三级价格歧视获得最大化利润,必须使在各个市场所出售产品的边际收益相等。

(2)偏僻小镇上只有一个诊所,显然该诊所具有垄断地位,但是该诊所不满足三级价格歧视的第一个条件,即在该小镇上不存在着可以被分割开来的市场,假如该诊所对不同的人群采取不同的定价,则该镇居民可以把低价的药品以高于自己的购买价但低于诊所的较高价格转卖给另外的人群,这样诊所的高价格人群就不复存在,所以偏僻小镇上的唯一诊所不能对其顾客采取三级价格歧视。

# 三、计算题

某垄断厂商的生产函数为 $Q = \min\left\{\dfrac{L}{3}, K\right\}$,$L$ 和 $K$ 分别表示两种要素的使用量,它们的价格分别是 $w = 1$,$r = 5$,该厂商除了上述两种生产要素外没有其他成本投入,该厂商面临两个市场,其中一个为年龄大于 65 的老年人市场 $Q_0 = 500P_0^{-\frac{1}{2}}$,另一个为年龄小于 65 的青壮年市场 $Q_Y = 50P_0^{-\frac{1}{2}}$。若该垄断厂商能对这两个市场进行三级价格歧视,请求出垄断厂商在这两个市场上的定价分别是多少?(北大 2011 研)

**答案:**该垄断厂商的生产函数 $Q = \min\left\{\dfrac{L}{3}, K\right\}$ 为固定投入比例的生产函数,厂商按照 $\dfrac{L}{3} = K$ 的固定投入比例进行生产,对应的产出水平为:

$$Q = \frac{L}{3} = K \tag{1}$$

成本方程为:$TC = L + 5K$,

将(1)式代入成本方程可得成本函数为:$TC(Q) = 8Q$。

对于老年人市场,需求函数可变形为:
$$P_O = \left(\frac{500}{Q_O}\right)^{\frac{1}{3}}$$

同理可得年轻人需求函数为:
$$P_Y = \left(\frac{50}{Q_Y}\right)^{\frac{1}{5}}$$

则厂商的利润函数为:
$$\pi(Q_O, Q_Y) = P_O Q_O + P_Y Q_Y - C(Q) = P_O Q_O + P_Y Q_Y - 8(Q_O + Q_Y)$$

利润最大化的一阶层数为:
$$\frac{\partial \pi(Q_O, Q_Y)}{\partial Q_O} = \frac{1}{3}\left(\frac{500}{Q_O}\right)^{\frac{1}{3}} - 8 = 0$$

$$\frac{\partial \pi(Q_O, Q_Y)}{\partial Q_Y} = \frac{4}{5}\left(\frac{50}{Q_Y}\right)^{\frac{1}{5}} - 8 = 0$$

解得:
$$\left(\frac{500}{Q_O}\right)^{\frac{1}{3}} = 24$$

$$\left(\frac{50}{Q_Y}\right)^{\frac{1}{5}} = 10$$

则两个市场的定价分别为:
$$P_O = 24$$
$$P_Y = 10$$

## 四、论述题

**在向右下方倾斜的线性需求曲线上,价格不可能处于缺乏弹性的区域;因为企业如在该区域提高价格,收入会增加,从而导致利润增加。你认为这一结论对还是错,为什么?(广东外语外贸大学2004研;东北财大2009研)**

答案:(1)此结论是正确的。因为在缺乏弹性的区域,厂商提高价格所引起的需求量的下降率小于价格的提高率,这意味着需求量减少所带来的销售收入的减少可以部分抵销价格上升所带来的销售收入的增加量。所以,提高价格会使销售收入增加,从而导致利润增加。

(2)下面用数学方式推导。

假设线性需求函数为:$q = a - bp$

可得:$\dfrac{dp}{dq} = -\dfrac{1}{b}$

厂商的利润函数为:
$$\pi = pq - c(q)$$

对 $\pi$ 求全微分得:
$$d\pi = dp \cdot q + p \cdot dq - c'(q)dq = \left[\frac{dp}{dq} \cdot p - c'(p)\right]dq$$
$$= \left[-\frac{1}{b} \cdot q + p - c(q)\right] \cdot dq = \left[\frac{a - 2q}{b} - c'(q)\right] \cdot dq$$

而需求曲线缺乏弹性是指

$$E_d = -\frac{dq}{dp} \cdot \frac{p}{q} < 1 \text{ 即 } b \cdot \frac{a-q}{b} \cdot \frac{1}{q} < 1$$

可以推出 $\qquad\qquad a < 2q$

故 $\qquad\qquad \frac{a-2q}{b} - c'(q) < 0$

所以 $\frac{d\pi}{dq} < 0$，因为 $\frac{\partial \pi}{\partial p} = \frac{d\pi}{dq} \cdot \frac{dq}{dp} = \frac{d\pi}{dq} \cdot (-b) > 0$

即厂商提高价格可增加利润，显然在需求曲线缺乏弹性的部分不可能达到利润最大化。

## 典型案例分析

### ——垄断竞争下的差异化战略

产品差异化是垄断竞争市场上常见的一种现象，不同企业生产的产品或多或少存在相互替代的关系，但是它们之间存在差异，并非完全可替代的。垄断竞争厂商的产品差异化包括产品本身的差异和人为的差异，后者包括了方位的差异、服务的差异、包装的差异、营销手法的差异等等，企业往往希望通过产品差异化来刺激产品的需求。

(1) 产品的原材料——潘婷洗发水宣称成分中有70%是用于化妆品的，让人不能不相信其对头发的营养护理功效。舒蕾现下推广的"小麦蛋白"洗发水也是在试图通过原料成分来加强产品的价值感。

(2) 产品的手感——TCL电工通过李嘉欣告诉大家"手感真好"，因为手感好也是消费者自己判断开关质量的简单而又重要标准。

(3) 产品的颜色——普通的牙膏一般都是白色的，然而，当出现一种透明颜色或绿色的牙膏时，大家觉得这牙膏肯定更好。高露洁有一种三重功效的牙膏，膏体由三种颜色构成，给消费者以直观感受：白色的在洁白我的牙齿，绿色的在清新我的口气，蓝色的在清除口腔细菌。

(4) 产品的味道——牙膏一般都是甜味的，可是LG牙膏反而是咸味的，大家觉得这牙膏一定好。那么，如果有种苦味的牙膏呢？大家还会觉得好，这就是差异化的威力。

(5) 产品的造型设计——摩托罗拉的V70手机，独特的旋转式翻盖成为其最大的卖点。

(6) 产品功能组合——组合法是最常用的创意方法。许多发明都是据此而来。海尔的氧吧空调在创意上就是普通空调与氧吧的组合。白加黑也是一种功能的分离组合，简单的功能概念却造就了市场的奇迹。

(7) 产品构造——"好电池底部有个环"，南孚电池通过"底部有个环"给消费者一个简单的辨别方法，让消费者看到那个环就联想到了高性能的电池。海尔"转波"微波炉的"盘不转波转"也是在通过强调结构的差异来提高产品价值感。

(8) 新类别概念——建立一个新的产品类别概念。最经典的当属"七喜"的非可乐概念，这里不再多言。

(9) 隐喻的概念——瑞星杀毒软件用狮子来代表品牌，以显示其强大"杀力"；胡姬花通过隐喻概念"钻石般的纯度"来强化其产品价值；白沙烟用鹤来表现飞翔、心旷神怡、自由的品牌感受。

(10) 事件概念——相信全国人都知道海尔的"砸冰箱"事件，直到多少年后，海尔还在不厌其烦地经常拿出来吆喝几声，该事件为海尔的"真诚到永远"立下了汗马功劳，可见事件概念的传播也是威力巨大。事件营销要注意把握时机，如能与社会上的热门话题联系起来，则会起到事半功倍的效果。2003年的一大热点当然是神五飞天，"蒙牛"及时"对接成功"，有效地提升了品牌形象,是近年来少见的优秀事件营销传播案例。

(11)广告传播创意概念——"农夫果园摇一摇","乐百氏27层净化","金龙鱼1:1:1"都属此类型。

(12)专业概念——专业感是信任的主要来源之一,也是建立"定位第一"优势的主要方法。很多品牌在塑造专业感时经常直称专家:方太——厨房专家;华龙——制面专家;中国移动——移动通信专家。

(13)建立"老"概念——时间长会给人以信任感,因此,诉求时间的概念也是一种有效方法。而且,时间的概念感觉越老越好,如玉堂酱园——始于康熙52年,青岛啤酒——始于1992年。

(14)产地概念——总有许多产品具有强烈的产地特点,如北京的二锅头、烤鸭,山东的大花生,新疆的葡萄,还有我们常说的川酒云烟等。提炼这些地域特色强烈的产品的地域概念显然是很有效的方法。如云峰酒业的"小糊涂仙"、"小糊涂神"、"小酒仙"等都在说"茅台镇传世佳酿"。"鲁花"花生油说"精选山东优质大花生"等。

(15)具体数字概念——越是具体的信任感越强。因此,挖掘产品或品牌的具体数字也是常用的方法。"乐百氏27层净化"、"总督牌香烟,有20000个滤嘴颗粒过滤"等都是该方法的应用。

(16)服务概念——同样的服务,但如果有一个好的概念则能加强品牌的美好印象。比如海尔提出的"五星级服务"也为其"真诚到永远"做出不少的贡献;另外还有"24小时服务"、"钻石服务"等都是不错的服务概念,在加强品牌美誉度方面起到不可忽视的作用。

思考题:
(1)在垄断竞争理论中,产品差异化有什么意义?
(2)从以下案例中,你能否总结出显示企业决策中的差异化的类型?都有哪些类型?
(3)现实中,哪些企业很需要进行产品差异化?哪些企业不需要?请你论述这些企业进行产品差异化的理由。
(4)你还能举出一些产品差异化的例子来吗?我国企业进行差异化有什么特点?

选自(北京大学经济学院《中级微观经济学》案例教学)

## 教材习题精解参考答案

**1.** 根据图7.3(即教材第257页图7-22)中线性需求曲线 $d$ 和相应的边际收益曲线 $MR$,试求:
(1)$A$ 点所对应的 $MR$ 值;
(2)$B$ 点所对应的 $MR$ 值。

**答案:**(1)根据需求的价格点弹性的几何意义,可得 $A$ 点的需求的价格弹性为:$e_d = \dfrac{15-5}{5} = 2$。

再根据公式 $MR = P\left(1 - \dfrac{1}{e_d}\right)$,则 $A$ 点的 $MR$ 值为:

$$MR = 2 \times \left(1 - \dfrac{1}{2}\right) = 1。$$

(2)与(1)相类似,根据需求的价格点弹性的几何意义,可得 $B$ 点的需求的价格弹性为:

$$e_d = \dfrac{15-10}{10} = \dfrac{1}{2}。$$

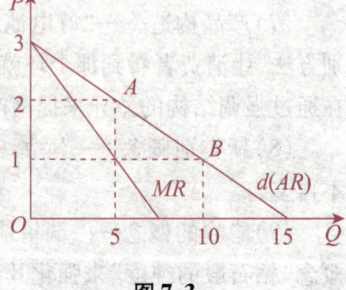

图7.3

## 第七章 不完全竞争市场

再根据公式 $MR = \left(1 - \dfrac{1}{e_d}\right)$，则 $B$ 点的 $MR$ 值为：$MR = 1 \times \left(1 - \dfrac{1}{1/2}\right) = -1$。

**2.** 图 7.4（即教材第 257 页图 7-23）是某垄断厂商的长期成本曲线、需求曲线和收益曲线。试在图中标出：

（1）长期均衡点及相应的均衡价格和均衡产量；
（2）长期均衡时代表最优生产规模的 $SAC$ 曲线和 $SMC$ 曲线；
（3）长期均衡时的利润量。

**答案**：本题的作图结果如图 7.5 所示。

（1）长期均衡点为 $E$ 点，因为，在 $E$ 点有 $MR = LMC$。由 $E$ 点出发，均衡价格为 $P_0$，均衡数量为 $Q_0$。

（2）长期均衡时代表最优生产规模的 $SAC$ 曲线和 $SMC$ 曲线如图 7.5 所示。在 $Q_0$ 的产量上，$SAC$ 曲线和 $LAC$ 曲线相切；$SMC$ 曲线和 $LMC$ 曲线相交，且同时与 $MR$ 曲线相交。

（3）长期均衡时的利润量由图 7.5 中阴影部分的面积表示，即 $\pi = (AR(Q_0) - SAC(Q_0)) \cdot Q_0$。

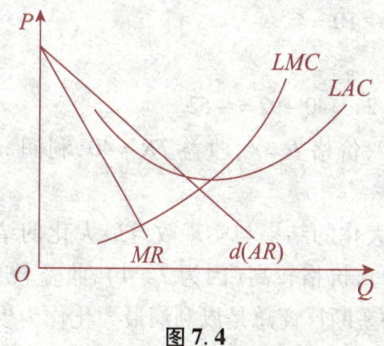

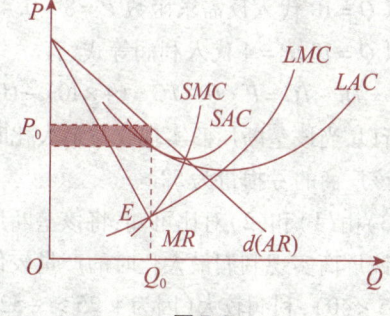

图 7.4

图 7.5

**3.** 已知某垄断厂商的短期总成本函数为 $STC = 0.1Q^3 - 6Q^2 + 140Q + 3000$，反需求函数为 $P = 150 - 3.25Q$。求：该垄断厂商的短期均衡产量与均衡价格。

**答案**：因为 $SMC = \dfrac{\mathrm{d}STC}{\mathrm{d}Q} = 0.3Q^2 - 12Q + 140$，

且由 $TR = P(Q) \cdot Q = (150 - 3.25Q)Q = 150Q - 3.25Q^2$，

得 $MR = \dfrac{\mathrm{d}TR}{\mathrm{d}Q} = 150 - 6.5Q$。

于是，根据垄断厂商短期利润最大化的原则 $MR = SMC$，有

$0.3Q^2 - 12Q + 140 = 150 - 6.5Q$，

整理得 $3Q^2 - 55Q - 100 = 0$，

解得 $Q = 20$（负值舍去）。

以 $Q = 20$ 代入反需求函数，得 $P = 150 - 3.25Q = 150 - 3.25 \times 20 = 85$，

所以，该垄断厂商的短期均衡产量为 $Q = 20$，均衡价格为 $P = 85$。

**4.** 已知某垄断厂商的成本函数为 $TC = 0.6Q^2 + 3Q + 2$，反需求函数为 $P = 8 - 0.4Q$。求：

（1）该厂商实现利润最大化时的产量、价格、收益和利润。
（2）该厂商实现收益最大化时的产量、价格、收益和利润。
（3）比较（1）和（2）的结果。

**答案**：（1）由题意可得：$MC = \dfrac{\mathrm{d}TC}{\mathrm{d}Q} = 1.2Q + 3$，且 $MR = 8 - 0.8Q$。

于是，根据利润最大化的原则 $MR=MC$ 有：$8-0.8Q=1.2Q+3$，解得 $Q=2.5$。

以 $Q=2.5$ 代入反需求函数 $P=8-0.4Q$，得 $P=8-0.4\times2.5=7$。

以 $Q=2.5$ 和 $P=7$ 代入利润等式，有

$\pi=TR-TC=PQ-TC=(7\times2.5)-(0.6\times2.5^2+3\times2.5+2)$

$=17.5-13.25=4.25$。

所以，当该垄断厂商实现利润最大化时，其产量 $Q=2.5$，价格 $P=7$，收益 $TR=17.5$，利润 $\pi=4.25$。

(2) 由已知条件可得总收益函数为：$TR=P(Q)\cdot Q=(8-0.4Q)Q=8Q-0.4Q^2$

令 $\dfrac{dTR}{dQ}=0$，即有 $\dfrac{dTR}{dQ}=8-0.8Q=0$，

解得 $Q=10$，且 $\dfrac{dTR}{dQ}=-0.8<0$，

所以，当 $Q=10$ 时，$TR$ 值达最大值。

以 $Q=10$ 代入反需求函数 $P=8-0.4Q$，得 $P=8-0.4\times10=4$。

以 $Q=10$，$P=4$ 代入利润等式，有

$\pi=TR-TC=P\cdot Q-TC=(4\times10)-(0.6\times10^2+3\times10+2)=40-92=-52$。

所以，当该垄断厂商实现收益最大化时，其产量 $Q=10$，价格 $P=4$，收益 $TR=40$，利润 $\pi=-52$，即该厂商的亏损量为 52。

(3) 由(1)和(2)对比可知：将该垄断厂商实现利润最大化的结果与实现收益最大化的结果相比较，该厂商实现利润最大化时的产量较低(因为 $2.5<10$)，价格较高(因为 $7>4$)，收益较少(因为 $17.5<40$)，利润较大(因为 $4.25>-52$)。显然，理性的垄断厂商总是以利润最大化作为生产目标，而不是将收益最大化作为生产目标。追求利润最大化的垄断厂商总是以较高的垄断价格和较低的产量，来获得最大的利润。

**5.** 已知某垄断厂商的反需求函数为 $P=100-2Q+2\sqrt{A}$，成本函数为 $TC=3Q^2+20Q+A$，其中，$A$ 表示厂商的广告支出。求：该厂商实现利润最大化时 $Q$、$P$ 和 $A$ 的值。

**答案：** 由题意可得：

$\pi=P\cdot Q-TC$

$=(100-2Q+2\sqrt{A})\cdot Q-(3Q^2+20Q+A)$

$=100Q-2Q^2+2\sqrt{A}Q-3Q^2-20Q-A$

$=80Q-5Q^2+2\sqrt{A}Q-A$。

将以上利润函数 $\pi(Q,A)$ 分别对 $Q$、$A$ 求偏导数，构成利润最大化的一阶条件如下：

$$\begin{cases}\dfrac{\partial\pi}{\partial Q}=80-10Q+2\sqrt{A}=0 & (1)\\ \dfrac{\partial\pi}{\partial A}=A^{-\frac{1}{2}}Q-1=0 & (2)\end{cases}$$

求以上方程组的解：

由(2)得 $\sqrt{A}=Q$，代入(1)得 $80-10Q+2Q=0$，$Q=10$，$A=100$。

以 $Q=10$，$A=100$ 代入反需求函数，得 $P=100-2Q+2\sqrt{A}=100-2\times10+2\times10=100$。

所以，该垄断厂商实现利润最大化时的产量 $Q=10$，价格 $P=100$，广告支出 $A=100$。

## 第七章 不完全竞争市场

**6.** 已知某垄断厂商利用一个工厂生产一种产品,其产品在两个分割的市场上出售,他的成本函数为 $TC = Q^2 + 40Q$,两个市场的需求函数分别为 $Q_1 = 12 - 0.1P_1$,$Q_2 = 20 - 0.4P_2$。求:

(1)当该厂商实行三级价格歧视时,他追求利润最大化前提下的两市场各自的销售量、价格以及厂商的总利润。

(2)当该厂商在两个市场实行统一的价格时,他追求利润最大化前提下的销售量、价格以及厂商的总利润。

(3)比较(1)和(2)的结果。

**答案:**(1)由 $Q_1 = 12 - 0.1P_1$ 可知,该市场的反需求函数为 $P_1 = 120 - 10Q_1$,边际收益函数为 $MR_1 = 120 - 20Q_1$。

同理,由 $Q_2 = 20 - 0.4P_2$ 可知,该市场的反需求函数为 $P_2 = 50 - 2.5Q_2$,边际收益函数为 $MR_2 = 50 - 5Q_2$。

而且,市场需求函数 $Q = Q_1 + Q_2 = (12 - 0.1P) + (20 - 0.4P) = 32 - 0.5P$,且市场反需求函数为 $P = 64 - 2Q$,市场的边际收益函数为 $MR = 64 - 4Q$。

此外,厂商生产的边际成本函数 $MC = \dfrac{dTC}{dQ} = 2Q + 40$。

该厂商实行三级价格歧视时利润最大化的原则可以写为 $MR_1 = MR_2 = MC$。于是:

第一个市场:

根据 $MR_1 = MC$,有 $120 - 20Q_1 = 2Q + 40$,

即 $22Q_1 + 2Q_2 = 80$。

第二个市场:

根据 $MR_2 = MC$,有 $50 - 5Q_2 = 2Q + 40$,

即 $2Q_1 + 7Q_2 = 10$。

由以上关于 $Q_1$、$Q_2$ 的两个方程可得,厂商在两个市场上的销售量分别为:$Q_1 = 3.6$,$Q_2 = 0.4$。将产量代入反需求函数,可得两个市场的价格分别为:$P_1 = 84$,$P_2 = 49$。

在实行三级价格歧视的时候,厂商的总利润为:

$$\pi = (TR_1 + TR_2) - TC$$
$$= P_1Q_1 + P_2Q_2 - (Q_1 + Q_2)^2 - 40(Q_1 + Q_2)$$
$$= 84 \times 3.6 + 49 \times 0.4 - 4^2 - 40 \times 4 = 146。$$

(2)当该厂商在两个市场上实行统一的价格时,根据利润最大化的原则即该统一市场的 $MR = MC$ 有 $64 - 4Q = 2Q + 40$,解得 $Q = 4$。

以 $Q = 4$ 代入市场反需求函数 $P = 64 - 2Q$,得 $P = 56$。

于是,厂商的利润为:$\pi = P \cdot Q - TC = (56 \times 4) + (4^2 + 40 \times 4) = 48$。

所以,当该垄断厂商在两个市场上实行统一的价格时,他追求利润最大化的销售量为 $Q = 4$,价格为 $P = 56$,总的利润为 $\pi = 48$。

(3)比较以上(1)和(2)的结果,可以清楚地看到,将该垄断厂商实行三级价格歧视和在两个市场实行统一定价的两种做法相比较,他在两个市场制定不同的价格实行三级价格歧视时所获得的利润大于在两个市场实行统一定价时所获得的利润(因为 146 > 48)。这一结果表明进行三级价格歧视要比不这样做更为有利可图。

**7.** 已知某垄断竞争厂商的长期成本函数为 $LTC = 0.001Q^3 - 0.51Q^2 + 200Q$;如果该产品的生产集团内的所有厂商都按相同的比例调整价格,那么,每个厂商的份额需求曲线(或实际需求曲

线)为 $P = 238 - 0.5Q$。求:

(1)该厂商长期均衡时的产量与价格。

(2)该厂商长期均衡时主观需求曲线上的需求的价格点弹性值(保留整数部分)。

(3)如果该厂商的主观需求曲线是线性的,推导该厂商长期均衡时的主观需求函数。

**答案:** (1)根据 $LTC = 0.001Q^3 - 0.51Q^2 + 200Q$ 可得 $LAC = \dfrac{LTC}{Q} = 0.001Q^2 - 0.51Q + 200$,

$LMC = \dfrac{\mathrm{d}LTC}{\mathrm{d}Q} = 0.003Q^2 - 1.02Q + 200$。

且已知与份额需求 $D$ 曲线相对应的反需求函数为 $P = 238 - 0.5Q$。

由于在垄断竞争厂商利润最大化的长期均衡时,$D$ 曲线与 $LAC$ 曲线相切(因为 $\pi = 0$),即有 $LAC = P$,于是有 $0.001Q^2 - 0.51Q + 200 = 238 - 0.5Q$。

解得 $Q = 200$(舍去了负值)。

以 $Q = 200$ 代入份额需求函数,得 $P = 238 - 0.5 \times 200 = 138$,

所以,该垄断竞争厂商实现利润最大化长期均衡时的产量 $Q = 200$,价格 $P = 138$。

(2)将 $Q = 200$ 代入长期边际成本 $LMC$ 函数,得

$LMC = 0.003Q^2 - 1.02Q + 200 = 0.003 \times 200^2 - 1.02 \times 200 + 200 = 116$。

因为厂商实现长期利润最大化时必有 $MR = LMC$,所以,亦有 $MR = 116$。

再根据公式 $MR = P\left(1 - \dfrac{1}{e_d}\right)$,得 $116 = 138\left(1 - \dfrac{1}{e_d}\right)$,

解得 $e_d \approx 6$。

所以,厂商长期均衡时主观需求 $d$ 曲线上的需求的价格点弹性 $e_d \approx 6$。

(3)令该厂商的线性的主观需求 $d$ 曲线的函数形式为 $P = A - BQ$,其中,$A$ 表示该线性需求 $d$ 曲线的纵截距,$-B$ 表示斜率。

根据线性需求曲线的点弹性的几何意义,可以有 $e_d = \dfrac{P}{A - P}$,其中,$P$ 表示线性需求 $d$ 曲线上某一点所对应的价格水平。于是,在该厂商实现长期均衡时,由 $e_d = \dfrac{P}{A - P}$ 得 $6 = \dfrac{138}{A - 138}$,解得 $A = 161$。

根据几何意义,在该厂商实现长期均衡时,线性主观需求 $d$ 曲线的斜率的绝对值可以表示为

$B = \dfrac{A - P}{Q} = \dfrac{161 - 138}{200} = 0.115$。

于是,该垄断竞争厂商实现长期均衡时的线性主观需求函数为:$P = A - BQ = 161 - 0.115Q$。

**8.** 在某垄断竞争市场,代表性厂商的长期成本函数为 $LTC = 5Q^3 - 200Q^2 + 2700Q$,市场的需求函数为 $P = 2200A - 100Q$。

求:在长期均衡时,代表性厂商的产量和产品价格,以及 $A$ 的数值。

**答案:** 垄断竞争市场的长期均衡条件为:$MR = LMC = SMC, AR = LAC = SAC$;

由题意及上述条件可得:$LMC = 15Q^2 - 400Q + 2700, LAC = 5Q^2 - 200Q + 2700$;

由市场的需求函数 $P = 2200A - 100Q$ 可得:$MR = 2200A - 200Q; AR = 2200A - 100Q$;

联立上述方程可得:$Q = 10, P = 1200, A = 1$。

**9.** 某寡头行业有两个厂商,厂商 1 的成本函数为 $C_1 = 8Q_1$,厂商 2 的成本函数为 $C_2 = 0.8Q_2^2$,该市场的需求函数为 $P = 152 - 0.6Q$。

求:该寡头市场的古诺模型解。(保留一位小数)

**答案:** 由题意可知,在古诺模型的假设条件下,

市场的线性需求函数为: $P = 152 - 0.6(Q_1 + Q_2)$,

厂商1的利润  $\pi = TP - TC = -0.6Q_1^2 + 144Q_1 - 0.6Q_1Q_2$

厂商2的利润  $\pi = TP - TC' = -0.6Q_2^2 + 152Q_2 - 0.6Q_1Q_2 - 0.8Q_2^2$

分别对两产量求偏导,得: $\begin{cases} Q_1 = \dfrac{144 - 0.6Q_2}{1.2} \\ Q_2 = \dfrac{152 - 0.6Q_1}{2.8} \end{cases}$

从而 $\begin{cases} Q_1 = 104 \\ Q_2 = 32 \end{cases}$

**10.** 某寡头行业有两个厂商,厂商1为领导者,其成本函数为 $C_1 = 13.8Q_1$,厂商2为追随者,其成本函数为 $C_2 = 20Q_2$,该市场的需求函数为 $P = 100 - 0.4Q$。

求:该寡头市场的斯塔克伯格模型。

**答案:** 由题意可知,市场的线性需求函数为: $P = 100 - 0.4(Q_1 + Q_2)$

先考虑厂商2的行为方式,厂商2的利润为:

$\pi = TR - TC = -0.4Q_2^2 + 80Q_2 - 0.4Q_1Q_2$

由厂商2利润最大化的一阶条件,可得: $Q_2 = 100 - 0.5Q_1$

再考虑厂商1的行为方式,厂商1的利润为:

$\pi = TR - TC = -0.4Q_1^2 + 86.2Q_1 - 0.4Q_1Q_2 = -0.2Q_1^2 + 46.2Q_1$

从而 $\begin{cases} Q_1 = 69 \\ Q_2 = 65.5 \end{cases}$

**11.** 某寡头厂商的广告对其需求的影响为: $P = 88 - 2Q + 2\sqrt{A}$,对其成本的影响为 $C = 3Q^2 + 8Q + A$,其中 $A$ 为广告费用。

(1)求无广告的情况下,利润最大化时的产量、价格和利润。

(2)求有广告的情况下,利润最大化时的产量、价格、广告费用和利润。

(3)比较(1)与(2)的结果。

**答案:** (1)在无广告的情况下, $P = 88 - 2Q, C = 3Q^2 + 8Q$,有利润最大化条件 $MC = MR$,可得: $Q = 8, P = 72, \pi = 320$。

(2)在有广告的情况下,利润 $\pi = 88Q - 2Q^2 + 2\sqrt{A}Q - (3Q^2 + 8Q + A)$,分别对 $Q$、$A$ 求偏导,可得:

$\begin{cases} -10Q + 80 + 2\sqrt{A} = 0 \\ 2\sqrt{A} - 1 = 0 \end{cases}$,

从而可得 $A = 0.25, Q = 8.1, P = 71.8, \pi = 327.8$。

(3)比较(1)与(2)的结果,可知产量上升,价格下降,利润增长。

**12.** 用图说明垄断厂商短期和长期均衡的形成及其条件。

**答案:** (1)关于垄断厂商的短期均衡。

在给定的生产规模下,在短期内,垄断厂商通过产量和价格的调整来实现 $MR = SMC$ 的利润最大化的原则。

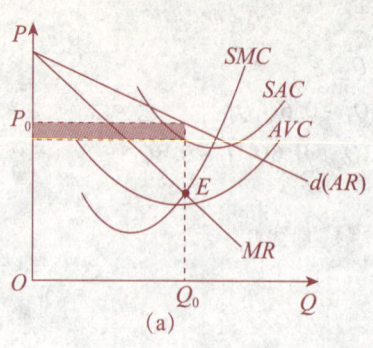

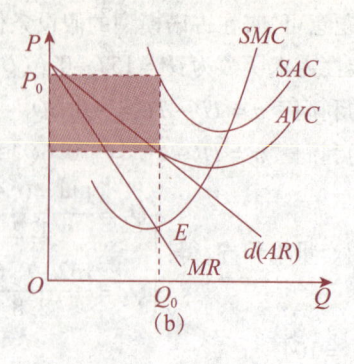

图 7.6

如图 7.6 所示，垄断厂商根据 $MR=SMC$ 的原则，将产量和价格分别调整到 $P_0$ 和 $Q_0$，在均衡产量 $Q_0$ 上，垄断厂商可以赢利即 $\pi>0$，如图（a）所示，此时 $AR>SAC$，其最大的利润相当于图中的阴影部分面积；垄断厂商也可以亏损即 $\pi<0$，如图（b）所示，此时，$AR<SAC$，其最大的亏损量相当于图中的阴影部分。在亏损的场合，垄断厂商需要根据 $AR$ 与 $AVC$ 的比较，来决定是否继续生产：当 $AR>AVC$ 时，垄断厂商则继续生产；当 $AR<AVC$ 时，垄断厂商则必须停产；而当 $AR=AVC$ 时，则垄断厂商处于生产与不生产的临界点。在图（b）中，由于 $AR<AVC$，故该垄断厂商是停产的。

由此，可得垄断厂商短期均衡的条件是：$MR=SMC$，其利润可以大于零、小于零或等于零。

（2）垄断厂商的长期均衡。

在长期，垄断厂商是根据 $MR=LMC$ 的利润最大化原则来确定产量和价格的，而且，垄断厂商还通过选择最优的生产规模来生产长期均衡产量。所以，垄断厂商在长期可以获得比短期更大的利润。

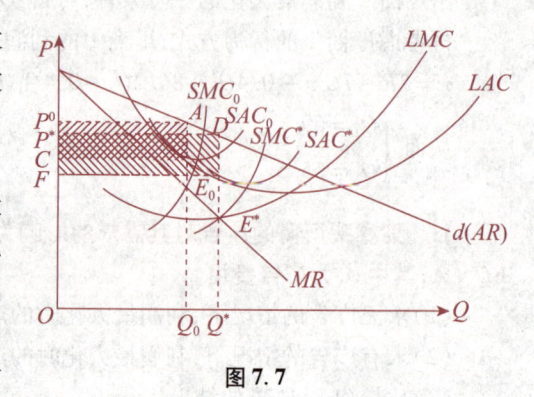

在图 7.7 中，在市场需求状况和厂商生产技术状况给定的条件下，先假定垄断厂商处于短期生产，尤其要注意的是，其生产规模是给定的，以 $SAC_0$ 曲线和 $SMC_0$ 曲线所代表，于是，根据 $MR=SMC$ 的短期利润最大化原则，垄断厂商将短期均衡产量和价格分别调整为 $Q_0$ 和 $P^0$，并由此获得的短期利润相当于图中较小的那块阴影部分的面积 $P^0ABC$。下面，再假定垄断厂商处于长期生产状态，则垄断厂商首先根据 $MR=LMC$ 的长期利润最大化的原则确定长期的均衡产量和均衡价格分别为 $Q^*$ 和 $P^*$，然后，垄断厂商调整全部生产要素的数量，选择最优的生产规模（以 $SAC^*$ 曲线和 $SMC^*$ 曲线所表示），来生产长期均衡产量 $Q^*$。由此，垄断厂商获得的长期利润相当于图中较大的阴影部分的面积 $P^*DE_0F$。显然，由于垄断厂商在长期可以选择最优的生产规模，而在短期只能在给定的生产规模下生产，所以，垄断厂商的长期利润总是大于短期利润。此外，在垄断市场上，即使是长期，也总是假定不可能有新厂商加入，因而垄断厂商可以长期保持其高额的垄断利润。

图 7.7

由此可得，垄断厂商长期均衡的条件是：$MR=LMC=SMC$，且 $\pi>0$。

**13. 试述古诺模型的主要内容和结论。**

答案：（1）古诺模型假设是：第一，两个寡头厂商都是对方行为的消极的追随者，也就是说，每一个厂商都是在对方确定了利润最大化的产量的前提下，再根据留给自己的市场需求份额来决定自己的利润最大化的产量；第二，市场的需求曲线是线性的，而且两个厂商都准确地知道市场的需求情况；第三，两个厂商生产和销售相同的产品，且生产成本为零，于是，它们所追求的利润最大化

## 第七章 不完全竞争市场

目标也就成了追求收益最大化的目标。

(2) 在(1)中的假设条件下,令市场容量或机会产量为 $Q$,则每个寡头厂商的均衡产量为 $\frac{1}{3}Q$,行业的均衡总产量为 $\frac{2}{3}Q$。如果将以上结论推广到 $m$ 个寡头厂商的场合,则每个寡头厂商的均衡产量为 $\frac{1}{m+1}Q$,行业的均衡总产量为 $\frac{m}{m+1}Q$。

(3) 在关于古诺模型的计算题中,关键要求很好地理解并运用每一个寡头厂商的反应函数:首先,从每个寡头厂商的各自追求利润最大化的行为模型中求出每个厂商的反应函数。所谓反应函数就是每一个厂商的最优产量都是其他厂商的产量的函数,即 $Q_i = f(Q_j), i,j = 1,2, i \neq j$。然后,将所有厂商的反应函数联立成一个方程组,并求解多个厂商的产量。最后所求出的多个厂商的产量就是古诺模型的均衡解,它一定满足(2)中关于古诺模型一般解的要求。在整个古诺模型的求解过程中,始终体现了该模型对于单个厂的行为假设:每一个厂商都是消极地以自己的产量去适应对方已确定的利润最大化的产量。

**14. 弯折的需求曲线模型是如何解释寡头市场上的价格刚性现象的?**

**答案:**(1) 该模型的基本假设条件是:若行业中的一个寡头厂商提高价格,则其他的厂商都不会跟着提价,这便使得单独提价的厂商的销售量大幅度地减少;相反,若行业中的一个寡头厂商降低价格,则其他的厂商都会将价格降低到同一水平,这便使得首先单独降价的厂商的销售量的增加幅度是有限的。

(2) 由以上(1)的假设条件,便可以推导出单个寡头厂商弯折的需求曲线:在这条弯折的需求曲线上,对应于单个厂商的单独提价部分,是该厂商的主观的 $d$ 需求曲线的一部分;对于单个厂商首先降价而后其他厂商都降价的部分,则是该厂商的实际需求份额 $D$ 曲线。于是,在 $d$ 需求曲线和 $D$ 需求曲线的交接处存在一个折点,这便形成了一条弯折的需求曲线。在折点以上的部分是 $d$ 需求曲线,其较平坦即弹性较大;在折点以下的部分是 $D$ 需求曲线,其较陡峭即弹性较小。

(3) 与(2)中的弯折的需求曲线相适应,便得到间断的边际收益 $MR$ 曲线。换言之,在需求曲线的折点所对应的产量上,边际收益 $MR$ 曲线是间断的,$MR$ 值存在一个上限与下限之间的波动范围。

(4) 正是由于(3),所以,在需求曲线的折点所对应的产量上,只要边际成本 $MC$ 曲线的位置移动的范围在边际收益 $MR$ 曲线的间断范围内,厂商始终可以实现 $MR = MC$ 的利润最大化的目标。这也就是说,如果厂商在生产过程中因技术、成本等因素导致边际成本 $MC$ 发生变化,但只要这种变化使得 $MC$ 曲线的波动不超出间断的边际收益 $MR$ 曲线的上限与下限,那就始终可以在相同的产量和相同的价格水平上实现 $MR = MC$ 的利润最大化的原则。至此,弯折的需求曲线便解释了寡头市场上的价格刚性现象。

**15. 完全竞争厂商和垄断厂商都根据利润最大化原则 $MR = MC$ 对产品定价,请分析它们所决定的价格水平有什么区别?**

**答案:**完全竞争市场又叫作纯粹竞争市场,是指竞争充分而不受任何阻碍和干扰的一种市场结构。在这种市场类型中,买卖人数众多,买者和卖者是价格的接受者,资源可自由流动。垄断竞争是一种介于完全竞争和完全垄断之间的市场组织形式,在这种市场中,既存在着激烈的竞争,又具有垄断的因素。垄断竞争市场是指一种既有垄断又有竞争,既不是完全竞争又不是完全垄断的市场,是处于完全竞争和完全垄断之间的一种市场。垄断竞争下价格比较高,相应产量较低,对消费者不利。但也并不能由此得出完全竞争市场就优于垄断竞争市场的结论。因为尽管垄断竞争市场上平均成本与价格高,资源有浪费,但消费者可以得到有差别的产品,从而满足不同的需求。在寡头垄断市场上,市场价格高于边际成本,同时价格高于最低平均成本。因此,寡头垄断企业在生产量和技术使用方面应该是缺乏效率的,但从程度上来看,由于寡头市场存在竞争,有时竞争还比较激烈,因而其效率比垄断市场要高。在均衡状态中垄断市场价格要高于完全竞争。在完全竞争市场中,均衡价格等于边际成本。但是,在垄断市场,价格高于边际成本。在长期均衡中,相对于完全竞争市场中的厂商,垄断厂商没有以可能的最低成本进行生产,所生产的产量也小于在完全竞争市场中应该达到的产量。垄断厂商获得的超额利润被视为收入分配的不平等。

## 自测题

### 一、名词解释

1. 垄断市场　　　　　2. 价格歧视　　　　　3. 差别定价
4. 自然垄断　　　　　5. 垄断竞争市场　　　6. $d$ 需求曲线
7. 寡头垄断市场　　　8. 占优策略均衡　　　9. 纳什均衡

### 二、单项选择

1. 在西方经济学中,(　　)市场模型通常被用来作为判断其他类型市场的经济效率高低的标准。
   A. 完全竞争　　　B. 垄断竞争　　　C. 垄断　　　D. 寡头
2. 根据微观经济学理论,在短期内,垄断厂商的决策原则是　　　　　　　　　(　　)
   A. $P = MC$　　　B. $MR = MC$　　　C. $P = MR$　　　D. $AR = MR$
3. 在生产过程中,垄断厂商长期均衡的条件是　　　　　　　　　　　　　　　(　　)
   A. $MR = MC$
   B. $MR = SMC = LMC = SAC$
   C. $MR = SMC = LMC$
   D. $SAC = SMC = MR = LMC = LAC$
4. 垄断厂商拥有线性的平均收益曲线和边际收益曲线,其边际收益曲线的斜率为平均收益曲线斜率的 (　　)
   A. 1 倍　　　B. 1/2 倍　　　C. 4 倍　　　D. 2 倍
5. 政府和相关管理机构对垄断厂商的限价使其经济利润消失,则其价格等于　　　(　　)
   A. 边际收益　　　　　　　　　B. 边际成本
   C. 平均成本　　　　　　　　　D. 平均可变成本
6. 在生产过程中,完全垄断厂商达到短期均衡时,它将　　　　　　　　　　　(　　)
   A. 获取利润　　　B. 亏损　　　C. 盈亏平衡　　　D. 都有可能
7. 相对于完全竞争市场,垄断竞争市场最显著的特征是　　　　　　　　　　　(　　)
   A. 厂商间产品存在产品差异　　B. 市场竞争激烈
   C. 市场上有很多厂商　　　　　D. 厂商能够自由进出
8. (　　)厂商所面临的需求曲线有两种,它们通常被区分为 $d$ 需求曲线和 $D$ 需求曲线
   A. 完全竞争　　　B. 垄断竞争　　　C. 垄断　　　D. 寡头。

9. 在市场理论中,完全竞争厂商与不完全竞争厂商的重要区别点是 （　　）
   A. 需求曲线的斜率　　　　　　　　　B. 行业内厂商数目较多
   C. 市场竞争较为激烈　　　　　　　　D. 厂商进入较为容易
10. 在斯威齐模型中,以下关于弯折的需求曲线的拐点两边的需求弹性的说法,正确的是 （　　）
    A. 左边弹性大于右边弹性　　　　　　B. 左边弹性小于右边弹性
    C. 左右两侧弹性相同　　　　　　　　D. 以上都有可能
11. 卡特尔制定统一价格的原则是 （　　）
    A. 使整个卡特尔的产量最大　　　　　B. 使整个卡特尔的利润最大
    C. 使整个卡特尔的成本最小　　　　　D. 使卡特尔中各个厂商利润最大
12. 在一种只有固定成本的生产活动中,四个寡头厂商面临的市场需求曲线为 $P = 100 - Q$,在古诺模型的条件下,每个厂商实现最大利润,那么,下面论述正确的是 （　　）
    A. 每个厂商生产 25 单位产品　　　　B. 市场价格为 $P = 20$
    C. 行业供给量为 60 单位　　　　　　D. 以上说法均不正确
13. 假如某厂商实行三级价格歧视,则其利润最大化的条件是 （　　）
    A. $MC = MR_1 = MR_2$　　　　　　B. $MC > MR_1 = MR_2$
    C. $MC < MR_1 = MR_2$　　　　　　D. $P = MR_1 = MR_2$
14. 在微观经济学中,正常利润是 （　　）
    A. 经济利润的一部分　　　　　　　　B. 厂商成本的一部分
    C. 隐性成本　　　　　　　　　　　　D. B、C 都正确

## 三、判断题

1. 市场的竞争程度越高,则经济效率越高;市场的垄断程度越低,则经济效率越低。（　　）
2. 在短期,垄断厂商有可能在实际生产过程中出现亏损。（　　）
3. 在微观经济理论中,正常利润不属于成本范畴。（　　）
4. 垄断程度越高需求曲线越陡峭;垄断程度越低,需求曲线越平坦。（　　）
5. 由于完全垄断行业只有一个厂商,因此,行业的需求曲线就是厂商的需求曲线。（　　）
6. 凡是在或多或少的程度上带有垄断因素的不完全竞争市场中,是不存在带有规律性的厂商和行业的短期供给曲线的。（　　）
7. 在完全垄断市场中,边际收益曲线平分需求曲线和价格轴之间的任何一条水平线,表明 MR 曲线的斜率为 AR 曲线斜率的两倍。（　　）
8. 垄断竞争反映了市场经济的特点,被认为是更接近经济现实市场结构的市场形式。（　　）
9. 在寡头垄断市场中,厂商之间的依存程度较小。（　　）
10. 寡头垄断厂商生产的产品对以是同质的,也可以是有差别的。（　　）
11. 实行差别定价的厂商,应在需求弹性较大的市场上制定较低的价格,在需求弹性较小的市场上制定较高的价格。（　　）
12. 晴雨表型价格领导厂商一定是行业内竞争力最强的厂商。（　　）

## 四、计算题

1. 已知某垄断厂商的短期成本函数为 $STC = 0.1Q^3 - 6Q^2 + 140Q + 3000$,反需求函数为 $P = 150 - 3.35Q$。

求该垄断厂商的短期均衡产量与均衡价格。

2. 已知某垄断厂商利用一个工厂生产一种产品,其产品在两个分隔的市场上出售,他的成本函数为 $TC = Q^2 + 40Q$,两个市场的需求函数分别为 $Q_1 = 12 - 0.1P_1, Q_2 = 20 - 0.4P_2$。求:

(1) 当该厂商实行三级价格歧视时,他追求利润最大化前提下的两个市场各自的销售量、价格以及厂商的总利润。

(2) 当该厂商在两个市场实行统一的价格时,他追求利润最大化前提下的销售量、价格以及厂商的总利润。

(3) 比较(1)和(2)的结果。

3. 假设:(1) 只有 A、B 两寡头垄断厂商出售同质且生产成本为零的产品;(2) 市场对该产品的需求函数为 $Qd = 240 - 10p$,以美元计;(3) 厂商 A 先进入市场,随之 B 进入。各厂商确定产量时认为另一厂商会保持产量不变。试求:

(1) 均衡时各厂商的产量和价格为多少?

(2) 与完全竞争和完全垄断相比,该产量和价格如何?

(3) 各厂商取得利润是多少?该利润与完全竞争和完全垄断时相比情况如何?

(4) 如果再有一厂商进入该行业,则行业均衡产量和价格会发生什么变化?如有更多厂商进入,情况又会怎样?

4. 假设双头市场上厂商的行为遵循古诺模型,他们的成本函数分别为

$$TC_1 = 0.1q_1^2 + 20q_1 + 100000; TC_2 = 0.4q_2^2 + 32q_2^2 + 200000$$

两厂商生产相同产品,市场需求函数为 $Q = 4000 - 10P$,根据古诺模型试求:

(1) 厂商 1 和厂商 2 的反应函数;

(2) 场均衡价格和两厂商的各自产量;

(3) 每个厂商的利润数额。

## 五、简答题

1. 运用所学知识解释寡头垄断行业的价格为什么具有刚性?
2. 请简要分析垄断厂商实行二级价格差别比实行一级价格差别要容易些?
3. 说明与比较垄断市场和寡头市场形成的原因。

## 六、分析题

1. 结合所学知识分析为什么垄断厂商的需求曲线是向右下方倾斜的?并解释相应的 TR 曲线、AR 曲线和 MR 曲线的特征及相互关系。

2. 结合所学知识分析垄断市场、垄断竞争市场和寡头市场都不存在具有规律的厂商的供给曲线的原因。

# 第七章 不完全竞争市场

## 参考答案

### 一、名词解释

1. 垄断市场：整个行业中只有唯一一个厂商的市场组织。该厂商可以控制和操纵市场价格。
2. 价格歧视：以不同价格销售同一种产品，称为价格歧视。
3. 差别定价：同一种产品由于成本不同而以不同的价格出售，则属于差别定价。
4. 自然垄断：某些行业的生产技术需要大量的固定设备，使得固定成本非常大，而可变成本相对很小，所以平均成本在很高的产量水平仍然呈下降趋势，即存在规模经济，这类行业称为自然垄断行业。
5. 垄断竞争市场：有许多厂商生产和销售有差别的替代品，这样的市场称为垄断竞争市场。
6. 寡头垄断市场：少数几家厂商控制整个市场产品的生产和销售的市场组织。
7. 占优策略均衡：所有博弈方的占优策略组合所组成的均衡就是占优策略均衡，为纳什均衡的特例。
8. 纳什均衡：给定对手的策略，各博弈方采取他所能采取的最好的策略。

### 二、单项选择

1—5 ABCDC  6—10 DABAA  11—14 BBAD

### 三、判断题

1. ×  2. √  3. ×  4. √  5. √  6. √  7. ×  8. √  9. ×  10. √  11. √  12. ×

### 四、计算题

1. **答案**：由题得 $SMC = \dfrac{\mathrm{d}STC}{\mathrm{d}Q} = 0.3Q^2 - 12Q + 140$

且由 $TR = P(Q) \times Q = (150 - 3.25Q)Q = 150Q - 3.25Q^2$

得 $MR = \dfrac{\mathrm{d}TR}{\mathrm{d}Q} = 150 - 6.5Q$

根据垄断厂商短期利润最大化原则 $MR = SMC$，有：

$0.3Q^2 - 120Q + 140 = 150 - 6.50Q$，解得 $Q = 20$（负值舍去）

将 $Q = 20$ 代入反需求函数，得 $P = 150 - 3.25Q = 150 - 3.25 \times 20 = 85$，

所以，该垄断厂商的短期均衡产量为 $Q = 20$，均衡价格为 $P = 85$。

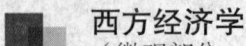

**2. 答案:** (1)已知 $Q_1 = 12 - 0.1P_1$,则该市场的反需求函数为 $P_1 = 120 - 10Q_1$,边际收益函数为 $MR_1 = 120 - 20Q_1$。

同理,由 $Q_2 = 20 - 0.4P_2$ 可得该市场的反需求函数为 $P_2 = 50 - 2.5Q_2$,边际收益函数为 $MR_2 = 50 - 5Q_2$。

而市场需求函数为两个分市场需求函数之和,即 $Q = Q_1 + Q_2 = (12 - 0.1P) + (20 - 0.4P) = 32 - 0.5P$,则市场反需求函数为 $P = 64 - 2Q$,市场的边际收益函数为 $MR = 64 - 4Q$。

由题,厂商生产的边际成本函数 $MC = \dfrac{dTC}{dQ} = 2Q + 40$。

厂商实行三级价格歧视时利润最大化的原则为 $MR_1 = MR_2$。则:

对于第一个市场:根据 $MR_1 = MC$,有:$120 - 20Q_1 = 2Q + 40$

即 $22Q_1 + 2Q_2 = 80$

对于第二个市场:

根据 $MR_2 = MC$,有:$50 - 5Q_2 = 2q + 40$,即 $2Q_1 + 7Q_2 = 10$。

由(1)(2)组成方程组(2)并解之可得,厂商在两个市场上的销售量分别为 $Q_1 = 3.6, Q_2 = 0.4$。

将产量代入反需求函数,可得两市场的价格分别为

$$P_1 = 84, P_2 = 49$$

在实行三级价格歧视的时候,厂商的总利润为:

$$\pi = (TR_1 + TR_2 - TC)$$
$$= P_1Q_1 + P_2Q_2 - (Q_1 + Q_2)^2 - 40(Q_1 + Q_2)$$
$$= 84 \times 3.6 + 49 \times 0.4 - 4^2 - 40 \times 4 = 146$$

(2)当该厂商在两个市场上实行统一的价格时,有:

$$P = 64 - 2Q \quad (Q = Q_1 + Q_2)$$
$$MR = 64 - 4Q \quad MC = 2Q + 40$$

根据利润最大化的原则 $MR = MC$,统一市场有:$64 - 4Q = 2Q + 40$,解得 $Q = 4$,

将 $Q = 4$ 代入市场反需求函数 $P = 64 - 2Q$,得 $P = 56$,

则厂商的利润为:

$$\pi = P \times Q - TC = (56 \times 4) - (4^2 + 40 \times 4) = 48$$

所以,当该垄断厂商在两个市场上实行统一的价格时,他追求利润最大化的销售量为 $Q = 4$,价格为 $P = 56$,总的利润为 $\pi = 48$。

(3)由(1)和(2),可以清楚地看到,将该垄断厂商实行三级价格歧视和在两个市场实行统一定价的做法相比较,他在两个市场实行三级价格歧视时所获得的利润大于在两个市场实行统一定价时所获得的利润(因为 146 > 48)。这一结果表明实行三级价格歧视要比不这样做更有利可图。

**3. 答案:** (1)根据假设条件,这两个厂商的行为属古诺模型。

从产品需求函数 $Q_d = 240 - 10p$ 中可知,当 $p = 0$ 时 $Q_d = 240$。

根据古诺模型,这两个厂商利润极大时的产量为 $\dfrac{1}{3} \times 240 = 80$,整个市场的产量为

$$Q = Q_A + Q_B = 80 + 80 = 160$$

将 $Q = 160$ 代入市场需求函数,得 $P = (240 - 160) \div 10 = 8$(美元)。

(2)完全竞争时,厂商数 $n$ 越多,各厂商均衡产量的总和即总产量 $n/(n+1) \times 240$ 就接近于 240,

而价格则越接近于零,反之,完全垄断时,$n=1$。

因此该厂商均衡产量为 $\frac{1}{1+1} \times 240 = 120$,价格 $p = 12$(美元)。

(3)厂商 $\pi_A = TR_A - TC_A = PQ_A = 8 \times 80 = 640$(美元),同样可得 $\pi_B = 640$(美元)。

完全竞争时,$\pi_A = PQ_A = 0$;完全垄断时,$\pi_A = pQ_A = 12 \times 120 = 1440$(美元)。

(4)再有一厂商进入该行业时,$Q_A = Q_B = Q_C = \frac{1}{4} \times 240 = 60$,总产量 $Q = Q_A + Q_B + Q_C = 180$,将 $Q = 180$ 代入需求函数,得 $P = (240 - 180) \div 10 = 6$(美元)。

如有更多厂商进入,则各厂商的均衡产量越小,总产量越接近于240,价格则越低。

**4. 答案:**(1)为求厂商1和厂商2的反应函数,先要求两个厂商的利润函数。

已知市场需求函数为 $Q = 4000 - 10P$,可知 $P = 400 - 0.1Q$ 而市场总需求量为厂商1和厂商2产品需求量的总和,即 $Q = Q_1 + Q_2$,因此 $P = 400 - 0.1Q = 400 - 0.1(Q_1 + Q_2)$。

由此求得两厂商的总收益函数分别为

$$TR_1 = (400 - 0.1Q_1 - 0.1Q_2)Q_1 = 400Q_1 - 0.1Q_1^2 - 0.1Q_1Q_2$$
$$TR_2 = (400 - 0.1Q_1 - 0.1Q_2)Q_2 = 400Q_2 - 0.1Q_1Q_2 - 0.1Q_2^2$$

于是两厂商的利润函数分别为

$$\pi_1 = TR_1 - TC_1 = 400Q_1 - 0.1Q_1^2 - 0.1Q_1Q_2 - 20Q_1 - 100000$$
$$\pi_2 = TR_2 - TC_2 = 400Q_2 - 0.1Q_2^2 - 0.1Q_1Q_2 - 32Q_2 - 20000$$

两厂商要实现利润最大化,其必要条件是

$$\frac{\partial \pi}{\partial q_1} = 400 - 0.2Q_1 - 0.1Q_2 - 20 = 0$$

故厂商1的反应函数为 $Q_1 = 950 - 0.25Q_2$,同理可得厂商2的反应函数为

$$Q_2 = 368 - 0.1Q_1$$

(2)均衡产量和均衡价格可以从两个反应函数的交点得到。将两个反应函数联立,即

$$Q_1 = 950 - 0.25Q_2, Q_2 = 368 - 0.1Q_1$$

求解方程组得到 $Q_1 = 880, Q_2 = 280$。

故

$$Q = Q_1 + Q_2 = 880 + 280 = 1160,$$
$$P = 400 - 0.1Q = 400 - 0.1 \times 1160 = 284$$

(3)厂商1的利润为 $\pi_1 = TR_1 - TC_1 = 400Q_1 - 0.1Q_1^2 - 0.1Q_1Q_2 - 20Q_1 - 100000 = 54880$,

厂商2的利润为 $\pi_2 = TR_2 - TC_2 = 400Q_2 - 0.1Q_2^2 - 0.1Q_1Q_2 - 32Q_2 - 20000 = 19200$。

## 五、简答题

**1. 答案:**在寡头垄断市场上,每个厂商都清楚地知道彼此之间的相互依存性和竞争结果的不确定性。通过价格竞争来夺取其他厂商的市场,必然会遭到竞争对手报复,往往得不偿失,甚至受到更大伤害。因此,为了避免在价格竞争中两败俱伤,寡头厂商通常采用非价格竞争的方式来提高市场占有率,瓜分利润,致使市场价格较为稳定。同时,斯威齐利用弯折的需求曲线所建立的寡头垄断均衡模型,从理论上解释了寡头市场价格具有刚性的成出。寡头垄断厂商的非价格竞争与垄断竞争厂商大体近似,主要包括广告竞争和提高产品质量。

**2. 答案:**一级价格差别是垄断厂商确切知道消费者购买商品愿意支付的最高价格.对每个消费者索

取不同的价格,最低的价格取决于成本。也就是说垄断者把消费者面临的需求曲线看成是自己的边际收益曲线,使厂商攫取全部消费者剩余。二级价格差别是厂商把产品分成若干个组,按组制定不同的价格,并可以榨取一部分消费者剩余。一级价格差别只有在垄断者面临少数消费者并全面把握消费者愿意支付的最高价格时才可以实行;而二级价格差别面临的是若干消费者群体以及消费者有选择的自由,故实行二级价格差别比一级价格差别要容易些。

3. **答案**:垄断市场的主要条件是:第一,市场上只有唯一的一个厂商生产和销售商品;第二,该厂商提供的商品没有任何相近的替代品;第三,其他厂商加入该行业极为困难或不可能。在垄断市场条件下,垄断厂商可以控制和操纵市场。

垄断形成的主要原因有:独家厂商控制了生产某种商品的全部或基本资源的供给;独家厂商拥有生产某种产品的专利权;政府的特许和自然垄断等。

寡头市场是少数几家厂商控制整个市场的产品生产和销售的市场组织。寡头市场的成因和垄断市场是相似的,只是程度上有所差别。

## 六、分析题

1. **答案**:(1)垄断厂商:由于垄断市场中只有一个厂商,所以市场的需求曲线就是垄断厂商所面临的需求曲线,市场需求曲线一般是向右下方倾斜的,所以垄断厂商的需求量与价格成反方向的变化。同时,垄断厂商可以通过改变销售量来控制价格。假定厂商的销售量等于市场的需求量,那么,垄断厂商所面临的向右下方倾斜的需求曲线表示垄断厂商可以通过调整销售量来控制市场价格,即垄断厂商可以通过减少商品的销售量来提高市场价格,也可以通过增加商品的销售量来降低市场价格。

(2)垄断厂商的 $TR$ 曲线、$AR$ 曲线、$MR$ 曲线的特征以及相互关系,如图7.8所示:

第一,平均收益 $AR$ 曲线与垄断厂商的向右下方倾斜的 $d$ 需求曲线重叠。因为,在任何的销售量上,都是 $P = AR$。

第二,边际收益 $MR$ 曲线是向右下方倾斜的,且其位置低于 $AR$ 曲线。其原因在于 $AR$ 曲线是一条下降的曲线。此外,在线性需求曲线的条件下,$AR$ 曲线和 $MR$ 曲线的纵截距相同,求 $MR$ 曲线的斜率的绝对值是 $AR$ 曲线的截距的绝对值的两倍。

第三,由于 $MR$ 值是 $TR$ 曲线的斜率,即 $MR = \dfrac{\mathrm{d}TR}{\mathrm{d}Q}$,所以,当 $MR > 0$ 时,$TR$ 曲线是上升的;当 $MR > 0$ 时,$TR$ 曲线是下降的;当 $MR = 0$ 时,$TR$ 曲线达极大值。

2. **答案**:(1)表示在每一个价格水平下,生产者愿意提供并能够提供的产品数量,因此,它是一条反映商品的价格和供给数量之间相互关系的向右上方倾斜的曲线,或者说供给曲线所对应的供给函数 $Q^S = f(P)$ 的斜率为

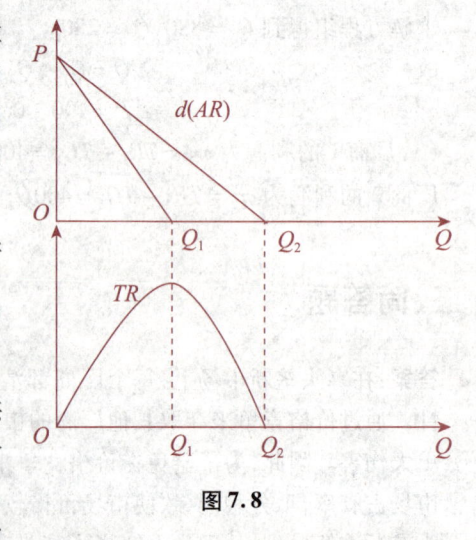

图7.8

正。因此,供给曲线或供给函数体现了价格与供给量之间一一对应的关系,即商品的一个价格水平只能对应一个供给量,再者说,一个价格水平只能对应一个能够带来利润最大化的最优产量。

(2)在完全竞争厂商的短期均衡分析中,之所以能够推导出厂商的供给曲线,其原因在于每一个价格水平之对应一个利润最大化的最优产量。之所以如此,是因为完全竞争厂商所面临的需求曲线是一条水平线。

(3)在非完全竞争市场上,包括垄断市场、寡头市场和垄断竞争市场,由于单个厂商对市场有或多或少的垄断力量,所以,单个厂商所面临的需求曲线是向右下方倾斜的,只是倾斜程度有所不同而已。也正因为如此,在商品的一个价格水平上可能会对应几个不同的供给量,或者在商品的一个供给量上可能会对应几个不同的价格水平。也正是从这个意义上讲,在所有的非完全竞争市场上,单个厂商都不存在价格和供给量之间为一一对应关系的这种具有规律性的供给曲线。

(4)虽然在非完全竞争市场上单个厂商不存在供给曲线,但仍然可以说,在某一个价格水平上某厂商提供了多少产量,以实现利润最大化的目标。只不过在这种情况下,所有的价格及其相对应的产量之间的关系无法构成一条光滑连续的且斜率为正的供给曲线而已。

# 第八章 生产要素价格的决定

**知识脉络图**

完全竞争厂商使用生产要素的原则 $\begin{cases} 边际收益 = 边际产品价值 \\ 边际成本 = 要素价格 \end{cases}$

完全竞争厂商对生产要素的需求曲线

从厂商到市场的需求曲线

对供给方面的概述 $\begin{cases} 要素所有者、最大化行为和供给问题 \\ 要素供给原则 \begin{cases} 序数效用分析 \\ 基数效用分析 \end{cases} \\ 无差异曲线分析 \end{cases}$

要素供给
- 劳动供给
  - 消费者在闲暇和劳动收入之间进行选择
  - 推导:PEP 劳动供给曲线
  - 劳动的供给曲线:向后弯曲
  - 解释向后弯曲的劳动供给曲线:收入效应和替代效应
  - 劳动的市场供给曲线:向右上方倾斜
  - 影响劳动市场供给曲线位置因素:财富、社会习俗、人口
- 土地供给
  - "土地"的经济定义
  - 区分要素和要素服务
  - 土地只有收入效应而无自用效用
  - 地租产生的根本原因:土地的稀缺性
  - 地租的推广:准租金、经济租(生产者剩余)
- 资本供给
  - 资本作为生产要素的特点 $\begin{cases} 数量可变 \\ 可以获得更多商品和服务 \\ 作为投入要素用于生产过程 \end{cases}$
  - 资本服务的价格:利率
  - 利率的决定公式:$r\dfrac{Z+\Delta P}{P}$
  - 消费者在储蓄之间进行选择:跨期消费决策
  - 贷款的供给曲线:向后弯曲

欧拉定理 $\begin{cases} 公式:Q = L \cdot \dfrac{\partial Q}{\partial L} + K \cdot \dfrac{\partial Q}{\partial K} \\ 欧拉定理的经济意义 \end{cases}$

洛伦兹曲线 $\begin{cases} 定义 \\ 经济意义:洛伦兹曲线越弯曲,收入分配越不平等 \\ 基尼系数:G = \dfrac{A}{A+B} \\ A——不平等面积 \\ B——完全不平等面积 \end{cases}$

# 第八章 生产要素价格的决定

> **复习提示**
>
> **概念**：引致需求、边际产品、边际产品价值、边际收益价值、卖方垄断、边际要素成本。
> **理解**：生产要素的种类和重要性、从生产到市场的需求曲线、卖方垄断市场要素需求曲线不存在的原因。
> **掌握**：完全竞争厂商使用要素的原则、完全竞争厂商对生产要素的需求曲线、卖方垄断厂商的要素使用原则、卖方垄断情况下生产要素的价格和数量的决定。
> **计算**：能够根据产品和要素市场的生产函数和要素需求函数计算厂商的生产情况、根据厂商的生产函数计算厂商的要素需求。
> **画图**：用图表示怎样用要素供给和需求曲线决定均衡价格。
> **概念**：价格扩展线、租金、准租金、经济租金、洛伦兹曲线、基尼系数、欧拉定理。
> **理解**：向后弯曲的劳动供给曲线的推导和意义、效用最大、无差异曲线。
> **掌握**：要素供给的原则、土地的供给曲线、地租的决定、资本的供给曲线、欧拉定理。
> **画图**：向后弯曲的劳动供给曲线。

## 重、难点常识理解

## 一、完全竞争厂商使用生产要素的原则

利润最大化要求任何经济活动的"边际收益"和"边际成本"必须相等。这一点不仅适用于产品数量的决定,而且也适用于要素使用量的决定。

(1) 使用要素的"边际收益"——边际产品价值。

对于完全竞争厂商来说,$TR = P \cdot Q$($P$ 是由行业供求决定的均衡价格)而 $Q = Q(L)$,所以 $TR(L) = P \cdot Q(L)$,

$$VMP_L = \frac{dTR}{dL} = P \cdot \frac{dQ}{dL} = P \cdot MP_L。$$

上式表示在完全竞争条件下,增加使用 1 单位要素所增加的收益可以用要素边际产量 $MP$ 与既定产品价格 $P$ 的乘积 $MP \cdot P$ 表示,这就是完全竞争厂商使用生产要素的"边际收益",叫做边际产品价值,并用 $VMP$ 表示。

边际产品价值曲线与边际产量曲线一样均向右下方倾斜,但二者位置不同。边际产品价值 $VMP$ 曲线与边际产量 $MP$ 曲线的相对位置取决于产品价格 $P$ 是大于 1、小于或等于 1。如果 $P > 1$,则 $VMP$ 曲线高于 $MP$ 曲线,如图 8.1 所示。

(2) 使用要素的"边际成本"——要素价格。

在前面成本被看成产量的函数: $C = C(Q)$,由于产量本身又取决于所使用的生产要素的数量,故成本也可以直接表示为生产要素的函数,$C = W \cdot L$。

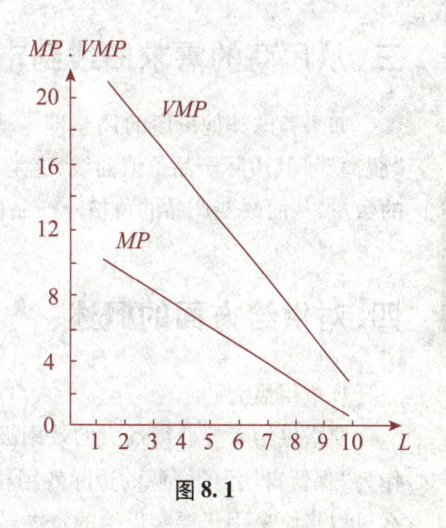

图 8.1

由于要素价格为既定常数,使用要素的"边际成本"即成本函数对要素的导数恰好就等于劳动价格:$\dfrac{\mathrm{d}C(L)}{\mathrm{d}L}=W$,它表示完全竞争厂商增加使用 1 单位生产要素所增加的成本 $W$,如图 8.2 所示。

(3) 完全竞争厂商使用要素的原则。

厂商使用要素的原则:使用要素的"边际成本"和相应的"边际收益"相等。在完全竞争条件下,厂商使用要素的边际成本等于要素价格 $W$,而使用要素的边际收益是边际产品价值 $VMP$,因此,完全竞争厂商使用要素的原则可以表示为:

$$VMP=W$$
$$P\cdot MP=W$$

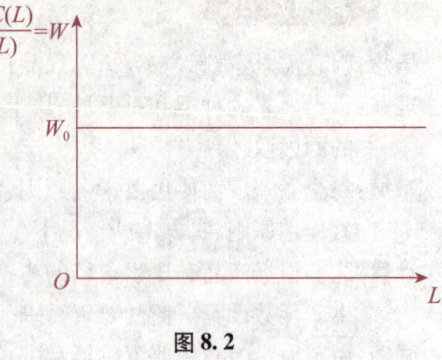

图 8.2

## 二、完全竞争厂商对生产要素的需求曲线

如果假定其他条件不变,特别是假定不考虑其他厂商的调整,单个完全竞争厂商的要素需求曲线与它的边际产品价值曲线重合。这一性质可以由完全竞争厂商的要素使用原则 $P\left[\dfrac{\mathrm{d}Q(L)}{\mathrm{d}L}\right]=W$ 推出来。

上面等式左边边际产品价值是一条向右下方倾斜的曲线。若设要素价格 $W=W_0$,则又有一条水平的要素价格曲线 $W_0$(因为厂商为完全竞争)。于是,根据要素使用原则,这两条曲线的交点决定的最优要素需求量为 $L_0$。给定不同的要素价格,就有相应的要素需求量与之对应。该对应关系恰好由边际产品价值曲线所描绘。这就是说,完全竞争厂商的要素需求曲线恰好与边际产品价值曲线重合。

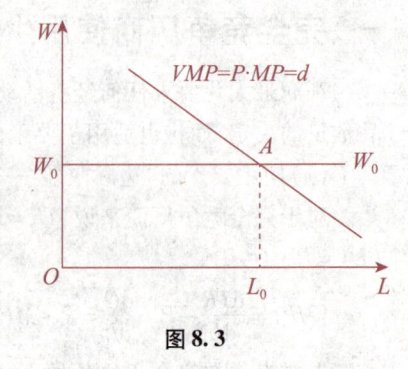

图 8.3

## 三、从厂商的需求曲线到市场的需求曲线

如果考虑其他厂商的调整即考虑整个行业的调整,则单个完全竞争厂商的要素需求曲线就"脱离"了其边际产品价值曲线,这是因为,当要素价格变化时,许多厂商同时调整将显著改变产品的数量,从而改变产品的价格。产品价格的变化进一步改变边际产品价值。

## 四、对供给方面的概述

**1. 效用最大**

要素供给者要获得最大的效用必须满足如下的条件:作为"要素供给"的资源的边际效用要与作为"保留自用"的资源的边际效用相等。如果要素供给的边际效用小于保留自用的边际效用,那么可以将原来用于要素供给的资源转移一单位到保留自用上去,从而增大总的效用。之所以能够如此是因为减少一单位要素供给所损失的效用要小于增加一单位保留自用资源所增加的效用;相反,如果要素供给的边际效用大于保留自用的边际效用,则可以将原来保留自用的资源转移一单位到要素供给上去。最后,由于边际效用是递减的,上述调整过程可以最终达到均衡状态,即要素供给的边际效用和保留自用的边际效用相等。可以将效用最大化条件表示为:$\dfrac{dU}{dl}=\dfrac{dU}{dY}\cdot W$。

其中 $W$ 表示资源价格(要素价格),$U$ 表示效用函数,$l$ 为自用资源量,$Y$ 表示从要素供给中得到的收入。

### 2. 无差异曲线

与第三章的情况一样,上述关于要素供给原则的讨论也可以利用无差异曲线的分析工具来进行说明。

图 8.4 中,横轴 $l$ 表示自用资源的数量,纵轴 $Y$ 表示要素供给所带来的收入。所以,图中每一点均代表一个收入 $Y$ 和自用资源 $l$ 的组合。$U_0$、$U_1$ 和 $U_2$ 是消费者的三条无差异曲线。在同一条曲线上,不同的点代表着相同的效用水平。与通常的无差异曲线一样,$U_0$、$U_1$ 和 $U_2$ 也假定为向右下方倾斜和向原点凸出。这意味着,收入和自用资源都是"好商品",多多益善,而且它们的重要程度均随数量的增加而下降;此外,较高的无差异曲线代表着较高的效用,即 $U_2 > U_1 > U_0$。

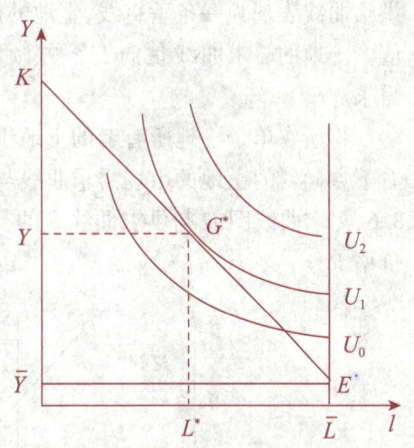

图 8.4　要素供给的原则:无差异曲线分析

## 五、劳动供给曲线和工资率的决定

### 1. 劳动供给曲线

劳动供给曲线有一个鲜明的特点,即它具有一段向后弯曲的部分。工资较低时,随之工资的上升,消费者为较高的工资吸引将减少闲暇,增加劳动供给量。在这个阶段,劳动供给曲线向右上方倾斜。但是,工资上涨对劳动供给的吸引力是有限的。工资上涨到 $W_1$ 时,消费者的劳动供给量达到最大。此时如果继续增加工资,劳动供给量非但不会增加,反而会减少。于是劳动供给曲线从工资 $W_1$ 处起开始向后弯曲。

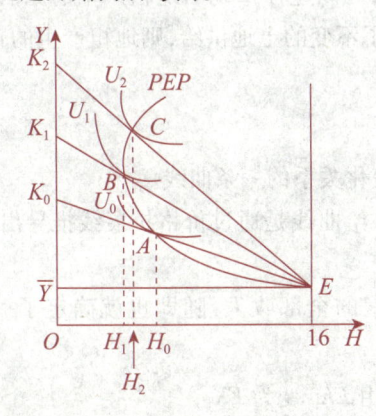

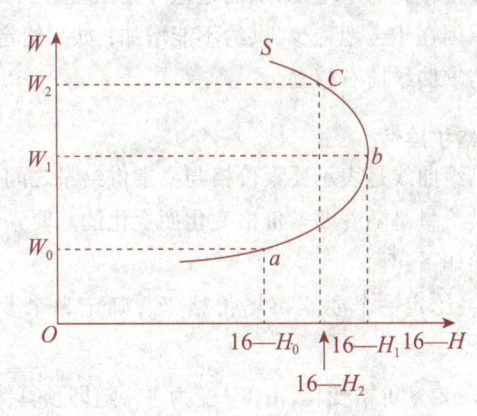

图 8.5

### 2. 工资率的决定

将所有单个消费者的劳动供给曲线水平相加,即得到整个市场的劳动供给曲线。将向右下方倾斜的劳动需求曲线和向右上方倾斜的劳动供给曲线综合起来,即决定均衡工资水平。

## 六、土地的供给曲线和地租的决定

### 1. 土地的供给曲线和地租的决定

地租是使用土地的价格。就一个国家的全部土地来说,供给量是固定的,它没有机会成本,其供给曲线表现为一条垂直线,土地的供给曲线完全没有弹性。土地的需求取决于它的边际产量价值。土地的需求曲线是向右下方倾斜的。土地供给量固定就意味着地租主要取决于对土地的需求。

将所有单个土地所有者的土地供给曲线水平相加,即得到整个市场的土地供给曲线。再将向右下方倾斜的土地的市场需求曲线与土地供给结合起来,即可决定使用土地的均衡价格。参见图 8.6,需求曲线图 $D$ 与供求曲线 $S$ 的交点是土地市场的均衡点。该均衡点决定了土地服务的均衡价格 $R_0$。

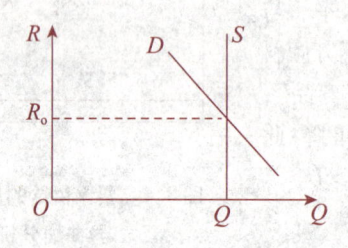

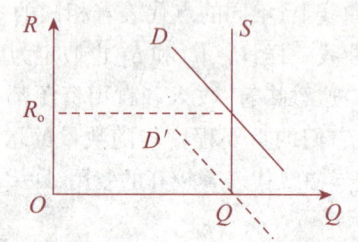

图 8.6

当土地供给曲线垂直时,它与土地需求曲线的交点所决定的土地服务价格具有特殊意义;它通常被称为"地租"。由于此时土地的供给曲线垂直且固定不变,故地租完全由土地的需求曲线决定,而与土地的供给曲线无关;它随着需求曲线的上升而上升,随着需求曲线的下降而下降。如果需求曲线下降到 $D'$,则地租将消失,则等于 0。

根据上述地租决定理论,可以给出一个关于地租产生的解释。假设一开始时,土地供给量固定不变,对土地的需求曲线为 $D'$,从而地租为 0;现在由于技术进步使土地的边际生产力提高,或由于人口增加使粮食需求增加,从而地租开始出现。因此,可以这样来说明地租产生的原因:地租产生的根本原因在于土地稀少,供给不能增加;如果给定了不变的土地供给,则地租产生的直接原因就是土地需求曲线向右移动。

### 2. 价格扩展线

要素供给曲线是表示要素价格与要素供给量之间变化关系的一条曲线。

要素供给量是随着要素价格变化而变化的。要素供给曲线是通过价格扩展线推导出的,价格扩展线推导如下:

第一步:给定一个要素市场价格 $W_0$,确定一个要素的全部收入,随即也就确定了一条预算线 $EK_0$;

第二步:要素价格变化,由 $W_0$ 变为 $W_1$,随即预算线由 $EK_0$ 变为 $EK_1$;

第三步:发现预算线绕着 $E$ 点顺时针旋转;

第四步:无差异曲线簇与相应的预算线的切点的集合为曲线 $PEP$,可称为价格扩展线。这一图形反映了自用资源数量如何随着要素价格变化而变化,从而反映了要素供给量(它等于固定资源总量减去自用资源量)如何随着要素价格变化而变化,即要素供给曲线的关系。

## 七、洛伦兹曲线和基尼系数

### 1. 洛伦兹曲线

洛伦兹曲线是由美国统计学家 M. O. 洛伦兹于 1905 年提出来的。具体做法是，首先按照经济中人们的收入由低到高的顺序排序，然后统计经济中收入最低的 10% 人群的总收入在整个经济的总收入中所占的比例，再统计经济中收入最低的 20% 的人群的总收入在整个经济总收入中所占的比例……依此类推。注意：这里的人口百分比和收入百分比在统计时都是累积百分比。将得到的人口累积百分比和收入累积百分比的统计数据投影在图 8.7 中，得到一系列的点，将这一系列的点用平滑的曲线连接得到一条曲线，就是图中的 ODY 曲线，这条曲线就叫做洛伦兹曲线。

### 2. 基尼系数

在如图 8.7 所示洛伦兹曲线中，面积 A 部分称为"不平等面积"；面积 A + B 部分称为"完全不平等面积"。不平等面积与完全不平等面积之比，称为基尼系数，是衡量一个国家贫富差距的标准。基尼系数是意大利经济学家 1922 年提出的定量测定收入分配差异程度的指标：

$$g = \frac{A}{A+B} \quad (0 < g < 1)$$

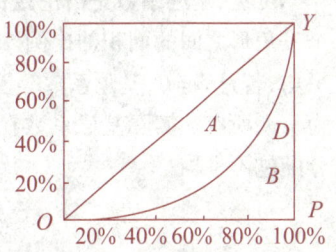

**图 8.7　洛伦兹曲线**

基尼系数最小等于 0，表示收入分配绝对平均；最大等于 1，表示收入分配绝对不平均；实际的基尼系数介于 0 和 1 之间。国际上通常将 0.4 作为警戒线。

$g < 0.2$　　　　收入分配很平均
$g = 0.2 \sim 0.3$　　收入分配较平均
$g = 0.3 \sim 0.4$　　收入分配不太平均
$g > 0.4$　　　　收入分配不平均

**考研真题与难题详解**

## 一、概念题

**1. 洛伦兹曲线**（华中科大 2005 研；中山大学 2009 研；中央财大 2012 研）

**答：** 洛伦兹曲线是指以它的发明者美国统计学家洛伦兹命名的用以描述社会收入分配平均程度的曲线。洛伦兹把社会居民依其收入多少分成若干等级，再分别在横坐标和纵坐标上标明，连接每个等级人口占总人口的百分比和每个等级人口的收入占社会总收入的百分比所形成的一条曲线，就叫洛伦兹曲线。如图 8.8 所示，横轴 OP 表示社会总人口，并被分为 100 等份；纵轴 OI 表示社会总收入，也被分为 100 等份，OPYI 为正方形，OY 直线是正方形的对角线，OY 曲线便是洛伦兹曲线。OY 对角线表示社会收入分配绝对平均；OPY 线表示图 8.8 洛伦兹曲线社会收入分配绝对不平均。因此，洛伦兹曲线愈靠近对角线表示分配愈平均；愈靠近 OPY 线表示分配愈不平均。

**2. 基尼系数**（北邮 2003 研；上海理工大学 2004 研；厦门大学 2006 研；电子科大 2008 研；南京财经大学 2009 研；中国青年政治学院 2010 研）

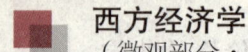

**答案**：基尼系数是20世纪初意大利经济学家基尼根据洛伦兹曲线来判断收入分配公平程度的指标,是国际上用来综合考察居民内部收入分配差异状况的一个重要分析指标。

在图8.9中,不平等面积(洛伦兹曲线 ODL 与45°线之间的面积 A)与完全不平等面积(OHL 与45°线之间的面积 A+B)之比,称为基尼系数,是衡量一个国家贫富差距的标准。若设 C 为基尼系数,则:

$$C = \frac{A}{A+B}$$

显然,基尼系数不会大于1,也不会小于零,即有 $0 \leq C \leq 1$。

可见,基尼系数是洛伦兹曲线与三角形斜边之间的面积与整个三角形之间的面积的比例。若 $A=0$,基尼系数等于0,收入绝对平均;若月 $B=0$,基尼系数等于1,收入绝对不平均,即全社会收入为一人所有。实际基尼系数在0与1之间。基尼系数越大,收入分配越不平均。

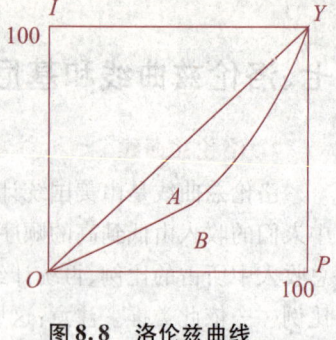

图8.8 洛伦兹曲线

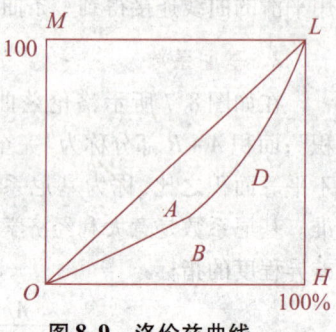

图8.9 洛伦兹曲线

## 二、简答题

**1. 某人将固定的时间分配于过去和闲暇,他的效用函数 $U = LY + aL$,$L$ 为闲暇,$Y$ 为收入(工资率固定),$a > 0$ 为常数。求此人对劳动的供给函数。他的劳动供给曲线是否向上倾斜?(复旦大学2011研)**

**答案**:设此人拥有固定的时间为 $T$,一部分留作自用即闲暇为 $L$,其余部分为工作时间,用 $W$ 表示,则有约束条件 $L + W = T$,转换后得 $L = T - W$。固定的工资率用 $r$ 表示,则收入 $Y = rW$。则整理效用函数得:

$$U = LY + aL = (T-W)(rW) + a(T-W) = TrW - rW^2 + aT - aW$$

此人最大化其效用,于是令 $\frac{dU}{dW} = Tr - 2rW - a = 0$,整理得劳动供给曲线如下:

$$W = \frac{T}{2} - \frac{a}{2r}$$

在上述供给曲线方程中,$T$ 和 $a$ 都是正常数,所以当工资率 $r$ 上升时,工作时间 $W$ 会随之增加,因此劳动供给曲线向上。

**2. 运用无差异曲线分析法分析个人的最优储蓄决策,并说明利率对储蓄的影响。(西南财大2004研;东北财大2012研)**

**答案**:无差异曲线是指使消费者获得同等效用水平或满足程度的两种消费品的各种不同组合点连接形成的一条曲线,消费者在一定偏好、一定技术条件和一定资源条件下选择商品时。对不同组合商品的满足程度是没有区别的。

个人在收入一定的情况下,收入可以用作消费和储蓄,而消费和储蓄量取决于无差异曲线和收入线的切点。在利率变化时,通过利率的替代效应和收入效应影响储蓄量。下面用图形说明。

如图8.10所示,纵轴表示消费,横轴表示储蓄,收入线为 $AB$,开始时无差异曲线和收入线相切于点 $M$,此时的储蓄为 $S_1$。现在假设利率下降,利率下降的结果是储蓄轴向里移动,新的收入线为

$AC$，为了分析利率对储蓄的收入效应和替代效应，作一条相切于 $U_1$ 且平行于 $AC$ 的直线 $EF$，$EF$ 和 $U_1$ 相切于点 $K$，$AC$ 和无差异曲线 $U_2$ 相切于点 $W$。利率下降使个人的实际收入水平下降，由于储蓄可以看作"正常品"，因此根据替代效应，储蓄将减少到 $S_2$。而根据收入效应，收入效应的影响为 $S_2S_3$。从总效应看，利率下降使储蓄下降，下降量为 $S_1S_3$。

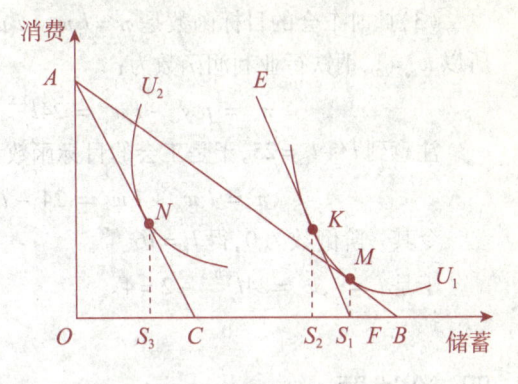

图 8.10 利率对储蓄的影响

## 三、计算题

市场有两个行业：服装行业和钢铁行业，服装行业的生产函数为 $y_c = l_c$，钢铁行业生产函数为 $y_s = 24l_s^{0.5} - 2l_s$，$l_c$ 与 $l_s$ 分别是服装钢铁行业的劳动人数。市场总人数为 25，而且所有人都会进入某个行业，假设服装行业钢铁行业都完全竞争行业，产品价格都是 1。

(1) 假定劳动市场完全竞争，求 $l_c$ 和 $l_s$ 以及均衡工资。

(2) 假定钢铁工人组成一具强大的工会，拥有垄断权力向钢铁行业提供劳动，工会的目标使行业工人总收入最大化，求 $l_c$ 和 $l_s$ 以及钢铁行业和服装行业的工资。

(3) 假定两个行业的工人共同组成一个强大的工会，可以垄断的向两个行业提供劳动，工会的目标是使所能工人总收入最大化，求 $l_c$ 和 $l_s$ 以及两个行业的工资。（西安奖交大 2011 研；上海财大 2011 研）

**答案：**(1) 因为劳动市场完全竞争均衡，故设服装行业和钢铁行业的工资为 $w_c = w_s = w$，服装行业的生产函数为 $y_c = l_c$，所以服装行业工人的边际产量 $MP = l$，因为产品价格为 $l$，所以服装行业工人的边际产品价值 $VMP = P \cdot MP = 1$，因为劳动市场完全竞争，所以有 $VMP = w_c = w_c = w = 1$。

对于钢铁行业，工人的边际产量 $MP = 12l_s^{-0.5} - 2 = w_s = 2$，边际产品价值 $VMP = P \cdot MP = 12l_s^{-0.5} - 2 = 1$，所以得 $l_s^{-0.5} = \frac{1}{4}$，因此 $l_s = 16$；因为 $l_s + l_c = 25$，所以 $l_c = 9$。

(2) 此时服装行业因为没有发生变化，所以 $VMP = w_c = 1$，但是钢铁行业发生了变化，产品市场依然是完全竞争市场而劳动市场不再是完全竞争市场，钢铁行业利润函数为 $\pi_s = p_s y_s - l_s w_s = 24l_s^{0.5} - 2l_s - l_s w_s$，假如给定了钢铁行业工人的工资，则根据利润最大化的一阶条件，有：

$$\frac{\partial \pi_s}{\partial l_s} = 12l_s^{-0.5} - 2 - w_s = 12l_s^{-0.5} - 2$$

可以把上式看成是钢铁行业对工人工资的一个反应函数。

此时工会的目标是最大化收入函数 $R_s = l_s w_s$，把反应函数 $w_s = 12l_s^{-0.5} - 2l_s - 2$ 代入该目标函数，得：

$$R_s = l_s(12l_s^{-0.5} - 2) = 12l_s^{-0.5} - 2l_s$$

则根据收入最大化的一阶条件，有：

$$\frac{dR_s}{dl_s} = 6l_s^{-0.5} - 2 = 0 \Rightarrow l_s = 9$$

因为 $l_s + l_c = 25$，所以 $l_c = 16$。

此时钢铁行业的工人工资为 $w_s = 12l_s^{-0.5} - 2 = 2$。

(3)此时工会的目标函数是 $\pi = l_c w_c + l_s w_s$,服装行业利润函数为 $\pi_c = p_c y_c - l_c w_c = l_c - l_c w_c = 0$,所以 $w_c = 1$,钢铁行业利润函数为:

$$\pi_s = p_s y_s - l_s w_s = 24 l_s^{0.5} - 2 l_s - l_s w_s = 0 \Rightarrow w_s = 24 l_s^{-0.5} - 2$$

注意到 $l_s + l_c = 25$,于是工会的目标函数为:

$$\pi = l_c w_c + l_s w_s = 24 - l_s + 24 l_s^{0.5} - 2 l_s = 25 - 3 l_s + 24 l_s^{0.5}$$

令其一阶倒数为 0,得 $l_s = 16$。

于是 $l_c = 9, w_c = 24 l_s^{-0.5} - 2 = 4$。

## 四、论述题

**为什么劳动力供给曲线向后弯曲?(清华大学 2004 研;南航 2006 研;西南财大 2006 研;人大 2008 研;中南财大 2010 研)**

**答案:** 劳动力供给曲线(Labor Supply Curve)是人们提供的劳动和对劳动所支付的报酬之间关系表现形式。假设每一个劳动力的供给只取决于工资,则劳动供给曲线可用图 8.11 表示。

此图是向后弯曲的劳动供给曲线。这是因为,当工资较低时,随着工资的上升,消费者为较高的工资所吸引将减少闲暇,增加劳动供给量。在这个阶段,劳动供给曲线向右上方倾斜。但是,工资上涨对劳动供给的吸引是有限的。当工资涨到足够高(例如 $W_0$)时,消费者的劳动供给量达到最大,此时,如果继续增加工资,劳动供给量不会继续增加,反而会减少,例如,当工资从 $W_0$ 提高到 $w_1$ 时,劳动供给则从 $L_0$ 减少到 $L_1$。具体理由从以下三方面来阐述:

(1)劳动的供给曲线之所以向后弯曲,是劳动工资率产生的替代效应和收入效应综合影响的结果。劳动者在不同的工资率下愿意供给的劳动数量取决于劳动者对工资收入和闲暇所带来效用的评价。消费者的总效用由收入和闲暇所提供。收入通过消费品的购买为消费者带来满足:收入越多,消费水平越高,效用满足越大。同样,闲暇也是一种特殊的消费,闲暇时间越长,效用水平越高。然而,可供劳动者支配的时间是既定的,所以劳动者的劳动供给行为可以表述为:在既定的时间约束条件下,合理地安排劳动和闲暇时间,以实现最大效用满足。

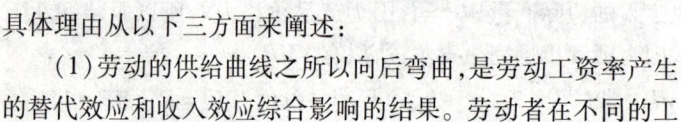

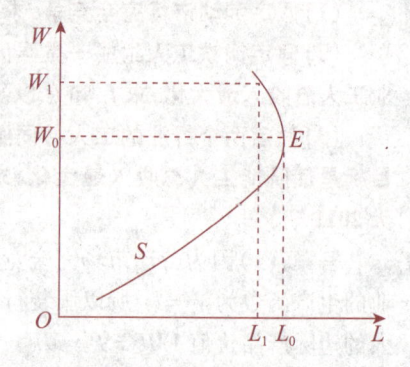

图 8.11 劳动供给曲线

(2)一般而论,工资率越高,对牺牲闲暇的补偿也就越大,劳动者宁愿放弃闲暇而提供劳动的数量也就越多。换言之,工资率提高,闲暇的机会成本相应也就越大,劳动者的亲眼时间也就越短。因此,工资率的上升所产生的替代效应使得劳动数量增加。同时,工资率的提高,使得劳动者收入水平提高。这时,劳动者就需要更多的闲暇时间。也就是说,当工资率提高以后,劳动者不必提供更多的劳动就可提高生活水平。这说明,工资率提供的收入效应使得劳动数量减少。

(3)替代效应和收入效应是工资率上升的两个方面,如果替代效应大于收入效应,那么,工资率提高使得劳动数量增加,即劳动的供给曲线向右上方倾斜;反之,工资率的提高会使劳动数量减少,劳动供给曲线向左上方倾斜。在工资率较低的条件下,劳动者的生活水平较低,闲暇的成本相应也就较低,从而,工资提高的替代效应大于收入效应,劳动的者的生活水曲线向右上方倾斜。但是,随着工资率的进一步提高和劳动时间的增加,闲暇的成本增加,替代效应开始小于收入效应,结果劳动供给数量减少。

基于以上原因，劳动的供给曲线呈现出向后弯曲的形状。

## 教材习题精解参考答案

**1. 说明生产要素理论在微观经济学中的地位。**

**答案：**（1）从商品的角度来看，微观经济学可以分为两个部分，即关于"产品"的理论和关于"要素"的理论。前者讨论产品的价格和数量的决定，后者讨论要素的价格和数量的决定。

（2）产品和要素的理论是相互联系的，产品理论离不开要素理论。首先，产品理论在讨论产品的需求曲线时，假定了消费者的收入水平为既定，但并未说明收入水平是如何决定的；其次，在推导产品的供给曲线时，假定了生产要素的价格为既定，但并未说明要素的价格是如何决定的。这两点都与要素理论有关。因此，要素理论可以看成是产品理论的自然的延伸和发展。

（3）在西方经济学中，产品理论通常被看成是"价值"理论，要素理论通常被看成是"分配"理论。产品理论加上要素理论，或者，价格理论加上分配理论，构成了整个微观经济学的一个相对完整的体系。

**2. 试述厂商的要素使用原则。**

**答案：**（1）厂商在使用要素时同样需要遵循利润最大化原则，即要求使用要素的"边际成本"和"边际收益"相等。

（2）在一般情况下，厂商使用要素的边际收益是"边际收益产品"，边际成本是"边际要素成本"。因此，一般厂商使用要素的原则是：边际收益产品等于边际要素成本。

（3）在完全竞争条件下，边际收益产品等于"边际产品价值"，而边际要素成本等于"要素价格"。于是，完全竞争厂商使用要素的原则是：边际产品价值等于要素价格。

**3. 要素使用原则与利润最大化产量原则有何关系？**

**答案：**（1）在西方经济学中，利润最大化被假定为是任何厂商的任何活动都必须遵守的原则。因此，无论是产量的决定还是要素使用量的决定，遵守的都是同一个利润最大化原则。该原则意味着，任何厂商的任何活动的"边际收益"和"边际成本"必须相等。

（2）在不同的场合，边际收益和边际成本的具体内容并不相同。例如，在产量的决定问题上，边际收益和边际成本是指增加一单位产量所增加的收益和成本，而在要素使用量的决定问题上，边际收益和边际成本是指增加一单位要素所增加的收益和成本。

（3）增加一单位要素所增加的收益叫"边际收益产品"，它等于要素的边际产品和产品的边际收益的乘积。因此，增加使用要素的边际收益包括了产品的边际收益。另一方面，要素的边际成本与产品的边际成本的关系则比较复杂。这是因为，要素的边际成本通常仅指增加使用某种特定要素如劳动所引起的成本变化，而产品的边际成本则与多种要素（如劳动和资本）的共同变化有关——产品是由多种要素共同生产出来的。

**4. 试述厂商及市场在完全竞争和垄断、行业调整存在和不存在等各种情况下的要素需求曲线。**

**答案：**（1）在完全竞争条件下，厂商对要素的需求曲线向右下方倾斜，即随着要素价格的下降，厂商对要素的需求量将增加。

(2)如果不考虑厂商所在行业中其他厂商的调整,则该厂商的要素需求曲线就恰好与其边际产品价值曲线重合。

(3)如果考虑厂商所在行业中其他厂商的调整,则该厂商的要素需求曲线将不再与边际产品价格曲线重合。这是因为,随着要素价格的变化,如果整个行业所有厂商都调整自己的要素使用量,从而都改变自己的产量的话,产品市场价格就会发生变化。产品价格的变化会再反过来使每一个厂商的边际产品价值曲线发生变化。于是,厂商的要素需求曲线将不再等于其边际产品价值曲线。在这种情况下,厂商的要素需求曲线叫做"行业调整曲线"。行业调整曲线仍然向右下方倾斜,但比边际产品价值曲线要陡峭一些。

(4)在完全竞争条件下,市场的要素需求曲线等于所有厂商的要素需求曲线(行业调整曲线)的水平相加。

(5)在不完全竞争要素市场中,卖方垄断厂商的要素需求曲线向右下方倾斜,即随着要素价格的下降,厂商对要素的需求量将增加,而且,它还与边际收益产品曲线恰好重合。

(6)在不完全竞争要素市场中,如果所有厂商均是卖方垄断者,则它们的要素需求曲线就等于各自的边际收益产品曲线。于是,市场的要素需求曲线就是所有这些厂商的边际收益产品曲线的水平相加。

(7)如果在不完全竞争要素市场中,并非所有厂商均是卖方垄断者,则它们的要素需求曲线就是行业调整曲线。于是,市场的要素需求曲线就是所有这些厂商的行业调整曲线的水平相加。

(8)买方垄断厂商的要素需求曲线不存在。

**5.** 设一厂商使用的可变要素为劳动 $L$,其生产函数为:

$$Q = -0.01L^3 + L^2 + 38L$$

其中,$Q$ 为每日产量,$L$ 是每日投入的劳动小时数,所有市场(劳动市场及产品市场)都是完全竞争的,单位产品价格为 0.10 美元,小时工资为 5 美元,厂商要求利润最大化。问厂商每天雇用多少小时劳动?

**答案:** 已知工资 $W=5$。

根据生产函数及产品价格 $P=0.10$,可求得劳动的边际产品价值如下:

$$VMP_L = P \times MPP_L = P \times \frac{dQ}{dL}$$
$$= 0.10 \times (-0.01L^3 + L^2 + 38L)'$$
$$= 0.10 \times (-0.03L^2 + 2L + 38)。$$

完全竞争厂商的利润最大化要求边际产品价值等于工资,即:

$5 = 0.10 \times (-0.03L^2 + 2L + 38) = -0.003L^2 + 0.2L + 3.8。$

解之得:$L_1 = \frac{20}{3}, L_2 = 60$。

当 $L_1 = \frac{20}{3}$ 时,利润为最小(因为 $\frac{dMPP_L}{dL} = 1.6 > 0$),故略去。

当 $L_2 = 60$ 时,利润为最大(因为 $\frac{dMPP_L}{dL} = -1.6 < 0$),故厂商每天要雇佣 60 小时的劳动。

**6.** 已知劳动是唯一的可变要素,生产函数为 $Q = A + 10L - 5L^2$,产品市场是完全竞争的,劳动价格为 $W$,试说明:

(1)厂商为劳动的需求函数。

(2)厂商对劳动的需求量与工资反方向变化。

(3)厂商对劳动的需求量与产品价格同方向变化。

**答案:**(1)因产品市场为完全竞争市场,根据 $W=VMP_L=P\times MPP_L=P\times\dfrac{\mathrm{d}Q}{\mathrm{d}L}$

即 $W=P\times(10-10L)=10P-10PL$,

得厂商对劳动的需求函数为: $L=1-\dfrac{W}{10P}$。

(2)由于 $\dfrac{\partial L}{\partial W}=-\dfrac{1}{10P}<0$,故厂商对劳动的需求量与工资反方向变化。

(3)由于 $\dfrac{\partial L}{\partial P}=\dfrac{W}{10P^2}>0$,故厂商对劳动的需求量与产品价格同方向变化。

**7. 某完全竞争厂商雇用一个劳动日的价格为10元,其生产情况如下表所示。当产品价格为5元时,它应雇用多少个劳动日?**

| 劳动日数 | 3 | 4 | 5 | 6 | 7 | 8 |
| --- | --- | --- | --- | --- | --- | --- |
| 产出数量 | 6 | 11 | 15 | 18 | 20 | 21 |

**答案:**由题设可计算得下表:

| 劳动日数($L$) | 产出数量($Q$) | $MPP_L=\dfrac{\Delta Q}{\Delta L}$ | $P$ | $VMP_L=P\times MPP_L$ | $W$ |
| --- | --- | --- | --- | --- | --- |
| 3 | 6 | — | 5 | — | 10 |
| 4 | 11 | 5 | 5 | 25 | 10 |
| 5 | 15 | 4 | 5 | 20 | 10 |
| 6 | 18 | 3 | 5 | 15 | 10 |
| 7 | 20 | 2 | 5 | 10 | 10 |
| 8 | 21 | 1 | 5 | 5 | 10 |

由表中可以看到,当 $L=7$ 时,边际产品价值与工资恰好相等,均等于10。故厂商应雇用7个劳动日。

**8. 试述消费者的要素供给原则。**

**答案:**(1)要素供给者遵循的是效用最大化原则,即作为"要素供给"的资源的边际效用要与作为"保留自用"的资源的边际效用相等。

(2)要素供给的边际效用等于要素供给的边际收入与收入的边际效用的乘积。

(3)自用资源的边际效用是效用增量与自用资源增量之比的极限值,即增加一单位自用资源所带来的效用增量。

**9. 如何从要素供给原则推导要素供给曲线?**

**答案:**根据要素供给原则 $\dfrac{\mathrm{d}U/\mathrm{d}l}{\mathrm{d}U/\mathrm{d}Y}=W$,

给定一个要素价格 $W$,可以得到一个最优的自用资源数量 $l$。

在资源总量为既定的条件下,给定一个最优的自用资源数量 $l$,又可以得到一个最优的要素供给量 $L$。

要素价格 $W$ 与要素供给量 $L$ 的关系即代表了要素的供给曲线。

**10. 劳动供给曲线为什么向后弯曲?**

**答案:**劳动供给是闲暇需求的反面;劳动的价格即工资则是闲暇的价格。于是,劳动供给量随

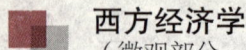

工资变化的关系即劳动供给曲线可以用闲暇需求量随闲暇价格变化的关系即闲暇需求曲线来说明：解释劳动供给曲线向后弯曲（劳动供给量随工资上升而下降）等于解释闲暇需求曲线向前上斜（闲暇需求量随闲暇价格上升而上升）。

闲暇价格变化造成闲暇需求量变化有两个原因，即替代效应和收入效应。由于替代效应，闲暇需求量与闲暇价格变化方向相反。由于收入效应，闲暇需求量与闲暇价格变化方向相同。

当工资即闲暇价格较低时，闲暇价格变化的收入效应较小，而当工资即闲暇价格较高时，闲暇价格变化的收入效应就较大，甚至可能超过替代效应。如果收入效应超过了替代效应，则结果就是：闲暇需求量随闲暇价格上升而上升，亦即劳动供给量随工资上升而下降。

### 11. 土地的供给曲线为什么垂直？

**答案：** 土地供给曲线垂直并非因为自然赋予的土地数量为（或假定为）固定不变，而是因为假定土地只有一种用途即生产性用途，而没有自用用途。

因此，任意一种资源，如果只能（或假定只能）用于某种用途，而无其他用处，则该资源对该种用途的供给曲线就一定垂直。

### 12. 试述资本的供给曲线。

**答案：** 资本的数量是可变的。因此，资本供给问题首先是如何确定最优的资本拥有量的问题。

最优资本拥有量的问题可归结为确定最优储蓄量的问题。

确定最优储蓄量可以看成是在当前消费者和将来消费之间进行选择的问题。

随着利率水平的上升，一般来说，储蓄也会被诱使增加，从而贷款供给曲线向右上方倾斜；当利率处于很高水平时，贷款供给曲线也可能向后弯曲。

### 13. "劣等土地上永远不会有地租"这句话对吗？

**答案：** 这句话不对。

地租产生的根本原因在于土地的稀少，供给不能增加；如果给定了不变的土地供给，则地租产生的直接原因就是对土地的需求曲线的右移。土地需求曲线右移是因为土地的边际生产力提高或土地产品（如粮食）的需求增加从而粮价提高。如果假定技术不变，则地租就由土地产品价格的上升而产生，且随着产品价格的上涨而不断上涨。因此，即使是劣等土地，也会产生地租。

### 14. 为什么说西方经济学的要素理论是庸俗的分配论？

**答案：** 根据西方经济学的要素理论，要素所有者是按照要素的贡献大小得到要素的报酬的。这就从根本上否定了在资本主义社会中存在剥削。除此之外，西方经济学的要素理论还存在如下一些具体的缺陷。

西方经济学的要素理论建立在边际生产力基础之上。然而，在许多情况下，边际生产力却难以成立。例如，资本代表一组形状不同、功能各异的实物，缺乏一个共同的衡量单位，因此，资本的边际生产力无法成立。

西方经济学的要素理论不是一个完整的理论，因为它只给出了在一定的社会条件下，各种人群或阶级得到不同收入的理由，而没有说明这一定的社会条件得以形成的原因。

### 15. 某劳动市场的供求曲线分别为 $D_L = 4000 - 50W$，$S_L = 50W$。请问：

(1) 均衡工资为多少？
(2) 假如政府对工人提供的每单位劳动征税 10 美元，则新的均衡工资为多少？
(3) 实际上对单位劳动征收的 10 美元税收由谁支付？
(4) 政府征收到的税收总额为多少？

## 第八章 生产要素价格的决定

**答案：**（1）均衡条件，$D_L = S_L$，即 $4000 - 50W = 50W$，由此得均衡工资 $W = 40$。

（2）如政府对工人提供的每单位劳动课以 10 美元的税收，则劳动供给曲线变为：$S'_L = 50(W-10)$，由 $S'_L = D_L$，即 $50(W-10) = 4000 - 50W$，得 $W = 45$。

（3）征税后，厂商购买每单位劳动要支付的工资变为 45 美元，而不是征税前的 40 美元。两者之间的差额 5 美元即是厂商为每单位劳动支付的税收额。工人提供每单位劳动得到 45 美元，但有 10 美元要作税收交给政府，所以仅能留下 35 美元。工人实际得到的单位工资与征税前相比也少了 5 美元。这 5 美元就是他们提供单位劳动而实际支付的税款。因此，厂商和工人恰好平均承担了政府征收的 10 美元税款。

（4）征税后的均衡劳动雇佣量为：$50(W-10) = 50 \times (45-10) = 1750$，政府征收到的税收总额为：$10 \times 1750 = 17500$。

**16.** 某消费者的效用函数为 $U = lY + l$，其中，$l$ 为闲暇，$Y$ 为收入（他以固定的工资率出售其劳动所获得的收入）。求该消费者的劳动供给函数。他的劳动供给曲线是不是向上倾斜的？

**答案：** 设该消费者拥有的固定时间为 $T$。其中的一部分 $l$ 留做自用即闲暇，其余部分 $L = T - l$ 为工作时间。工资率用 $r$ 表示，则收入 $Y = rL$，因而有：$U = lY + l = (T-L)rL + (T-L) = rLT - rL^2 + T - L$。

令 $\dfrac{dU}{dL} = rT - 2rL - 1 = 0$，得 $2rL = rT - 1$。

因此，$L = \dfrac{T}{2} - \dfrac{1}{2r}$，此即为劳动供给曲线。在此劳动供给曲线中，$T$ 是正的定值，因而当工资率 $r$ 上升时，工作时间 $L$ 会增加，即劳动供给曲线是向右上方倾斜的。这一点可从 $L$ 对 $r$ 的一阶导数大于 0 中看出。

**17.** 一厂商生产某产品，其单价为 15 元，月产量 200 单位，产品的平均可变成本为 8 元，平均不变成本为 5 元。试求准租金和经济利润。

**答案：** 准租金 $R_q$ 由下式决定：
$R_q = TR - TVC = PQ - AVC \times Q = (P - AVC)Q = (15-8) \times 200 = 1400$。

经济利润 $\pi$ 由下式决定：
$\pi = TR - TC = TR - (TVC + TFC) = PQ - (AVC + AFC)Q$
$= (P - AVC - AFC)Q = (15 - 8 - 5) \times 200 = 400$。

> 自测题

## 一、名词解释

1. 垄断厂商边际产品收益　　　　2. 价格扩展线
3. 洛伦兹曲线　　　　　　　　　4. 基尼系数

## 二、单项选择

1. 在微观经济学中，VMP 是衡量　　　　　　　　　　　　　　　　　　（　　）

A. 多生产一单位产量所导致的 TR 的增加量

B. 多生产一单位产量所导致的 TC 的增加量

C. 增加一单位要素投入所引起的总产量的增量

D. 增加一单位要素投入所引起的 TR 的增量

2. 生产要素的需求曲线向右下方倾斜的原因是 （　　）

A. 要素的边际收益产量递减　　　　　B. 要素生产的产品的边际效用递减

C. 要素参加生产的规模报酬递减　　　D. 以上均不对

3. 根据所学知识分析,一个厂商处于完全竞争市场环境中,当其投入要素的价格为 6 元,该投入要素的边际产量为 1/3 时厂商获得最大的利润。则厂商生产的产品价格是 （　　）

A. 2 元　　　　B. 18 元　　　　C. 1.8 元　　　　D. 9 元

4. 在实际的生产中,厂商对生产要素的需求不是: （　　）

A. 间接需求　　B. 引致需求　　C. 对单种要素的需求　　D. 联合的需求

5. 完全竞争产品市场与不完全竞争产品市场两种条件下的生产要素的需求曲线相比 （　　）

A. 前者与后者重合　　　　　　　　B. 前者比后者陡峭

C. 前者比后者平坦　　　　　　　　D. 无法确定

6. 若厂商甲处于不完全竞争的产品市场中,且要素 L 是其唯一的可变要素,则该厂商对要素的需求曲线由下列何者可以给出 （　　）

A. $VMP_L$ 曲线　　B. $MRP_L$ 曲线　　C. $MFC_L$ 曲线　　D. $MP_L$ 曲线

7. 根据微观经济学理论,工资率的上升所导致的替代效应是指 （　　）

A. 工作同样长的时间可以得到更多的收入

B. 工作较短的时间也可以得到相同的收入

C. 工人宁愿工作更长的时间,用收入带来的享受替代闲暇带来的享受

D. 以上均对

8. 假如政府大力提倡用先进的机器来替代劳动,这将导致 （　　）

A. 劳动的供给曲线向右移动　　　　B. 劳动的需求曲线向右移动

C. 劳动的供给曲线向左移动　　　　D. 劳动的需求曲线向左移动

9. 如果工资率上升,替代效应会激励人们 （　　）

A. 提高其保留工资　　　　　　　　B. 增加闲暇时间,减少劳动供给时间

C. 增加劳动供给时间,减少闲暇时间　D. 同时增加闲暇时间和劳动供给时间

10. 在微观经济学理论中,土地的供给的价格弹性 （　　）

A. 等于零　　　　B. 无穷大　　　　C. 小于 1　　　　D. 等于 1

11. 根据所学知识判断下列判断错误的是 （　　）

A. 经济地租属于长期分析,而准地租属于短期分析

B. 经济地租系对某些特定要素而言,而经济利润则是对整个厂商来说的

C. 厂商存在经济利润,则其要素存在经济地租

D. 一种要素在短期内存在准地租,并不意味着长期中也存在经济利润

## 三、判断题

1. 在微观经济学中,要素市场上的完全竞争厂商与产品市场上的完全竞争厂商没有区别。（　　）

2. 在要素市场上,使用要素的"边际收益"就是边际产品价值。 (  )
3. 坐标系中,VMP 曲线和 MP 曲线一样均向右下方倾斜。 (  )
4. 在要素市场上,使用要素的"边际成本"就是要素价格。 (  )
5. 如果完全竞争厂商只使用一种生产要素,厂商对要素的需求曲线与要素的边际产品价值曲线是完全重合的。 (  )
6. 由于完全竞争厂商对要素的需求曲线与要素的边际产品价值曲线是完全重合的,所以这同一条曲线在任何场合的含义都是相同的。 (  )

## 四、计算题

1. 假设某垄断者在实际的生产过程中只使用一种可变的投入要素 $L$ 生产单一产品,该可变要素的价格为 $P_L=5$,产品需求函数和生产函数分别为 $P=65-4Q$,$Q=2\sqrt{L}$,根据所学知识,请分别求出该垄断者利润最大化时使用的劳动($L$)、产品数量($Q$)和产品价格($P$)。
2. 已知某生产者的生产函数 $Q=20L+50K-6L^2-2K^2$,$P_L=15$ 元,$P_K=30$ 元,$TC=660$ 元,其中 $Q$ 为产量,$L$ 与 $K$ 为别为不同的生产要素投入,$P_L$ 与 $P_k$ 为别为 $L$ 和 $K$ 的投入价格,$TC$ 为生产总成本,根据所学知识,试求最优的生产要素组合。
3. 假定甲厂商使用的可变要素为劳动 $L$,其生产函数为:$Q=10L-0.5L^2$。式中,$Q$ 为每日产量,$L$ 是每日投入的劳动小时数,所有市场(劳动市场及产品市场)都是完全竞争的,单位产品价格为 10 美分,小时工资为 4.80 美元。试求当厂商利润最大化时,(1)厂商每天要雇佣多少小时劳动?(2)如果厂商每天支付的固定成本为 50 美元,厂商每天生产的纯利润为多少?

## 五、简答题

1. 请根据所学知识论述在微观经济学中产品市场理论与要素市场理论的异同点。
2. 请根据所学知识,简要分析生产要素市场的特点。

## 六、分析题

根据所学理论,试述厂商及市场在完全竞争和垄断、行业调整存在和不存在等各种情况下的要素需求曲线。

**参考答案**

## 一、名词解释

1. **垄断厂商边际产品收益**:垄断厂商增加一单位要素投入所增加的产出带来的收益。
2. **价格扩展线**:随着要素价格的上升,消费者提供要素的收入增加;预算线绕初始点转动,与一组无差异曲线相切,这些切点的集合称为价格扩展线。

3. 洛伦兹曲线:将一国总人口按收入从低到高排列,依次计算收入最低的百分比人口所得到的收入所占的百分比,例如收入最低的10%的人口得到总财富的百分之几;最后将得到的人口累计百分比(纵轴)和收入累计百分比(横轴)绘制到图形上,得到一条向右上方弯曲的曲线,称为洛伦兹曲线。洛伦兹曲线的弯曲程度反映了分配的不平等程度。

4. 基尼系数:洛伦兹曲线与45°线之间的面积为不平等面积,记为 $A$;45°线以下的三角形面积为完全不平等面积,记为 $A+B$;不平等面积与完全不平等面积之比为基尼系数。

## 二、单项选择

1—5  DABCC  6—10  BBDCA  11  C

## 三、判断题

1. ×  2. √  3. √  4. √  5. √  6. ×

## 四、计算题

1. **答案**:本题由 $MRP_L = MFC_L$ 条件,可求得最大化利润时的要素数量 $L$、产品数量 $Q$ 和产品价格 $P$。
因为 $P = 65 - 4Q$ 所以,总收益函数为:$TR = PQ = 65Q - 4Q^2$
将 $Q = 2L^{\frac{1}{2}}$ 代入上式,得 $TR = 130L^{\frac{1}{2}} - 8L, MRP_L = dTR/dL = 65/L^{\frac{1}{2}} - 8$
由于要素市场完全竞争,所以 $MFC_L = P_L = 5$,由此, $MRP_L = MFC_L = 5$
解得:$L = 25, Q = 2L^{1/2} = 2 \times 5 = 10, P = 65 - 4 \times 10 = 25$。

2. **答案**:由题意可得,$15L + 30K = 600$,用 $K$ 来表示 $L$ 可得到; $L = 44 - 2K$;
将代数 $L = 44 - 2K$ 代入生产函数 $Q$ 可得到:$Q = 20 \times (44 - 2K) + 50K - 6 \times (44 - 2K)^2 - 2K^2$
为求 $Q$ 的最大值就要求生产函数 $Q$ 对 $K$ 的一阶导数和二阶导数。
一阶导数为 $dQ/dK = -52K + 1066 = 0$ 可以直接解得:$K = 20.5$
二阶导数为:$d^2Q/dL^2 = -52 < 0$
因为二阶导数为负值,所以当 $K = 20.5$ 时生产函数取最大值。
再由 $L = 44 - 2K$ 可解得:$L = 3$
所以最优的生产要素组合:$L = 3, K = 20.5$。

3. **答案**:由题设,$Q = -0.01L^3 + L^2 + 36L, p = 0.1, w = 4.8$
当厂商利润极大时,有 $w = VMP = p \cdot MPP = p \cdot dQ/dL$
即 $4.8 = 0.1 \times (-0.03L^2 + 2L + 36)$,解得:$L = 60$,即厂商每天将投入 60 小时劳动。
$$\pi = TR - TC = p \times Q - (TFC + TVC) = p \times Q - (50 + w \times L)$$
将数值代入上式,解得 $\pi = 22$(美元),即厂商每日获得的纯利润为 22 美元。

## 五、简答题

**1. 答案:** 生产要素边际生产力分配理论最先是由美国经济学家克拉克提出的。该理论认为:在其他条件不变和边际生产力递减的前提下,一种生产要素的价格取决于其边际生产力。后来,经济学家们发现生产要素的价格不仅取决于边际生产力这一要素需求方面的因素,而且也取决于其他因素;并且提出生产要素的边际成本这一供给方面的因素也是决定价格的一个很重要的因素。因此对于厂商而言,他愿意支付或分配使用最后一单位要素的产品不会大于这一单位的生产要素所生产的产品的价值,比如在完全竞争市场条件下,要素的市场价格是给定的,这时厂商使用生产要素数量直到其边际产品的价值等于要素的市场价格为止,也即达到其要素使用原则的要求。

**2. 答案:** (1)就微观经济学来说,产品市场理论和要素市场理论在分析方法上有相同点。第一,对市场参与者的行为分析是相似的。消费者在产品市场上购买是为了效用最大化,在要素市场上供给生产要素也是以效用最大化为目标;生产者在产品市场上的产品供给和要素市场上的要素购买都是为了利润最大化。第二,在两个市场上,价格的决定是相似的。价格是通过供求的均衡来实现的。

(2)尽管两者有上述共同点,同时也有不同点。第一,在要素市场上,要素的需求来源于厂商,并且是为了获得最大利润,因此是间接需求;而在产品市场上,产品的需求来源于消费者,是直接需求。第二,产品市场上的需求曲线来源于消费者的效用函数,由于假设来源于对消费者心理的描述,难以得到有力的证明;要素市场上的要素需求曲线来源于生产者的利润函数,容易得到证明。

**3. 答案:** (1)名称不同,产品的边际收益就叫边际收益,要素的边际收益叫边际产品价值;
(2)含义不同,产品的边际收益是针对产量而言,故称产品的边际收益,边际产品价值则是针对要素而言,是要素的边际产品价值。

**4. 答案:** 生产要素是指厂商为生产一定量产品所需投入的各种资源。用于生产一定产品的生产要素本身也是商品,其供给和需求也要服从市场法则。概括而言,生产要素市场有以下特点。
(1)要素市场上的需求和供给。在要素市场上,对要素的需求来自厂商,而供给则来自消费者。在产品市场上,产品的需求方是消费者,厂商则是供给方。
(2)厂商对要素的需求是一种派生的需求。在要素市场上,厂商购买生产要素的目的在于组织产品生产,向市场提供最终消费品以获取利润。因此,厂商对要素的需求反映了根源于消费者对产品本身的需求,这被称为是一种派生的需求。显然,对要素需求的分析要比对产品需求的分析复杂。
(3)要素市场与产品市场具有相互依存性。厂商在要素市场购进要素时付出的款项形成了要素所有者的收入,同时也构成产品成本;要素所有者出卖要素取得的收入成为厂商出售产品销售额的来源。因而,两者是相互依存、相互影响的。从整个社会生产过程来看,产品成本 = 要素收入 = 产品价值。
(4)要素市场的价格反映的是要素的使用价格。在产品市场上,产品的价格是指产品本身的价格,购买者对产品拥有所有权和使用权。而在要素市场上,要素价格只反映了要素的使用价格,要素购买者对要素只具有使用权。

(5)要素市场买卖双方均可分为不同的市场结构。在产品市场,通常假定买方(消费者)为完全竞争,只有卖方(厂商)才分为不同的市场结构;而在要素市场,买卖双方均可以分为不同的市场结构。于是,不同的要素市场和不同的产品市场就会出现较为复杂的市场组合,产生不同的需求曲线并形成不同的市场均衡。

**6. 答案:** 第一,资本的数量是不变的。因此,资本供给问题首先是如何确定最优的资本拥有量的问题;

第二,最优资本拥有量的问题可以归结为确定最优储蓄量的问题;

第三,确定最优储蓄量可以看成是在当前消费和将来消费之间进行选择的问题;

第四,根据对当前消费和将来消费的分析,可以得出如下结论:随着利率水平的上升,一般来说,储蓄也会被诱使增加,从而贷款供给曲线向右上方倾斜;当利率处于很高水平时,贷款供给曲线也可能向后弯曲。

## 六、分析题

**答案:**(1)生产要素使用的一般原则:$MFC = MRP$,

完全竞争条件下厂商使用要素的原则:$VMP = MP \cdot P$。

(2)完全竞争条件下厂商和市场的要素需求曲线。

不存在行业调整的情况下(单要素投入):厂商的要素需求曲线就是 $VMP$ 曲线,图8.12显示。

在存在行业调整的情况下:当要素价格变化时,单个厂商的曲线也会随之移动。因此,厂商的要素需求曲线是一条行业调整曲线,如图8.13中 $AB$ 线所示。

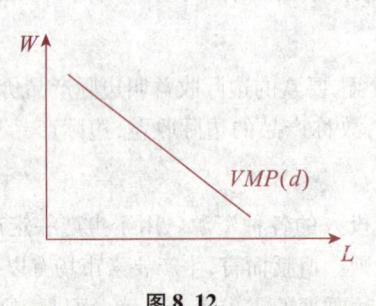

图 8.12 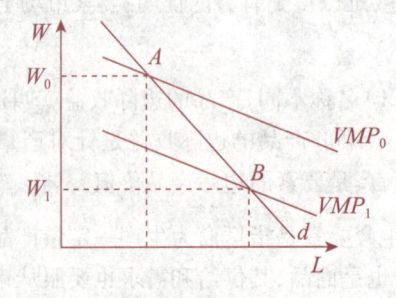    图 8.13

市场的要素需求曲线 $D$ 是所有厂商的要素需求曲线 $d$ 的水平加总。

(3)垄断条件下厂商和市场的要素需求曲线。

①卖方垄断条件下厂商和市场的要素需求曲线:

不存在行业调整的情况下:厂商的要素需求曲线就是 $MRP$ 曲线。

存在行业调整的情况下:类似地,当要素价格变化时,单个厂商的 $MRP$ 曲线也会随之移动。因此,厂商的要素需求曲线 $d$ 是一条行业调整曲线。

市场的要素需求曲线 $D$ 是所有厂商的要素需求曲线 $d$ 的水平加总。

②买方垄断条件下厂商和市场的要素需求曲线:

在买方垄断条件下,厂商的要素需求就是整个市场的要素需求。因此,厂商和市场的要素需求曲线都是 $MRP(VMP)$ 曲线。

# 第九章 一般均衡论和福利经济学

**知识脉络图**

- 一般衡论
  - 局部均衡分析
  - 一般均衡分析
  - 一般衡论研究对象：一般均衡的存在性
- 福利经济学
  - 经济效率
    - 实证经济和规范经济学
    - 判断经济效率的标准
    - 帕累托最优状态与经济效率
  - 帕累托最优
    - 交换的最优：交换的契约曲线
    - 公式：$MRS_{XY}^{A} = MRS_{XY}^{B}$
    - 生产的最优：生产的契约曲线
    - 公式：$MRTS_{LK}^{C} = MRTS_{LK}^{D}$
    - 交换和生产的最优：
    - 公式：$MRS_{XY} = MRT_{XY}$
    - 实现方式：$MRS_{XY} = \dfrac{P_X}{P_Y}$；$MRTS_{LK} = \dfrac{w}{r}$；$MRT_{XY} = \dfrac{MC_X}{MC_Y}$
    - 完全竞争和帕累托最优状态
  - 社会福利函数
    - 效用可能性曲线
    - 定义
    - 公式：$W = W(U_A, U_B, \cdots\cdots)$
    - 阿罗不可能性定理
    - 惯性与均衡的多样性
  - 效率与公平
    - 效率与公平的矛盾
    - 解决效率与公平之间的矛盾：效率优先，兼顾公平
    - 再分配措施
      - 税收政策
      - 政府支出
      - 价格管制
      - 重新管制
      - 重新分配产权

> **复习提示**
>
> **概念：** 实证经济学、规范经济学、帕累托标准、效率曲线、生产的契约曲线、生产可能性曲线、边际转换率、效用可能性曲线、社会福利函数、阿罗不可能性定理。
> **理解：** 帕累托最优状态、社会福利函数、生产和交换的一般均衡、市场社会主义、瓦尔拉斯拍卖者模型。
> **掌握：** 生产的最优条件、交换的最优条件、福利经济学的两个定理、生产和交换的帕累托最优条件、满足帕累托最优的条件、效率和公平。
> **计算：** 利用帕累托最优求其必要条件。
> **画图：** 运用埃奇渥斯方框图分析交换、生产的帕累托最优。

## 重、难点常识理解

# 一、一般均衡

### 1. 瓦尔拉斯的一般均衡模型

一般均衡分析从微观经济主体行为的角度出发，考察每一种产品和每一种要素的供给和需求同时均衡状态所需具备的条件和相应的均衡供销量应有的量值。瓦尔拉斯首创了一般均衡理论体系。他认为经济社会是由相互联系的各个局部组成的体系，当消费者偏好、要素供给和生产函数为已知时，就能从数学上论证要素市场同时达到均衡状态，即整个经济可以处于一般均衡状态。在这种状态下，所有商品和要素的价格和数量都有确定的量值，均衡条件是消费者的效用极大化和生产者的利润极大化，所有市场的供需量相等。简单的瓦尔拉斯一般均衡模型由四个方程组来表示：商品需求方程、要素需求方程（要素供求相等方程）、厂商供给方程（商品价格与生产成本相等方程）和要素供给方程。由于模型假定要素收入等于产品销售价值，故此四个方程组中必定有一个方程是不独立的。通过令任一商品为货币商品并以此货币商品定义其他商品和要素的价格，便可使模型的未知数数目与相互独立的方程式数目相一致，从而满足方程组即模型有解的必要条件。

### 2. 一般均衡与局部均衡

（1）含义。

局部均衡分析针对单个市场，把被研究的市场和其他市场孤立开来，假定某一市场的价格的变化不会影响其他市场的价格，需求量的供给量仅仅是自身价格的函数，考察单个市场的均衡的建立与变动。

（2）瓦尔拉斯的一般均衡模型。

一般均衡的存在问题是指是否存在一系列价格，可以使得所有的市场都处于均衡状态，即所有市场的需求等于供给，具体地说，在给定价格下：①每个消费者提供自己所拥有的投入要素，并在各自的财富（预算）约束下购买产品以最大化自己的效用；②每个企业在给定价格下决定产品的产量和对投入的需求以最大化各自的利润；③如果存在一套价格，使得每个产品市场、每个投入市场上，总需求都等于总供给，那么，该经济存在一个一般均衡，而这套价格便称为一般均衡价格。

瓦尔拉斯认为一旦经济处于非均衡状态时，市场的力量会自动地使经济"摸索前进"到一个新的均衡状态。

### 3. 均衡分析

在经济分析中,均衡指的是这样一种状态,即各个经济决策主体(如消费者、厂商等)所做出的决策正好相容,并且在外界条件不变的情况下,每个人都不愿意再调整自己的决策,从而不再改变其经济行为。均衡分析包括局部均衡分析和一般均衡分析。

## 二、经济效率

(1)经济效率(帕累托标准)。如果至少一个人认为 $A$ 优于 $B$,而没有人认为 $A$ 劣于 $B$,则认为从社会的观点看,亦有 $A$ 优于 $B$,这就是帕累托标准。

(2)如果既定的资源配置状态的改变使得至少有一个人的状况变好,而没有使任何人的状况变坏,则认为这种资源配置状态的变化是"好"的,否则认为是"坏"的。这种以帕累托标准来衡量为"好"的状态变化称为帕累托改进。

(3)如果对于某种既定的资源配置状态,所有的帕累托改进均不存在,即在该状态上,任意改变都不可能使至少有一个人的状况变好而又不使任何人的状况变坏,则称这种资源配置状态为帕累托最优状态。帕累托最优状态又称为经济效率。

## 三、交换的帕累托最优条件

在关于交换的埃奇渥斯盒状图中,两条无差异曲线的切点表示交换的帕累托最优。由此可得交换的帕累托最优条件:对于任意两个消费者来说,任意两种商品的边际替代率必须相等:

$$RCS_{AXY} = RCS_{BXY}$$

所有无差异曲线切点的轨迹即交换的帕累托最优状态的集合是交换的契约曲线。

## 四、生产的帕累托最优条件

在关于生产的埃奇渥斯盒状图中,两条等产量线的切点表示生产的帕累托最优。由此可得生产的帕累托最优条件:对于任意两个生产者来说,任意两种商品的边际技术替代率必须相等:

$$MRTS_{LK}^{C} = MRTS_{LK}^{D}$$

所有等产量线切点的轨迹即交换的帕累托最优状态的集合是生产的契约曲线。

## 五、交换和生产的帕累托最优条件

生产契约曲线上一点,是两条等产量线的切点,因而表示两种产品的一个最优产出对。所有最优产出对的集合的几何表示就是生产可能性曲线。生产可能性曲线向右下方倾斜,且向右上方凸出。在生产可能性曲线左下方的区域是生产无效率区域,在生产可能性曲线右上方的区域是生产不可能性区域。生产可能性曲线的位置高低则取决于投入要素的数量和技术状况。

在生产可能性曲线上任选一点 $B$,则就给定了一对最优产出组合 $(X,Y)$。以 $X$ 和 $Y$ 可构造一个交换的埃奇渥斯盒状图。在交换的埃奇渥斯盒状图中加进两个消费者的效用函数即无差异曲线,则由这些无差异曲线的切点轨迹可得到交换的契约曲线 $VV'$。$VV'$ 上任意一点满足交换的帕累托最优。如果 $VV'$ 上有一点，如 $e$，其边际替代率恰好等于生产可能性曲线 $PP'$ 上点 $B$ 的边际转换率，则此时点 $e$ 亦满足生产和交换的最优，其条件为：
$$MRS_{XY} = MRT_{XY}$$

## 六、完全竞争和帕累托最优状态

竞争市场均衡自动满足经济效率的三个条件：

(1) 为了实现效用最大化，每个消费者都会遵循两种商品的边际替代率等于两种商品的价格比率的原则。由于两种商品价格比率对所有消费者都相同，所以两种商品的边际替代率对所有消费者也都相同。即 $MRS_{XY}^A = MRS_{XY}^B = P_X/P_Y$。

(2) 如果市场是完全竞争的，所有厂商都面临着相同的价格的劳动($\omega$)和资本($r$)。追求利润最大化的厂商，必须使它的边际技术替代率等于劳动和资本价格的比率，即
$MRTS_{LK}^X = MP_L/MP_K = \omega/r, MRTS_{LK}^Y = MP_L/MP_K = \omega/r$。
从而 $MRTS_{LK}^X = \omega/r = MRTS_{LK}^Y$。

(3) 一个追求利润最大化的竞争厂商一定会把生产推进到使商品的价格等于商品的边际成本那一点为止：$P_X = MC_X, P_Y = MC_Y$。由于边际转换率可以表示为两种产品边际成本的比例：
$$PRY_{XY} = MC_X/MC_Y = P_X/P_Y,$$
而每个消费者最优选择必定符合两种商品的边际替代率等于它们的价格比率 $MRS = P_X/P_Y$，所以，商品转换率就必定等于商品替代率，即 $MRS_{XY}^A = MRS_{XY}^B = MRT_{XY} = P_X/P_Y$。

## 七、社会福利函数

新福利经济学是在旧福利经济学的基础上发展而来的，其代表人物是意大利经济学家帕累托。新福利经济学是在序数效用论的基础上，以效率作为福利分析的唯一目标，并提出帕累托最优状态是判断社会福利是否最大的标准。帕累托最优状态是指，在一个社会组织中，如果资源在某种配置下，不可能有生产和分配的重新组合来使一个或多个人的福利增加，而不使其他人的福利减少的状态。根据帕累托最优状态的标准，任何社会调整，只要至少能使一个人得益，而不使其他任何人的境况变坏，或者从整个社会的角度来看，福利的增量能补偿福利的损失并且有余，那么，这个调整就是可取的，因为它增进了社会福利。

新旧福利经济学主要区别是：旧福利经济学以马歇尔的基数效用论和局部均衡论为根据，用国民收入总量和收入分配均等分析社会经济福利；而新福利经济学用序数效用论和瓦尔拉斯一般均衡论为根据，从生产和交换两个方面说明实现社会经济福利最大的条件，同时还提出了补偿原理、社会福利函数论、次优理论、外部经济理论、相对福利理论、公平和效率交替理论、宏观福利理论等。

**考研真题与难题详解**

## 一、概念题

**1. 效用可能性曲线（华中科大 2004 研；北邮 2010 研）**

答案：效用可能性曲线也可以称之为效用可能性边界，是指在交易的一般均衡条件下个人所

获得的各种效用水平的组合点的轨迹。将其称为效用可能性曲线是因为，该曲线之外的点都是消费者不能达到的效用组合点，在该曲线之内的点都是消费者在既定约束下效用没有达到最大化的点，在曲线上的点则是消费者达到效用最大化实现交换的一般均衡的点。将产品空间的消费契约曲线转换到效用空间便得到相应的效用可能性曲线。图9.1表示的是简单的两人经济中A、B两个人的效用可能性曲线。

横坐标为A的效用$U_A$，纵坐标为B的效用$U_B$。效用可能性曲线表明，要提高A的效用只能以降低B的效用为代价。在

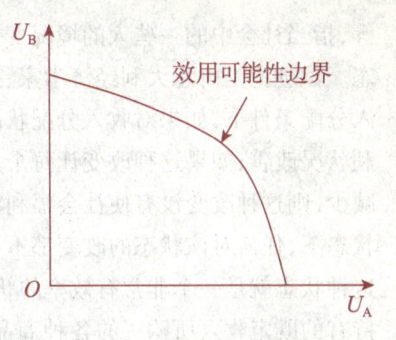

图9.1 效用可能性边界

消费契约线上消费中的边际替代率等于生产中的边际转换率的点是效用可能性曲线上生产与消费的帕累托最优点。在生产可能曲线上选择任一点都会得到一条新的消费契约曲线，进而得到一条新的效用可能性曲线。在每一条效用可能性曲线上都存在边际替代率与边际转换率相等的点即效用可能性曲线上生产与消费同时达到帕累托最优点，连接所有这些帕累托最优点可以得一条总效用可能性曲线，这条总效用可能性曲线概括了社会既定资源与消费者偏好下全部消费与生产的最优点。

**2. 契约曲线（Contract Curve）（北方交大2003研；南京大学2006研；厦门大学2006、2009研；西安交大2011研）**

**答案：** 契约曲线又称效率线。契约曲线可分为消费者的契约曲线和生产者的契约曲线。消费者契约曲线指的是，在埃奇沃斯盒形图中，不同消费者的无差异曲线切点的轨迹。在此曲线上的任何一点都满足交换的帕累托最优条件$MRS_{XY}^A = MRS_{XY}^B$，即任意两个消费者对任意两种商品的边际替代率都相等，两个消费者按此交换都在既定初始条件下获得最大满足。相应地，契约曲线的轨迹是帕累托最优轨迹。生产者契约曲线是指在埃奇沃斯盒形图中，不同生产者的等产量线切点的轨迹。在此曲线上，任何一点都满足生产的帕累托最优条件，即$MRTS_{XY}^C = MRTS_{XY}^D$，按此点生产都是最有效率的生产。相应地，契约曲线表示的轨迹是帕累托最优轨迹。

**3. 局部均衡和一般均衡（北师大2008研；中央财大2010研）**

**答案：** 局部均衡是指不考虑所分析的商品市场或经济体系内某一局部以外因素的影响时，这一局部所达到的均衡状态。它是经济体系中单独一个消费者、一个商品市场或要素市场、一家厂商或一个行业的均衡状态。局部均衡分析只考虑这个局部本身所包含的各因素的相互影响，相互作用，最终如何达到均衡状态。局部均衡模型在一定的合理假设下，不但可以达到说明问题的目的，而且可使问题简单化、明了化。特别是当把所研究的变量限于两个经济因素时，可以借助数、表、图进行综合分析，收到较好的效果。

一般均衡是指在一个经济体系中，所有市场的供给和需求同时达到均衡的状态。根据一般均衡分析，某种商品的价格不仅取决于它本身的供给和需求状况，而且还受到其他商品的价格和供求状况的影响。因此，某种商品的价格和供求均衡，只有在所有商品的价格和供求都同时达到均衡时，才能实现。一般均衡模型相对局部均衡而言，更为复杂，但是能更全面地考察经济现象，对影响该经济现象的因素，以及哪些因素如何影响经济现象能够有更深刻的领会。

**4. 帕累托最优状态（北师大2001研；华中科大2005研；北京理工大学2006、2008研；南航2006研；上海交大2006研；深圳大学2007年；财政部财科所2011研）**

**答案：** 帕累托最优状态也称为帕累托最优、帕累托最适度、帕累托最佳状态或帕累托最优原则

等,指当社会中的一些人的境况变好而又不使另一些人的境况变坏时,该社会所处的一种理想状态。该理论是由意大利经济学家、社会学家帕累托提出,因此得名。帕累托指出,在社会既定的收入分配条件下,如果对收入分配状况的某种改变使每个人的福利同时增加,则这种改变使社会福利状况改善;如果这种改变让每个人的福利都减少了,或者一部分人福利增加而另一部分人福利减少,则这种改变没有使社会福利状况改善。帕累托认为,最优状态应该是这样一种状态:在这种状态下,任何对该状态的改变都不可能使一部分人的福利增加,而又不使另一部分人的福利减少,这种状态就是一个非常有效率的状态。帕累托最优状态包括三个条件:(1)交换的最优状态:人们持有的既定收入所购买的各种商品的边际替代率,等于这些商品的价格比率;(2)生产的最优状态:厂商在进行生产时,所有生产要素中任意两种生产要素的边际技术替代率都相等;(3)生产和交换的一般最优状态:所有产品中任意两种产品的边际替代率等于这两种产品在生产中的边际转换率。如果所有的市场(产品市场和生产要素市场)均是完全竞争的,则市场机制的最终作用将会使生产资源达到最优配置。在帕累托最优这种理想的状态下,有限的生产资源得到最有效率的配置,产量最高,产品的分配也使社会成员的总体福利最大。

### 5. 公共选择理论(东北财大 2011 研)

**答案:**公共选择理论是一门介于经济学和政治学之间的新兴交叉学科,它是运用经济学的分析方法来研究政治决策机制如何运作的理论。

公共选择理论认为,人类社会由两个市场组成,一个是经济市场,另一个是政治市场。该理论进一步认为,在经济市场和政治市场上活动的是同一个人,没有理由认为同一个人在两个不同的市场上会根据两种完全不同的行为动机进行活动,即在经济市场上追求自身利益的最大化,而在政治市场上则是利他主义的,自觉追求公共利益的最大化。公共选择理论试图把人的行为的两个方面重新纳入一个统一的分析框架或理论模式,用经济学的方法和基本假设来统一分析人的行为的这两个方面,从而拆除传统的经济学在经济学和政治学这两个学科之间竖起的隔墙,创立使二者融为一体的新政治经济学体系。

公共选择理论的基本特征是:把经济学的研究对象拓展到以往被经济学家视为外部因素;而由政治学研究的传统领域;把人类的经济行为和政治行为作为统一的研究对象;从实证分析的角度出发,以经济人为基本假定和前提,运用微观经济学的成本—效益分析方法,解释个人偏好与政府公共选择的关系,研究作为投票者的消费者如何对公共物品或服务的供给的决定表达意愿。

### 6. 阿罗不可能性定理(中国地质大学 2005 研;中央财大 2010 研)

**答案:**阿罗不可能性定理是指阿罗分析市场一般均衡时得出的一个定理。其结论为:试图找出一套规则(或程序),以从一定的社会状况下的个人选择顺序中推导出符合某种理性条件的社会选择顺序,一般是办不到的。阿罗不可能定理包含两项重要假设:每个人的偏好是可以排列的;每个人的偏好次序是传递的。

根据这两项假设,阿罗指出,要建立一种社会福利函数必定要违反他规定的下列五项条件的一项或若干项,否则社会福利函数就无法建立。其五项规定或条件为:(1)自由三元组条件:在所有选择方案中,至少有三个方案,对之允许有任何逻辑上可能的个人选择顺序。(2)社会选择正相关于个人价值条件:如果某一选择方案在所有人的选择顺序中地位上升或保持不变,且没有其他变化发生,则在社会选择顺序中,这一方案的地位上升,或至少不下降。(3)不相关的选择方案具有独立性条件:第一,任何两个选择方案的社会选择顺序仅仅依赖个人对这两个方案的选择顺序,与个人在其他不相关的备选对象上的选择顺序无关;第二,任何两个选择对象之间的社会偏好顺序仅仅依赖于个人相应的选择顺序,而与偏好强度等因素无关。(4)公民主权条件:社会选择顺序不是强迫的。(5)非独裁条件:选择规则不能是独裁的,即不存在这种情况:一个人的选择顺序就是社会的选择顺序,所有其他人的选择是无足轻重的。

阿罗证明了不存在一个选择规则或选择程序能够同时满足上面两个假设和五个条件,这表明由个人选择合乎逻辑地转化为社会选择的过程包含巨大的困难。

## 二、简答题

"由于契约曲线上的所有点都是有效率的,因此从社会的观点来看它们都是同样理想的。"你同意这种说法吗?请解释之。(厦门大学 2011 研)

**答案:**不同意这种说法。理由如下:

(1)交换的契约曲线上的所有点表示两种产品在两个消费者之间的所有最优分配(即帕累托最优)状态的集合,此线也被称为交换的效率曲线。生产的契约曲线上的所有点表示两种要素在两个生产者之间的所有最优分配(即帕累托最优)状态的集合,此线也被称为效率曲线。可见,契约曲线上的所有点都是有效率的。

(2)但是对社会来说,契约曲线上的所有点未必都是理想的,因为帕累托最优的三个条件并不是对资源最优配置的完整描述,它没有考虑到收入分配问题。实际上,存在着无穷多个同时满足所有三个帕累托最优条件的经济状态,其中甚至可以包括收入分配的极端不平等情况,比如在交换契约曲线的两个端点上就是极端不平等状态,至少在这两点上,从社会角度看就不是理想状态。

因此,从社会的观点来看,契约线上的所有点不都是同样理想的。

## 三、计算题

**1.** 在两种商品交换的经济体中,两个人($a,b$)有如下的效用函数:$U_a(X_a) = lnX_{1a} + 2lnX_{2a}$,$U_b(X_b) = 2lnX_{1b} + 1lnX_{2b}$,假定 $a$ 最初的资源禀赋 $R_a = (9,3)$ 即拥有 9 个 $X_1$ 和 3 个 $X_2$;而 $b$ 最初的资源禀赋为 $R_b = (12,6)$,即 $b$ 拥有 12 个 $X_1$ 和 6 个 $X_2$。定义两种商品 $X_1$ 和 $X_2$ 的价格之比 $\frac{P_1}{P_2} = P$,并标准化商品 2 的价格 $P_2 = 1$。证明:均衡的价格水平 $P^* = 0.5$。(人大 2011 研)

**答案:**对于消费者 a 来说,应满足如下目标函数:

$$\max_{X_{1a},X_{2a}} U_a(X_a) = \ln X_{1a} + 2\ln X_{2a}$$
$$s.t. \quad P_1 X_{1a} + X_{2a} = 9P_1 + 3$$

构造拉格朗日函数:

$$L = \ln X_{1a} + 2\ln X_{2a} - \lambda(P_1 X_{1a} + X_{2a} - 9P_1 - 3)$$

由一阶条件可得:

$$\frac{\partial L}{\partial X_{1a}} = \frac{1}{X_{1a}} - P_1\lambda = 0$$

$$\frac{\partial L}{\partial X_{2a}} = \frac{2}{X_{2a}} - \lambda = 0$$

$$\frac{\partial L}{\partial \lambda} = P_1 X_{1a} + X_{2a} - 9P_1 - 3 = 0$$

联立解得:$X_{1a} = \dfrac{3P_1 + 1}{P_1}$;$X_{2a} = 6P_1 + 2$

对于消费者 b 来说,应满足如下目标函数:

$$\max_{X_{1b}, X_{2b}} U_b(X_b) = 2\ln X_{1b} + 1\ln X_{2b}$$
$$s.t. \quad P_1 X_{1b} + X_{2b} = 12P_1 + 6$$

构造拉格朗日函数为:

$$L = 2\ln X_{1b} + 1\ln X_{2b} - \lambda(P_1 X_{1b} + X_{2b} - 12P_1 - 6)$$

由一阶条件可得:

$$\dfrac{\partial L}{\partial X_{1b}} = \dfrac{2}{X_{1b}} - P_1 \lambda = 0$$

$$\dfrac{\partial L}{\partial X_{2b}} = \dfrac{1}{X_{2b}} - \lambda = 0$$

$$\dfrac{\partial L}{\partial \lambda} = P_1 X_{1b} + X_{2b} - 12P_1 - 6 = 0$$

联立解得:$X_{1b} = \dfrac{8P_1 + 4}{P_1}$;$X_{2b} = 4P_1 + 2$

市场出清时应有:

$$X_{1a} + X_{1b} = \dfrac{3P_1 + 1}{P_1} + \dfrac{8P_1 + 4}{P_1} = 9 + 2 = 21$$

解得:$P_1 = 0.5$

故均衡的价格水平 $P^* = \dfrac{P_1}{P_2} = 0.5$。

**2.** 在两个消费者和两个商品的纯交换经济里,张三初始禀赋 9 单位商品 1 和 6 单位商品 2;李四初始禀赋有 18 单位商品 1 和 3 单位商品 2,他们具有共同的效用函数 $U(X_1, X_2) = X_1 X_2$,$X_1$ 和 $X_2$ 表示商品 1 和商品 2 的数量。求:

(1)达到竞争均衡的相对价格。

(2)表示帕累托最优分配的契约的线表达式。(上海交大 2011 研)

**答案:**(1)设商品 1 和商品 2 的价格分别为 $P_1$ 和 $P_2$,设张三对商品 1 和商品 2 的消费量为 $x_{Z1}$ 和 $x_{Z2}$,李四对商品 1 和商品 2 的最终消费为 $x_{L1}$ 和 $x_{L2}$,则达到竞争均衡时对张三有:

$$\begin{cases} \dfrac{MU_{Z1}}{P_1} = \dfrac{MU_{Z2}}{P_2} \Rightarrow \dfrac{x_{Z2}}{P_1} = \dfrac{x_{Z1}}{P_2} \Rightarrow x_{Z1} P_1 = x_{Z2} P_2 \\ M_Z = x_{Z1} P_1 + x_{Z2} P_2 = 9P_1 + 6P_2 \end{cases}$$

整理得张三的最优消费量(需求函数)为:

$$x_{Z1} = \dfrac{9P_1 + 6P_2}{2P_1}, x_{Z2} = \dfrac{9P_1 + 6P_2}{2P_2}$$

达到竞争均衡时对李四有:

$$\begin{cases} \dfrac{MU_{L1}}{P_1} = \dfrac{MU_{L2}}{P_2} \Rightarrow \dfrac{x_{L2}}{P_1} = \dfrac{x_{L1}}{P_2} \Rightarrow x_{L1} P_1 = x_{L2} P_2 \\ M_L = x_{L1} P_1 + x_{L2} P_2 = 18P_1 + 3P_2 \end{cases}$$

整理得李四的最优消费量(需求函数)为:

## 第九章 一般均衡论和福利经济学

$$x_{Z1} = \frac{18P_1 + 3P_2}{2P_1}, x_{L2} = \frac{18P_1 + 3P_2}{2P_2}$$

达到竞争均衡时市场出清,因此有:

$$z_{Z1} + x_{L1} = 9 + 18 \Rightarrow \frac{9P_1 + 6P_2}{2P_1} + \frac{18P_1 + 3P_2}{2P_2} = 27 \Rightarrow P_2 = 3P_1$$

这就是达到竞争均衡相对价格。

(2)根据消费边际替代率相等的帕累托最优条件,有:

$$MRS_{Z12} = \frac{MU_{Z1}}{MU_{Z2}} = \frac{x_{Z2}}{x_{Z1}} = MRS_{L12} = \frac{MU_{L1}}{MU_{L2}} = \frac{x_{L2}}{x_{L1}} \Rightarrow x_{Z2}x_{L1} = x_{Z1}x_{L2} \quad \text{①}$$

又因为总禀赋不变,于是有:

$$x_{L1} + x_{Z1} = 9 + 18 = 27 \Rightarrow x_{L1} = 27 - x_{Z1}$$
$$x_{L2} + x_{Z2} = 6 + 3 = 9 \Rightarrow x_{L2} = 9 - x_{Z2}$$

代入①式得:$x_{Z1} = 3x_{Z2}$ 以及 $x_{L1} = 3x_{L2}$。

## 四、论述题

**请用规模经济递增、规模经济不变和规模经济递减,来分析福利经济学的第一定理和第二定理。(人大 2010 研)**

答案:(1)规模报酬变化是指在其他条件不变的情况下,企业内部各种生产要素按相同比例变化时所带来的产量变化。企业规模报酬变化可以分为规模报酬递增、规模报酬不变和规模报酬递减三种情况。产量增加的比例大于各种要素增加的比例,称之为规模报酬递增;产量增加的比例等于各种要素增加的比例,称之为规模报酬不变;产量增加的比例小于各种要素增加的比例,称之为规模报酬递减。

福利经济学第一定理:这一定理是要评估一下瓦尔拉斯一般均衡。其基本思想是,如果市场是竞争性的,则它会达到瓦尔拉斯均衡,而瓦尔拉斯均衡必然是一种帕累托有效配置。即竞争性的市场可以达到帕累托最优。

福利经济学第二定理:帕累托最优可以通过瓦尔拉斯式的竞争性均衡来实现。它是从另一个角度对市场机制的肯定。即若想实现某种帕累托最优,可以借助于市场机制。

(2)福利经济学第一定理这一结论的成立,只有当竞争均衡实际存在时才有意义,具体地说,它排除了较大的规模收益递增的区域。

在纯粹交换经济的情况下,只要消费者显示出凸的偏好,每一种帕累托有效率配置就有可能是一个竞争均衡。在一个包含着生产的经济中,会得出同样的结果,但这时不仅要求消费者的偏好是凸的,而且要求企业的生产集也是凸的,这一要求完全排除了规模报酬递增的情况。总之,只有在规模报酬不变或递减时,福利经济学第二定理才能够成立,任何帕累托有效率配置都可以通过竞争市场来达到。

**典型案例分析**

**帕累托最优标准——满意即最优**

帕累托是19世纪初的意大利经济学家,他是新福利经济学家代表人物。以他的名字命名的

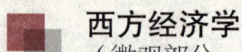

"帕累托最优"是现代经济学中的一个重要概念,也是经济学的一个美好的理想境界。

这一命题是判断福利优劣的新标准,其含义是:在其他条件不变的情况下,如果某一经济变动改善了一些人的状况,同时又不使一些人蒙受损失,这个变动就增进了社会福利,称为帕累托改进;在其他条件不变的情况下,如果不减少一些人的经济福利,就不能改善另一些人的经济福利,就标志着社会经济福利达到了最大化的状态,实现了帕累托最优状态。

这个概念令人非常的费解,让我举一个例子来说明。假如原来甲有一个苹果,乙有一个梨,他们是否就是帕累托最优呢?取决于甲、乙二人对苹果和梨的喜欢程度,如果甲喜欢苹果大于梨;乙喜欢梨大于苹果,这样就已经达到了最满意的结果,也就已经是"帕累托最优"了。如果是甲喜欢梨大于苹果;乙喜欢苹果大于梨,甲乙之间可以进行交换,交换后的甲乙的效用都有所增加,这就是帕累托改进。我国经济学者盛洪在他著的《满意即最佳》里说过一句话:"一个简单的标准就是,看这项交易是否双方同意,双方是否对交易结果感到满意。"而正是谁也不愿意改变的状态,就已经是"帕累托最优"了。

我们通俗地讲"帕累托改进"是在不损害他人福利的前提下进一步改善自己福利,用老百姓的俗话说就是"利己不能损人"。同样,只有在不损害生产者和经营者权利的前提下维护消费者的权益,才能在市场经济的各个主体之间达到"帕累托最优"的均衡状态。

市场经济有两个最本质的特征,其一是提高资源配置效率;其二是实现充分竞争。所谓的帕累托最优,通俗的解释就是在资源配置过程中,经济活动的各个方面,不但没有任何一方受到损害,而且社会福利要尽可能实现最大化,社会发展要达到最佳状态。西方经济学中的帕累托最优,实际上就是要求不断提高资源的配置效率。

## 教材习题精解参考答案

**1. 局部均衡分析与一般均衡分析的关键区别在什么地方?**

**答案:** 局部均衡分析研究的是单个(产品或要素)市场,即把所考虑的某个市场从相互联系的整个经济体系的市场全体中"取出"来单独加以研究。在这种研究中,该市场商品的需求和供给仅仅被看成是其本身价格的函数,其他商品的价格则被假定为不变,而这些不变价格的高低只影响所研究商品的供求曲线的位置。市场的需求和供给曲线共同决定了市场的均衡价格和均衡数量。

一般均衡分析是把所有相互联系的各个市场看成一个整体来加以研究的。在一般均衡理论中,每一商品的需求和供给不仅取决于该商品本身的价格,而且也取决于所有其他商品(如替代品和补充品)的价格。每一商品的价格都不能单独地决定,而必须和其他商品价格联合着决定。当整个经济的价格体系恰好使所有的商品都供求相等时,市场就达到了一般均衡。

**2. 试评论瓦尔拉斯的拍卖者假定。**

**答案:** 拍卖者假定意味着,在拍卖人最终喊出能使市场供求相等的价格以前,参与交易的人只能报出他们愿意出售和购买的数量,但不能据此进行实际的交易。只有当拍卖人喊出的价格恰好使供求相等时,交易各方才可以实际成交。

拍卖者假定是瓦尔拉斯均衡和现在的一般均衡论赖以成立的基础。

很显然,拍卖者假定完全不符合实际。如果容许参与交易的人在非均衡价格下进行交易,那就不能保证一切市场在同一时间达到均衡状态,从而也就不能保证一般均衡的实现。

# 第九章 一般均衡论和福利经济学

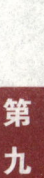

**3. 试说明福利经济学在西方微观经济学中的地位。**

**答案:** 福利经济学可以说是西方微观经济学论证"看不见的手"原理的最后一个环节,完全竞争模型可以导致帕累托状态,而这一状态对整个社会来说又是配置资源的最优状态。

西方的微观经济学可以分为两个部分,即实证经济学和规范经济学。实证经济学研究实际经济体系是怎样运行的,它对经济行为作出有关的假设,根据假设分析和陈述经济行为及其后果,并试图对结论进行检验。简言之,实证经济学回答"是什么"的问题。除了"是什么"的问题之外,西方经济学家还试图回答"应当是什么"的问题,即他们试图从一定的社会价值判断标准出发,根据这些标准,对一个经济体系的运行进行评价,并进一步说明一个经济体系应当怎样运行,以及对此提出相应的经济政策。这些便属于所谓规范经济学的内容。

福利经济学就是一种规范经济学。具体来说,福利经济学是在一定的社会价值判断标准条件下,研究整个经济的资源配置与个人福利的关系,特别是市场经济体系的资源配置与福利的关系,以及与此有关的各种政策问题。

**4. 什么是帕累托最优?满足帕累托最优需要具备什么样的条件?**

**答案:** 如果对于某种既定的资源配置状态,任何改变都不可能使至少一个人的状况变好而又不使任何人的状况变坏,则称这种资源配置状态为帕累托最优状态。

它要满足三个条件。①交换的最优条件:对于任意两个消费者来说,任意两种商品的边际替代率相等;②生产的最优条件:对于任意两个生产者来说,任意两种商品的边际技术替代率相等;③交换和生产的最优条件:任意两种产品的边际替代率与边际转换率相等。在完全竞争条件下,帕累托最优的三个条件均能得到满足。

**5. 为什么说交换的最优条件加生产的最优条件不等于交换和生产的最优条件?**

**答案:** 交换的最优只是说明消费者是最有效率的;生产的最优只能说明生产是最有效率的。两者的简单并列,只是说明消费和生产分开来看时各自独立地达到了最优,但并不能说明,当将交换和生产综合起来看时,也达到了最优。

交换和生产的最优是要将交换和生产这两个方面综合起来,讨论交换和生产的帕累托最优条件。

**6. 为什么完全竞争的市场机制可以导致帕累托最优状态?**

**答案:** 在完全竞争经济中,产品的均衡价格可以实现交换的帕累托最优状态。

在完全竞争经济中,要素的均衡价格可以实现生产的帕累托最优状态。

在完全竞争经济中,商品的均衡价格可以实现生产和交换的帕累托最优状态。

**7. 生产可能性曲线为什么向右下方倾斜?为什么向右上方凸出?**

**答案:** 生产可能性曲线向右下方倾斜是因为在最优产出组合中,两种最优产出的变化方向是相反的:一种产出的增加必然伴随另一种产出的减少。

生产可能性曲线向右上方凸出是因为要素的边际报酬递减。

**8. 阿罗的不可能性定理说明了什么问题?**

**答案:** 根据阿罗的不可能性定理,在非独裁的情况下,不可能存在适用于所有个人偏好类型的社会福利函数。

阿罗的不可能性定理意味着,不能从不同个人的偏好当中合理地形成所谓的社会偏好。换句话说,一般意义上的社会福利函数并不存在。这表明,西方经济学没有彻底地解决资源配置问题。

**9.** 如果对于生产者甲来说,以要素 $L$ 替代要素 $K$ 的边际技术替代率等于 3;如果对于生产者乙来说,以要素 $L$ 替代要素 $K$ 的边际技术替代率等于 2;那么可能发生什么情况?

**答案:** 生产者甲和乙之间会发生要素的交换,由于对于甲来说要素 $L$ 替代要素 $K$ 的边际技术替代率等于 3,这意味着甲愿意放弃不多于 3 单位的 $L$ 来交换 1 单位的 $K$;对于乙来说要素 $L$ 替代要素 $K$ 的边际技术替代率等于 2,这意味着乙愿意放弃 2 单位的 $L$ 来交换 1 单位的 $K$;则甲跟乙交换,双方的福利得到增加。

**10.** 假定整个经济原来处于一般均衡状态,如果现在由于某种原因使商品 $X$ 的市场供给增加,试考察:

(1) 在 $X$ 商品市场中,其替代品市场和互补品市场会有什么变化?

(2) 在生产要素市场上会有什么变化?

(3) 收入的分配会有什么变化?

**答案:** (1) 如果 $X$ 商品的供给增加,按局部均衡分析,其价格将下降,供给量将增加,按一般均衡分析,$X$ 商品的价格下降,会提高对其互补品的需求,降低对其替代品的需求。这样,互补品的价格和数量将上升,替代品的价格和数量将下降(假定供给曲线向右上方倾斜)。

(2) 在商品市场上的上述变化也会影响到生产要素市场,因为它导致了生产 $X$ 商品和其互补品的生产要素的需求增加,因此,又引起了生产商品 $X$ 和其互补品的要素价格和数量的上升。它同时又导致商品 $X$ 的替代品的需求下降,因此,又引起生产商品 $X$ 的替代品的生产要素的价格和数量的下降。

(3) 由于(2)中所述的变化,不同生产要素的收入及收入的分配也发生变化。商品 $X$ 及其互补品的投入要素的所有者因对其要素需求的增加,其收入便随要素价格的上升而增加。商品 $X$ 的替代品的投入要素的所有者因对其要素需求的减少,其收入便随要素价格的下降而减少。这些变化转而又或多或少地影响包括商品 $X$ 在内的所有最终商品的需求。

**11.** 设某经济只有 $a$、$b$ 两个市场。$a$ 市场的需求和供给函数为 $Q_{da} = 13 - 2P_a + P_b$、$Q_{sa} = -4 + 2P_a$,$b$ 市场的需求和供给函数为 $Q_{db} = 20 + P_a - P_b$,$Q_{sb} = -5 + 4P_b$。试确定:

(1) 当 $P_b = 1$ 时,$a$ 市场的局部均衡;

(2) 当 $P_a = 1$ 时,$b$ 市场的局部均衡;

(3) $(P_a = 1, P_b = 1)$ 是否代表一般均衡?

(4) $(P_a = 5, P_b = 3)$ 是否代表一般均衡?

(5) 一般均衡价格和一般均衡产量为多少?

**答案:** (1) 当 $P_b = 1$ 时,联立 $a$ 市场的需求和供给函数 $Q_{da} = 13 - 2P_a + 1$、$Q_{sa} = -4 + 2P_a$,可得 $P_a = 4.5, Q_a = 5$。

(2) 当 $P_a = 1$ 时,联立 $b$ 市场的需求和供给函数 $Q_{db} = 20 + 1 - P_b$,$Q_{sb} = -5 + 4P_b$,可得:$P_b = 5.2$,$Q_b = 15.8$。

(3) 当 $P_a = 1, P_b = 1$ 时,$Q_{da} = 14$、$Q_{sa} = -2$;$Q_{db} = 20$,$Q_{sb} = -1$;因此不代表一般均衡。

(4) 当 $P_a = 5, P_b = 3$ 时,$Q_{da} = 4$、$Q_{sa} = 6$;$Q_{db} = 18$,$Q_{sb} = 7$;因此不代表一般均衡。

(5) 一般均衡时,$Q_{da} = Q_{sa}$,同时 $Q_{db} = Q_{sb}$,联立上述方程可得:$P_a = 110/19$,$P_b = 117/19$;$Q_a = 144/19$,$Q_b = 373/19$。

**12.** 设某经济的生产可能性曲线满足如下资源函数(或成本函数):

$$c = (x^2 + y^2)^{1/2}$$

其中,$c$ 为参数。如果根据生产可能性曲线,当 $x=3$ 时,$y=4$,试求生产可能性曲线的方程。

**答案:** 当 $x=3$ 时,$y=4$,$c=5$,则生产可能性方程为 $x^2+y^2=25$,$x\geq 0$,$y\geq 0$。

**13.** 设某经济的生产可能性曲线为

$$y=\frac{1}{2}(100-x^2)^{1/2}$$

试说明:

(1) 该经济可能生产的最大数量的 $x$ 和最大数量的 $y$;
(2) 生产可能性曲线向右下方倾斜;
(3) 生产可能性曲线向右上方凸出;
(4) 边际转换率是否递增?
(5) 点 $(x=6,y=3)$ 的性质。

**答案:** (1) 当 $x=0$ 时,$y_{\max}=5$;当 $y=0$ 时,$x_{\max}=10$;

(2) 求 $y$ 对 $x$ 的导数,即 $\dfrac{dy}{dx}=-\dfrac{x}{2}(100-x^2)^{-1/2}$ 为负值,从而生产可能性曲线向右下方倾斜;

(3) 由生产可能性曲线的边际转换率 $MRT=\left|\dfrac{dy}{dx}\right|=\left|\dfrac{x}{2}(100-x^2)^{-1/2}\right|$,可知边际转换率递增,即生产可能性曲线向右上方凸出。

(4) 对 $\dfrac{dy}{dx}=-\dfrac{x}{2}(100-x^2)^{-1/2}$ 求导数,可知其二阶导数为正值,即生产可能性曲线的边际转换率递增。

(5) 生产可能性曲线 $y=\dfrac{1}{2}(100-x^2)^{1/2}$ 可转换为 $x^2+4y^2=100$,$x\geq 0$,$y\geq 0$,将点 $(x=6,y=3)$ 代入可得 $x^2+4y^2=72<100$,即属于生产无效率区域。

**14.** 设 $a$、$b$ 两个消费者消费 $x$、$y$ 两种产品。两个消费者的效用函数均为 $u=xy$。消费者 $a$ 消费的 $x$ 和 $y$ 的数量分别用 $x_a$ 和 $y_a$ 表示,消费者 $b$ 消费的 $x$ 和 $y$ 的数量分别用 $x_b$ 和 $y_b$ 表示,$e(x_a=10, y_a=50, x_b=90, y_b=270)$ 是相应的埃奇渥斯盒状图中的一点。试确定:

(1) 在点 $e$ 处,消费者 $a$ 的边际替代率;
(2) 在点 $e$ 处,消费者 $b$ 的边际替代率;
(3) 点 $e$ 满足交换的帕累托最优吗?
(4) 如果不满足,应如何调整才符合帕累托改进的要求?

**答案:** (1) 由于边际替代率 $MRS=\left|\dfrac{dy}{dx}\right|$,且此时消费者 $a$ 的效用函数为 $xy=500$,则在点 $e$ 的边际替代率为: $MRS_{xy}^a=\left|\dfrac{dy}{dx}\right|=\dfrac{500}{x^2}=5$。

(2) 同理,消费者 $b$ 在点 $e$ 的边际替代率为: $MRS_{xy}^b=\left|\dfrac{dy}{dx}\right|=\dfrac{270\times 90}{x^2}=3$。

(3) 由于 $MRS_{xy}^a\neq MRS_{xy}^b$,点 $e$ 不满足帕累托最优。

(4) 消费者 $a$ 与消费者 $b$ 进行产品的交换:消费者 $a$ 减少 $x$ 的消费量,增加 $y$ 的消费量;消费者 $b$ 增加 $x$ 的消费量,减少 $y$ 的消费量;双方的福利增大。

**15.** 设两个消费者 $a$ 和 $b$ 消费两种产品 $x$ 和 $y$。消费者 $a$ 的效用函数为 $u=u(x,y)$,消费者 $b$ 的无差异曲线 $y=u_0-kx(u_0>0,k>0)$。试说明交换的契约曲线的倾斜方向。

**答案**：由题意可知，$x,y$ 两种商品对消费者 $b$ 而言，是完全替代品，其无差异曲线为一条直线，边际替代率不变，因此交换的契约曲线是一条向右上方倾斜的直线。

**16.** 设 $c$、$d$ 两个生产者拥有 $l$、$k$ 两种要素。两个生产者的生产函数分别为：
$$Q = 2k + 3l + lk, Q = 20l^{1/2}k^{1/2}。$$
生产者 $c$ 使用的 $l$、$k$ 的数量分别用 $l_c$、$k_c$ 表示，生产者 $d$ 使用的 $l$、$k$ 的数量分别用 $l_d$、$k_d$ 表示。两种要素的总量为 $\bar{l}$ 和 $\bar{k}$，即有 $l_c + l_d = \bar{l}$、$k_c + k_d = \bar{k}$。试确定：

(1) 生产者 $c$ 的边际技术替代率；

(2) 生产者 $d$ 的边际技术替代率；

(3) 用生产者 $c$ 使用的 $l_c$、$k_c$ 来表示的生产契约曲线；

(4) 用生产者 $d$ 使用的 $l_d$、$k_d$ 来表示的生产契约曲线。

**答案**：(1) 由于边际技术替代率 $MRTS = \left|\dfrac{dk}{dl}\right|$，且此时生产者 $c$ 的产量为 $Q_c = 2k_c + 3l_c + l_ck_c$，则边际技术替代率为：$MRTS_{lk}^c = \left|\dfrac{dk}{dl}\right| = \dfrac{6 + 6l_c + Q_c}{(2 + l_c)^2}$。

(2) 同理，生产者 $d$ 的产量为 $Q_d = 20l_d^{1/2}k_d^{1/2}$，则边际技术替代率为：
$$MRTS_{lk}^d = \left|\dfrac{dk}{dl}\right| = \dfrac{Q_d^2}{400l_d^2}$$

(3) 在生产契约曲线上，$MRTS_{lk}^c = MRTS_{lk}^d$，此时 $\dfrac{6 + 6l_c + Q_c}{(2 + l_c)^2} = \dfrac{\bar{k} - k_c}{\bar{l} - l_c}$，则生产契约曲线为 $k = \dfrac{(6 + 6l_c + Q_c) \cdot (\bar{l} - l_c)}{(2 + l_c)^2} + k_c$。

(4) 同理可得用生产者 $d$ 的产量表示的生产契约曲线。

### 自测题

## 一、名词解释

1. 局部均衡　　　　2. 帕累托最优　　　　3. 交换的契约曲线
4. 生产的契约曲线　5. 生产可能性曲线　　6. 边际转换率
7. 社会福利函数　　8. 阿罗不可能定理

## 二、单项选择

1. 在两种商品（$X$ 和 $Y$）、两种生产要素（$L$ 和 $K$）的经济中，达到生产的全面均衡的条件为　　（　　）

　　A. $MRTS_{LK} = P_L/P_K$　　　　　　　　B. $MRTS_{LK} = MRS_{XY}$
　　C. $MRT_{XY} = MRS_{XY}$　　　　　　　　D. $(MRTS_{LK})_X = (MRTS_{LK})_Y$

2. 在两个个人（$A$ 和 $B$）、两种商品（$X$ 和 $Y$）的经济中，生产和交换的全面均衡发生在（　　）

　　A. $MRT_{XY} = P_X/P_Y$　　　　　　　　B. $A$ 与 $B$ 的 $MRS_{XY} = P_X/P_Y$
　　C. $(MRS_{XY})_A = (MRS_{XY})_B$　　　　D. $MRT_{XY} = (MRS_{XY})_A = (MRS_{SY})_B$

第九章 一般均衡论和福利经济学

3. 一个社会要达到最高的经济效率,得到最大的经济福利,进入帕累托最优状态,必须( )
   A. 满足交换的边际条件:$(MRS_{XY})_A = (MRS_{XY})_B$
   B. 满足生产的边际条件:$(MRTS_{LK})_X = (MRTS_{LK})_Y$
   C. 满足替代的边际条件:$MRT_{XY} = MRS_{XY}$
   D. 同时满足上述三条件

4. 在微观经济学理论中,生产契约曲线上的点表示生产者 ( )
   A. 获得最大利润              B. 支出最小成本
   C. 通过生产要素的重新配置提高了总产量    D. 以上均正确

5. 下列哪条曲线可以导出转换曲线 ( )
   A. 消费契约曲线              B. 效用可能性曲线
   C. 社会福利曲线              D. 生产契约曲线

6. 根据所学知识结合实际生活判断,导出下列哪一条曲线必须做出道德的或是价值的判断 ( )
   A. 转换曲线                B. 消费契约曲线
   C. 社会福利曲线              D. 效用可能性边界

7. 在微观经济学理论中,外溢效应(即外部效应)可以产生于 ( )
   A. 人的消费行为而不是生产行为      B. 人的生产行为而不是消费行为
   C. 人的消费行为和生产行为        D. 以上均不正确

## 三、判断题

1. 在福利经济学中,庇古的福利经济学由于忽视公平而受到批判。 ( )
2. 社会福利函数是所有个人效用的水平的简单加总。 ( )
3. 在微观经济学中,外部性既可以由消费行为产生也可以由生产行为产生。 ( )
4. 契约曲线是所有可能契约的轨迹。 ( )
5. 为了达到生产的帕累托最优,必须使任意两厂商对两种要素的边际技术替代率相等,即使他们生产的产品并不相同。 ( )
6. 对于福利最大化来说,完全竞争长期一般均衡既是充分条件又是必要条件。 ( )

## 四、计算题

1. 假设经济社会中除了一个生产者之外其他生产者都满足帕累托最优条件。该生产者是其产品市场上的完全垄断者,同时它还是用于生产该产品的唯一的投入要素市场的完全垄断购买者。他的生产函数为 $Q = 0.5X$,产出的需求函数为 $P = 100 - 4Q$,投入要素的供给函数为 $R = 2 + 2X$。试求:
   (1) 生产者利润极大化时的 $Q$、$X$、$P$ 及 $R$ 之值。
   (2) 该生产者满足帕累托最适度条件时的 $Q$、$X$、$P$ 及 $R$ 之值。

2. 在某个由 $X$、$Y$ 两种产品,$A$、$B$ 两消费者及一个企业构成的生产经济中,$A$、$B$ 的效用函数及产品初期保有量分别为:

$$\begin{cases} U_A = 4X_A^2 Y_A \\ U_B = 8X_B Y_B^2 \end{cases} \quad E_A = (12, 0) \quad E_B = (18, 0)$$

企业用 $X$ 生产 $Y$,生产函数为:$Y = X/2$,企业利润均等的分配给 $A$ 和 $B$。求:

185

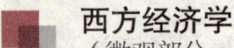

(1)表示该经济效用边界的关系式;
(2)均衡状态下两种产品的价格比,并求其资源配置。
3. 考虑由两种商品和固定要素供给组成的经济。假设以商品空间定义的社会福利函数为 $W = (q_1 + 2)q_2$,隐含的生产函数为 $q_1 = 2q - 10 = 0$。试求社会福利最大时 $q_1$、$q_2$ 的值。

## 五、简答题

1. 在微观经济学中什么是帕累托最优?满足帕累托最优需要具备什么样的条件?
2. 在微观经济学中,生产可能性曲线为什么向右下方倾斜?为什么向右上方凸出?

## 六、分析题

假设:(1)一个简单经济最初处于全面的长期的完全竞争均衡;(2)$L$ 和 $K$ 是仅有的两种生产要素,各具有一定的数量;(3)仅有两种商品 $X$ 和 $Y$,$X$ 的劳动密集程度(即 $L/K$ 的比例)大于 $Y$;(4)商品 $X$ 和 $Y$ 互为替代品;(5)$X$ 行业和 $Y$ 行业是成本递增行业。
(a)以局部均衡的观点来讨论,如果 $D_X$ 上升将会发生什么情况?
(b)$Y$ 商品市场将会发生什么变化?
(c)在劳动和资本市场将会发生什么情况?
(d)劳动和资本市场中发生的变化时如果转而影响整个经济的?

### 参考答案

## 一、名词解释

1. 局部均衡是指假定其他市场不变情况下单个产品市场或单个要素市场存在的均衡。
2. 帕累托最优是用于判断市场机制运行效率的一般标准。一个帕累托最优状态或市场机制有效率的运行结果就是指这样一种状态,如果对于某中既定的资源配置状态,任何改变都不可能使至少一个人的状况变好而又不使任何人的状况变坏,则称这种资源配置状态为帕累托最优状态。帕累托最优状态要满足三个条件:(1)交换的最优条件:对于任意两个消费者来说,任意两种商品的边际替代率相等;(2)生产的最优条件:对于任意两个生产者来说,任意两种商品的边际技术替代率相等;(3)交换和生产的最优条件:任意两种产品的边际替代率与边际转换率相等。在完全竞争的条件下,帕累托最优的三个条件均能得到满足。
3. 交换的契约曲线:在交换的埃奇沃思盒图形中,不同消费者的无差异曲线的切点的轨迹。
4. 生产的契约曲线:在生产的埃奇沃思盒图形中,不同生产者的无差等产量曲线的切点的轨迹。
5. 生产可能性曲线:在一定的资源与技术条件下可能达到的最大的产量组合曲线,它可以用来进行各种生产组合的选择。
6. 边际转换率:在资源和技术条件给定的前提下,如果增加 1 单位 $X$ 产品的产出,就不得不放弃的另一种 Y 产品的产出数量。边际转换率的几何定义为生产可能性曲线斜率的绝对值。

7. 社会福利函数是指社会所有个人的效用水平的函数。

8. 阿罗不可能定理:社会福利函数是假定出来的,实际上是不可能从不同个人的偏好中合理地形成所谓的社会偏好,即社会福利函数根本不可能存在。从理论上证明了这一点的是美国经济学家阿罗的"不可能定理"。阿罗的"不可能定理"指出在个人效用基础上的社会排序和普遍接受的准则是不能完全兼容的。这一定理使社会福利函数理论大大地失去了应用的价值。社会福利问题主要成为如何使各社会集团之间的利益得到合理的平衡的问题。

## 二、单项选择

1—5　DDCDC　6　C

## 三、判断题

1. ×　2. ×　3. ×　4. ×　5. √　6. ×

## 四、计算题

**1. 答案:**(1)该生产者的利润函数为:
$$\pi = TR - TC = PQ - RX = (100-4Q)Q - (2+2X)X$$
$$= (100-4Q)Q - (2+2\times 2Q)2Q = 96Q - 12Q^2$$

为使其利润最大化,取利润函数的一阶导数并令其为零,即

$$\frac{d\pi}{dQ} = 96 - 24Q = 0$$

解得:　　　　$Q = 4$

所以　　　　$\begin{cases} X = 2Q = 8 \\ P = 100 - 4Q = 100 - 4\times 4 = 84 \\ R = 2 + 2X = 2 + 2\times 8 = 18 \end{cases}$

(2)若该垄断者满足帕累托最适度条件,则有:

$$MP \cdot P = R \Rightarrow P = \frac{R}{MP} = MC$$

因为　　　　$TC = RX = 2RQ$

则　　　　$MC = \frac{dTC}{dQ} = 2R = 2\times(2+2X) = 2\times(2+2\times 2Q) = 4+8Q$

由 $MC = P$ 可得:$4 + 8Q = 100 - 4Q$,解得:$Q = 8$

所以　　　　$\begin{cases} X = 2Q = 16 \\ P = 100 - 4Q = 100 - 4\times 8 = 68 \\ R = 2 + 2X = 2 + 2\times 16 = 34 \end{cases}$

**2. 答案:**(1)由生产函数 $G(X,Y) = 0$(本题为 $\frac{X}{2} - Y = 0$)可求得两种产品的边际技术替代率:$MRST =$

$$\frac{\partial G}{\partial X} \Big/ \frac{\partial G}{\partial Y} = \frac{1}{2}。$$

因此在帕累托最优配置状态，$A$、$B$ 的边际替代率也等于 $\frac{1}{2}$，即：

$$\begin{cases} MRS_{XY}^A = \frac{\partial U_A}{\partial X_A} \Big/ \frac{\partial U_A}{\partial Y_A} = \frac{2Y_A}{X_A} = \frac{1}{2} \\ MRS_{XY}^B = \frac{\partial U_B}{\partial X_B} \Big/ \frac{\partial U_B}{\partial Y_B} = \frac{Y_B}{2X_B} = \frac{1}{2} \end{cases} \quad ①$$

而 $X$、$Y$ 的分配可能性条件为：

$$\begin{cases} X_A + X_B = X = 12 + 18 = 20 \\ Y_A + Y_B = Y \\ Y = \frac{X}{2} \end{cases} \quad ②$$

由①、②两式消去 $X$、$Y$、$Y_A$、$Y_B$，整理可得到：$X_A + 2X_B = 20$ ③

另一方面，把①式分别代入效用函数中可消去 $Y_A$、$Y_B$，得：

$$\begin{cases} U_A = X_A^3 \\ U_B = (2X_B)^3 \end{cases} \quad ④$$

由③、④式可得 $U_A^{\frac{1}{3}} + U_B^{\frac{1}{3}} = 20$ ⑤

此即为效用边界的表达式，如图 9.2 所示。

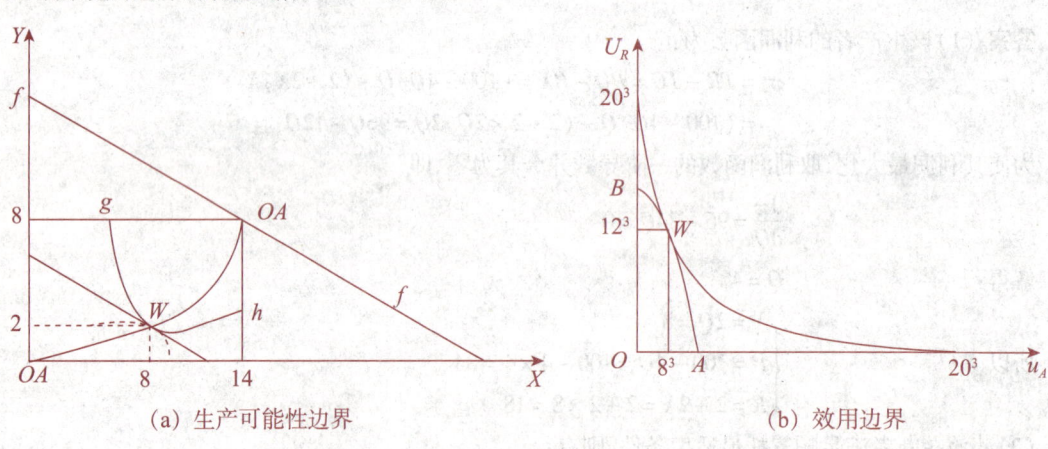

图 9.2

(a) 生产可能性边界

(b) 效用边界

(2) 在均衡状态下，由于企业利润最大化及消费者效用最大化的条件要求，所以有边际技术替代率及边际替代率等与价格比 $\frac{P_X}{P_Y}$ 的关系。

由①式可知：

此时，企业的利润为：

$$\pi = P_Y Y - P_X X = P_Y \cdot \frac{X}{2} - P_X X = X\left(\frac{P_Y}{2}\right) = 0$$

因此，分配给 $A$、$B$ 的利润均为 0，此时 $A$、$B$ 的预算约束式为：

$$P_X X + P_Y Y_A = 12P_X$$
$$P_X X_B + P_Y Y_B = 18P_Y$$

加上 $\frac{P_Y}{P_X} = \frac{1}{2}$，既可求出均衡状态下的资源分配：

$$X_A = 8, Y_A = 2, X_B = 6, Y_B = 6, Y = 8.$$

**3. 答案：** 依题设，即求 $\max W(q_1 + 2)q_2$，使得 $q_1 + 2q_2 - 10 = 0$

构造拉格朗日函数 $\varphi = (q_1 + 2)q_2 + \lambda(q_1 + 2q_2 - 10)$，令一阶偏导数为零

$$\frac{\partial \Phi}{\partial q_1} = q_2 + \lambda = 0$$

$$\frac{\partial \Phi}{\partial q_2} = q_1 + 2 + 2\lambda = 0$$

$$\frac{\partial \Phi}{\partial \lambda} = q_1 + 2q_2 - 10 = 0$$

解得 $q_1 = 4, q_2 = 3$

即当这两种商品的产量分别为 4 单位、3 单位时，社会福利达到最大。

## 五、简答题

**1. 答案：** 如果对于某种既定的资源配置状态，任何改变都不可能使至少一个人的状况变好而又不使任何人的状况变坏，则称这种资源配置状态为帕累托最优状态。

帕累托最优状态要满足三个条件。(1)交换的最优条件：对于任意两个消费者来说，任意两种商品的边际替代率相等，这时有 $MRS_{X,Y}^A = MRS_{X,Y}^B = \cdots = \frac{P_X}{P_Y}$；(2)生产的最优条件：对于任意两个生产者来说，任意两种商品的边际技术替代率相等，可以表示为：$MRTS_{L,K}^X = MRTS_{L,K}^Y$；(3)交换和生产的最优条件：任意两种产品的边际替代率和边际转换率相等。在完全竞争条件下，帕累托最优的三个条件均能得到满足，即满足：$MRS = MRT$。

**2. 答案：** 生产可能性曲线向右下方倾斜是因为，在最优产出组合中，两种最优产出的变化方向是相反的：一种产出的增加必然伴随着另一种产出的减少。生产可能性曲线向右上方凸出是因为要素的边际报酬递减。

## 六、分析题

**答案：** (a) 当 $D_X$ 增加时，$P_X$ 上升。生产商品 X 的厂商现在变得有利可图，于是他们在现有的生产规模下，通过增加可变要素投入量来扩大商品 X 的产量。从长期来看，他们将扩大生产规模，而新的厂商也会不断进入这个行业，直到该行业无利（超额利润）可图为止。因为 X 行业是一个成本递增的行业，因此新的长期均衡价格和数量高于初始的均衡值。在作局部均衡分析时，我们假设其他情况不变，因此，这种分析也就到此为止。

(b) 但是显然"其他情况"不会不变，因为 X 和 Y 互为替代品，$D_X$ 和 $P_X$ 的上升使 $D_Y$ 下降，这样 $P_Y$ 也下降。生产商品 Y 的厂商现在遭受短期亏损，因此他们将减少产量。从长期来看，一些厂商不断离开这个行业，知道所有留下的厂商无盈亏为止。因为 Y 行业也是一个成本递增的行业，因此它的新的长期均衡价格和产量低于初始的均衡值。

(c) 为了多生产 X，少生产 Y，一些用于生产 Y 的 L 和 K 必须转移到 X 的生产。然而，由于 X 生

产中的劳动密集程度 $L/K$ 高于 $Y$ 生产中的劳动密集程度,为了在短期内能充分利用所有可用的 $L$ 和 $K$,$P_L$ 相对于 $P_K$ 来说,必须上升。在既有 $X$ 又有 $Y$ 的生产中由价格引起的 $K$ 对 $L$ 的替代缓和了 $P_L$ 相对 $P_K$ 的上升。

(d)人们劳动的收入相对于他们拥有的资本所有权所带来的收入的上升,使人们的收入和收入的分配发生变化。这样就引起诱导收入在 $D_X$ 和 $D_Y$ 上发生移动,而且导致 $P_X$ 和 $P_Y$ 的变化。$P_X$ 的变化导致 $DY$ 的进一步移动,$P_Y$ 的变化导致 $D_X$ 的进一步移动;$D_X$ 和 $D_Y$ 的这些移动导致 $D_L$、$D_K$、$P_L$ 和 $P_K$ 的变化。这种变化过程将一直持续到这个经济再次处于全面均衡。

# 第 十 章　博弈论初步

### 知识脉络图

$$
\begin{cases}
\text{基本要素}\begin{cases}\text{参与人}\\ \text{参与人的策略}\\ \text{参与人的支付}\end{cases}\\
\text{同时博弈:纯策略均衡}\begin{cases}\text{支付矩阵}\\ \text{条件策略}\\ \text{纳什均衡}\\ \text{条件策略下划线法}\\ \text{全部纳什均衡}\end{cases}\\
\text{同时博弈:混合策略均衡}\begin{cases}\text{混合策略}\\ \text{期望支付}\\ \text{条件混合策略}\\ \text{混合策略纳什均衡}\end{cases}\\
\text{序贯博弈}\begin{cases}\text{博弈树}\\ \text{逆向归纳法}\end{cases}
\end{cases}
$$

### 复习提示

**了解**：博弈的三个基本要素,同时博弈,序贯博弈,支付矩阵,混合策略。
**理解**：条件策略,纳什均衡,纯策略纳什均衡,混合策略纳什均衡。
**掌握**：条件策略下划线法,逆向归纳法。

### 重、难点常识理解

## 一、博弈论和策略行为

博弈论是研究在策略性环境中如何进行策略性决策和采取策略性行动的科学。策略性环境是指每一个人进行的决策和采取的行动都会对其他人产生影响;策略性决策和策略性行动是指,每个人要

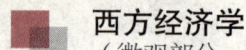

根据其他人的可能反应来决定自己的决策和行动。

任何一个博弈都具有三个基本的要素,即参与人、参与人的策略和参与人的支付。所谓参与人就是在博弈中进行决策的个体。所谓参与人的策略,指的是一项规则,根据该规则,参与人在博弈的每一时点上选择如何行动。所谓参与人支付是指,在所有参与人都选择了各自的策略且博弈已经完成后,参与人获得的效用。

## 二、同时博弈:纯策略均衡

### 1. 同时博弈和序贯博弈

博弈有两种基本的类型,即同时博弈和序贯博弈。前者是参与人同时进行决策或行动的博弈,后者是参与人的决策和行动有先有后的博弈。

### 2. 纯策略纳什均衡

纯策略纳什均衡是指在一个纯策略组合中,如果给定其他策略不变,该节点不会单方面改变自己的策略,否则不会使节点访问代价变小。

## 三、混合策略的纳什均衡

在 $n$ 个参与人的博弈 $G = \{S_1, \ldots S_n; u_1, \ldots u_n\}$ 中,混合策略组合 $p^* = (p_1^*, \cdots p_i^*, \cdots, p_n^*)$ 构成一个纳什均衡,如果对于所有的 $i = 1, 2 \cdots, n$ 下式成立:

$$v_i(p_i^*, p_{-i}^*) \geq v_i(p_i, p_{-i}^*) \quad \forall p_i \in \sum_i$$

也就是说,如果一个策略组合使任何一个参与人的策略都是相对于其他参与人的策略的最佳策略,这个策略就构成一个纳什均衡,不管这个策略是混合策略还是纯策略。

混合策略纳什均衡是面对其他博弈者选择的不确定性的一个理性对策,其主要特征是作为混合策略一部分的每一个纯策略有相同的期望值,否则,一个博弈者会选择那个期望值最高的策略而排除所有其他策略,这意味着原初的状态不是一个均衡。

解混合策略纳什均衡的方法有两种:最大化支付法和支付相等法。最大化支付法:即最大化各个参与人的效用函数。支付相等法:即每个参与人的混合策略都使其余参与人的任何纯策略的期望支付相等,因此,解混合策略纳什均衡可以令参与人的各个纯策略支付相等,构成方程组求解。

**考研真题与难题详解**

## 一、概念题

**1. 纳什均衡(Nash Equilibrium)**(华东师大 2004 研;南京大学 2005 研;中国海洋大学 2002 研;华中科大 2002 研;北师大 2005 研;厦门大学 2006 研;北航 2006 研;东华大学 2006 研;东北财大 2007 研;武汉大学 2007 研;中南财大 2007、2009 研;中央财大 2007、2012 研;财政部财科所 2008 研)

**答案:**纳什均衡是指这样一种策略集,在这一策略集中,每一个博弈者都确信,在给定竞争对手策略决定的情况下,他选择了最好的策略。它是由所有参与人的最优战略所组成的一个战略组合,也就是说,给定其他人的战略,任何个人都没有积极性去选择其他战略,从而这个均衡没有人有积极性去打破。

**2. 占优均衡(Dominant Equilibrium)(北大 1997、1998 研;中山大学 2005 研;东北财大 2006 研;南京大学 2012 研)**

**答案:** 占优均衡指这样一种均衡,不管其对手采取什么策略,该竞争者采取的策略都是最优策略。纳什均衡指每一个竞赛者都确信,在给定竞争对手策略决定的情况下,他选择了最好的策略。占优均衡是一种纳什均衡。占优均衡若存在,只存在唯一均衡,而纳什均衡可能存在多重解。纳什均衡参见概念题手第 3 题。

## 二、简答题

**用囚徒困境解释滞胀现象。(清华大学 2011 研)**

**答案:**(1)滞胀全称是停滞性通货膨胀,在经济学特别是宏观经济学中,特指经济停滞与高通货膨胀、失业以及不景气同时存在的经济现象,曾经出现在 20 世纪 70 代的大多数西方国家。

(2)20 世纪 70 代的滞胀从表面现象上看是石油危机导致的,但是从深层次看是凯恩斯主义政策所决定的。由于各资本主义国家奉行凯恩斯主义政策,强调国家干预在经济发展中的作用,都想用"斟酌使用的"或"微调"的办法来抑制通货膨胀而同时又不想使经济陷入衰退,其结果是,西方经济滞胀现象开始出现。出现经济滞胀归根结底是资本主义国家无法避免的矛盾,但也是各国政策博弈陷入囚徒困境的必然结果,即各国政府在无法期望与其他国家联合反通胀、增加供给的情况下,必然都采用刺激本国需求的方法来防止本国经济在竞争中处于不利的地位(即增发货币使本币贬值从而增加出口),这将导致通胀反复回升,于是各国政府和财政当局陷入了博弈论中标准的"囚徒困境"之中。

|  | 乙国 联合增加供给 | 乙国 刺激本国需求 |
| --- | --- | --- |
| 甲国 联合增加供给 | 5.5 | 1.7 |
| 甲国 刺激本国需求 | 7.1 | 2.2 |

(3)从博弈模型看,虽然只有各国联合起来控制通胀、增加能源和粮食供应、打破资源垄断,才能使全球经济获得最好的结局,但是,显然这种国际合作是缺乏理性基础的,最终导致的是滞胀。因此,各国为了不沦为那个为全球买单的"最后的囚徒"而放弃控制通胀,转而开始刺激需求保增长。这种选择是错误的,但也是无奈和理性的。

## 三、计算题

**两个企业生产同质产品。市场需求函数为 $p(Y) = 50 - Y$,其中 $Y = y_1 + y_2$。两个企业的边际成本都为零。**

**(1)计算古诺(Cournot)均衡中的价格和每个企业的产量。**
**(2)计算这个行业的卡特尔(Cartdl)产量。(中山大学 2009 研)**

**答案:**(1)垄断厂商利润最大化时满足条件:$MC = MR$。

①对于厂商1而言,其利润函数为:

利润最大化的阶条件为:$\dfrac{\partial \pi_1}{\partial y_1} = 50 - y_2 - 2y_1 = MC = 0$

解得厂商1的反应函数为:$y_1 = \dfrac{50 - y_2}{2}$  ①

②对于厂商2而言,其利润函数为:

$$\pi_2 = Py_2 - C_2 = (10 - y_1 - y_2)y_2 - C_2$$

($C_2$ 为常数,因为其边际成本为零)

利润最大化一阶条件为:$\dfrac{\partial \pi_2}{\partial y_2} = 50 - y_1 - 2y_2 = MC = 0$

解得厂商2的反应函数为:$y_2 = \dfrac{50 - y_1}{2}$  ②

①、②两式可得:$\begin{cases} y_1 = \dfrac{50}{3} \\ y_2 = \dfrac{50}{3} \end{cases}$

市场价格为:$P = (50 - y_1 - y_2) = \dfrac{50}{3}$

(2)由已知条件可知两个厂商的边际成本都为零,所以他们加总的边际成本也为零。根据卡特尔的特点,其产量为整个市场 $MR = MC$ 时的产量。

$$TR = PQ = (50 - Q)Q = 50Q - Q^2$$

$$MR = \dfrac{\mathrm{d}TR}{\mathrm{d}Q} = 50 - 2Q = MC = 0$$

解得:$Q = 25$

所以,这个行业的卡特尔产量为25。

## 四、论述题

**结合图形讨论并比较一下完全竞争市场、古诺双寡头市场、独家垄断市场各自在均衡条下的产量情况。**(东北财大2009研)

**答案:**(1)完全竞争市场在均衡条件下的产量情况。

根据完全竞争市场厂商理论,单个厂商对于产品的供给取决于厂商的利润最大化行为,厂商会依照于边际收益等于边际成本的原则决定提供商品的数量。在完全竞争市场上,由于每个厂商都是价格的接受者,所以就单个厂商而言,市场价格是既定的,从而厂商的平均收益和边际收益也是既定的,它们都等于市场价格 $P$。如图10.1(a)所示,需求曲线以边际成本曲线的交点所对应的产量即为均衡条件下的产量。

(2)古诺双寡头市场在均衡条件下的产量情况。

古诺双寡头市场在均衡条件下的产量情况可以用斯威齐模型来解释。该模型的基本假设条件是:如果一个寡头厂商提高价格,行业中的其他寡头厂商都不会跟着改变自己的价格,因而提价的寡头厂商的销售量的减少是很多的;如果一个寡头厂商降低价格,行业中的其他寡头厂商会将价格下降到相同的水平,以避免销售份额的减少,因而该寡头厂商的销售量的增加是很有限的。在以上的假设条件下可推导出寡头厂商弯折的需求曲线。如图 10.1(b) 所示,弯折的曲线 dBD 即为寡头厂商的需求曲线,折点是 B 点。

(3)独家垄断市场在均衡条件下的产量情况。

垄断厂商为了获得最大的利润,也必须遵循 $MR = MC$ 的原则。如图 10.1(c)所示,$MR$ 与 $MC$ 的交点所对应的产量即为均衡条件下的产量。

(a) 完全竞争市场在均衡条件下的产量情况

(b) 古诺双寡头市场在均衡条件下的产量情况

(c) 独家垄断市场在均衡条件下的产量情况

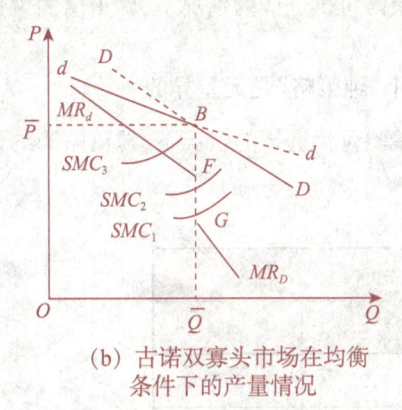

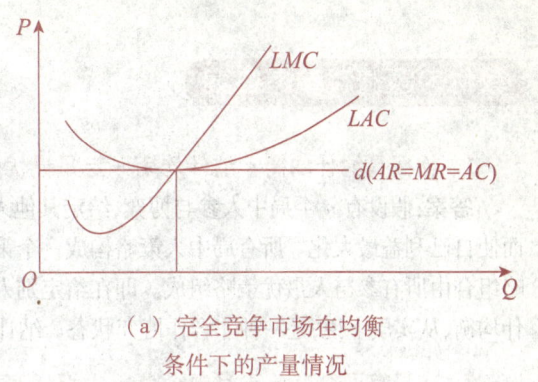

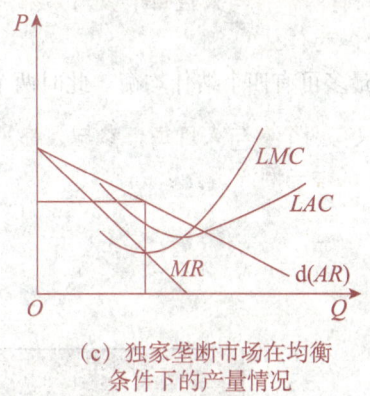

图 10.1

(4)比较分析。

通过比较分析,可以看出:①完全竞争市场的均衡点位于长期平均成本曲线的最低点,而完全垄断市场上的均衡点没有到长期平均成本曲线的最低点,并且位于其下降的部分;②完全竞争市场的均衡价格就是边际收益和边际成本交点所对应的价格 $P = MC$。而完全垄断市场上的均衡价格则不是,它是过该点的垂直线与平均收益的交点即 $P > MC$。后者是存在多余的生产力的;③两种市场的均衡条件也不一样,前者是 $MR = LMC = SMC = LAC = SAC$,而后者是 $MR = LMC = SMC$;④前者的平均收益曲线、边际收益曲线、平均成本曲线是和需求曲线重合的。而后者则不是这样,边际收益曲线位于平均收益曲线的下方。

另外,从资源配置效率上比较,竞争性市场是有效率的,垄断性市场是缺乏经济效率的。

## 典型案例分析

基于经济学中 Rational Agent 的前提假设,两个因犯符合自己利益的选择是坦白招供,原本对双方都有利的策略不招供从而均被释放就不会出现。这样两人都选择坦白的策略以及因此被判 8 年的结局,"纳什均衡"首先对亚当·斯密的"看不见的手"的原理提出挑战:按照斯密的理论,在市场经济中,每一个人都从利己的目的出发,而最终全社会达到利他的效果。但是我们可以从"纳什均衡"中引出"看不见的手"原理的一个悖论:从利己目的出发,结果损人不利己,既不利己也不利他。

### 教材习题精解参考答案

**1. 什么是纳什均衡？纳什均衡一定是最优的吗？**

答：假设有 $n$ 个局中人参与博弈，给定其他人策略的条件下，每个局中人选择自己的最优策略，从而使自己利益最大化。所有局中人策略构成一个策略组合。纳什均衡指的是这样一种战略组合，这种策略组合由所有参与人最优策略组成。即在给定别人策略的情况下，没有人有足够理由打破这种均衡。纳什均衡，从实质上说，是一种非合作博弈状态。纳什均衡不一定是最优的，例如囚徒困境。

**2. 在只有两个参与人且每个参与人都只有两个策略可供选择的情况下，纯策略的纳什均衡最多可有几个？为什么？**

答：最多可有四个纳什均衡。此时两个人的两个"纯策略"是无差异的。

**3. 在只有两个参与人且每个参与人都只有两个策略可供选择的情况下，纯策略的纳什均衡可能有三个。试举一例说明。**

答：

|  |  | 参与人 $B$ | |
|---|---|---|---|
|  |  | 策略1 | 策略2 |
| 参与人 $A$ | 策略1 | 3,5 | 3,5 |
|  | 策略2 | 3,7 | 3,3 |

**4. 在只有两个参与人且每个参与人都只有两个策略可供选择的情况下，如何找到所有的纯策略纳什均衡？**

答：利用条件策略下划线法，分五步，分别在相应的条件策略下划上下划线。

**5. 设有 $A$、$B$ 两个参与人。对于参与人 $A$ 的每一个策略，参与人 $B$ 的条件策略有无可能不止一个？试举一例说明。**

答：有。

|  |  | 参与人 $B$ | |
|---|---|---|---|
|  |  | 策略1 | 策略2 |
| 参与人 $A$ | 策略1 | 7,5 | 3,5 |
|  | 策略2 | 3,5 | 3,5 |

**6. 如果无论其他人选择什么策略，某个参与人都只选择某个策略，则该策略就是该参与人的绝对优势策略（简称优势策略）。试举一例说明某个参与人具有某个优势策略的情况。**

答：

|  |  | 参与人 $B$ | |
|---|---|---|---|
|  |  | 策略1 | 策略2 |
| 参与人 $A$ | 策略1 | 5,3 | 1,5 |
|  | 策略2 | 7,1 | 2,3 |

**7. 混合策略博弈与纯策略博弈有什么不同?**

**答案:** 纯策略是指参与人在博弈中可以选择采用的行动方案。混合策略是在纯策略空间上的一种概率分布,表示参与人实际进行决策时根据这种概率分布在纯策略中随机选择加以实施。

**8. 条件混合策略与条件策略有什么不同?**

**答案:** 条件策略是参与人在另一参与人选择某个既定策略时所选择的可以使其支付达到最大的策略。条件混合策略是指参与人在另一参与人选择某个既定的混合策略时所选择的可以使其期望支付达到最大的混合策略。

**9. 混合策略纳什均衡与纯策略纳什均衡有什么不同?**

**答案:** 在博弈 $G = \{S_1, S_2 \cdots S_n; U_1, U_2 \cdots U_n\}$ 中,第 $i$ 个博弈方策略空间为 $S_i = \{S_{i1} \cdots S_{ik}\}$,则博弈方以概率分布 $P_i = (P_i \cdots P_{ik})$,随机在 $k$ 个可选策略中选择的策略称为一个混合策略纳什均衡。也就是说,如果一个策略组合使任何一个参与人的策略都是相对于其他参与人的策略的最佳策略,这个策略就构成一个纳什均衡,不管这个策略是混合策略还是纯策略。混合策略纳什均衡是面对其他博弈者选择的不确定性的一个理性对策,其主要特征是作为混合策略一部分的每一个纯策略有相同的期望值,否则,一个博弈者会选择那个期望值最高的策略而排除所有其他策略,这意味着原始的状态不是一个均衡。

**10. 设某个纯策略博弈的纳什均衡不存在。试问:相应的混合策略博弈的纳什均衡会存在吗?试举一例说明。**

**答案:** 会存在。

|  |  |  | 乙 | |
|---|---|---|---|---|
|  |  |  | 0.3 | 0.7 |
|  |  |  | 左 | 右 |
| 甲 | 0.6 | 上 | 4,5 | 9,2 |
|  | 0.4 | 下 | 6,2 | 2,7 |

**11. 设某个纯策略博弈的纳什均衡是有限的。试问:相应的混合策略博弈的纳什均衡会是无限的吗?试举一例说明。**

**答案:**

|  |  |  | 乙 | |
|---|---|---|---|---|
|  |  |  | 0.3 | 0.7 |
|  |  |  | 左 | 右 |
| 甲 | 0.4 | 上 | 5,6 | 5,6 |
|  | 0.6 | 下 | 5,6 | 5,6 |

**12. 在序贯博弈中,纳什均衡与逆向归纳策略有什么不同?**

**答案:** 序贯博弈是指参与者选择策略有时间先后的博弈形式。序贯博弈中可能会存在多个纳什均衡,而逆向归纳法从众多的纳什均衡中进一步确定"更好的"纳什均衡。

**13.** 在图 10.2 的博弈树中,确定纳什均衡和逆向归纳策略。

**答案:** 纳什均衡为(决策1,决策3)

逆向归纳策略为:首先参与人 B 删除决策 4 的终点和支付组合,然后参与人 A 删除决策 2 的终点和支付组合,从而逆向归纳策略为(决策1,决策3)。

**14.** 用逆向归纳法确定图 10.3 的"蜈蚣博弈"的结果。在该博弈中,第 1 步是 A 决策:如果 A 决定结束博弈,则 A 得到支付 1,B 得到支付 0,如果 A 决定继续博弈,则博弈进入到第 2 步,由 B 做决策。此时,如果 B 决定结束博弈,则 A 得到支付 0,B 得到支付 2,如果 B 决定继续博弈,则博弈进入到第 3 步,又由 A 做决策……如此等等,直到最后,博弈进入到第 9999 步,由 A 做决策。此时,如果 A 决定结束博弈,则 A 得到支付 9999,B 得到支付 0;如果 A 决定继续博弈,则 A 得到支付 0,B 得到支付 10000。

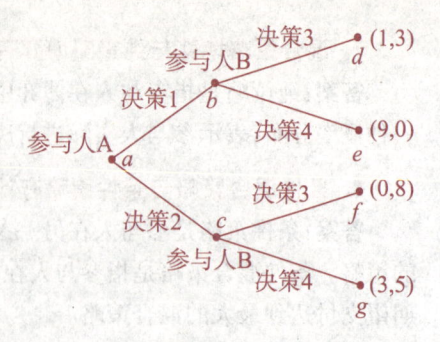

图 10.2

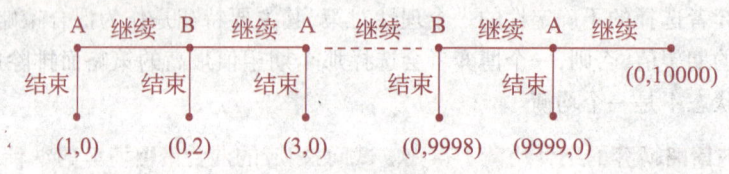

图 10.3

**答案:** 利用逆向归纳法,最后一步终点处,A 选择结束,从而 B 选择结束,依次类推,在第一步 A 选择结束。

**15.** 在图 10.4 的情侣博弈中,如果将第二个支付向量(0,0)改为(0,1.5),纳什均衡和逆向归纳策略会有什么变化?改为(0,1)呢?

**答案:** 如果改成(0,1.5),则存在一个纳什均衡(芭蕾,芭蕾);利用逆向归纳法,结果为(芭蕾,芭蕾)。如果改成(0,1),则存在两个纳什均衡(足球,足球)和(芭蕾,芭蕾);利用逆向归纳法,结果为(足球,足球)。

图 10.4

## 自测题

### 一、名词解释

1. 博弈论　　　2. 纳什均衡　　　3. 占优策略均衡　　　4. 混合策略

### 二、单项选择

1. 在博弈论中,局中人通过参与博弈可以得到的结果被称为　　　　(　　)
   A. 效用　　　B. 决策　　　C. 收入　　　D. 支付
2. 下列选项中描述的博弈,不是合作博弈的是　　　　(　　)
   A. 市场开发　　　B. 拍卖　　　C. 买衣服　　　D. 打牌

第十章　博弈论初步

3. 在博弈论中,当博弈过程中实现纳什均衡意味着　　　　　　　　　　　　　　（　）
   A. 参与人的行动是对称的　　　　　　　　　　B. 参与人不想改变现在的策略
   C. 参与人的支付是相同的　　　　　　　　　　D. 参与人的策略是相同的
4. 在博弈论中,纳什均衡、占优策略均衡以及重复剔除的占优策略均衡之间的关系是（　）
   A. 占优策略均衡不一定是纳什均衡
   B. 重复剔除的占优策略均衡一定是占优策略均衡
   C. 纳什均衡一定是在重复剔除严格劣势战略过程中没有被剔除的策略组合
   D. 每一个纳什均衡或者是占优策略均衡或者是重复剔除的占优策略均衡
5. 下列关于囚徒困境的说法正确的是　　　　　　　　　　　　　　　　　　　（　）
   A. 双方都依照自身利益行事,并同时考虑其他参与人的利益,导致最好的选择
   B. 双方合作,从而实现了最好的结果
   C. 结果不定,因为每个囚犯都要考虑对方的反应
   D. 双方都依照自己的最佳利益行事,从而导致了最不利的局面
6. 下列关于博弈论的说法正确的是　　　　　　　　　　　　　　　　　　　　（　）
   A. 纳什均衡一定是占优均衡
   B. 只要博弈参与人可以事先达成一致,就一定可以实现占优均衡
   C. 占优均衡中每个参与者都实现了效用最大化
   D. 在采用重复剔除的方法博弈中,一定存在占优均衡
7. 右表是某博弈的得意矩阵,通过分析可以知道　　　　　　　　　　　　　　（　）

   A. 甲与乙均没有上策
   B. 甲与乙均有上策
   C. 甲有上策而乙没有上策
   D. 甲没有上策而乙没有上策

|  |  | 乙 | |
|---|---|---|---|
|  |  | 左 | 右 |
| 甲 | 左 | 13,3 | 9,4 |
|  | 右 | 17,2 | 7,8 |

8. 下列关于商品拍卖的说法,正确的是　　　　　　　　　　　　　　　　　　（　）
   A. 是完全信息动态博弈　　　　　　　　　　B. 是不完全信息动态博弈
   C. 是贝叶斯均衡的一种应用　　　　　　　　D. 可以得到低于市场价格的价格

## 三、判断题

1. 囚徒困境说明个人的理性选择不一定是集体的理性选择。　　　　　　　　　（　）
2. 在一个博弈中只可能存在一个纳什均衡。　　　　　　　　　　　　　　　　（　）
3. 在博弈中如果某博弈方改变策略后得益增加则另一博弈方得益减少。　　　　（　）
4. 囚徒的困境博弈中两个囚徒之所以会处于困境,无法得到较理想的结果,是因为两囚徒都不在乎坐牢时间长短本身,只在乎不能比对方坐牢的时间更长。　　　　　　　　（　）
5. 纳什均衡即任一博弈方单独改变策略都只能得到更小利益的策略组合。　　　（　）
6. 不存在纯战略纳什均衡和存在唯一的纯战略纳什均衡,作为原博弈构成的有限次重复博弈,共同特点是重复博弈本质上不过是原博弈的简单重复,重复博弈的子博弈完美纳什均衡就是每次重复采用原博弈的纳什均衡。　　　　　　　　　　　　　　　　　　　　（　）

## 四、计算题

1. 下面的矩阵表示两个厂商选择的策略的支付矩阵(单位:万元)。

|  |  | B | |
|---|---|---|---|
|  |  | 守约 | 违约 |
| A | 守约 | 500,500 | -200,800 |
|  | 违约 | 800,-200 | 200,200 |

(1)哪一种策略使 A 的最大可能损失为最小?B 的是哪一种?
(2)如果你是 A,你会选择哪一种策略?为什么?如果 A 违约,B 会做什么?如果 B 违约,A 会做什么?
(3)这一对策最可能出现的结果是什么?为什么?

2. A、B 两企业利用广告进行竞争。若 A、B 两企业都做广告,在未来销售中,A 企业可以获得 20 万元利润,B 企业可获得 8 万元利润;若 A 企业做广告,B 企业不做广告,A 企业可获得 25 万元利润,B 企业可获得 2 万元利润;若 A 企业不做广告,B 企业做广告,A 企业可获得 10 万元利润,B 企业可获得 12 万元利润;若 A、B 两企业都不做广告,A 企业可获得 30 万元利润,B 企业可获得 6 万元利润。
(1)画出 A、B 两企业的支付矩阵。
(2)求纳什均衡。

## 五、简答题

北方航空公司和新华航空公司分享了从北京到南方冬天度假胜地的市场。如果它们合作,各获得 500000 元的垄断利润,但不受限制的竞争会使每一方的利润降至 60000 元。如果一方在价格决策方面选择合作而另一方却选择降低价格,则合作的厂商获利将为零,竞争厂商将获利 900000 元。
(1)将这一市场用囚徒困境的博弈加以表示。
(2)解释为什么均衡结果可能是两家公司都选择竞争性策略。

## 六、分析题

解释"囚犯困境",并举商业案例说明。

**参考答案**

## 一、名词解释

1. 博弈论是研究在策略性环境中如何进行策略性决策和采取策略性行动的科学。这里,策略性环境是指,每一个人进行的决策和采取的行动都会对其他人产生影响;策略性决策和策略性行动是指,每个人要根据其他人的可能反应来决定自己的决策和行动。它们与非策略性决策和行动不同。

2. 纳什均衡:指这样一种策略集,在这一策略集中,每一个博弈者都确信在给定竞争对手策略决定的情况下,他选择了最好的策略。是由所有参与人的最优战略所组成的一个战略组合,也就是说,给定其他人的战略,任何个人都没有积极性去选择其他战略,从而这个均衡没有人有积极性去打破。

3. 占优策略均衡是指无论参与对方做出什么样的选择,这个参与人只有唯一的最优解,占优均衡是一个比纳什均衡更加严格的均衡解。占优均衡一定是纳什均衡,在有的博弈中占优均衡可能不存在。此时就可以采用重复剔除的方法,将严格劣势解剔除掉,在重新建立新的博弈中寻找均衡解。有的时候一个博弈中所包含的纳什均衡可能并不只有一个,但是占优策略均衡却只有一个。

4. 混合策略:指在博弈中,博弈方的决策内容不是确定性的具体的策略,而是在一些策略中随机选择的概率分布的策略。混合策略情况下的决策原则有两个:第一,博弈参与者互相不让对方知道或猜到自己的选择,因而必须在决策时利用随机性来选择策略,避免任何有规律性的选择;第二,他们选择每种策略的概率一定要恰好使对方无机可乘,即让对方无法通过有针对性倾向某一种策略而在博弈中占上风。

## 二、单项选择

1—5  DCCDC    6—7   DC

## 三、选择题

1. √   2. ×   3. ×   4. ×   5. √   6. √

## 四、计算题

1. **答案:**(1)$A$ 的最大可能损失为最小的策略是违约,至少可保证有利润200,如果守约,有可能损失200。同样,$B$ 的最大可能损失为最小的策略也是违约,也可以至少保证有200的利润,这是极大化极小策略。

(2)如果我是 $A$,会选择违约,因为不管 $B$ 是守约还是违约,$A$ 选择违约都是最优的,因而选择违约是 $A$ 的优势策略。同样,$B$ 也会选择违约,如果 $A$ 选择违约,$B$ 也一定选择违约,否则,就会有200的损失。如果 $B$ 选择违约,$A$ 也会选择违约。

(3)这一对策最可能出现的结果是 $A$、$B$ 都选择违约,从而都得200的利润,因为这是优势策略均衡。事实上,这就是囚犯困境的纳什均衡模型。

2. **答案:**(1)由题目中所提供的信息,可知 $A$、$B$ 两企业的支付矩阵为:

|  |  | 企业 B | |
|---|---|---|---|
|  |  | 做广告 | 不做广告 |
| 企业 A | 做广告 | (20,8) | (25,2) |
|  | 不做广告 | (10,12) | (30,60) |

其中括号中的数字为在不同情况下两厂商所获得的利润额，单位为万元。

(2)因为这是简单的完全信息静态博弈，对于纯策略纳什均衡解可以运用划横线法来求解：假如 A 厂商做广告的话，那么对于 B 厂商来说，其最优选择是做广告，因为做广告所获得的利润 8 大于不做广告获得的利润 2，所以在 8 下面划一横线。

假如 A 厂商不做广告的话，那么对于 B 厂商来说，其最优选择也是做广告，因为做广告所获得的利润 12 大于不做广告获得的利润 6，所以在 12 下面划一横线。

假如 B 厂商做广告的话，那么对于 A 厂商来说，其最优选择是做广告，因为做广告所获得的利润 20 大于不做广告获得的利润 10，所以在 20 下面划一横线。

假如 B 厂商不做广告的话，那么对于 A 厂商来说，其最优选择是不做广告，因为不做广告所获得的利润 30 大于不做广告获得的利润 25，所以在 30 下面划一横线。

这样支付矩阵就变为：

|  |  | 企业 B | |
|---|---|---|---|
|  |  | 做广告 | 不做广告 |
| 企业 A | 做广告 | (<u>20</u>,8) | (25,2) |
|  | 不做广告 | (10,<u>12</u>) | (<u>30</u>,60) |

显然，最终的纯策略纳什均衡就是 A、B 两厂商都做广告。

当然本题也可能这样分析，因为不管 A 是否做广告，B 厂商是肯定做广告的，因为 8 大于 2，12 大于 6。由于 B 一定选择做广告，那么 A 也就必然选择做广告，因为 20 大于 10。这样也能得出两厂商都做广告是最终的纳什均衡解。

但是第一种方法具有一般性意义，因为假如一博弈没有纯策略纳什均衡解时，第二种方法就不能应用，因为对于参与人来说没有占优策略。当然在没有占优策略的情况下第一种分析方法也会出现有两组同时是纳什均衡，但不是纯策略纳什均衡解。这时就要考虑混合策略纳什均衡解。对于本题已经有一个纯策略纳什均衡，同时在博弈论中有一个奇数定理，也就是说对于任何一个有限博弈来说，它有有限奇数个纳什均衡解。所以在本题中不存在混合策略纳什均衡解，因为如果存在混合纳什均衡解的话，本题的纳什均衡解就有两个，不符合奇数定理。

## 五、简答题

答：(1)用囚徒困境的博弈表示如下表：

|  |  | 北方航空公司 | |
|---|---|---|---|
|  |  | 合作 | 竞争 |
| 新华航空公司 | 合作 | 500000,500000 | 0,900000 |
|  | 竞争 | 900000,0 | 60000,60000 |

(2)如果新华航空公司选择竞争，则北方航空公司也会选择竞争(60000>0)；若新华航空公司选择合作，北方航空公司仍会选择竞争(900000>500000)。若北方航空公司选择竞争，新华航空

公司也将选择竞争(60000>0);若北方航空公司选择合作,新华航空公司仍会选择竞争(900000>0)。由于双方总偏好竞争,故均衡结果为两家公司都选择竞争性策略,每一家公司所获利润均为600000元。

## 六、分析题

**答**:囚徒困境是博弈论里最著名的例子之一,几乎所有的博弈论著作中都要讨论这个例子。这个例子是这样的:两囚徒被指控是一宗罪案的同案犯。他们被分别关在不同的牢房无法互通信息。各囚徒都被要求坦白罪行。如果两囚徒都坦白,各将被判入狱5年;如果两人都不坦白,则很难对他们提起刑事诉讼,因而两囚徒可以期望被从轻发落入狱2年;另一方面,如果一个囚徒坦白而另一个囚徒不坦白,坦白的这个囚徒就只需入狱1年,而不坦白的囚徒将被判入狱10年。下表给出了囚徒困境的策略式表述。这里,每个囚徒都有两种策略:坦白或不坦白。表中的数字分别代表囚徒甲和乙的得益。(注意,这里的得益是负值。)

|  |  | 囚徒乙 | |
|---|---|---|---|
|  |  | 坦白 | 不坦白 |
| 囚徒甲 | 坦白 | -5, -5 | -1, -10 |
|  | 不坦白 | -10, -1 | -2, -2 |

在囚徒困境这个模型中,纳什均衡就是双方都坦白,给定甲坦白的情况下,乙的最优策略是坦白;给定乙坦白的情况下,甲的最优策略也是坦白。而且这里双方都坦白不仅是纳什均衡,而且是一个上策(Dominant Strategy)均衡,即不论对方如何选择,个人的最优选择是坦白。因为如果乙不坦白,甲坦白的话就被轻判1年,不坦白的话就判2年,坦白比不坦白要好;如果乙坦白,甲坦白的话判5年,不坦白的话判10年,所以,坦白仍然比不坦白要好。这样,坦白就是甲的上策,当然也是乙的上策,其结果是双方都坦白。这个组合是纳什均衡。

寡头垄断厂商经常发现它们自己处于一种囚徒的困境。当寡头厂商选择产量时,如果寡头厂商们联合起来形成卡特尔,选择垄断利润最大化产量,每个厂商都可以得到更多的利润。但卡特尔协定不是一个纳什均衡,因为给定双方遵守协议的情况下,每个厂商都想增加生产,结果是每个厂商都只得到纳什均衡产量的利润,它远小于卡特尔产量下的利润。

# 第十一章 市场失灵与微观经济政策

## 知识脉络图

- 市场失灵的成因：垄断、外部影响、不完全信息、公共物品
- 垄断
  - 结果的低效：三角形交净损失
  - 过程的低效率：寻租理论
  - 政府管制：价格的公共管制和产量管制
  - 更强烈的管制：反托拉斯法
- 外部影响
  - 定义及其分类
  - 外部影响引起资源配置失当
  - 减少外部影响的政策
    - 税收和津贴
    - 企业合并
    - 规定财产权
    - 政府的直接管制
  - 产权与科定理
- 公共物品与公共资源
  - 公共物品
    - 特征：非排他性或竞用性
    - 最优数量分析
    - 市场失灵：搭便车
    - 成本—收益分析
  - 公共资源
    - 特征：竞用但不排他
    - 结果：公地的悲剧
  - 与政府有关的集体选择问题——公共选择理论
- 信息的不完全和不对称
  - 信息的属性
  - 信息与市场
    - 商品市场
    - 保险市场
    - 劳动市场
  - 激励机制：委托—代理问题
  - 信誉和信息调控

# 第十一章　市场失灵与微观经济政策

**复习提示**

**概念**：市场失灵、外部经济和外部不经济、公共物品、搭便车、纯损、寻租、逆向选择、道德风险、科斯定理、公地悲剧。

**理解**：垄断导致的社会弗雷损失及其对策、外部影响如何导致市场失灵、政府管制可采取的措施、公共物品的处理方式。

**掌握**：科斯定理及其局限性，委托—代理问题，信息不对称和不完全对商品市场、保险市场和劳动市场的影响，解决外部性的方法。

**画图**：画图分析生产和消费的外部性。

**重、难点常识理解**

## 一、垄断

### 1. 垄断与低效率

完全竞争行业在价格等于边际成本的点上经营。完全垄断行业在价格高于边际成本的地方经营。因此，与理想的完全竞争相比，垄断厂商的产量小于完全竞争的产量，而价格却高于完全竞争市场。几何表示的福利净损失称为纯损三角形。

### 2. 寻租理论

指个人或利益集团寻求垄断特权以获得垄断利润或额外收益的非生产性行为。寻租现象总是与政府行为相联系的。

## 二、外部影响

（1）外部影响。

外部影响是指一个经济行为主体的经济活动对社会其他成员造成了直接影响而未将这些事影响计入市场交易的成本与价格中。外部影响有两种类型：消费或生产上的外部经济、消费或生产上的外部不经济。

（2）外部影响的低效率。

外部影响是私人成本和社会成本、私人收益与社会收益之间存在差异的结果。资源的有效配置要求市场的价格等于社会成本。外部经济导致社会收益大于私人收益，外部不经济导致私人成本小于社会成本。在外部经济的情况下，产量小于帕累托最优状态下的产量；在外部不经济的情况下，产量超过了帕累托最优状态下的产量。

（3）解决外部性的方法。

①确定标准，对外部不经济的行为进行收费（征税）或罚款，对外部经济行为予以津贴或奖励。②合并企业，使互相影响生产的企业之间的外部性内部化。③赋予当事人明确的财产权。只要明确界产权，经济行为主体之间的交易行为就可以有效地解决外部性问题。

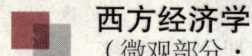

## 三、公共物品和公共资源

### 1. 公共物品

公共物品指既没有排他性又没有竞争性的产品和服务。排他性是指当某个人使用或消费一种产品和服务时，可以排除与阻止其他人使用或消费该种产品和服务。竞争性是指当某个人使用或消费一种产品和服务时，就减少了其他人使用或消费该种产品和服务的机会。

### 2. 公共选择理论

对公共物品的处理涉及与政府行为有关的"集体选择"。所谓集体选择，是所有的参加者依据一定的规则通过相互协商来确定集体行动方案的过程。公共选择理论则特别注重研究那些与政府行为有关的集体选择问题。

集体选择的规则包括：一致同意规则；多数规则；加权规则和否决规则。

## 四、信息的不完全和不对称

### 1. 不完全信息

市场失灵的第四个重要原因是不完全信息。由于认识能力的限制，经济主体不可能具有充分的信息。此外，由于信息本身的特点，市场机制也无法生产足够的信息并有效地配置它们。

### 2. 逆向选择与道德风险

信息不对称会导致资源配置不当，减弱市场效率，并且还会产生道德风险和逆向选择。在很多情况下市场机制并不能解决非对称信息问题，只能通过其他机制来解决，特别是运用博弈论的相关知识来解决机制设计问题。

(1) 逆向选择是指在买卖双方信息非对称的情况下，差的商品总是将好的商品驱逐出市场；或者说拥有信息优势的一方，在交易中总是趋向于做出尽可能地有利于自己而不利于别人的选择。

(2) 道德风险是指在双方信息非对称的情况下，人们享有自己行为的收益，而将成本转嫁给别人，从而造成他人损失的可能性。道德风险的存在不仅使得处于信息劣势的一方受到损失，而且会破坏原有的市场均衡，导致资源配置的低效率。

#### 考研真题与难题详解

**1. 信息的不对称性**（人行研究生部 2002 研；中央财大 2012 研）

**答案：**信息的不对称性是指市场上的某些参与者拥有，但另一些参与者不拥有的信息；或指一方掌握的信息多一些，另一方所掌握的信息少一些。有些市场卖方所掌握的信息多于买方，例如，某些商品与生产要素市场上，卖者掌握的信息多于买者。照相机的卖者一般比买者更了解照相机的性能；药品的卖者比买者更了解药品的功效；劳动力的卖者一般比买者更了解劳动的生产力等。在另一些市场买方所掌握的信息多于卖方，保险与信用市场往往就是这种情况。医疗保险的购买者显然比保险公司更了解自己的健康状况。人们常常用委托—代理理论来讨论信息非对称问题。所谓委托—代理关系是泛指任何一种涉及非对称信息的交易。交易中拥有信息优势的一方称为"代理人"，另一方则称为"委托人"。简单地讲，知情者是代理人，不知情者是委托人，从这个意义

## 第十一章 市场失灵与微观经济政策

上说,所有非对称信息下的经济理论分析都可概括成"委托-代理理论"模型。

**2. 外部性(externality)**(北师大 2004 研;北航 2004 研;东南大学 2003 研;南开大学 2005 研;四川大学 2006 研;对外经贸大学 2007 研;中央财大 2009 研;厦门大学 2011 研)

**答案:** 外部性也称为外溢性、相邻效应,是指一个经济活动的主体对它所处的经济环境的影响。外部性的影响会造成私人成本和社会成本之间,或私人收益和社会收益之间的不一致,这种成本和收益差别虽然会相互影响,却没有得到相应的补偿,因此容易造成市场失灵。外部性的影响方向和作用结果具有两面性,可以分为外部经济和外部不经济。那些能为社会和其他个人带来收益或能使社会和个人降低成本支出的外部性称为外部经济,它是对个人或社会有利的外部性;那些能够引起社会和其他个人成本增加或导致收益减少的外部性称为外部不经济,它是对个人或社会不利的外部性。福利经济学认为,除非社会上的外部经济效果与外部不经济效果正好相互抵消,否则外部性的存在使得帕累托最优状态不可能达到,从而也不能达到个人和社会的最大福利。外部性理论可以为经济政策提供某些建议,它为政府对经济的干预提供了一种有力的依据。政府可以根据外部性的影响方向与影响程度的不同制定相应的经济政策,并利用相应的经济手段,以消除外部性对成本和收益差别的影响实现资源的最优配置和收入分配的公平合理。纠正外部性的办法:(1)使用税收和津贴;(2)使用企业合并的方法;(3)规定财产权。

**3. 公共物品**(南开大学 2005 研;北京化工大学 2006 研;东北财大 2006、2007 研;上海交大 2006 研;厦门大学 2006 研;北师大 2007 研;财政部财科所 2007 研;中国传媒大学 2008 研;山东大学 2012 研)

**答案:** 公共物品是指既没有排他性又没有竞争性的产品和服务。排他性是指当某个人使用或消费一种产品和服务时,可以排除与阻止其他人使用或消费该种产品和服务;竞争性是指当某个人使用或消费一种产品和服务时,就减少了其他人使用或消费该种产品和服务的机会。国防、海上导航用的灯塔,就是公共物品。一个人享有公共物品的好处时并不能排除其他人也享有它们的好处,一个人享有它们的好处时也不会减少其他人对它们的享有。

由于公共产品既没有排他性又没有竞争性,所以能够从公共产品获益的人可以避开为公共产品付出费用,这称为"免费搭便车问题"。在公共产品的提供上,人们总是希望由别人来提供,而自己坐享其成。要使公共物品有效率地提供出来,经常需要政府的行动。

**4. 市场失灵**(北京工业大学 2005 研;深圳大学 2005 研;南京财经大学 2010 研)

**答案:** 市场失灵是指完全竞争的市场机制在很多场合下不能导致资源的有效配置,不能达到帕累托最优状态的情形。导致市场失灵的原因主要有如下几种:(1)外部性,即一个经济主体的行为造成的另一个经济主体的利益或成本的变化,而另一个经济主体又没有得到补偿或支付的情况;(2)公共产品,即对整个社会有益,但因不能获得收益或私人成本太高而私人厂商不愿意生产的产品和劳务,如国防、空间研究、气象预报等;(3)非零交易成本,如搜集信息、讨价还价、达成合同等所需要的成本,往往使得交易难以进行;(4)市场特权,如垄断的存在或过度的竞争;(5)市场机制不能够解决社会目标问题;(6)非对称信息,如生产者往往具有比消费者更多的关于商品的信息。

**5. 无谓损失(Deadweight Loss)**(对外经贸大学 2011 研)

**答案:** 无谓损失又称为社会净损失,是指由于市场未处于最优运行状态而引起的社会成本,也就是当偏离竞争均衡时所损失的消费者剩余和生产者剩余之和。

社会净损失是由于垄断、关税、配额、税收或其他扭曲等因素引起的生产者和消费者都得不到

207

的那部分，使资源得不到最佳限度的分配。例如，当垄断企业抬高价格时，消费者将减少消费，这样将导致减少的数量中本来可以实现的消费者剩余都流向了社会，这种社会性损失，就是所谓的社会净损失。

**6. 科斯定理**（北师大 2006 研；人大 2006 研；北京理工大学 2006 研；南开大学 2006 研；厦门大学 2007 研；中央财大 2007、2008 研；财政部财科所 2010 研；西安交大 2011 研）

答案：科斯定理是指揭示市场经济中产权安排、交易成本和资源配置效率之间关系的原理。其基本思想由美国经济学家、1991 年诺贝尔经济学奖获得者科斯在 1960 年发表的《社会成本问题》中提出，但科斯本人并没有直接将其思想以定理形式写出，而是体现在从解决环境污染的外部性问题出发所进行的案例分析中。科斯定理是由其他经济学家在解释科斯的基本思想时概括出来的，不同的经济学家从不同的侧面对科斯的基本思想进行了解释。

科斯定理的内容是：只要财产权是明确的，并且其交易成本为 0 或者很小，则无论在开始时财产权的配置是怎么样的，市场均衡的最终结果都是有效率的。科斯定理进一步扩大了"看不见的手"的作用。按照这个定理，只要那些假设条件成立，则外部影响就不可能导致资源配置不当。或者以另一角度来说，在所给条件下，市场力量足够强大，总能够使外部影响以最经济的办法来解决，从而仍然可以实现帕累托最优状态。但是，科斯定理解决外部影响问题在实际中并不一定真的有效。资产的财产权不一定总是能够明确地加以规定；已经明确的财产权不一定总是能够转让；分派产权会影响收入分配，而收入分配的变动可以造成社会不公平，引起社会动乱。在社会动乱的情况下，就谈不上解决外部效果的问题了。

## 二、简答题

**1. "外部性带来低效率"，那么：**
（1）请结合图形说明，外部性是如何造成低效率的？
（2）"科斯定理"是如何有助于帮助克服这种低效率的？（湖南大学 2006 研；东北财大 2010 研）

答案：（1）外部性使经济中的资源配置发生扭曲，使生产者的私人成本偏离社会成本，或者使对商品的社会需求偏离私人需求，这对于社会福利的最大化是不利的。

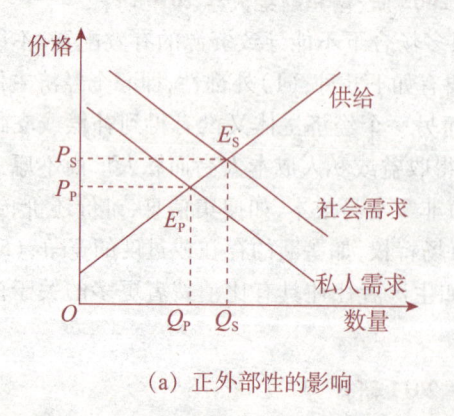

图 11.1

(a) 正外部性的影响　　(b) 负外部性的影响

如图 11.1(a)所示，由于正外部性的作用，市场主体的私人需求小于社会需求，导致实际的市

## 第十一章 市场失灵与微观经济政策

场均衡点 $E_P$ 偏离理想的市场均衡点 $E_S$，其后果是实际的均衡数量 $Q_P$ 低于理想的均衡数量 $Q_S$。市场机制导致的这种结果是缺乏效率的，因为在数量 $Q_P$ 上，可以实现帕累托改进。

如图11.1(b)所示，由于负外部性的作用，市场主体的私人成本小于社会成本，导致实际的市场均衡点 $E_P$ 偏离理想的市场均衡点 $E_S$，其后果是实际的均衡数量 $Q_P$ 高于理想的均衡数量 $Q_S$。市场机制导致的这种结果是缺乏效率的，因为在数量 $Q_P$ 上，可以实现帕累托改进。

(2)科斯认为，外部性是因为产权界定不明确或界定不恰当而造成的；只要能界定产权和保护产权，随后产生市场交易，就能使资源的配置达到最优。科斯的一般表述为：只要财产权是明确的，并且其交易成本为零或者很小，则无论在开始时将财产权赋予谁，市场均衡的最终结果都是有效率的。

按照科斯定理的含义，只要交易成本为零或者很小，则不论财产权归谁，自由的市场机制总会找到最有效率的办法，使得私人成本（或利益）与社会成本（或利益）趋于一致，从而达到帕累托最优状态。

当然，科斯定理的结论只有在交易成本为零或者很小的情况下才能得到。事实上，由于财产权归属等难题的存在，运用科斯定理解决外部影响问题在实际中并不一定真的有效。

**2. 比较保险市场上逆向选择和道德风险之间的异同点，并回答：当其中一个不存在时，另一个可以存在吗？（厦门大学 2011 研）**

**答案**：道德风险和逆向选择虽然都是由保险市场交易双方信息不对称所引起的，但逆向选择是发生于交易合同订立之前，交易一方故意隐瞒一些情况导致交易另一方做出了错误选择进而利益受到了损害的情况；而道德风险则是发生于交易合同订立之后，交易一方由于可推卸责任而导致损害交易另一方利益的不谨慎、不适当或故意的行为。例如在保险市场上，一个经常生病的人故意隐瞒病情而到保险公司要求参加医疗保险属逆向选择现象，而该病人一旦参加了保险就会认为反正医疗费由保险公司支付，因而更不注意自己身体，进而造成保险公司更多地支付医疗费用的情况就属道德风险。

既然两者有区别，那么逆向选择和道德风险两者完全有可能出现"一种能在另一种不存在的情况下存在"。例如，一个身体正常的人参加了医疗保险就有可能更不注意自己的健康，这种情况就属于不存在逆向选择的情况下的道德风险。反之，一个本来有病的人参加医疗保险后可能并不会不当心自己身体，这种情况就属于不存在道德风险的情况下的逆向选择。

## 三、计算题

一家垄断的钢铁厂的成本函数为：$C(q) = q^2 + 60q + 100$，该企业面临的需求曲线为：$P = 200 - q$。但是钢铁厂每生产出1单位的钢铁将产生0.1单位的污染物 $z$，即 $z = 0.1q$。清理污染的成本函数为：污染总成本 $= 100 + 400z$，其中 $z$ 为污染物数量。

(1)如果企业可以自由排放污染物，其产品价格和产出水平为多少？

(2)假定生产者必须内部化其外部性，即它必须支付污染成本，则其产品价格和产出水平为多少？

(3)上述计划能否消除污染？请分别算出(1)(2)两种情形下的污染物数量。

(4)假定政府希望通过税收来减少企业的污染排放。如果政府希望企业减少的污染物排放量与(2)中相同，则应该怎样设计税收？（人大 2006 研）

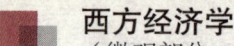

**答案：**（1）如果企业可以自由排放污染，则企业的利润为：

$\pi = Pq - C(q) = (200-q)q - (q^2 + 60q + 100) = -2q^2 + 140q - 100$。

利润最大化的一阶条件为：$\dfrac{d\pi}{dq} = -4q + 140 = 0$，

解得企业的产出水平为 $q = 35$；市场价格为 $P = 200 - q = 165$。

（2）如果生产者必须内部化其外部性，则企业的利润为：

$\pi = pq - C(q) - (100 + 400z) = -2q^2 + 100q - 200$。

利润最大化的一阶条件为：$\dfrac{d\pi}{dq} = -4q + 100 = 0$。

解得企业的产出水平为 $q = 25$；市场价格为：$P = 200 - q = 175$。

（3）上述计划不能消除污染物，即不能使污染量减少为零。

①在（1）中的情况下，污染物的数量为：$z = 0.1, q = 3.5$。

②在（2）中的情况下，污染物的数量为：$z = 0.1, q = 2.5$。

比较①和②可见，生产者内部化其外部性只能在一定程度上减轻污染，不能将污染减少为零。

（4）税收设计应该采用从量税，即对每单位产量征收一定的税。因为总量税显然不能改变企业的边际决策，如果不能改变企业的边际决策，就无法影响企业的产量和排放的污染量。

假设对企业每单位产量征税为 $t$，则企业的利润为：

$\pi = pq - C(q) - tq = -2q^2 + (140 - t)q - 100$。

利润最大化的一阶条件为：

$\dfrac{d\pi}{dq} = -4q + 140 - t = 0$。

要使污染排放量为（2）中的 $z = 0.1, q = 2.5$，则企业的产量为 $q = 25$，则有

$-4q + 140 - t = -4 \times 25 + 140 - t = 0$，

所以 $t = 40$，即政府应对企业每单位产量征收 40 的税收。

## 四、论述题

**请用信息经济学的理论解释：为什么保险公司要设计很多种类的保险项目呢？（中山大学 2006 研）**

**答案：**（1）在信息不完全和信息不对称的情况下，市场机制有时不能很好地发挥其作用。信息不完全不仅指那种绝对意义上的不完全，即由于认识能力的限制，人们不知道在任何时候、任何地方发生的或将要发生的任何情况，而且还指相对意义上的不完全，即市场经济本身不能够生产出足够的信息并有效地配置它们。信息不对称指市场上某些参与者拥有，但另一些参与者不拥有信息；或指一方掌握的信息多一些，另一方所掌握的信息少一些。

在保险市场上，如果保险公司和投保客户双方的信息是充分的，则根据大数法则所订费率足以保证保险市场的有效运转。但实际上，保险公司对客户的信息掌握不完全。以健康医疗保险为例，哪些人身体好，哪些人身体差，保险公司无法充分了解。结果是身体差的人投保最多。事后保险公司才了解到实际发病率和死亡率大大高于预期的死亡率和发病率。这迫使保险公司按"最坏情况"的估计来制订保险费率，但这样会使费率上升，使身体好的人不愿参加保险。尽管他们有获得保障的需求，但市场无法给他们提供保险。保险市场的有效性被破坏了。

## 第十一章 市场失灵与微观经济政策

如果保险公司向客户提供单一的保险项目，如提供全额赔偿，会导致严重败德行为，从而破坏市场的运作，不能达到市场的有效性。败德行为是指个人在获得保险公司的保险后，缺乏预防行为，而采取更为冒险的行为，使发生风险的概率增大。败德行为也称为道德公害。败德行为产生的原因是非对称信息。败德行为会破坏市场的运作，严重的情况下会使某些服务的私人市场难以建立。

（2）由于信息的不完全和不对称，保险公司并不知道前来购买保险的人的风险偏好等品质，但它可以通过设计多种不同的保险项目，确定不同的自负比率和保险价格的组合来筛选不同的客户，让客户自我选择。由于出事故的概率不同，客户对自负比率和保险价格的偏好是不同的：谨慎的人由于自己出事故的概率小，会选择高的自付部分与低的保险价格，因为对他而言，出事故的可能性较低；反之，冒失的人由于出事故的概率较高，所以会喜欢选择低的自负比率与高的保险价格那类组合，即宁可支付较高的保险费去换得较低的自负部分。这样，保险公司通过不同的险种，可以在一定程度上区别不同的客户，降低风险。

### 典型案例分析

#### 价格为零的组合契约——有场景的知识

2001年上半年，长沙城区的中心地带同时有多条道路进行改扩建施工，从而整个路网如手术台上的病人进入非常状态，无时无处不堵塞。由此产生的一个现象是，湖南人民广播电台交通频道原来收听率很高的节目《路况信息》没人听了。为什么会这样呢？

《路况信息》的信息来自驾车在路的司机。在长沙的士司机中散布着一批电台的耳目，遇到拥挤或堵塞立即告诉电台（耳目报告信息的激励是非货币收益，如电台播出信息时说明信息由谁提供），电台随即插播这类信息，还在《整点路况播报》中集中播报。交通频道的受众也是驾车在路的人，这类即时信息对他们大有裨益，可以逃过堵塞，节约通勤时间。当然获得这一类信息不是没有代价的，得全程锁住这个频道，而且在获得路况信息之前，要耗时听讨厌的广告。电台提供路况信息的激励正是广告收入。

信息如何变现，是新一代的资讯商存活的大问题。因为信息的共享性，像卖衣服一样直接兜售变现是行不通的，因为排斥不付费的人获得信息的成本太高。比如电台的路况信息，如果实行收费收听，为排除不付费的人收听所采取的措施成本之高，何止是让一家电台破产。然而如果付费与不付费可以无差别地获得信息，那就没有人会付费。没有人付费当然也就没有人愿意供应。值得庆幸的是，电台在收费收听的办法之外，找到经营路况信息大有赚头的商业模式。电台的做法是在卖给你路况信息的同时买你听广告，把两份合约组合到一起，构成价格为零的组合契约，从而解决了棘手的收费问题。

不只是电台，价格为零的组合契约几乎是电视、报纸等所有媒体经营资讯通用的商业模式。一个聪明的电视节目制片商懂得内容越精彩越有吸引力，可以插播越多的广告。但是节目无论怎样精彩纷呈，也不能把广告与节目变成菜与味精那样一种比例，受众从你节目中获得的收益，一定要能补偿他的时间代价和广告带给他的厌烦。上面提到的原来收听率很高的路况信息，为什么会没人听？因为两个合约构成的组合契约的价值平衡被破坏了。因道路施工而引起的广泛堵塞，使播报的路况信息成为完全没有价值的噪音，不用收听就可预期到路况是堵塞。因为信息的价值几乎为零，而且还要消耗受众的时间和精力，因此不会有人愿意收听。

插播广告的节目是一个组合契约。播报的资讯带给受众的收益，在扣除接收信息所耗时间机

211

会成本以后还有剩余价值,才可在节目中插播广告。该频道负责人同我讨论时,我明确地告诉他,要想恢复到原来的收听率,必须找到一种替代资讯,它对受众具有同正常情况下播出的路况信息一样的价值。因此,我建议他不像正常情况下播什么地方堵塞,而是反过来播什么地方不堵。在正常情况下,道路的堵塞是正常中的非常现象,为小概率事件,是难以预见的。行车人获得这类他难以预见又具有预警作用的信息,其收益是绕过堵塞,节约通勤时间。道路不堵是正常中的经常现象,都可以预见,因此告诉他不堵只是没有价值的噪音。在施工导致路网非常的情况下,恰好反过来,道路不堵是非常中的非常现象而难以预见,这类信息便于行车人找到通畅的行车线路,从而减少在途时间。这个频道采用了我的主意,收听率比以前还高。这说明,在非常状况下道路不堵的路况资讯比正常情况下道路堵塞的路况资讯,能使行车人节约更多的通勤时间。

案例分析要点:

(1)纯粹的公共产品同时具有非竞争性和非排他性,但这两个特征本身是显著不同的。前者是物品本身所具有特性:生活在同一地区的每一个人都可以享受相同数量的治安保障、路灯照明以及电视节目,而这都源于公共产品本身的性质。排他性有一点不同,因为它至少部分地依赖于法律架构和技术条件。

(2)普通的私人物品具有排他性仅仅只是一种法律的约定,而即使如灯塔这样的经典例子也可以人为地使它具有排他性,科斯曾经描述了英国人如何根据远洋轮船的航行路线收取灯塔的使用费。所以,排他性可以看作是根据交易成本的大小所进行的一种社会选择。在许多情况下,通过技术或法律的手段,让路灯这样的物品成为大众皆可享用的公共物品所需的成本,要小于让这种物品成为排他性商品所需要的成本。

(3)由于信息产品的复制成本微不足道,因而它天生具有非竞争性。然而信息产品是否具有排他性则取决于法律体制和技术手段,大多数国家承认知识产权法,允许信息商品具有排他性。实现信息产品排他性的一种方法,是把信息商品的内容与一种具有排他性的商品捆绑在一起出售。

(选自:《价格为零的组合契约—有场景的知识》朱锡庆)

## 教材习题精解参考答案

**1. 什么是市场失灵?有哪几种情况会导致市场失灵?**

**答案:**市场失灵是指完全竞争市场所假定的条件得不到满足而导致的市场配置资源的能力不足从而缺乏效率的表现。导致市场失灵的原因是多方面的,包括垄断、外在性、公共物品、不完全信息等。西方经济学者认为,在现实社会中,种种原因将导致市场失灵,即市场机制的运转无法使社会资源达到最优配置,无法实现社会经济福利的最大化等社会目标。如市场机制的调节不能保证公共部门的健全和发展;许多市场属于完全垄断或寡头垄断,无法靠市场机制使资源达到最优配置;市场机制作用下的均衡不能使社会经济福利达到最大;市场机制本身无法控制或消除各种经济活动可能带来的不良的外在效应等。因此,市场机制的作用并不是万能的,必须通过政府对经济的干预来加以克服。

**2. 垄断是如何造成市场失灵的?**

**答案:**第一,在垄断情况下,厂商的边际收益小于价格。因此,当垄断厂商按利润最大化原则(边际收益等于边际成本)确定产量时,其价格不是等于而是大于边际成本,这就出现了低效率的情况。

第二,为获得和维持垄断地位从而得到垄断利润的寻租活动是一种纯粹的浪费,这进一步加

# 第十一章 市场失灵与微观经济政策

剧了垄断的低效率情况。

**3. 外部影响的存在是如何干扰市场对资源的配置的？**

答案：(1)如果某个人采取某项行动的私人利益小于社会利益，则当这个人采取该行为的私人成本大于私人利益而小于社会利益时，他就不会采取这项行动，尽管从社会的角度看，该行动是有利的。

(2)如果某个人采取某项行为的私人成本小于社会成本，则当这个人采取该行为的私人利益大于私人成本而小于社会成本时，他就会采取这项行动，尽管从社会的角度看，该行动是不利的。

(3)上述两种情况均导致了资源配置失当。前者是生产不足，后者是生产过多。

**4. 如何看"科斯定理"？它在资本主义社会中适用吗？它在社会主义社会中适用吗？**

答案：科斯定理要求财产权明确。但是，有的资源例如空气，在历史上就是大家均可使用的共同财产，很难将其财产权具体分派给谁；有的资源的财产权即使在原则上可以明确，但由于不公平问题、法律程序的成本问题等也变得实际上不可行。

科斯定理要求财产权可以转让。但是，由于信息不充分以及买卖双方不能达成一致意见等，财产权力并不一定总是能够顺利地转让。

即使财产权是明确的、可转让的，也不一定总能实现资源的最优配置。转让之后的结果可能是：它与原来的状态相比有所改善，但却不一定为最优。

分配财产权会影响收入分配，而收入分配的变动可以造成社会不公平，引起社会动乱。在社会动乱的情况下，就谈不上解决外部影响的问题了。

**5. 公共物品为什么不能靠市场来提供？**

答案：公共物品不具备消费的竞用性。

由于公共物品不具备消费的竞用性，任何一个消费者消费一单位公共物品的机会成本总为0。这意味着，没有任何消费者要为他所消费的公共物品去与其他任何人竞争。如果消费者认识到他自己消费的机会成本为0，他就会尽量少支付给生产者以换取消费公共物品的权利。如果所有消费者均这样行事，则消费者们支付的数量就将不足以弥补公共物品的生产成本。结果便是低于最优数量的产出，甚至是0产出。

**6. 什么是公地的悲剧？**

答案：1968年，美国学者哈定在《科学》杂志上发表了一篇题为《公地的悲剧》的文章。英国曾经有这样一种土地制度——封建主在自己的领地中划出一片尚未耕种的土地作为牧场(称为"公地")，无偿向牧民开放。这本来是一件造福于民的事，但由于是无偿放牧，每个牧民都养尽可能多的牛羊。随着牛羊数量无节制地增加，公地牧场最终因"超载"而成为不毛之地，牧民的牛羊最终全部饿死。公地悲剧在英国是和"圈地运动"联系在一起的。15、16世纪的英国，草地、森林、沼泽等都属于公共用地，耕地虽然有主人，但是庄稼收割完以后，也要把栅栏拆除，敞开作为公共牧场。由于英国对外贸易的发展，养羊业飞速发展，于是大量羊群进入公共草场。不久，土地开始退化，"公地悲剧"出现了。于是一些贵族通过暴力手段非法获得土地，开始用围栏将公共用地圈起来，据为己有，这就是我们在历史书中学到的臭名昭著的"圈地运动"。"圈地运动"使大批的农民和牧民失去了维持生计的土地，历史书中称之为血淋淋的"羊吃人"事件。但是书中没有提到："圈地运动"的阵痛过后，英国人惊奇地发现，草场变好了，英国人作为整体的收益提高了。由于土地产权的确立，土地由公地变为私人领地的同时，拥有者对土地的管理更高效了，为了长远利益，土地所有者会尽力保持草场的质量。同时，土地兼并后以户为单位的生产单元演化为大规模流水线生

213

产,劳动效率大为提高。英国正是从"圈地运动"开始,逐渐发展为日不落帝国。

**7. 什么是委托—代理问题?**

**答案:**委托—代理理论是制度经济学契约理论的主要内容之一,主要研究的委托—代理关系是指一个或多个行为主体根据一种明示或隐含的契约,指定、雇佣另一些行为主体为其服务,同时授予后者一定的决策权利,并根据后者提供的服务数量和质量对其支付相应的报酬。授权者就是委托人,被授权者就是代理人。委托—代理理论的主要观点认为:委托—代理关系是随着生产力大发展和规模化大生产的出现而产生的。其原因一方面是生产力发展使得分工进一步细化,权利的所有者由于知识、能力和精力的原因不能行使所有的权利了;另一方面专业化分工产生了一大批具有专业知识的代理人,他们有精力、有能力代理行使好被委托的权利。但在委托—代理的关系当中,由于委托人与代理人的效用函数不一样,委托人追求的是自己的财富更大,而代理人追求自己的工资津贴收入、奢侈消费和闲暇时间最大化,这必然导致两者的利益冲突。在没有有效的制度安排下代理人的行为很可能最终损害委托人的利益。而世界——不管是经济领域还是社会领域——都普遍存在委托—代理关系。

**8. 市场机制能够解决信息不完全和不对称问题吗?**

**答案:**市场机制可以解决一部分的信息不完全和不对称问题。例如,为了利润最大化,生产者必须根据消费者偏好进行生产,否则,生产出来的商品就可能卖不出去。生产者显然很难知道每个消费者的偏好的具体情况。不过,在市场经济中,这一类信息的不完全并不会影响他们的正确决策——因为他们知道商品的价格。只要知道了商品的价格,就可以计算生产该商品的边际收益,从而就能够确定它的利润最大化产量。

市场的价格机制不能够解决所有的信息不完全和不对称问题。

第三,在市场机制不能解决问题时,就需要政府在信息方面进行调控。信息调控的目的主要是保证消费者和生产者能够得到充分的和正确的市场信息,以便他们能够做出正确的选择。

**9. 设一产品的市场需求函数为 $Q = 500 - 5P$,成本函数为 $C = 20Q$。试问:**

(1)若该产品为一垄断厂商生产,利润最大时的产量、价格和利润各为多少?

(2)要达到帕累托最优,产量和价格应为多少?

(3)社会纯福利在垄断性生产时损失了多少?

**答案:**(1)由 $Q = 500 - 5P$ 得边际收益函数 $MR = 100 - 0.4Q$;由成本函数 $C = 20Q$ 得 $MC = 20 = AC$。利润最大化时有 $MC = MR$,即 $20 = 100 - 0.4Q$,得产量 $Q = 200$,价格 $P = 60$,利润 $\pi = 60 \times 200 - 20 \times 200 = 8000$。

(2)要达到帕累托最优,价格必须等于边际成本,即:$P = 100 - 0.2Q = 20 = MC$

得 $Q = 400, P = 20$。

(3)当 $Q = 200, P = 60$ 时,消费者剩余为:$CS = \int_0^{200}(100 - 0.2Q)dQ - PQ = 4000$。

当 $Q = 400, P = 20$ 时,消费者剩余为:$CS = \int_0^{400}(100 - 0.2Q)dQ - PQ = 16000$。

社会福利的纯损失为:$16000 - 4000 - 8000 = 4000$。这里,$16000 - 4000 = 12000$ 是垄断造成的消费者剩余的减少量。其中,8000 转化为垄断者利润。因此,社会福利的纯损失为 4000。

**10. 在一个社区内有三个集团。他们对公共电视节目小时数 $T$ 的需求曲线分别为:**

$$W_1 = 100 - T, \quad W_2 = 150 - 2T, \quad W_3 = 200 - T$$

## 第十一章 市场失灵与微观经济政策

假定公共电视是一种纯粹的公共物品,它能以每小时100美元的不变边际成本生产出来。

(1)公共电视有效率的小时数是多少?

(2)如果电视为私人物品,一个竞争性的私人市场会提供多少电视小时数?

**答案:**(1)公共电视是一种纯粹的公共物品,因此,要决定供给公共物品的有效水平,必须使这些加总的边际收益与生产的边际成本相等:

$W_1 = 100 - T$,

$W_2 = 150 - 2T$,

$W_3 = 200 - T$。

从而 $W = W_1 + W_2 + W_3$,即令 $450 - 4T = 100$,得 $T = 87.5$。这就是公共电视的有效小时数。

(2)在一个竞争性的私人市场中,每个集团会提供的电视为:

$100 - T = 100, T_1 = 0, 150 - 2T = 100, T_2 = 25, 200 - T = 100, T_3 = 100$。

将 $T_1$、$T_2$ 和 $T_3$ 相加,得 $T = 0 + 25 + 100 = 125$。这就是竞争性的私人市场会提供的电视总量。

**11.** 设一个公共牧场的成本是 $C = 5x^2 + 3000$,其中,$x$ 是牧场上养牛的头数。牛的价格为 $P = 1000$ 元。

(1)求牧场净收益最大时的养牛数。

(2)若该牧场有5户牧民,牧场成本由他们平均分担。这时牧场上将会有多少养牛数?从中会引起什么问题?

**答案:**(1)牧场净收益最大的养牛数将由 $P = MC$,即 $1000 = 10x$ 给出,解之即得 $x = 100$。

(2)每户牧民分摊的成本是:$(5x^2 + 3000) \div 5 = x^2 + 600$。

于是养牛数将是 $1000 = 2x$,得 $x = 500$。从中引起的问题是牧场因放牧过度,数年后一片荒芜。这就是"公地的悲剧"。

**12.** 假设有10个人住在一条街上,每个人愿意为增加一盏路灯支付4美元,而不管已提供的路灯数量。若提供 $X$ 盏路灯的成本函数为 $C(x) = x^2$,试求最优路灯安装只数。

**答案:**路灯属于公共物品。每人愿意为增加每一盏路灯支付4美元,10人共 $4 \times 10 = 40$ 美元,这可看成是对路灯边际收益,而装灯的边际成本函数为 $MC = 2x$。令 $MR = MC$,即 $40 = 2x$,得 $x = 20$。

**13.** 假定一个社会由 $A$ 和 $B$ 两个人组成。设生产某公共物品的边际成本为120,$A$ 和 $B$ 对该物品的需求分别是 $q_A = 100 - p$ 和 $q_B = 200 - p$。

(1)该公共物品的最优产出水平是多少?

(2)如果公共物品由私人生产,其产出水平是多少?

**答案:**(1)社会对公共物品的需求曲线由 $A$、$B$ 二人需求曲线垂直相加而成

$$\begin{aligned} p &= 100 - q_A \\ + p &= 200 - q_B \\ \hline p^* &= 300 - 2q^* \end{aligned}$$

在此,$q_A$ 只是 $A$ 对 $q$ 的需求量,$q_B$ 只是 $B$ 对 $q$ 的需求量,因此可用 $q^*$ 代表 $q_A$ 和 $q_B$。而 $p^*$ 是二人需求曲线垂直相加后的价格。

令 $$p^* = 300 - 2q^* = 120$$

这里120是每单位产品边际成本,也是一条高度为120的水平供给曲线。

令 $$300 - 2q^* = 120$$

实际是让该公共物品的社会需求曲线和供给曲线相交,从中得

$$q^* = 90$$

这就是社会最优产出量。

(2)如该物品由私人来生产,则 $A$ 的产量是 $p = MC$,即 $100 - q_A = 120$,得

$$q_A = -20$$

同理,由 $200 - q_B = 120$ 得

$$q_B = 80$$

∴ $q_A + q_B = 60$ 为私人厂商生产时的产出量。

**14.** 假定某个社会有 $A$、$B$、$C$ 三个厂商。$A$ 的边际成本为 $MC = 4q_A$($q_A$ 为 $A$ 的产出),其产品的市场价格为 16 元。此外,$A$ 每生产一单位产品使 $B$ 增加 7 元收益,使 $C$ 增加 3 元成本。

(1)在竞争性市场中,$A$ 的产出应是多少?

(2)社会最优的产出应是多少?

**答案:**(1)由利润最大化条件可得:$4q_A = 16$,从而 $q_A = 4$。

(2)由题意可知,社会最优的边际成本为 $MC = 4q - 7 + 3 = 4q - 4$,从而社会的最优产出为 $q = 5$。

**15.** 一农场主的作物缺水,他需要决定是否进行灌溉。如他进行灌溉,或者天下雨的话,作物带来的利润是 1000 元,但若是缺水,利润只有 500 元,灌溉的成本是 200 元。农场主的目标是预期利润达到最大。

(1)如果农场主相信下雨的概率是 50%,他会灌溉吗?

(2)假如天气预报的准确率是 100%,农场主愿意为获得这种准确的天气信息支付多少费用?

**答案:**(1)由题可知如果农场主相信下雨的概率为 50%,不进行灌溉的话,他的预期利润为:$E(\pi) = 0.5 \times 1000 + 0.5 \times 500 = 750$。如果进行灌溉,则肯定得到的利润为 $1000 - 200 = 800$。因此,它会进行灌溉。

(2)如上所述他不买天气预报信息时,会灌溉,得到利润 800。如果买天气预报信息并假定支付 $x$ 元费用,他若确知天下雨,就不灌溉,于是可获利润 $\pi_1 = 1000 - x$。

若确知天不下雨,就灌溉,于是可获利润 $\pi_2 = 800 - x$。

由于他得到的信息无非是下雨和不下雨,因此,在购买信息情况下的预期利润为

$$E(\pi) = 0.5(\pi_1 + \pi_2) = 900 - x$$

令 $E(x) = 900 - x = 800$(不购买预报信息时的利润),解出 $x = 100$。

## 自测题

### 一、名词解释

1. 市场失灵    2. 科斯定理    3. 公共物品

### 二、单项选择

1.在微观经济学中,不完全市场竞争中出现低效率的资源配置是因为产品价格(    )边际成本。

A. 大于    B. 小于    C. 等于    D. 可能不等于

## 第十一章　市场失灵与微观经济政策

2. 为了提高资源配置效率,政府对竞争性行业厂商的垄断行为　　　　　　　　　　　　（　　）
   A. 是限制的　　　　　B. 是提倡的　　　　　C. 不管的　　　　　D. 有条件地
3. 在微观经济学理论中,某一经济活动存在外部不经济是指该活动的　　　　　　　（　　）
   A. 私人成本大于社会成本　　　　　　　　　B. 私人成本小于社会成本
   C. 私人利益大于社会利益　　　　　　　　　D. 私人利益小于社会利益
4. 如果上游工厂污染了下游居民的饮水,按科斯定理,(　　),问题就可妥善解决。
   A. 不管产权是否明确,只要交易成本为零　　B. 只要产权明确,且交易成本为零
   C. 只要产权明确,不管交易成本有多大　　　D. 不论产权是否明确,交易成本是否为零
5. 根据经济学理论,政府提供的物品(　　)公共物品。
   A. 一定是　　　　　　B. 不都是　　　　　C. 大部分是　　　　D. 少部分是
6. 市场不能提供纯粹的公共物品是因为　　　　　　　　　　　　　　　　　　　　（　　）
   A. 公共物品不具有排他性　　　　　　　　　B. 公共物品不具有竞争性
   C. 消费者都想"免费乘车"　　　　　　　　　D. 以上三种情况都不是
7. 在微观经济学中,公共物品的市场需求曲线是消费者个人需求曲线的　　　　　　（　　）
   A. 水平相加　　　　　B. 垂直相加　　　　C. 算术平均数　　　D. 加权平均数
8. 根据福利经济学,一项公共物品是否值得生产,主要看　　　　　　　　　　　　（　　）
   A. 效益　　　　　　　　　　　　　　　　　B. 政府的意志
   C. 公众的意见　　　　　　　　　　　　　　D. 成本效益的对比
9. 交易双方信息不对称,比方说买方不清楚卖方一些情况,是由于　　　　　　　　（　　）
   A. 卖方故意要隐瞒自己一些情况　　　　　　B. 买方认识能力有限
   C. 完全掌握情况所费成本太高　　　　　　　D. 以上三种情况都有可能

## 三、判断题

1. 科斯教授在他撰写的论著《企业的性质》中,运用"平均成本"的概念,揭示了企业存在的内在原因。　　　　　　　　　　　　　　　　　　　　　　　　　　　　　　　　　　　　　（　　）
2. 在实际的生产和生活中,市场机制无法有效提供公共物品。　　　　　　　　　　（　　）
3. 时间外部性一般是对经济活动的现实影响,而空间外部性则一般是对经济活动的未来影响,而经济的可持续发展需要将这两种外部性通盘考虑,充分发挥其正效应,最大限度地抑制其负效应。
   　　　　　　　　　　　　　　　　　　　　　　　　　　　　　　　　　　　　　（　　）
4. 在现实的经济活动中,外部性会导致不正确的产出和价格。　　　　　　　　　　（　　）
5. 有效生产状态必须满足 $MR = MC$ 原则。公共品的非竞争性使 $MC = 0$,于是 $MR = 0$,这意味着公共产品应该免费提供。　　　　　　　　　　　　　　　　　　　　　　　　　（　　）
6. 在微观经济学中,私人成本和社会成本的差异是导致市场失灵的重要原因。　　（　　）
7. 根据一般均衡理论,外部性导致经济运行无法满足帕累托最优条件。　　　　　（　　）

## 四、计算题

1. 设某产品的市场需求函数为 $Q = 1000 - 10P$,成本函数为 $C = 40Q$,试问:
   (1) 若该产品为一垄断厂商生产,利润极大时产量,价格和利润各为多少?

— 217 —

(2) 要达到帕累托最优,产量和价格应为多少?
(3) 社会纯福利在垄断性生产时损失了多少?

2. 假定某垄断厂商生产的产品的需求函数为 $P = 600 - 2Q$,成本函数为 $CP = 3Q^2 - 400Q + 40000$(产量以吨计,价格以元计)。
(1) 试求利润最大时产量、价格和利润。
(2) 若每增加 1 单位产量,由于外部不经济会使社会受到损失从而使社会成本函数成为:$CS = 4.25Q^2 - 400Q + 40000$,试求帕累托最优的产量和价格应为多少?
(3) 若政府决定对每单位产品征收污染税,税率应是多少才能使企业产量与社会的最优产量相一致?

3. 一种产品有两类生产者在生产。优质产品生产者生产的每件产品值 14 美元,劣质产品生产者生产的每件产品值 8 美元。顾客在购买时不能分辨优质产品和劣质产品,只有在购买后才能分辨。如果消费者买到优质产品的概率是 $p$,则买到劣质产品的概率为 $1 - p$。这样,产品对于消费者的价值就是 $14p + 8(1 - p)$。两类生产者的单位产品生产成本都稳定在 11.50 美元,所有生产者都是竞争性的。
(1) 假定市场中只有优质产品生产者,均衡价格应是多少?
(2) 假定市场中只有劣质产品生产者,均衡价格应是多少?
(3) 假定市场中存在同样多的两类生产者,均衡价格将是多少?
(4) 如果每个生产者能自主选择生产优质产品或劣质产品,前者单位成本为 11.50 美元,后者单位成本为 11 美元,则市场价格应是多少?

## 五、简答题

1. 根据微观经济学理论,治理外部性的方式有哪些?
2. 结合所学知识解释,为什么说"政府只能提供公共物品,而不能直接生产经营公共物品"?
3. 请简要回答什么叫市场失灵?哪些情况会导致市场失灵?
4. 结合所学理论解释为什么像公路、桥梁及电视广播等不能称为纯公共物品?
5. 根据所学知识解释,能否认为,由于公共产品不存在市场交换价格因而可以任意定价?

## 六、分析题

1. 根据微观经济学理论分析什么叫科斯定理?一些西方学者为什么会认为规定产权办法可解决外部影响问题?
2. 结合所学知识分析公共物品与私人物品相比有什么特点?这种特点怎样说明在公共物品生产上市场是失灵的?

**参考答案**

## 一、名词解释

1. **市场失灵**:市场机制在很多情况下不能实现资源有效配置的情况,称为市场失灵。

## 第十一章　市场失灵与微观经济政策

2. 科斯定理:只要产权明晰,且交易成本为零或很小,则无论产权开始是如何界定,市场均衡结果是有效率的。

3. 公共物品:既不具有排他性也不具有竞用性的物品叫做公共物品。由于人人都想搭便车,所以公共物品的私人供给通常都不足,只能由政府提供。

## 二、单项选择

1—5　AABBB　6—9　DBDD

## 三、判断题

1. ×　2. √　3. ×　4. √　5. √　6. ×　7. √

## 四、计算题

1. **答案:**(1)该产品为垄断厂商生产时,市场需求函数即该厂商的需求函数。

   由 $Q = 1000 - 10P$ 得 $P = 100 - 0.1Q$,得边际收益函数 $MR = 100 - 0.2Q$

   由成本函数 $C = 40Q$ 得 $MC = 40 = AC$

   利润极大时,$MC = MR$,即 $40 = 100 - 0.2Q$

   得 $Q = 300, P = 70, \pi = 70 * 300 - 40 * 300 = 9000$

   即产量、价格和利润分别为 300,70 和 9000

   (2)要达到帕累托最优,则价格必须等于边际成本,即

   $P = 100 - 0.1Q = 40 = MC$,得 $Q = 600, P = 40$

   (3)当 $Q = 300, P = 70$ 时,消费者剩余为

   $$CS = \int_0^{100}(100 - 0.1)\mathrm{d}Q - PQ = \left| 100 \times 300 - 0.05 \times 300 \times 300 \right|_0^{300} - 70 \times 300$$

   $$= 300(85 - 70) = 4500$$

   当 $Q = 600, P = 40$ 时,消费者剩余为

   $$CS = \int_0^{600}(100 - 0.1)\mathrm{d}Q - PQ = \left| 100 \times 600 - 0.05 \times 600 \times 600 \right|_0^{600} - 40 \times 600$$

   $$= 600(70 - 40) = 18000$$

   社会福利的净损失为:$18000 - 4500 - 9000 = 4500$

   在此,$18000 - 4500 = 13500$ 是垄断所造成的消费者剩余的减少量。其中 9000 转化为垄断者利润,因此,社会福利的净损失为 4500。

2. **答案:**(1)从厂商需求函数求得边际收益函数为,$MR = 600 - 4Q$

   从成本函数求得边际成本函数为,$MCP = 6Q - 400$

   令 $MCP = MR$,即 $6Q - 400 = 600 - 4Q$,得 $Q = 100$(产量) $P = 400$(价格)

   $\pi = 400 \times 100 - (3 \times 100 \times 100 - 400 \times 100 + 40000) = 10000$

   (2)从该产品的社会成本函数中可知社会边际成本函数为 $MCS = 8.5Q - 400$

   令 $MCS = MR, 8.5Q - 400 = 600 - 4Q$,得 $Q = 80$(产量) $P = 440$(价格)

可见,若考虑外部不经济,从帕累托最优的资源配置角度看,该工厂的产量应当减少,价格应当上升。

(3)要使企业产量与社会最优产量相一致,必须使企业的边际成本从400提高到440,因此税率应当是10%。

3. **答案:**(1)若市场中有优质产品生产者,生产者之间的竞争会使价格降低生产成本,即11.50美元,消费者可获得消费者剩余为:14 − 11.50 = 2.50(美元)。

(2)若市场中只有劣质产品生产者,消费者只愿为每件产品支付8美元,而每件成本为11.50美元,因此,一件也卖不出去,不存在均衡价格。

(3)在这种情况下,竞争会把价格定在11.50美元,而对消费者来说,可获得的平均质量的产品至少要值11.50美元,即必须满足 $14p + 8(1 − p) > = 11.50$,

满足此不等式的 $p > = 7/12$,而市场中存在同样多优劣产品时的 $p = 0.5$,于是有:$14 * 0.5 + 8 * (1 − 0.5) = 7 + 4 = 11$,

$11 = < 11.50$,因此,消费者不会购买产品,不存在均衡价格。

(4)由于市场是完全竞争的,每个生产者都会认为自己不会左右市场价格,都只会按统一的市场价格出售产品,因此,为了增加盈利,都只想选择成本为11美元的劣质产品生产。市场上只有劣质产品,而消费者对劣质品只愿支付8美元,因而不可能有任何成交量。优质品和劣质品的生产都等于零,信息不对称破坏了市场效率。

## 五、简答题

1. **答案:** 在存在外部效应的情况下,边际私人成本(收益)与边际社会成本(收益)发生偏离,导致资源配置效率的低下。因此要实现市场机制的有效运行,必须治理经济活动的外部性;治理的基本思路是将这种非市场性的影响内在化,或者说将技术的外部性转化为货币的外部性。其主要方式有以下四种。

(1)命令与控制。政府可以采取的基本对策是提供法律、法规和公共政策,这些对策被称为命令与控制方法。

(2)税收和补贴。政府可以通过税收和补贴的方式,向产生外部性的个人和厂商提供符合社会效率的激励或约束。

(3)企业运作方式。企业运作方式基于其对利润最大化的追求。如果能够通过某种方式使厂商承担(享受)外部性所带来的额外损失(收益),那么厂商就会调整原有决策,改善资源配置。

(4)产权方式。其理论基础来自于罗纳尔德·科斯提出的产权理论。科斯认为,如果产权是明确界定的,而且谈判协商等交易成本为零,则无论初始由哪一方拥有产权,都能带来资源的有效配置。显然,为提高经济资源配置效率,政府应尽可能地明确界定社会经济生活中的各种产权,以及提供相应的法律体系。

2. **答案:** 主要是政府直接生产和经营公共物品,往往会导致低效率:政府直接经手公共物品企业,由于没有私人部门与之竞争,处于垄断地位,从而形成垄断所必然带来的种种弊端;政府直接经营公共物品生产企业,由于没有利润动机的激励,导致生产低效率;政府部门经营公共物品企业的开支来自预算,部门利益及重要性竞争会造成预算膨胀和失衡,损害公共部门的效率。因此,政府只能提供公共物品,而不能直接生产公共物品。

## 第十一章 市场失灵与微观经济政策

3. **答案：** 市场失灵指市场机制在不少场合下会导致资源不适当配置，即导致无效率的一种状况。换句话说，市场失灵是自由的市场均衡背离帕累托最优的一种情况。微观经济学说明，在一系列理想化的假定条件下，自由竞争的市场经济可导致资源配置达到帕累托最优状态。但理想化的假定条件并不符合现实情况。在以下情况下，市场会失灵：不完全竞争，公共物品，外部影响，信息不完全等。

4. **答案：** 纯公共物品必须具备消费上的非排他性和非竞争性这两个特点或者说条件。非竞争性意味着公共物品没有必要排斥他人的消费，因为增加消费的边际成本为零。第二个条件非排他性意味着没有可能排斥他人消费。满足这两个条件的纯公共产品较少，有不少公共物品虽有非竞争性，却并不一定有非排他性，例如公路、桥梁以及电视广播也可以设法收费才允许通行或收看收听，因此，它们是非纯公共物品。

5. **答案：** 不能这样认为。由于公共产品是政府花钱或者说投资提供的，因此，可用政府在公共产品上的投资量表示该产品的价格，如果把公共产品数量画在一个坐标轴的横轴上，把价格画在纵轴上，则同样可画出公共产品的需求曲线与供给曲线，这两条曲线的交点所决定的价格才是最优投资量。如果实际投资量高于最优投资量，公共产品就会供过于求，它表示该公共产品不能有效地被利用。假定把政府本身看作是公共产品，政府供过于求实际上就是机构重叠，人浮于事，办事效率差。相反，如果公共产品投资过少，即投资旦低于最优投资量，则公共产品就会供不应求，例如城市道路投资不足，会造成交通拥挤，道路堵塞等。可见，公共产品不可以任意定价。

## 六、分析题

1. **答案：** 关于什么是科斯定理，西方学者有多种说法，一般认为该定理可表述为：只要交易成本为零，产权分配不影响经济运行的效率。例如，假定有一工厂排放的烟尘污染了周围5户居民晾晒的衣服，每户由此受损失75元，5户共损失375元。再假定有两个解决方法，一是花150元给工厂烟囱安装一个除尘器，二是给每户买1台值50元的烘干机，5户共需250元。不论把产权给工厂还是给居民，即不论工厂拥有排烟权利，还是5户居民拥有不受污染的权利，如果听任私有制为基础的市场发生作用，工厂或居民都会自动采取150元解决问题的方法，因为这样最节省，150元成本最低表示资源配置最优。

   西方一些学者根据科斯定理认为，外部影响之所以导致资源配置失当是由于产权不明确。如果产权明确，且得到充分保障，有些外部影响就不会发生。在上述例子中，只要产权归工厂还是居民是明确的，则他们中任何一方都会想出用150元安装一个除尘器来消除污染，即解决外部影响问题。就是说，在解决外部影响问题上不一定要政府干预，只要产权明确，市场会自动解决外部性问题，而在此以前，以英国庇古为主要代表的传统经济学认为，解决外在性问题，需要政府干预：出现外部不经济时，要用征税办法，其数额应等于外部不经济给其他社会成员造成的损失，使私人成本等于社会成本，出现外部经济时，可用政府津贴办法，使私人利益和社会利益相等，这样，都可使资源配置达到帕累托最优。因此，科斯定理的问世，被认为是对传统经济学的修正。

2. **答案：** 公共物品是指供整个社会即全体社会成员共同享用的物品。如国防、警务之类。这些公共物品只能由政府以某种形式来提供，这是由其消费的非排他性和非竞争性决定的。非排他性是指某一产品为某人消费的同时，无法排斥别人也来消费这一物品。这和一件衣服，一磅面包之类私人物品不同。对于私人物品来说、购买者支付了价格就取得了该物品的所有权，就可轻易排斥别人来消费这一物品。而像国防之类的公共物品则不同,该国每一居民不管是否纳税,都享受到了国防保护。非竞争性指公共物品可以同时为许多人所消费,且增加一名消费者的消费的边际成本为零,即一个人对这种物品的消费不会减少可供别人消费的量。例如,多一位消费者打开电视机不会给电视台带来任何增加的成本。这也相私人物品不同。一件衣服给你穿了,就不能同时给他穿的特性。公共物品使用之所以具有非排他性和非竞争性,是因为公共物品生产上具有不可分性,如国防、警务等提供的服务、不可能像面包、衣服那样可分割为许多细小单位,而只能作为一个整体供全社会成员使用。当物品可像私人物品那样细分时,消费者就可按一定价格购买自己所需要要的一定数量独自享用。排斥他人分享。

在这种情况下,消费者对物品的偏好程度可通过愿意支付的价格来表现,使自己的消费达到最大满足,从而市场价格可对资源配置起支配作用。公共物品由于不能细分,因而人们对公共物品的消费不能内市场价格来决定,价格机制无法将社会对公共物品的供需情况如实反映出来。这样,公共物品就只能由政府根据社会成员的共同需要来提供。如果要人们根据用价格所表现的偏好来生产这些物品,则谁都不愿表露自己的偏好,只希望别人来生产这些物品,自己则坐享其成,这样,公共物品就无法生产出来厂,因此,在公共物品生产上,市场是失灵了。